Pensar e Dizer

DIRETORIA DO CONSELHO FEDERAL DE PSICOLOGIA

Presidente: Ana Mercês Bahia Bock
Vice-presidente: Marcus Vinicius de Oliveira Silva
Secretária: Maria Christina Barbosa Veras
Tesoureiro: André Isnard Leonardi

Coordenação do Projeto "Memória da Psicologia Brasileira":

Regina Helena de Freitas Campos
Marcos Ribeiro Ferreira

Conselho Editorial da Coleção "Clássicos da Psicologia Brasileira"

Grupo de Trabalho em História da Psicologia da Associação Nacional de Pesquisa e Pós-graduação em Psicologia (ANPEPP), através de seus seguintes membros:

Ana Maria Jacó-Vilela
Arthur Arruda Leal Ferreira
Francisco Teixeira Portugal
Heliana de Barros Conde Rodrigues
Inês Rosa Bianca Loureiro
Marisa Todescan Dias da Silva Baptista
Nádia Maria Dourado Rocha
Norberto Abreu e Silva Neto
Regina Helena de Freitas Campos
William Barbosa Gomes

CONSELHO FEDERAL DE PSICOLOGIA
SRTVN – Quadra 702 - Ed. Brasília Radio Center – Conj. 4024 A
70719-900 – Brasília – DF
Home-page: www.psicologia-online.org.br
Telefone: (61) 2109-0100

Manoel Bomfim

Pensar e Dizer

ESTUDO DO SÍMBOLO NO PENSAMENTO E NA LINGUAGEM

2ª Edição

Coleção Clássicos da Psicologia Brasileira

Conselho Federal de Psicologia
Casa do Psicólogo®

São Paulo
2006

© 2006 Casa Psi Livraria, Editora e Gráfica Ltda.
É proibida a reprodução total ou parcial desta publicação, para qualquer finalidade, sem autorização por escrito dos editores.

2ª Edição
2006

Editores
Ingo Bernd Güntert e Christiane Gradvohl Colas

Assistente Editorial
Aparecida Ferraz da Silva

Produção Gráfica
Renata Vieira Nunes

Capa
Ayumi Shimizu

Editoração Eletrônica
Helen Winkler

Revisão
Miriã Soares dos Santos

Dados Internacionais de Catalogação na Publicação (CIP)
(Câmara Brasileira do Livro, SP, Brasil)

Bomfim, Manoel
  Pensar e dizer: estudo do símbolo no pensamento e na linguagem / Manoel Bomfim – 2ª ed. – São Paulo: Casa do Psicólogo®: Conselho Federal de Psicologia, 2006 – (Coleção clássicos da psicologia brasileira).

  Bibliografia.
  ISBN 85-7396-499-5

  1. Linguagem 2. Pensamento I. Título II. Série.

06-6738   CDD- 153.42

Índices para catálogo sistemático:
  1. Pensamento e linguagem: Psicologia   153.42
  1. Linguagem e pensamento: Psicologia   153.42

Impresso no Brasil
Printed in Brazil

Reservados todos os direitos de publicação em língua portuguesa à

Casa Psi Livraria, Editora e Gráfica Ltda.
Rua Santo Antonio, 1010 Jardim México 13253-400 Itatiba/SP Brasil
Tel.: (11) 45246997 Site: www.casadopsicologo.com.br

All Books Casa do Psicólogo®
Rua Simão Álvares, 1020 Vila Madalena 05417-020 São Paulo/SP Brasil
Tel.: (11) 3034.3600 E-mail: casadopsicologo@casadopsicologo.com.br

À memória de
Alcindo Guanabara
Saudade de amigo

Sumário

Apresentação 13
A contemporaneidade da obra de Manoel Bomfim (1868-1932) 17
Algumas considerações sobre esta edição 27
Nota explicativa sobre os critérios da segunda edição 29
Prefácio à primeira edição, por Manoel Bomfim 31
Introdução à primeira edição, por Manoel Bomfim 39

Primeira Parte

CAPÍTULO I - A Função da Simbolização 61
1. Condições gerais do símbolo 61
2. Associação simbólica 63
3. Símbolos significativos; símbolos sugestivos 65
4. As representações simbólicas 67
5. O menor esforço e a simbólica 68
6. Símbolo – índice da idéia 70
7. Símbolo — complemento da abstração; focalização 72

CAPÍTULO II - Mecanismo Mental dos Símbolos 75
8. Generalização da simbólica na atividade consciente 75
9. Abreviação e nitidez do símbolo 76
10. A simbólica de afetividade também é abreviatura 80
11. Vantagens econômicas do símbolo 81
12. "Facultas signatrix" 84
13. Aspectos característicos do símbolo 86

CAPÍTULO III - A Simbólica das Idéias 89
14. Natureza sensorial do símbolo 89

15. Simbólica dos abstratos puros 91
16. Simbólica das idéias gerais 92
17. Símbolos acessórios nas idéias gerais 94
18. Fórmulas de simbolização 96
19. Multiplicidade de Símbolos 98
20. Simbólica das idéias de puras relações 99

CAPÍTULO IV - SIMBÓLICA SUBJETIVA 105
21. Símbolos das idéias individuais 105
22. Modificações da simbólica, pela adaptação da idéia 108
23. A simbólica dos valores mentais – pessoais 110
24. Socialização dos símbolos 113
25. Sugestões constantes na simbólica 115

CAPÍTULO V - FUNÇÃO DO SÍMBOLO 119
26. O poder limitante dos símbolos 119
27. Conhecimentos simbolizados 122
28. A simbólica no cálculo 124
29. Deficiência de linguagem, deficiência simbólica, deficiência de idéia 126
30. Evolução dos símbolos de idéias: naturais-convencionais, sugestivos-significativos 129
31. Símbolo puro – símbolo significativo perfeito 130
32. Aquisição e substituição de símbolos 133
33. O símbolo na comunicação 135

CAPÍTULO VI - SÍMBOLOS DE CONJUNTOS 139
34. Tudo que concorre explicitamente no pensamento tem o seu símbolo 139
35. Enumeração dos símbolos 142
36. Símbolos convencionais 142
37. Símbolos de estados afetivos 144
38. Símbolos da vontade; lemas e emblemas 145
40. Símbolos de valores históricos 150
41. Símbolos de sistemas de idéias 153

CAPÍTULO VII - SÍMBOLOS SUBJETIVOS 159
42. Função mental e social da poesia; valor dos símbolos poéticos 159
43. Os símbolos clássicos 162

44. Símbolos necessários; a imitação na simbólica literária 166
45. Símbolos de situações pessoais 168
46. A simbólica afetiva na absorção da consciência 170
47. Os símbolos no culto 173

CAPÍTULO VIII - Símbolos Estéticos 177
48. Aspectos gerais na simbólica da arte 177
49. A escultura 179
50. A pintura 183

CAPÍTULO IX - Simbólica na Literatura 185
51. A plástica na poesia 185
52. Imagens de pura descrição; imagens símbolos 187
53. O lirismo brasileiro 190
54. Símbolos poéticos simples 194
55. Símbolos de conjuntos afetivos 195
56. Símbolos complexos 200
57. A simbólica personalizada 204
58. O ritmo e a arte na poesia 207

Segunda Parte

CAPÍTULO I - O Símbolo na Linguagem
Condições de comunicação das consciências 223
1. O segredo da consciência; o símbolo deve servir à expressão 223
2. A organização social; seus núcleos de atividade; natureza das relações sociais; solidariedade. 225
3. A tessitura dos símbolos 227
4. Destinos das tradições na evolução do pensamento 229
5. O subjetivo da espécie 232

CAPÍTULO II - A Consciência Refletida 235
6. A personalidade e o EU que se comunica; a ilusão do poder pessoal 235
7. A consciência que se conhece 237
8. Evolução da consciência refletida até a apreciação das analogias 239
9. Valor social da analogia das consciências 241

CAPÍTULO III - Pensamento e Expressão 247
10. A linguagem como função de expressão 247
11. Tipos de linguagem 249
12. Subsidiários da linguagem 251
13. Mecanismo e conteúdo do pensamento 253
14. Os pensamentos como atitudes mentais 256
15. A natureza da idéia; seu caráter dinâmico 259

CAPÍTULO IV - O Símbolo Verbal 265
16- As imagens puras no pensamento 265
17. A linguagem interior 268
18. Afasias, alexias, parafasias, anartrias, agrafias........ 269
19. Logos 275
20. As vozes como símbolos verbais 278

CAPÍTULO V - O Labor Mental 281
21. Tipos de pensamento 281
22. Pensar para decidir 282
23. O ajuste das idéias às necessidades do pensamento; plasticidade
    das idéias 285
24. Idéias rígidas, idéias instáveis, em evolução 288
25. Em que consiste a rebusca mental para a comunicação 292

CAPÍTULO VI - O Pensamento na Expressão 299
26. Coordenação dos movimentos conscientes, disposição das atitudes
    mentais 299
27. O apuro de pensamento traz a boa expressão 302
28. Propriedade e pureza de forma 304
29. Conversão da simbólica pessoal em valores socializados 306
30. Expressão do pensamento em vontade e ação 308
31. Expressão verbal dos estados afetivos 310
32. A descrição 310
33. A pressão do pensamento original 313
34. Retóricos e palradores 315

CAPÍTULO VII - Caracterização da Linguagem 317
35. O estilo – donde deriva 317
36. Os fatores do estilo 320
37. Tipos de estilo 321
38. O Idiomatismo 325
39. Idiomatismos estrangeiros 328

CAPÍTULO VIII - O Léxico 333
40. Relações dos vocábulos e as idéias 333
41. Mobilidade dos símbolos verbais 335
42. As metáforas no vocabulário 338
43. Evolução das metáforas; os mitos 340
44. Degradação das metáforas 343
45. Significação da etimologia 344
46. A democracia na vocabularização 348

CAPÍTULO IX - O Puritismo Gramatical 351
47. A expansão do vocabulário. 351
48. Os termos técnicos e eruditos 353
49. Impropriedade dos vocábulos definidores 355
50. O idiomatismo e a estrutura da frase; o purismo na sintaxe 356
51. O inibitório gramatical 359

Conclusão 363

APÊNDICE - O Tempo de Percepção 369

APRESENTAÇÃO

O Conselho Federal de Psicologia instituiu, já há alguns anos, o projeto "Memória da Psicologia Brasileira", com a finalidade de contribuir para resgatar e ampliar o conhecimento sobre a evolução histórica da área da Psicologia no Brasil, em seus aspectos de produção intelectual, científica, institucional e profissional. A profissão do psicólogo foi recentemente regulamentada no país – a legislação de regulamentação profissional data de 1962. A própria criação do Conselho – órgão encarregado de velar pela organização do exercício profissional e que congrega todos os psicólogos brasileiros – é ainda mais recente, datando de 1972. No entanto, a produção intelectual relacionada a essa área de conhecimento é bem mais antiga, acompanhando a história da nossa cultura e de nossa sociedade.

O relativo desconhecimento da formação histórica desse campo importante de reflexão sobre o humano em suas diversas manifestações e transformações levou à institucionalização do projeto, apresentado inicialmente pelos conselheiros Ana Maria Jacó-Vilela e Marcos Ribeiro Ferreira ao XI Plenário (1999-2001), e assumido com entusiasmo pelas gestões posteriores (2002-2004 e 2005-2007). O apoio do Conselho tem sido imprescindível para ampliar a pesquisa sobre o desenvolvimento da Psicologia como área de conhecimento e como profissão no Brasil, e para colocar à disposição de estudantes e profissionais um conjunto precioso de informações sobre personagens e fontes que fizeram parte do processo de construção da área entre nós. No âmbito do projeto Memória, foi editado o *Dicionário Biográfico da Psicologia no Brasil* (Rio de Janeiro: Imago/ Conselho Federal de Psicologia, 2001), e instituídas as Coleções *Clássicos da Psicologia Brasileira* e *Pioneiros da Psicologia no Brasil*, com a finalidade de reeditar textos hoje considerados clássicos por sua contribuição importante e original no desenvolvimento da Psicologia, e de divulgar estudos aprofundados sobre as obras de personagens que, por seu trabalho intelectual e por suas iniciativas, colaboraram na ampliação e desenvolvimento das instituições e práticas profissionais na área.

O projeto tem contado, desde o seu início, com a colaboração do Grupo de Trabalho em História da Psicologia da Associação Nacional de Pesquisa e Pós-graduação em Psicologia, cujos membros, estudiosos da história da Psicologia em diversas universidades brasileiras, são responsáveis pela pesquisa, seleção e comentários dos títulos e volumes editados. A associação entre o CFP e a ANPEPP tem contribuído para tornar real o sonho de trazer para o presente o conhecimento de nossa história, fortalecendo e aprofundando nossos laços com o passado e ampliando nossa capacidade crítica e produtiva na área da Psicologia.

A Coleção "Clássicos da Psicologia Brasileira" já reeditou trabalhos pioneiros de autores como Arthur Ramos, Manoel Bergström Lourenço Filho, Helena Antipoff, e um importante conjunto de trabalhos historiográficos produzidos no Brasil entre 1944 e 1988, tratando da evolução da Psicologia no Brasil. Cada edição é acompanhada de cuidadoso trabalho de análise dos textos reeditados, examinados no contexto histórico-cultural em que foram produzidos e avaliados em sua contribuição ao conhecimento sobre a Psicologia e à produção da área entre nós.

Agora, a Coleção é enriquecida com mais um volume, contendo a reedição do trabalho instigante de Manoel Bomfim sobre o pensamento e a linguagem, publicado pela primeira vez em 1926 no Rio de Janeiro pela Editora Casa Electros, acompanhado de comentário crítico da obra elaborado por Mitsuko Antunes, professora de História da Psicologia na Pontifícia Universidade Católica de São Paulo e estudiosa competente da obra de Bomfim. Em seu comentário, Mitsuko destaca a atualidade da obra reeditada, integrando-a ao conjunto de trabalhos imprescindíveis ao melhor conhecimento da psicologia feita no Brasil no século XX. Destaca também a originalidade da abordagem de Bomfim aos fenômenos do pensamento e da linguagem, evidenciando que, na época de sua primeira edição, o texto constituiu contribuição relevante ao debate sobre as relações entre aspectos psicológicos e pragmáticos da linguagem que tem sido importantes na elaboração das modernas teorias sobre os processos psicológicos superiores. Leitor atento de Wundt, William James, Baldwin e Binet, Bomfim coloca-se, neste texto, ao lado dos grandes teóricos que viram na linguagem um meio privilegiado para o estudo da dinâmica psico-social do pensamento e da ação humanas e que empreenderam a construção da perspectiva histórico-cultural em Psicologia, de grande relevância para a evolução contemporânea de nossa ciência.

É portanto com grande satisfação que apresentamos a reedição do livro, no ano em que comemoramos a criação do primeiro Laboratório de Psicologia estabelecido no Brasil. Este famoso Laboratório foi instituído em 1906 por Manoel

Bomfim no *Pedagogium*, centro de estudo e pesquisa em educação dirigido pelo autor por dezessete anos (de 1896 a 1905 e de 1911 a 1919), ligado à Diretoria de Instrução Pública do Rio de Janeiro (então Distrito Federal), e foi nele que a formação avançada na área da Psicologia experimental teve uma de suas primeiras expressões no Brasil.

Regina Helena de Freitas Campos
Conselheira convidada do XIII Plenário do Conselho Federal de Psicologia
e Coordenadora do Projeto "Memória da Psicologia Brasileira"

A CONTEMPORANEIDADE DA OBRA DE MANOEL BOMFIM (1868-1932)

A memória é fundamental para que a realidade presente seja conhecida em sua radicalidade, isto é, em seus fundamentos históricos, o que permite uma compreensão mais profunda e articulada dos fatores que fazem parte de seu engendramento como fenômeno de totalidade. Essa afirmativa compreende também o conhecimento e as práticas dele decorrentes. Para a ciência psicológica, portanto, o conhecimento histórico é fundamental para sua efetiva compreensão e necessário para que a construção de seu futuro não seja entregue ao sabor do imediato ou do fortuito, mas a um projeto deliberado de concretização de uma Psicologia, como ciência e profissão, comprometida com a construção de uma sociedade mais justa e igualitária.

É nessa perspectiva que a iniciativa do Conselho Federal de Psicologia – CFP de reeditar, entre outras obras, *Pensar e Dizer: estudo do symbolo no pensamento e na linguagem*, de 1923, de autoria de Manoel Bomfim (1868-1932), consolida mais um de seus inúmeros esforços em resgatar e tornar pública a memória da Psicologia no Brasil, reiterando seu compromisso com essa área de conhecimento, no âmbito do desenvolvimento científico, e de sua atuação, no âmbito do compromisso social de suas práticas.

Publicada originalmente em 1923, poder-se-ia dizer que, ao longo de todo esse tempo, mais de 80 anos, ficamos privados de uma das mais importantes e originais obras brasileiras de Psicologia e do que poderíamos hoje denominar de Psicologia da Educação, sem contar com outras obras do autor, relacionando a área da Psicologia e o campo da Educação, que deverão ser também reeditadas por iniciativa do CFP.

O autor, Manoel Bomfim, nascido no Estado de Sergipe, médico (formado na Faculdade de Medicina do Rio de Janeiro), foi um profícuo e polêmico intelectual dos primeiros anos do século XX. Publicou livros e artigos sobre Educação e Psicologia, além de obras sobre Medicina Geral, Psiquiatria, Zoologia, Botânica, História do Brasil e da América Latina, Geografia, Sociologia e, em co-autoria com Olavo Bilac, livros didáticos de Língua Portuguesa.

Além da profusão de escritos e de seu largo espectro, o que o caracteriza é a originalidade de suas idéias e a notória diferença em relação ao que era hegemônico na época. Foi um ferrenho crítico do processo de colonização da América Latina pelos ibéricos, caracterizado pela espoliação e pela exploração das colônias, análogas, na forma e nas conseqüências, ao processo de parasitismo observado entre seres vivos; das idéias racistas, muito em voga naquele momento, principalmente na versão do "racismo científico"; dos caminhos que culminaram na chamada *Revolução de 30* que, segundo ele, não caminhava na direção da construção de uma verdadeira democracia; enfim, foi um intérprete do Brasil reconhecido, ainda que tardiamente, por intelectuais como Antonio Candido, Octavio Ianni, Darcy Ribeiro e Antonio Houaiss; são destes intelectuais as iniciativas de reeditar recentemente algumas de suas obras, como *A América Latina: males de origem* (uma das dez obras brasileiras de todos os tempos que, segundo a *Folha de S. Paulo*, com base numa ampla consulta, não poderiam deixar de ser lidas) e *O Brasil Nação*[1]. Se Manoel Bomfim é hoje reconhecido como pensador brasileiro que se adiantou ao seu tempo, isso ocorre, sobretudo, no âmbito de suas produções históricas e sociológicas. Vale dizer que alguns estudiosos de suas idéias nesse campo chegam a afirmar que ele teria antecipado algumas formulações de Ernst Bloch e Antonio Gramsci, assim como teria sido antecessor do denominado pensamento radical brasileiro, que tem entre seus representantes nomes como Caio Prado Júnior e Sérgio Buarque de Holanda.

Segundo seu neto e herdeiro, José Paulino Bomfim, no entanto, o desejo de Manoel Bomfim teria sido o de ser lembrado como **educador**, pois a Educação era para ele o principal caminho para a superação dos problemas produzidos por nossa constituição histórica, uma vez que somente por essa via poderia ser construída uma democracia efetiva, por um povo que tivesse pleno acesso ao saber, instrumento fundamental para o exercício livre da cidadania. Além disso, foi esse o campo ao qual Bomfim dedicou sua vida profissional, como professor da disciplina Pedagogia e Psicologia, na Escola Normal do Rio de Janeiro, como diretor e pesquisador do Laboratório de Psicologia do *Pedagogium* (planejado por ele, em parceria com Alfred Binet, em Paris, e o primeiro a ser instalado no Brasil), como estudioso de Pedagogia e daquilo que hoje poderíamos denominar de Psicologia da Educação, além de ter sido um vigoroso militante da causa da

---

[1] Ambas publicadas pela Editora Topbooks, na década de 1990.

democratização da educação, como instrumento fundamental para a socialização de saberes para todos, condição para a concretização de uma democracia social plena e efetiva.

Sua produção, em Psicologia e Educação, é de indiscutível contemporaneidade, baseada numa concepção de ciência psicológica e de fenômeno psicológico que pode ser considerada como bastante avançada e capaz de contribuir para a busca de caminhos para as demandas educacionais que estão colocadas ainda hoje. Suas obras abrangem questões de ordem metodológica; questões sobre a natureza dos fenômenos psicológicos (concebidos como eminentemente histórico-sociais e mediatizados; isto é, constituídos nas relações que se estabelecem entre sujeito e mundo social pela mediação da linguagem) e questões relacionadas à prática educacional, para a qual deveriam concorrer os referidos conhecimentos sobre o psiquismo da criança. Longe de serem espontâneas e calcadas simplesmente no *bom senso*, suas idéias são fundamentadas numa ampla base teórica, que parte de um sólido conhecimento de Filosofia, História, Sociologia, Neurologia, Literatura, àquilo que mais recentemente se publicava e se desenvolvia na Psicologia e na Pedagogia da época, incluindo não apenas o que se publicava na França (próprio da época no Brasil), mas em outros países da Europa e nos Estados Unidos. Sua cultura geral e específica era não somente ampla, mas bastante atualizada e, por que não dizer, dirigida para além daquilo que estava dado no momento, tanto é que suas idéias anteciparam muito do que viria a ser produzido posteriormente e muitas elaborações que podem ser consideradas como atuais. Vale dizer que o conhecimento que temos de idéias semelhantes tem sua autoria quase sempre marcada por algum eminente autor estrangeiro, como Piaget, Wallon e Vigotski (só para citar alguns); porém, o desconhecimento deste brasileiro, que antecipou muitas das idéias desenvolvidas por tais autores, continua sendo quase total entre aqueles que se dedicam à Educação, à Psicologia e, sobretudo, à Psicologia da Educação no Brasil.

Nas áreas de Psicologia e Educação publicou, entre outras, as seguintes obras: *O facto psichico* (1904); *Lições de Pedagogia* (1915); *Noções de Psychologia* (1916); *Pensar e Dizer: estudo do symbolo no pensamento e na linguagem* (1923); *O methodo dos tests* (1928), com a colaboração de professoras da Escola de Aplicação, versando sobre avaliação de conhecimento por meio de testes pedagógicos aplicados a alunos do curso primário e, postumamente, *Cultura e Educação do povo brasileiro* (1932), obra ditada por ele, já gravemente enfermo, a Joracy de

Camargo e premiada pela Academia Brasileira de Letras no ano seguinte. Deve-se acrescentar que inúmeros artigos, publicados principalmente em jornais, abordavam a questão da democratização da educação, a defesa de sua ampla difusão e propostas para sua efetivação.

Cabe, neste texto, apresentar a obra *Pensar e Dizer: estudo do symbolo no pensamento e na linguagem*, editada em 1923, pela *Casa Electros*, no Rio de Janeiro, certamente a mais elaborada de todas as obras do autor sobre Psicologia.

É necessário sublinhar que esta obra é datada, como toda e qualquer produção humana; ela foi produzida num dado momento histórico, refletindo o desenvolvimento da área, suas terminologias e muitas de suas particularidades, próprios da época, e que viriam certamente a ser superados.

É patente, por exemplo, a base funcionalista das elaborações teóricas, embora não exclusiva, facilmente identificada nas idéias do autor. Isso se percebe, *grosso modo*, na organização e no desenvolvimento desta e de outras obras de Bomfim, que discutem profundamente as funções psicológicas, suas características, gênese e desenvolvimento, além de sua presença no processo educativo e na determinação deste sobre aquelas; quanto a isso, pode-se dizer que muitos autores da época e posteriores a ela desenvolveram suas formulações sobre as mesmas bases; além disso, por essa via, a presença de elementos funcionalistas permanece até hoje no âmbito da Psicologia e nessa perspectiva têm sido estudados. Diferente dessa perspectiva, algo já largamente criticado e sem dúvida superado, a tese adaptacionista, outro elemento que caracterizou o pensamento funcionalista original em Psicologia, aparece marcadamente na obra do autor, revelando nesse ponto sua datação e a incorporação de conteúdos próprios da época e que não se constituiriam em núcleos de bom senso, incorporados pelo pensamento que seria desenvolvido mais tarde.

Entretanto, para além dos condicionantes da época, esta obra é muito significativa para a História da Psicologia, por sua originalidade e contemporaneidade, o que se demonstra pelas interpretações e concepções teóricas e metodológicas, que superam os limites dados naquele momento, antecipando formulações que só se consolidariam mais tarde.

Diversamente de outras obras de Bomfim sobre Psicologia e Educação, e da maioria das obras sobre esse tema na época, este livro não tem caráter primariamente didático; disso decorrem provavelmente as diferenças de forma e conteúdo, pois não há em *Pensar e Dizer* uma exposição geral de temas psicológicos, em forma de compêndio, como era comum naquele tempo e pela condição de professor de escola normal, como era o caso do autor. É abordado um tema específico, com profundidade, sem a preocupação de facilitar e simplificar a exposição; ao contrário, o texto é muitas vezes denso e traz um grande número de citações e referências de muitos autores e obras, o que também demonstra a ampla cultura científica, filosófica e literária do autor.

A obra, contendo originalmente 518 páginas, é composta de duas partes: a primeira trata de vários aspectos do símbolo e do processo de simbolização e a segunda das relações entre símbolo e linguagem; cada parte contém nove capítulos, além de um apêndice que relata uma pesquisa, em todas as suas etapas, realizada no Laboratório de Psicologia do *Pedagogium*. Trata esta obra da função simbólica e de suas relações com o pensamento e a linguagem, articulando as relações que se estabelecem entre estes elementos e o processo educativo, a partir de uma abordagem que se poderia hoje denominar de sócio-histórica.

A linguagem assume papel central em sua análise, por ser considerada como instância mediadora entre o sujeito e a sociedade da qual faz parte e que, ao mesmo tempo, se constitui como dado objetivo da vida psíquica. Um dos elementos recorrentes na obra refere-se à afirmação e à demonstração da condição social do fenômeno psicológico. Sobre isso, afirma o autor: "O característico da psiquê humana está, justamente, nisto – ela é essencialmente socializada, e se faz como função da comunicação inter-individual" (p. 7) [2]. Dessa concepção decorre a importância da linguagem nas formulações teóricas de Bomfim. Para ele, a linguagem é condição necessária para o desenvolvimento do psiquismo:

> Tudo resumindo: a linguagem ou comunicação das consciências é indispensável para a expansão e realização da vida afetiva; (...) para a formação da vida mental humana e a capacidade intelectual de cada indivíduo; e é o processo explícito de organização da vida humana, consciente e socializada. Antes de se realizar em ação, o homem manifesta-se em linguagem, que, em si mesma, já é ação. (p.8)

É possível dizer que, para Bomfim, o fenômeno psicológico é uma realidade multideterminada, dinâmica, ativa, processual e em constante transformação. As

---

[2] As citações da obra *Pensar e dizer: estudo do symbolo no pensamento e na linguagem*, neste texto, referem-se à edição original de 1932, e por isso não será citada a data; as páginas referem-se também à obra original.

determinações social e histórica e o substrato neurológico (a base material) formam o tripé fundamental do psiquismo. Essa concepção exige a extrapolação do conhecimento estritamente psicológico; para o autor, se se quiser de fato compreender o psiquismo faz-se necessário recorrer a várias áreas do saber.

Com base nessa perspectiva, Bomfim critica os "psicologistas exclusivos", apontando para a necessidade de transpor os limites da própria área de conhecimento, defendendo, sobretudo, o domínio da Filosofia. Por essa análise, aborda a questão metodológica, pouco presente nas obras brasileiras da época. Defende ele o "método interpretativo", partindo da crítica à pesquisa realizada em laboratório, por sua incapacidade de apreender o fenômeno psicológico em sua totalidade e complexidade, com especial ênfase ao estudo do pensamento. É importante sublinhar que muitas de suas críticas só mais tarde tornaram-se generalizadas, principalmente por meio de autores que se tornaram verdadeiros sustentáculos da Psicologia do século XX, como Vigotski, Wallon e Piaget. Para ele, "é estulta e escassíssima essa psicologia que se faz contando, apenas, com as consciências isoladas." (p. 20)

Mais que isso, Bomfim demonstra razoável conhecimento histórico da Psicologia, apontando para uma crise dessa ciência, concluindo por reconhecer na questão metodológica sua razão. Sua crítica aponta principalmente para o método experimental desenvolvido em laboratório e, em particular, para o estudo do pensamento. Afirma ele:

> A dinâmica do pensamento humano não poderia conter-se na estreiteza do laboratório; deforma-se, anula-se. (...) tomem do albatroz, ou mesmo do tico-tico, atem-no, já encerrado numa gaiola, e, agora, tentem estudar-lhe a dinâmica do vôo!... Pois, foi mil vezes mais insensata a pretensão de conhecer o conjunto do espírito, pelo qual se obtém nas simples pesquisas a lápis e aparelhos. (pp. 26-27)

Vários outros trechos da obra ocupam-se dessa crítica, incluindo uma referência a Watson e ao objeto de estudo da Psicologia, o comportamento, por ele defendido; para o autor, nessa proposição, a questão central da crise da Psicologia, o método, não era solucionada, pois este permanecia intocável.

Exceção era feita ao método genético de Baldwin: "O seu método genético é uma lúcida e fertilíssima aplicação destes princípios [filosóficos]: o homem é um ser essencialmente social, e foi pelo espírito que ele se socializou; é na sociedade, através da sua evolução especial, que o espírito se organiza (...)" (pp. 29-30)

Com base nessas críticas, Bomfim defende o "método interpretativo", como possibilidade de superação dos problemas gerados pelos estudos de laboratório, assim como seria ele mais adequado às concepções de Psicologia e fenômeno psicológico por ele defendidas. Para ele, "(...) métodos complementares serão utilizados, mas o essencial se fará sempre na análise interpretativa dessa longa obra em que o espírito humano se tem revelado, como a própria realização das consciências socializadas." (p. 29)

Fundamentando-se nessas concepções, o autor empreende uma análise do símbolo e de sua importância para o psiquismo, referindo-se a processos como: idéia, inteligência, abstração, subjetividade, preocupado com as diferentes manifestações do que ele denomina "funções psíquicas superiores".

O símbolo é concebido como representação, produzido por processo associativo, cuja finalidade define-se pela "lei da economia"; em outras palavras:

> A economia de forças – a lei do menor esforço – é condição em toda atividade viva, e se manifesta de um modo tanto mais explícito, quanto mais complexa é a atividade. Ora, nenhum aspecto (...) é mais complexo que o funcionamento do espírito. (p. 58)

Essa lei do menor esforço é responsável pela formação de símbolos e é ela que define sua importância para o funcionamento psíquico, uma vez que o símbolo substitui o longo processo intermediário, presente no fluxo da consciência, por sinais imediatos.

Para desenvolver suas idéias, Bomfim empreende uma extensa e complexa análise, em que, para explicitar as determinações do processo psíquico, recorre a inúmeras áreas do conhecimento: da Filosofia à Neurologia, do Cinema às Artes Plásticas e, essencialmente, de uma vasta análise da produção literária brasileira e estrangeira, dos clássicos aos contemporâneos.

Pode-se dizer que, valendo-se desse método, Bomfim interpreta a manifestação psíquica superior como articulação entre atividade, pensamento e linguagem. Refere-se reiteradamente a Baldwin e a seu método genético e, em sua essência, antecipa formulações que viriam a se fazer presentes nas idéias dos psicólogos soviéticos, Vigotski, Leontiev e Luria. É deveras significativa essa posição do autor, na medida em que ele procura superar alguns problemas de ordem teórica e epistemológica que a Psicologia enfrentava desde seus primórdios como ciência autônoma, como, por exemplo, a complexidade e a multideterminação do fenômeno psicológico, procurando não reduzi-lo a apenas uma de suas manifestações, a não cair num psicologismo estéril como forma de explicação e buscar métodos de pesquisa adequados para apreender sua totalidade e suas relações de mediação com fatores que extrapolam estritamente a dimensão psicológica.

Seria pretensioso imaginar que Bomfim conseguisse solucionar todos os problemas por ele apontados, porém, muitas das direções por ele sugeridas são, em muitos pontos, reconhecidamente coerentes com propostas posteriormente elaboradas como possibilidades de superação para os mesmos problemas ou a eles semelhantes.

É importante também ressaltar que a visão totalizadora e, pode-se hipotetizar, até uma concepção materialista de psiquismo, leva o autor a criticar as concepções neuropsiquiátricas da época, particularmente no que se refere à concepção mecanicista e fragmentária que correlaciona funções psíquicas e regiões específicas do cérebro. O autor concebe o funcionamento cerebral como fundamentalmente integrado e a linguagem como função cuja complexidade não pode limitar-se a uma única região do cérebro. No capítulo em que essa questão é tratada, Bomfim faz uma longa exposição sobre as várias manifestações patológicas da linguagem, discutindo os vários quadros, tipos de sintomas e possíveis etiologias. Sublinha-se que tais posições aproximam-se muito daquelas que Luria viria a desenvolver mais tarde e que têm sido recorrentes na interpretação de resultados de pesquisas realizadas pela área agora denominada de Neurociência.

Ao desenvolver suas elaborações teóricas sobre o fenômeno psicológico, o autor explicita suas concepções políticas, particularmente as idéias referentes à liberdade e à igualdade, por ele consideradas como fundamentais para o homem e a sociedade. Entretanto, não há referência à divisão social de classes, revelando-se ao longo da obra uma concepção de sociedade como todo harmônico e baseada em relações de cooperação entre indivíduos, ao que se soma uma concepção psicologizada de sociedade, vista como associação e interação de psiquês, muitas vezes presentes ao longo deste e de outros escritos do autor.

Sua concepção de sociedade, porém, principalmente articulada ao desenvolvimento do pensamento e da ação, revela-se com força expressiva na conclusão da obra, na qual o autor ataca o conservadorismo e defende o pensamento revolucionário. Essa conclusão está intimamente ligada a seu ponto de vista sobre pensamento e ação e entre estes e o processo de transformação histórica da sociedade. Estabelece ele, nesse ponto, a articulação entre uma das funções do símbolo e a manutenção do *status quo*, ao demonstrar que muitas vezes o símbolo é um meio eficaz para a resistência às mudanças. Diz ele:

> Antes que o símbolo seja casco inteiramente vazio, o formalismo, espécie mais estúpida no conservantismo, injeta-se-lhe nos primeiros espaços, mumifica a idéia, (...) o que nos leva, muitas vezes, a esse quase ridículo de lutar contra fantasmas e ter de os destruir. (1923, p. 503)

Nestas e em outras tantas idéias desenvolvidas pelo autor nesta obra, fica patente sua originalidade e freqüentemente sua contemporaneidade. Isso, por si só, é suficiente para justificar sua publicação tantas décadas depois, tornando-a acessível para os psicólogos brasileiros, sobretudo aqueles que se ocupam do campo da Educação ou de questões de ordem teórica, epistemológica e histórica da Psicologia, para educadores e para aqueles que se interessam pelo pensamento brasileiro. Entretanto, trata-se aqui apenas de uma apresentação deste livro, procurando antecipar algumas concepções que dão base ao desenvolvimento de suas idéias. Ou, em outras palavras, uma modesta tentativa de sugerir a grandeza de uma obra que merece ser lida pelo menos de duas maneiras: como obra histórica da Psicologia no Brasil e como uma grande obra de Psicologia ou de Psicologia da Educação, como poderia ser também considerada.

Mitsuko Aparecida Makino Antunes
São Paulo, agosto de 2006

ALGUMAS CONSIDERAÇÕES SOBRE ESTA EDIÇÃO

Esta edição foi baseada num trabalho de digitação e atualização ortográfica da obra *Pensar e Dizer: Estudo do Symbolo no pensamento e na linguagem*, de 1923, com prefácio do próprio autor, datado de novembro de 1922, publicado por CASA ELECTROS, situada na Rua Chili, 9, Rio de Janeiro.

O exemplar sobre o qual o trabalho foi realizado pertence à Biblioteca Geral da Pontifícia Universidade Católica de São Paulo, PUCSP, estando ele recolhido ao Setor de Obras Raras, não sendo permitida sua circulação ou reprodução por fotocópia.

Entretanto, a digitação foi realizada a partir de uma fotocópia do referido exemplar. Esse fato encerra uma longa história.

Coletando fontes para a elaboração de minha tese de doutorado[3], a busca inicial concentrou-se em artigos relacionados à história da psicologia no Brasil, com a finalidade de identificar personagens, obras e realizações; a referência a Manoel Bomfim resumia-se ao fato de ele ter sido o criador e diretor do primeiro laboratório de psicologia no país (o *Pedagogium*) e professor catedrático da disciplina de Psicologia e Pedagogia na Escola Normal do Rio de Janeiro, então Distrito Federal.

Foram também buscadas obras educacionais e pedagógicas, entre outras, com a finalidade de compreender o pensamento brasileiro no período da denominada Primeira República; assim, foram também analisadas obras de autores como Miguel Couto, Sampaio Dória, Carneiro Leão, Mario Pinto Serva e outros; destes, vários autores citavam Manoel Bomfim, sendo que Mario Pinto Serva dedicava-lhe espaço significativo em suas discussões. Ao longo desse estudo, ficou claro que

---

[3] ANTUNES, M. A. M. *O processo de autonomização da psicologia no Brasil (1890-1930): uma contribuição aos estudos em história da psicologia*. São Paulo, PUCSP, tese de doutorado em Psicologia Social, 1991.

Serva conhecia a obra de Bomfim, adequando-a a sua defesa de difusão da educação, que era substancialmente distinta da do autor citado. Restava, então, uma questão: Bomfim teria conhecido Serva? Ele não o citava, nem havia referência a ele em suas obras. Provavelmente essa seria uma das muitas questões que ficam sem resposta nos estudos históricos.

A obra *Pensar e Dizer*, por ser uma das últimas publicadas por Manoel Bomfim, foi analisada mais adiante, pois optou-se por fazer uma leitura cronológica das obras dos autores estudados. Ao pegar o livro – encadernado – na Biblioteca da PUCSP, imediatamente abri-o na primeira página. Ali estava a resposta a uma pergunta que eu imaginava que dificilmente seria respondida: uma dedicatória de Bomfim a Serva.

Era a primeira obra analisada de Bomfim que tinha um registro de seu próprio punho. E que trazia uma resposta para uma de minhas tantas perguntas. Ora, para um pesquisador, aquele exemplar guardava um valor que, para outros leitores, era pouco significativo. Providenciei a cópia do livro, como fazia com todos os outros que analisava, e resolvi não devolvê-lo no setor em que deveria fazê-lo. Fui à diretora da biblioteca e contei a ela o ocorrido com aquele exemplar e como aquela situação demonstrava o que poderia acontecer com muitas outras obras antigas, alertando-a para a necessidade delas serem acrescentadas às demais obras raras daquela biblioteca, que não podiam ser emprestadas ou copiadas por processos que afetam a preservação do livro. Para ser sincera, pensei apenas em preservá-la de furto; só então tomei conhecimento de que a fotocópia é danosa para o livro.

Guardei com muito cuidado esta e outras cópias de obras do autor. Foi a partir dela – e de cópias dela – que este livro foi trabalhado para a presente publicação. Além de ser uma cópia já bastante velha (já são quase 20 anos), o original já estava, na época, bastante envelhecido, com folhas muito escuras e muitos pontos praticamente ilegíveis. Durante a digitação, algumas palavras passaram por extensa análise, para que fosse preservada sua fidedignidade. Isso envolveu um processo de revisão que extrapola o usual em editoração, tendo sido necessário repetir por duas vezes a leitura ponto-a-ponto do texto digitado e seu cotejamento com a cópia da obra.

Na reedição desta obra, consideramos necessário fazer uma atualização ortográfica e de pontuação, tendo em vista as mudanças que ocorreram na língua portuguesa através dos tempos.

Mitsuko Aparecida Makino Antunes

NOTA EXPLICATIVA SOBRE OS CRITÉRIOS DA SEGUNDA EDIÇÃO

A edição deste *Pensar e Dizer*, de Manoel Bomfim, teve como texto-base a edição de 1923, publicada pela Casa Electros, no Rio de Janeiro. A atualização do texto foi feita conforme os seguintes critérios:

1. As palavras foram grafadas de acordo a norma vigente, conforme a Reforma Ortográfica de 1943 e com as alterações determinadas pela Lei nº 5.765, de 1971. Foram mantidas, entretanto, algumas palavras atualmente em desuso, como, por exemplo, as formas verbais (mesóclises, formas do verbo haver, forma do pretérito mais-que-perfeito, etc.) e também as palavras técnicas da área médica, uma vez que não comprometiam o entendimento do texto. Quando necessário, inserimos Notas do Editor (N.E) no rodapé, para melhor auxiliar na leitura.

2. As palavras em itálico foram mantidas, conforme a edição original, e outras foram postas em destaque, tendo em vista a eliminação de travessões utilizados por todo o texto.

3. No tocante à ortografia, devem ficar registrados os seguintes casos especiais: a) os vocábulos "mobil", "lavor", "nem um" e "concepto", que grafamos "móvel", "labor", "nenhum" e "conceito", ficaram assim mantidos, tendo em vista que aparecem as duas formas no texto e, portanto, optamos pela grafia atualizada; b) o vocábulo "ductibilidade" foi grafado como "ductilidade", tendo em vista que, segundo Houaiss (2006 virtual), o primeiro é pouco usado.

4. Quanto à pontuação, foram readequadas as vírgulas e alguns pontos, e eliminados os travessões que hoje não são mais usados para a função proposta na época da publicação da obra, a fim de aproximá-la da norma atual. Em alguns momentos, o travessão foi substituído pelo conectivo "que", a fim de manter o sentido original do texto. Conservamos, entretanto, tudo o que nos pareceu ter valor estilístico, como, por exemplo, as reticências utilizadas em todo o texto.

5. Foram revistos também os erros de grafia, em português, inglês e francês, provavelmente originários da falta de revisão à época, segundo afirma o próprio

autor em *Em vez de errata*... Como exceção, não foi corrigida citação de Montaigne, na 2ª. parte, item 27, que parece estar grafada no francês arcaico.

6. Nomes de autores que aparecem grafados de formas diferentes, como, por exemplo, Levy-Brhull (ou Levi Brhull), foram uniformizados na forma correta, conforme consta em obras como *Names in the History of Psychology* (Org. Leonard Zusne, New Yrok: John Wiley and Sons, 1975), *Le Petit Larousse Illustré* (Paris: Larousse, 2002) ou *Webster's New Collegiate Dictionary* (Springfield, Mass.: Merriam-Webster, 1981). Foi mantida a grafia de Bomfim para o nome do autor russo Bechterew, uma vez que nomes russos admitem mais de uma grafia no nosso alfabeto.

7. A grafia e o significado de palavras atualmente pouco conhecidas foram buscados em dicionários como o *Dicionário UNESP do Português Comtemporâneo* (Org. Francisco S. Borba, São Paulo: Editora Unesp, 2004); *Dicionário Caldas Aulete* (Rio de Janeiro: Editora Delta, 1985, 4ª. edição brasileira); *Dicionário Enciclopédico Brasileiro Ilustrado* (Rio de Janeiro e Porto Alegre: Editora Globo, 1955). Para as palavras não encontradas foi mantida a grafia conforme o original.

Mitsuko Aparecida Makino Antunes
Miriã Soares dos Santos
Regina Helena de Freitas Campos

Prefácio à primeira edição, por Manoel Bomfim

A vida do espírito tem um aspecto sensível, imediatamente apreciável. É a linguagem. Para aí converge, no homem, toda a atividade psíquica, numa inflexão necessária, como converge para a própria consciência. A linguagem é, finalmente, o espelho das consciências, como a consciência é o espelho, quer dizer, o reflexo ou a repercussão geral da vida de relação. Por definição, consideram-se como de caráter psíquico, os processos intermediários entre a recepção das impressões sensoriais e a realização das reações correspondentes e necessárias. No animal, de tipo comum e que isoladamente faz suas relações com o meio, a organização das respectivas reações é toda íntima; a repercussão desses intermediários se encontra em movimentos, que são efeitos diretos de tais processos, para resultados finais e únicos na exteriorização deles. No homem, a exteriorização da atividade psíquica se desdobra, e tem uma fase de organização exterior, na linguagem. De sorte que, objetivamente, podemos acompanhar, conhecer, apreciar e analisar a vida do espírito na exteriorização da linguagem, e na realização das reações de relação.

O característico da psiquê humana está, justamente, nisto: ela é essencialmente socializada, e se faz como função da comunicação inter-individual. Deixasse de haver comunicação das consciências, e tudo isto, que consideramos como vida do espírito, teria cessado. *Inteligência*, nos conhecimentos, *afetividade*, nos sentimentos, *vontade*, na ação, existem para efeitos de socialização e comunicação. O que há de humano na sensibilidade são os seus aspectos morais e estéticos; quanto ao pensamento, só o podemos compreender como refração, nas consciências individuais, de valores e de processos tradicionais, comuns, socializados em origem e em efeitos; a ação inteligente, esta é valiosa e suprema, na natureza, porque se faz em cooperação de esforços, coordenados graças à comunicação, e instituídos na lucidez de uma experiência mental socializada. Tudo resumindo: a linguagem ou a comunicação das consciências é indispensável para a expansão e realização da vida afetiva; é condição necessária para a formação da experiência mental humana e a capacidade intelectual de cada indivíduo; e é o processo explícito de organização da atividade humana, consciente e socializada. Antes de se realizar em ação, o homem manifesta-se em linguagem, que, em si mesma, já é ação. De fato, a linguagem não significa uma existência própria, ou atividade independente, se não o simples aspecto sensível do pensamento, o regime lúcido e expressivo da atividade mental. Nas condições do viver humano, há categorias de pessoas, com a função explícita de pensar para a comunidade. Sábios, filósofos, artistas, inventores... são inteligências votadas a essa missão: organizar os conhecimentos, formular os modelos de ação, sugerir os tons de sentimentos, definir os motivos de afetos, e, de tudo isto, inferir as normas do viver humano. Eles pensam o necessário, para que se possa realizar, humanamente, o comum dos espíritos. Neles, a atividade psíquica é, essencialmente, uma atividade de pensamento; ora, o pensamento só existe, quanto aos efeitos sociais, se está realizado e pode ser apreciado no seu aspecto sensível, a linguagem, que seja a linguagem propriamente dita, seja a linguagem artística, pois que toda arte e expressão é linguagem.

Em tal caso, a linguagem é ação, a ação superior, a ação caracterizadamente humana.

O espírito não é o indivíduo, no isolamento da sua consciência; nem haveria o aspecto consciência, se esta se isolasse. O espírito é a consciência em função social, como refração ativa de tudo que concorre na tessitura da sociedade. Se aceitamos o *nosce te ipsum,* se pretendemos conhecermo-nos como espírito, temos dois domínios para esse estudo: o limitado, inseguro, suspeito e falho, da nossa consciência exclusiva, pela introspecção; o largo, seguro, positivo e completo, das outras consciências, apreciadas no reflexo constante e definido da linguagem. No entanto, a linguagem quase não existe, como assunto explícito, para estudos dos psicólogos. Por quê?...

A linguagem, que é, realmente e antes de tudo, regime lúcido no pensamento comunicável, tornou-se o domínio de tantos teoristas, que ao psicólogo pareceu conveniente ou necessário abandoná-la. Filólogos, lingüistas, gramáticos... são dissertadores da linguagem, e que se apoderam dela, arrancando-a das suas condições naturais, como que para a manterem fora do critério científico. Raramente, com raras exceções, encontram-se desses especialistas que tenham feito obra de verdadeiro sábio: um Max Muller, um Darmstader. O comum, principalmente nos gramáticos⁴, é constituído de gentes para quem a linguagem é simples expressão do pensamento, fôrma em que o pensamento feito se vem meter, quando deve exteriorizar-se. E como consideram a linguagem distinta do pensamento, mera roupagem, por fora dele, fazem também a sua obra por fora do pensamento. E os há, para quem a parte mais importante na linguagem é a estrutura fonética dos vocábulos. Finalmente, a linguagem ficou pertencendo ao pedantismo da erudição vernaculista. Será a mais chilra das erudições; mas, infelizmente, não é a mais inócua. O estudo da linguagem poderia ser dos mais férteis para elucidação do problema humano, se o não fizessem de tal modo estéril, que nenhuma filosofia séria o tomou, ainda, a sério, como se tem feito para a religião, a arte, as instituições civis...

Há toda uma fauna e flora dos *cadáveres* — seres vivos, apenas capazes de aproveitar o que está a decompor-se. Deles podemos dizer que auxiliam a decomposição e a aproveitam; são úteis, na sua incapacidade para viver fora da putrefação. Que dizer, porém, dessa fauna de cadáveres, se ela se aloja no organismo em plena vida, e o trata como se fora carne morta?!... É o espetáculo do larvame varejeira. Na realidade da existência social, a língua — aquela que ainda não sucumbiu à asfixia gramatical — é uma expressão de vida, do sublime da vida humana, e que é a própria vida do pensamento. Figuremo-la, a transparência de

---

⁴ É milagre, um João Ribeiro, que vê e julga lucidamente, dentro da gramática e da filologia em que é mestre. Reclamando para nós, brasileiros, que temos uma existência distinta, como povo; nós, que fizemos uma tradição nacional, erguemos uma soberania política e alimentamos um pensamento, reclamando para nós o direito de ter o idiomatismo próprio, em correspondência com o sentir e o pensar que são nossos, ele mostra, em valor de evidência, que, se nos corrigimos, para obedecer ao vernaculismo recomendado pela generalidade dos gramáticos e eruditos tais, "estamos de fato a mutilar idéias e sentimentos, que nos são pessoais. Já não é a língua que apuramos, é o nosso espírito que sujeitamos a um servilismo inexplicável. Falar diferentemente (com relação ao falar de Portugal de hoje) não é falar errado... não há expressões diferentes que não correspondam também a idéias ou a sentimentos diferentes. Trocar um vocábulo, uma inflexão nossa por outra de Coimbra, é alterar o valor de ambas a preço de uniformidades artificiosas e enganadoras... Todos os fatos de linguagem, cá e lá, têm igual excelência como fenômenos... Há outros danos irreparáveis nas corrigendas e erratas vernáculas. O primeiro e o maior de todos, é o de que nos fica vedado todo o progresso nacional (progresso mental, bem se vê...). Trata-se da independência do nosso pensamento e da imediata expressão... Nossas supostas improbidades de linguagem. Um inquérito mais largo viria a abrir-nos um pouco os olhos contra a insuportável imposição de doutrinas puristas com que se pretende loucamente colorir o ambiente demasiadamente luminoso da América". (J. Ribeiro — *A língua nacional*, pp. 8, 13, 16 e 209).

uma organização, que se tece em fios animados e luminosos, ânimo e luz que são da sua essência mesma: a organização do espírito. E a língua se institui como a formação primeira de cada tradição humana; realiza-se numa estrutura viva, nimiamente ativa, desenvolvendo-se, evoluindo, expandindo-se, refazendo-se, progredindo e fortalecendo-se, como se desenvolve, e evolui, e se expande, e se refaz, e progride o próprio espírito.

Assim é a linguagem para quem a julga na realidade das coisas; não para o gramático. Este surgiu pelas frestas da inteligência; acolheu-se à fronde do jequitibá, mas a visão não pode subir; não lhe é possível ver mais que as rugas e o esfarelar da corcha, e a isto se reduz o seu discorrer. Nem se lhe diga que o patriarca da floresta é uma forma em plena vida, completa e sempre nova, a subir e a dilatar-se. Não; não lhe digam, pois que ele tem todas as medidas, das rugas que sondou e das casquilhas que colheu.

A imagem é, talvez, insuficiente. Por índole, o gramaticante quer existir na própria organização do idioma; aloja-se nela, quer julgá-la, e, se há possibilidades, acaba subjugando-a, afastando-a das radiações do pensamento, até que a faz sucumbir. Assim têm deperecido línguas que foram luzir de grandes tradições, e morreram, quando subsistiam ainda outra tradições que com elas se formaram. Morreram porque, deixadas aos gramáticos e rétores[5], esses não souberam compreendê-las como regime de pensamento; nunca puderam compreender o que é o pensamento, e as reduziram aos moldes da sua inteligência, imobilizando-as, matando-as. Não é agradável companhia a de quem só sabe viver bem com cadáveres; menos, ainda, a de quem reduz a cadáver todo organismo a que se achega. Por isso, a linguagem tem deixado de ser objeto de estudos para todos esses que poderiam fazer nela análise de verdadeira elucidação: psicólogos, naturalistas, etnologistas, moralistas, sociólogos, filósofos... No entanto, quanta coisa nos diz a linguagem de si mesma, isto é, do regime do pensamento que nela se faz!... Houve um momento em que a escassez lingüística julgou ter dissipado todos os segredos, com as suas verificações, da origem comum nas línguas a que chamou de arianas. Finalmente, tudo se reduziu a isso mesmo, pesquisa de etimologistas, como etimologistas hindus já o faziam, há mais de 2.000 anos. E não souberam achar o verdadeiro sentido da lição, que em tais verificações se encontra. Há um regime de linguagem

---

[5] N.E. No original "rhetores"; rétor: aquele que é versado em retórica (Houaiss, 2006).

que deixa transparecer, sobretudo, o que é ativo e móvel no pensamento, e que o acompanha facilmente, ao pensamento, em todos os seus surtos e suas expansões. É, por isso, a linguagem nimiamente propícia à evolução das abstrações, e às sínteses de conhecimentos; é a linguagem onde fácil e lucidamente se simbolizam as discriminações do espírito, para a perfeita distribuição das categorias mentais. Ao mesmo tempo, com as suas qualidades de movimento, ele atinge todas as plásticas, e tão animada e pitoresca é na poesia, como nítida e expressiva na ciência, rigorosa e lúcida na filosofia. E, como *abstração* significa nitidez e segurança de pensamento, na plena posse da consciência para reconhecer-se, *individualizar-se* e afirmar-se, o arianismo se constituiu em norma de consciência, caracterizada como *abstração* em pensamento, e *individualismo* em socialização. Tal será a superioridade desse idiomatismo que conquistou a civilização e trouxe para o seu regime quase todas as tradições de pensamento. Essas e outras verificações achar-se-iam na linguagem, se se aplicassem aos seus documentos o método de interpretação científica, à luz da psicologia, da sociologia, da lógica...

O espírito é realidade de função social; toda sua produção característica passa por um estágio de linguagem; pretender conhecê-lo no limitado da consciência individual é o absurdo; a linguagem, numa sistemática interpretação elucidativa, será sempre o mais precioso recurso para a análise da atividade psíquica. Mas a psicologia hesita em penetrar num domínio já tão ostensivamente ocupado, e que, dessa ocupação, tão pouco tem dado. Não consideram os psicólogos em que essa penúria de resultados provém, não da pobreza do terreno explorado, mas da inópia dos métodos e programas aplicados. Enquanto a linguagem for considerada uma existência distinta do pensamento, e, a palavra um simples arranjo de sons, teremos a lingüística aparatosa e estéril, de sempre, teremos o domínio da linguagem para o recalcar esterilizante dos ruminadores de *raízes*, gregas e não gregas. Vejamos, porém, a linguagem como o próprio jogo da simbólica viva em que se faz o pensamento; digamos, da palavra, símbolo e focalização da idéia e dos elementos em que a mente trabalha; assim consideremos, e assim tratemos a linguagem, e ela nos dirá, por sua vez, o mais importante, e essencial, e vasto, a que podemos chegar na análise do dinamismo mental.

Se outros hesitam, por que não hesitaria o modesto pensar que discorre nestas páginas? Mas uma rápida observação, quase sem referência ao caso, completou os motivos íntimos para intentar o estudo da simbolização na atividade do espírito⁶. *"J'ai une certaine paresse physique, je n'ai jamais aimé les sports, sauf... la promenade. Je mentione cette disposition parce qu'à cette paresse physique correspond une sorte de paresse intellectuelle sur laquele je dois m'arrêter un instant. Et d'abort je remets assez facilement au lendemain ce que j'aurais du faire la veille... De plus la mise en train de mon activité intellectuelle est en général assez lente ou mieux la réalisation de cette activité. Je rumine assez longtemps mes idées, avant de me décider à les formuler, à les écrire. Il semble que j'attende le déclanchement qui mettra toute la machine en mouvement et ce déclanchement se produit sous une influence variable... Malgré cette paresse intellectuelle initiale, une fois la machine en train, mon activité intellectuelle évolue avec la plus grande facilité, sans effort. Quand je me suis décidé une fois à formuler les idées qui traversaient mon esprit depuis des années, je n'avais qu'à laisser courrir ma plume, j'écrivais comme sous la dictée".*

A observação é preciosa e o testemunho valioso. Muitos outros, bem mais explícitos, encontram-se ao longo das análises rigorosamente científicas; nenhum, porém, terá para mim significação mais decisiva. E, pois que intento fazer um estudo de psicologia, em método que não é corrente nos psicólogos, o método interpretativo, aplicado à função concomitantemente individual e social; em tais condições, é preferível ser absolutamente sincero, e que esta exposição normal do meu entender se faça na forma inerente ao meu temperamento intelectual. Para que dissimular, e procurar a máscara de sábio, com o diluir do pensamento na

---

⁶ H. Beaunis. Comment fonctionne mon cerveau, *L'ANNÉE PSYCH.*, p. 455. Foi em Beaunis que fiz minha primeira leitura efetiva — a introdução dos seus *Nouveaux Éléments de Physiologie*. Chamo de leitura efetiva a esse ato pelo qual o meu espírito, por si mesmo, fora de qualquer didática, pode servir-se de um pensamento escrito para realizar a visão intelectual de alguns aspectos do universo e das suas energias. Para os 20 anos do simplório estudante de medicina, essa leitura foi a revelação filosófica. Não a refiz; guardo-a, no relicário da consciência, como moldura de figura mental do sábio, que tenho com um dos pensamentos mais honestos e sinceros. Por isso, quando nele encontro um modo de julgar em que se acorda o meu entender, creio que estou com a razão. O testemunho de Beaunis quanto à elaboração íntima do pensamento, já em forma verbal e comunicável, tanto que, finda a ruminação inconsciente, as idéias se dispõem com a forma própria à expressão; esta manifestação deu-me o complemento de ânimo para tentar a demonstração que se encontra aqui. Em face do texto de Beaunis, é interessante notar a semelhança mental que há entre ele e J. J. Rousseau, quanto a essa preguiça de que este se acusa nas *Confissões*. É de notar, ainda, a semelhança de estilos.

tórpida impassibilidade de uma exposição por insulsas[7] inferências e deduções, quando a conjuntura mental é das que estimulam e apaixonam? A razão e a verdade sabem valer por si mesmas; se andei em torno desses valores, eles se produzirão nas virtudes que lhes são próprias, qualquer que seja a tonalidade desta exposição.

Em muita circunstância, parecerá que o pensamento transborda do assunto aqui estudado... É próprio da psicologia: se ela estuda realmente o espírito humano, transbordará, e irá com ele, por todos os horizontes onde ele se projeta, ora, estética, ora, moral, ora, civilização, ora, política... que tudo isto é psíquico. É bem no realizar do espírito que esta verdade se impõe — *humanum sum...*

Para os efeitos de interpretação, preferi, sempre, a produção de pensamento brasileiro, textos de escritores nossos, sobretudo poetas, onde o imaginar dos símbolos sugestivos é mais plástico e nítido. Poderia ser de outro modo? Aqui e ali, acudiram-me exemplos, modelos e imagens de escritores estrangeiros, exemplos que desde sempre se impuseram ao meu intelecto; isto, porém, foi exceção. Serviu-me de tais modelos, porque estou penetrado deles, pelo efeito nítido e profundo que tiveram na minha consciência; mas o material constante das minhas referências foi a produção brasileira, porque, não só lhe compreendo o pensamento, como o sinto na essência do seu idiomatismo. Não poderia ser traído no interpretar.

Atenda-se, ainda: este não é um estudo de crítica literária, mas pura interpretação de documentos de pensamento e linguagem. Referi-me, somente, ao que, no nosso intelectualismo, já é documento. Por isso, os nomes são de glórias já consagradas na morte. Dos vivos, apenas um se mantém, aqui, em referências constantes. Seria possível buscar documentos nessa fase fulgurante da nossa poesia, e que foi a do parnasianismo, sem encontrar, de momento a momento, Alberto de Oliveira?

Rio de Janeiro, Novembro, 1922.

M. B.

---

[7] N.E. Insossas

Introdução à primeira edição, por Manoel Bomfim

Os processos de simbolização, ainda que não sejam exclusivos da psicologia humana, fazem-se de tal modo desenvolvidos e constantes, que se tornam característicos e essenciais nas qualidades do nosso espírito, tanto na atividade mental, como na evolução dos sentimentos. No prosseguir destas páginas, para assinalar o papel do símbolo na vida consciente, e acentuar a sua importância, haverá necessidade de deixar bem patente: que o espírito humano se realiza como *unidade ativa de um conjunto, ao qual está intimamente ligado,* e de que depende de modo absoluto — a sociedade. A consciência se forma no assimilar o meio social; a esse meio conjuga as suas forças, de tal modo que nem nos é possível compreender a existência da criatura humana fora dali. Isole-se o indivíduo da vida social; faça-se abstração do que, na sua psicologia, se liga às formas históricas ou tradicionais, e essa psicologia se reduzirá ao milionésimo do que era.

A consciência humana, que conhecemos *por analogia com o nosso foro íntimo,* realiza-se numa correspondência constante com as necessidades de adaptação ativa, relativamente ao meio dentro do qual vivemos. Consideremos, agora, que, nesse meio, a parte mais importante é o próprio elemento humano — a sociedade. Esta é infinitamente importante para a vida psíquica, por três motivos: não possuímos instintos formais, isto é, não herdamos formas instintivas de reação para a realização das nossas relações com o meio, e devemos recebê-las da tradição social, mediante a educação; se temos necessidade de adaptar-nos ao meio físico, mais sensível, ainda, é a necessidade de adaptação ao meio social, cujas exigências nos restringem e limitam muito mais, quanto aos atos conscientes, do que o meio cósmico; finalmente, as próprias adaptações individuais ao meio físico, nós as fazemos sempre em cooperação com o resto da sociedade, e foi assim que se firmou a nossa supremacia na natureza.

De tudo isto, resulta que a parte característica, e essencialmente humana, nas vicissitudes da consciência, é o reflexo e a interferência das influências sociais.

Para bem compreender a vida do espírito, fora preciso representar cada indivíduo como sendo um nó vivo, de uma teia igualmente viva e ativa, a sociedade — espécie de trama, urdida em todos os sentidos possíveis, e cuja atividade se manifestasse justamente como produtos desses nós. A imagem será insuficiente, imprópria e grosseira, porque a realidade da existência humana, como vida social, inclui relações cuja extensão e complexidade alcançam todo o planeta, através dos milênios de civilização, e porque, em cada indivíduo, o espírito se forma resumindo e condensando a experiência geral da espécie.

* * *

Não se pode medir a importância do fator social na formação e realização do espírito; mas teremos uma apreciação aproximada, se consideramos o seguinte: a hereditariedade é a grande lei na organização biológica; todo ser vivo é uma individualidade, cuja estrutura anatômica e funcional resulta na herança; o modo de viver e de reagir, em todos eles, está inscrito nos próprios órgãos. O animal governa-se, dirige-se em tudo, segundo os *seus* instintos, de acordo com motivos que existem nele individualmente: tem em si mesmo o seu governo. Isto é assim para toda a natureza, menos para o homem, porque todos os seus instintos de relação se fundiram no instinto social; os seus motivos de proceder e de governo pessoal vêm, numa grande parte, de fora, e resultam das condições sociais. Em tal modo, para o homem, quanto à vida de relação, a herança biológica é toda virtual, com o valor de *tendências e possibilidades*; vale como potencial, num cérebro capaz de vibrar em correspondência imediata com as impressões recebidas, conformar-se a elas, e armazenar indefinidamente resíduos de impressões, para constituir uma experiência própria, assimilada pessoalmente, e que compense a falta de herança adaptativa.

Quanto à vida de relação, isto é, à atividade consciente, a herança humana se limita aos impulsos. Tudo que é forma e processo, representações ou objetos que nos passam pela consciência, os métodos lúcidos de pensar, os seres em que objetivamos os nossos sentimentos... tudo isto nos vem do meio. Os motivos íntimos de sentir, de pensar e de querer são instintivos, mas as normas e coisas em que realizamos a consciência nos vêm do meio, principalmente do meio social. Ao mesmo tempo, sucede que a influência mais sensível sobre o espírito, em virtude mesmo de um poderosíssimo instinto de imitação, é a *sugestão*. Multiplique-se a força de caráter do indivíduo pelos milhões de outros que, de qualquer modo, podem concorrer para sugestões; contem-se as correntes de idéias, opiniões e sentimentos, que constantemente vêm refluir sobre a consciência individual, e teremos uma idéia da significação que devemos dar às atividades do espírito nas unidades sociais.

Tendo em consideração as condições reais dessa atividade, como o apreciamos aqui, devemos reconhecer que as suas formas, isto é, as funções do espírito, a sua organização e realização, não podem ser estudadas eficazmente, nem serão racionalmente interpretadas, se nos limitamos a analisar a exclusividade de cada consciência, isoladamente, sem referência constante ao viver social e às suas influências. A psicologia jamais será elucidada, jamais se definirão as suas leis, se continuamos a estudar o homem-espírito com o simples critério de observação e experimentação, em individualidades isoladas, como fazemos para definir os processos de pura fisiologia nutritiva. Temos *indivíduo e sociedade,* psicologia e sociologia, fenômenos psíquicos e fenômenos sociais; e tudo resulta das mesmas formas de atividade — a vida do espírito. A psicologia humana é, sobretudo, o viver social, refletido em atividades na consciência individual; a sociologia é a atividade psíquica, coordenada no viver social. Todo fato psíquico se entrelaça, como origem, forma e efeitos, ao viver social; todo fato social tem, por isso mesmo, um correlato nas psicologias individuais. Assim como é insuficiente e estulta a sociologia que se limita a contar fardos de algodão e tomar médias de temperatura (aliás, a produção de algodão, ou outras, tem como fator principal a capacidade psíquica do produtor), é estulta e escassíssima essa psicologia que se faz contando, apenas, com as consciências isoladas. A psicologia, em cada indivíduo, é condicionada por fatos de física, química, mecânica... Ninguém pretenderia interpretar o que é fisiológico, considerando uma, somente, das condições necessárias, e tudo explicando pela química, por exemplo. Da mesma sorte, a psicologia é condicionada pela organização biológica individual, e pelas relações sociais; a sua elucidação se deve fazer pela observação da atividade pessoal e a interpretação dos fatos sociais.

* * *

"O espírito vive e é uma organização; a vida é estudada na atividade própria de cada ser vivo..." Sim, é um argumento; mas não pode prevalecer quanto ao critério para o estudo da vida psíquica. Em primeiro lugar, devemos notar que a completa interpretação dos fenômenos vitais e da sua evolução resulta de outros conhecimentos, além do que nos diz a atividade isolada de cada organismo; há muitos aspectos que nunca compreenderíamos sem a documentação paleontológica. Mais importante, ainda, é o considerar-se que a formação do espírito, em cada unidade humana, é uma formação *sui generis*, sem similar nas formações biólógicas. O ser vivo, organicamente, é exclusivamente *prole* — reprodução hereditária dos progenitores; a estrutura ativa é exclusivamente sua, biologicamente isolada, mesmo quanto aos da sua espécie. O espírito se forma absorvendo diretamente o conjunto da experiência geral, e tem de viver dependendo absolutamente das relações com os outros, sob a influência imediata da sociedade, à qual está entrelaçado de modo absoluto.

Essas dependências formais, explícitas, são características na atividade de cada consciência. A palavra — a idéia — define-se pelo juízo em que concorre; o juízo explica-se pelo texto, pelo parágrafo; o parágrafo tem de ser compreendido no capítulo, e o capítulo tem a sua razão no total do livro, que, aliás precisa ser estudado à luz da obra e da filosofia geral do pensador. Por sua vez, o escritor tem de ser interpretado no conjunto da sua época. Da mesma sorte se entrelaçam os espíritos. Pessoalmente, na insignificância do meu pensamento, se me eliminassem do espírito a influência dos *evolucionistas,* seria como se lhe tivessem desfeito toda a estrutura de idéias. Poderia esquecer até os nomes; perder toda a memória das obras em que os li; mas sinto que não posso compreender o universo, a natureza, a vida, o espírito... senão como evolução. Foi um simples incidente, sem intenção, esta confissão; mas convém que ela fique, porque explicará muita coisa, que o meu pensamento não saberá apresentar nitidamente.

Tudo que é parte de um conjunto de relações e produto de uma evolução, só pode ser definidamente estudado com vistas a essas relações, na interpretação científica dos documentos dessa evolução. Este é, realmente, o caso do espírito humano. São bem mais estreitas e ativas as relações e dependências do indivíduo na sociedade que as da árvore na floresta. No entanto, ninguém iria estudar a forma e o desenvolvimento de uma planta florestal, sem considerar explicitamente o matagal. Mesmo para o caso de atividades puramente físicas: ninguém limitaria o estudo e o conhecimento da dinâmica atmosférica, ou oceânica, a pesquisas de laboratório!... Pois foi isto o que se tentou fazer no estudo do espírito humano, a título de fazer da psicologia uma verdadeira ciência...

* * *

A psicologia caudatária da filosofia doutrinária fez sua obra, de pura introspecção, com o critério das *faculdades*. O seu remate glorioso foi, talvez, a análise dialética de Kant. Depois, emancipou-se completamente a psicologia. Os Mills, Taine, Bain, Spencer, Romanes, Ribot, W. James, Hoffding, Baldwin,... inspirados em Hume e Locke, deram ao estudo do espírito um tom rigorosamente científico, tirando-lhe aquele caráter meramente especulativo. Foi o período heróico e glorioso da psicologia. No entanto, reconheçamo-lo: há dois decênios, já, que a ciência do espírito vem de crise em crise, como se todos os métodos tivessem falhado, e se, nos ânimos estudiosos, houvessem aluído todas as esperanças...

Entendamo-nos: a crise apontada e acusada foi, tão somente, na psicologia de laboratório. É verdade que, neste último meio século, os laboratórios pareciam ter monopolizado o estudo do espírito. O sucesso das pesquisas de Weber, Fechner, Wundt, Binet... foi exaustivamente apregoado; formaram-se batalhões de *medidores de limiar de consciência* e *tomadores de tempo de reação*, com a insensata pretensão de captar assim, grosseiramente, as atividades psíquicas, reduzindo-as a médias e curvas, organizadas a compasso de Weber e cronoscópio de Hipp[8]. Não tardou que a introspecção, antes malsinada, desprezada, repelida, por ser anti-científica, fosse retomada, agora, sob os auspícios dos desalentados laboratórios de psicologia, com a rígida estreiteza de método, a que pedantescamente dão o nome de científico.

Faziam-se as pesquisas de introspecção, submetidos os pacientes, no estreito e artificioso ambiente do laboratório, a interrogatórios, provas e *testes*, meticulosamente regulados e medidos, espécie de fieiras cotadas a mícrons, para fazer passar por ali o espírito, em doses e em formas rigorosamente apreciáveis e mensuráveis... De longe em longe, apareciam experimentações esclarecedoras, lucidamente conduzidas e interpretadas; a grossa produção, porém, era essa: dos míopes anotadores de associações de idéias.

Foi quando Wundt disse de público as suas desilusões, quanto a tirar dos laboratórios a definitiva explicação dos processos psíquicos. É de notar que, ao fazer

---

[8] Em 1902, quando estive em Paris, pela primeira vez, para conhecer de perto os métodos de estudos psicológicos, já era muito sensível a crise de descrença e desilusão nos laboratórios.

a sua confissão, ele já havia modificado os métodos primitivos, de pura psicofísica, e tinha apelado para a introspecção. Por isso, convém conhecer o que, depois de trinta anos de laboratório de psicologia, ele veio a escrever.

"O serviço que a psicologia experimental nos pode trazer consiste, essencialmente, no aperfeiçoamento da nossa observação interior. Ora, a observação interior, experimentalmente concebida, fez, já, alguma coisa de importante? Nenhuma resposta geral se pode dar, porque, no estado inacabado da nossa ciência, não existe, quanto às pesquisas experimentais, nem mesmo um corpo de doutrinas universalmente aceito. Num tal desconcerto de opiniões, o observador individual nada mais pode fazer senão dizer que vistas e que intuições deve, pessoalmente, aos novos métodos. E se me perguntassem em que tem consistido o valor da observação experimental em psicologia, em que consiste ela agora, eu diria que ela me forneceu uma idéia inteiramente nova sobre a natureza e as relações dos processos interiores. Aprendi a apanhar, na perfeição do sentido visual, a síntese criadora do espírito... Pela minha investigação sobre as relações no tempo... alcancei mais intimamente a união fundamental de todas as funções psíquicas, ordinariamente separadas por abstrações e nomes artificiais, como ideação, sentimento, vontade. Constatei a individualidade, a homogeneidade interior da vida mental em todas as suas fases. O estudo cronométrico dos processos de associação mostrou-me, enfim, que a noção de *imagens* mentais distintas era uma dessas numerosas concepções que se formulam, apenas, para substituir a realidade por ficções. Aprendi a conceber a idéia como um processo não menos fluído e flutuante que um sentimento, ou um ato de vontade, e aprendi, então, que a antiga doutrina da associação das *idéias* não era mais sustentável..."

"Além disto, a observação experimental forneceu-me outros dados sobre a rapidez da consciência e de certos processos, sobre o valor numérico exato de certos dados psicofísicos, etc... Mas considero todos esses resultados como coisas relativamente insignificantes."[9]

* * *

Paralelamente, Binet, um dos raros com quem a psicologia de laboratório realizou muita obra útil, o conscienciozo Alfredo Binet, fazia implicitamente uma

---
[9] Philosophische Studien, X, 121-124, citado por W. James — *Palestras Pedagógicas*, Nota 1.

confissão idêntica, e, desiludido da introspecção experimental, voltou-se finalmente para a psiquiatria e a psicologia especulativo-metafísica. Foi a crise que levou Wundt, Virchow, e muitos sábios de laboratório para o dualismo. Entendiam que só há ciência onde há minúcia de microscopista; não quiseram refletir em que o microscópio só pode dar uma cisão perfeita e a explicação conjunta do que é definível em *mícrons*. O espírito humano, que alcança toda a espécie, entrelaçando-a numa mesma organização, e que vem, assim, numa mesma evolução de formas e de processos, desde que o próprio homem aparece, o espírito não pode ser definitivamente conhecido, completamente explicado na miudeza desses processos microscópicos. Anos e anos passaram esses exércitos de secundários, americanos, alemães, franceses... de lápis em punho, no fundo dos laboratórios, a entediar uns pobres pacientes, para que dissessem como lhes vinham as idéias associadas... O máximo resultado obtido foi esse mesmo a que se refere Wundt, também assinalado por Binet: que o pensamento humano é muito mais do que a simples imagem, e que, na maioria das vezes, pensamos sem, ao menos, a representação das coisas reais em que pensamos. Foi o quase repúdio da psicologia de Taine.

É um resultado a acentuar; mas que não basta, pois que é todo negativo. Com ele, o laboratório não revelou, sequer, o problema do pensamento. Nem fora possível. A dinâmica do pensamento humano não poderia conter-se na estreiteza do laboratório; deforma-se, anula-se. Mesmo as simples associações de idéias: melhor as conhecemos na análise de uma obra qualquer, naturalmente pensada e escrita, do que nos milhares de pesquisas que, para esse fim, se fizeram. Tomem do albatroz, ou mesmo do tico-tico, atem-no, já encerrado numa gaiola e, agora, tentem estudar-lhe a dinâmica do vôo!... Pois, foi mil vezes mais insensata a pretensão de conhecer o conjunto do espírito, pelo que se obtém nas simples pesquisas a lápis e aparelhos[10]. Tais pesquisas foram úteis; serão necessárias muitas vezes, porque assunto tão complexo, o mais complexo a que se pode dedicar a mente humana, tem de ser apurado à luz de

---

[10] Durante 12 anos tive à minha disposição um laboratório de psicologia; nas pastas, ainda estão acumuladas anotações, traçados, fileiras de cifras... e nunca tive coragem para organizar uma parte qualquer desses dados, e de os publicar, porque nunca obtive uma elucidação satisfatória. Afigurava-se um problema aparentemente simples: Efeitos de sugestão sobre o esforço muscular; realizava uma série de experimentações, e delas resultavam, ao lado de escassas indicações positivas, novos aspectos de pesquisas, isto é, novos problemas. Em apêndice, darei os resultados de experimentações quanto ao Tempo de percepção. Foram as mais férteis, entre as que sistematicamente organizei. Esses resultados mostrarão bem quanto é difícil o concluir em face de tais experimentações.

todos os métodos, com a contribuição de todos os recursos; mas, evidentemente, dos métodos possíveis e aplicáveis, o mais insuficiente será sempre este: tomar um indivíduo, considerá-lo isoladamente, impor-lhe as condições restritas e artificiais do laboratório, para inferir da sua consciência deturpada o regime normal do comum das consciências. Meditemos um momento, e desde logo se fará a convicção de que o espírito humano, complexo, essencialmente ativo e instável como é, tem de ser estudado e compreendido nas formas normais e completas da sua realização natural. Ele existe, e produz, e se manifesta, como atividade conjunta e coletiva; assim tem de ser compreendido e estudado. A introspecção, somente, pura observação individual, quer seja, ou não, trabalho de laboratório, nunca poderia dar a base completa das leis do espírito[11].

* * *

No homem, a atividade psíquica — a vida do espírito — é uma atividade formalmente socializada. Nem mesmo podemos abstrair o espírito do viver social. Considerando isto, temos de considerar, também, que nos encontramos com uma sociedade humana feita e concretizada numa longa tradição, com as suas normas nitidamente constituídas, realizadas em fatos de regime natural, como todos os outros fenômenos do universo. No entanto, são os fatos sociais especialmente extensos e complexos, de tal modo que os não podemos isolar, para uma boa observação direta e realmente expressiva. A sociedade humana existe como um grande todo, de organização livre, resultado de uma formação milenar, cujos fatores mais importantes, como a tradição, excedem inteiramente o nosso poder individual. Estamos, em face dela, como em face da terra que habitamos, na situação de espectadores, cuja visão direta só alcança aspectos muito limitados, parcelas e detalhes de ações mal definidas muitas vezes. O mais importante, certamente, nesses processos de formação e organização da terra, ou da sociedade, está no passado, e se liga a influências remotíssimas, relativamente à nos-

---

[11] Saint Paul, cuja obra sobre linguagem interior teve grande repercussão na ciência francesa, e que se filia aos métodos rigorosamente científicos, não hesita em escrever: "É preciso afirmar fortemente que a introspecção não pode fornecer à observação senão uma modalidade de ideação e que ela é impotente para informar-nos sobre a ideação em si mesma". (Saint Paul, *Le language intérieur*, p. 58)

sa existência pessoal. Nestas condições, se queremos conhecer o que de essencial exista na formação da terra, ou no viver social, temos que recorrer aos produtos e efeitos em que se condensam as energias influentes, e que exprimem a forma de ação dos diferentes fatores, no desenvolvimento e na organização de um, ou de outro, desses dois complexos. São os documentos que, um pouco assistidos pela observação imediata, com o mesmo espírito crítico das outras ciências, devidamente interpretados, permitem fazer a "ciência da sociedade" e a "ciência da terra". Foi esse método, em interpretações geniais, que permitiu a Darwin realizar a sua obra.

Ora, o espírito humano é, de certo modo, também, um complexo, uma atividade *sui generis*, resultado desse mesmo viver social; só existe como unidade do complexo social. Efeitos e causas, nele, são sempre ligados à sociedade, pois que as energias íntimas são as mesmas, na vida do espírito e no conjunto humano. Então, se aceitamos que a vida do espírito tem um regime necessário, na ordem dos outros fenômenos da natureza; se pretendemos que as suas leis são expressões naturais, como as que nos explicam a evolução geológica, ou a evolução social, devemos aplicar ao seu estudo, para uma boa elucidação, o mesmo método de crítica e de interpretação documentária que aplicamos ao estudo da Terra e da Sociedade. Métodos complementares serão utilizados, mas o essencial se fará sempre na análise interpretativa dessa longa obra em que o espírito humano se tem revelado, como a própria realização das consciências socializadas. Baldwin, que não é apenas um professor de psicologia, se não um verdadeiro filósofo, sendo um dos mais seguros orientadores da psicologia exata e científica, assim o entendeu. Se a sua obra tem a justa influência dominadora que tem, não é tanto pela segurança das apreciações nos pormenores, mas, principalmente, pela superioridade de métodos com que se faz. O seu *método genético* é uma lúcida e fertilíssima aplicação destes princípios: o homem é um ser essencialmente social, e foi pelo espírito, exclusivamente pelo espírito, que ele se socializou; é na sociedade, através da sua evolução especial, que o espírito se organiza; em cada criança, assistimos à formação do espírito, na forma de assimilação social, sob o influxo da irresistível tendência imitativa. A acentuação da sua grande obra ele a fez, "procurando em que medida os princípios do desenvolvimento mental no indivíduo são também os da evolução social". Toda ela tem o valor de uma demonstração. J. Stuart Mill, há muitas dezenas de anos, já pensava que a dedução é o único método capaz de assegurar a existência de uma psicologia própria.

* * *

Pois não é eloqüentemente expressivo este encontro de idéias e de teorias?...

Tarde, e, antes de Tarde, Bagehot[12], exclusivamente sociólogos, assentaram a mais racional sociologia num fato essencialmente psíquico — a *imitação*, e chegaram à fórmula de que não é possível compreender a estrutura e a dinâmica social, sem referi-las explicitamente a esse modo de ser psíquico. Ao mesmo tempo, Baldwin, buscando a explicação do espírito humano, estudando-o explicitamente, como psicologista, verificou desde logo que nada elucidaria, se não considerasse o homem como elemento social, e baseou a formação do espírito nesse mesmo fato a que os referidos sociólogos ligaram a vida social – a *imitação*. Com propósitos diferentes, por diversos caminhos, pois que bem orientados, procuravam a explicação da atividade humana consciente do indivíduo isolado ou do conjunto social; eles convergiram e vieram ter a um mesmo ponto. Nem toda orientação seria possível ao psicólogo que começa reconhecendo e proclamando: se, para o conduzir-se como é preciso, "tivesse o indivíduo humano de repetir em experiências pessoais tudo o que tem necessidade de saber, nem toda a vida lhe bastaria para aprender o essencial". Nestas condições, o homem realiza a sua maravilhosa formação, "assimilando, por *imitação*, a sociedade que o recebe e o educa"[13].

Quem poderia contestar a realidade das influências educativas? Nem de outro modo se explica a instintiva confiança que todos temos na educação. O modo de formação faz um livresco, um erudito, desapercebido das realidades, como faz um autodidata, ou um independente... Nos modos superiores de proceder, o espírito age e se conduz como se possuísse um sentido especial, o sentido moral, que lhe permite manter-se em equilíbrio, graças a inibições constantes, por entre as intrincadíssimas exigências sociais... Nestas condições, como pretender limitar o

---

[12] Antes de Bagehot, já Carlyle tinha insistido em afirmar a importância da imitação como fator social. "Alta e misteriosa verdade, essa disposição a imitar, a conduzir e ser conduzido, essa impossibilidade de não imitar, é a mais constante e uma das mais simples manifestações. Imitar! Quem de nós pode medir a significação que se contém nesta só palavra?... A imitação, esse dom particular e soberbamente importante do homem, graças ao qual a Humanidade já não se sente mantida em coesão social no presente, mas ligada, numa união semelhante, ao passado e ao futuro". *Ensaios*, sobre Samuel Johnson e Goethe, trad. francesa, pp. 193 e 259.

[13] Baldwin, *Interprétation Sociale et Morale du Développement Mental*, (Trad. francesa, p. 130).

estudo do espírito à atividade restrita de *uma* consciência, como se assim, isolada, ela existisse?... O que num espírito se realiza e se efetua não pode ter explicação por ele somente; a atividade de uma consciência destacada, ou mesmo de uma sociedade em especial, não pode dar o padrão para compreender o que há de geral na atividade consciente. A tradição mental no chinês, a forma de evolução do seu pensamento, no sistema de símbolos que lhe são próprios, deram à sua inteligência um regime relativamente discordante das nossas abstrações; o seu pensamento simbólico tem, evidentemente, outros trâmites, que se não explicariam em pesquisas isoladas e limitadas a nós ocidentais.

Todas essas considerações ocorrem para fazer compreender que os métodos estreitos, até agora em curso na psicologia, são os verdadeiros motivos da crise em que a encontramos. Essa mesma deficiência de método, na psicologia corrente, nos explica o relativo sucesso da psicanálise. Não obstante vir da clínica, a doutrina de Freud se apresenta como uma orientação de maior descortino; traz uma concepção nova, onde se destacam como essenciais os fatores psicossociais, considerados num aspecto francamente dinâmico. Lévy-Bruhl, repetindo A. Comte, insiste que as "funções mentais superiores devem ser estudadas pelo método comparativo",... em vista do viver social. "As altas funções mentais ficam ininteligíveis, desde que sejam estudadas somente no indivíduo. Na vida mental do homem, tudo que não equivale a uma simples reação do organismo às excitações que recebe, é necessariamente de natureza social".

* * *

A psicologia não poderia pretender exclusividade, nem originalidade de método, pois que ela concorre para estudar o homem. Mas, não esqueçamos que o seu objeto está naquilo que, no homem, é caracterizadamente humano — o espírito; e o espírito é, essencialmente, atividade, ligada a um substrato material, que bem pouco deixa explicar quanto à natureza dessa mesma atividade. Para tanto, o mais importante será, sempre, analisar a obra coletiva do espírito, as suas complexas elaborações, expressas em obras onde encontramos fixadas todas essas instâncias dinâmicas, todos esses estados de consciência que, analisados, se esvaem, e escapam em grande parte à nossa apreciação direta.

Ainda há pouco, surgiu nessas páginas a afirmação de que não pode haver, e há, pensamento sem imagens; foram, principalmente, as pesquisas de laboratório que forçaram os psicólogos a essa afirmação. Ela tem uma grande significação, mas pode ser feita por qualquer pessoa que saiba analisar o seu pensamento, ou que aceite o trabalho de apreciar, a esse respeito, a produção mental na generalidade dos filósofos. Sem ir mais longe: que imagens poderiam ter ocorrido a Wundt, no trecho transcrito, para a parte essencial do seu pensamento? Há juízos e juízos, feitos de tão altas abstrações, que só muito remotamente lhe poderíamos associar uma imagem. Por conseguinte, todas as longas introspecções de laboratório, realizadas para chegar a essa conclusão, foram inteiramente ociosas, quase desorientadoras, pois que, ao mesmo tempo que se verifica, de modo irrecusável, que há sociedades inteiras, mesmo no presente, onde não há um só conceito, uma só idéia, que seja puramente verbal.

Como se explica esse desacerto de resultados?

Isso, que os laboratórios não puderam elucidar, antes fizeram mais confuso, elucida-se perfeitamente quando examinamos e interpretamos a obra geral da inteligência humana, nos seus sucessivos estágios de desenvolvimento. E verificamos que o pensamento, onde quer que o possamos apreciar, no infante que apenas começa a julgar, no selvagem, ou no sábio meramente especulativo, é sempre generalizador, e se faz, rigorosamente, como uma aproximação de generalidades a particularidades; a extensão de umas e outras é relativa, mas o aspecto generalizador constitui a essência mesma da operação mental. Sendo relativa, a extensão das generalizações não vai, muitas vezes, além das relações sensíveis. Tais generalidades intervêm no pensamento num sinal, num símbolo, que, de modo geral, corresponde diretamente aos aspectos sensoriais: é uma imagem, simbolizando uma categoria, ou generalidade de relações. Tal acontece à criança quando pensa em alimento, ou ao selvagem ao julgar das suas caçadas: pensam com símbolos naturais, diretamente representativos. À medida, porém, que as idéias, os motivos de pensamento, se vão tornando mais abstratos, e se vão afastando mais das origens sensoriais, quando o pensamento se torna mais complexo, há vantagem em simbolizar ou incorporar as idéias em sinais de valor convencional, sem nenhuma significação natural, além da associação simbólica com a idéia correspondente. É neste caso que, dizemos, o pensamento se faz sem imagens. De todo modo, no pensamento ocorrem sempre generalidades, que despontam na consciência incorporados a um símbolo, de origem direta, por associação natural, imagem, ou de valor puramente convencional, sinal de linguagem simbólica.

* * *

Consideremos agora que o pensamento humano fez, e faz, a sua evolução numa ascensão constante de abstrações; donde a necessidade de se abandonarem os sinais diretos, substituídos pelos símbolos puros. Consideremos ainda que, para os efeitos da comunicação do pensamento (essencial na existência humana), o puro símbolo, de realização fonética – a palavra, é infinitamente superior a qualquer outro. Daí, esse aspecto característico do pensamento humano, ser intimamente incorporado à função da linguagem, de tal sorte que muita coisa da psicologia só se esclarece à luz da lingüística, pela interpretação dos respectivos documentos, e que, por conseguinte, o essencial na lingüística são os seus aspectos psicológicos. Pelo fato da simbolização, que, aliás, é da essência mesma do pensamento, este se funde à linguagem, o que força Romanes a considerar a direção simbólica do pensamento como a única diferença psíquica entre o homem e o animal, e leva Baldwin a dizer que "... é pela linguagem que o desenvolvimento mental atinge no homem o seu aspecto mais elevado, o aspecto pessoal"[14]. Wundt sustenta opinião análoga, quando reclama que os fatos da linguagem sejam estudados para a elucidação da psicologia do pensamento. Na pena de um Max Müller, tais juízos poderiam ser levados à conta de *exageros de lingüista,* incapaz de compreender a natureza humana senão através da sua especialidade. Mas, na obra de técnicos da psicologia, esses conceitos se tornam eloqüentíssimos para acentuar a importância que o método interpretativo e documentário deve ter para o conhecimento da psicologia do pensamento.

Todos esses fatos serão demoradamente estudados, a propósito da evolução dos símbolos, e das suas relações com a linguagem. Agora, trata-se, apenas, de explicar os motivos que fizeram dar a este trabalho de pura psicologia, o caráter interpretativo que ele tem. Pois, então, a quem quer compreender a dinâmica do pensamento humano, pode ser indiferente a marcha segundo a qual, na seqüência histórica, a representação gráfica das idéias passou do ideograma visual para o símbolo fonético? São páginas especialmente expressivas, como documentação psicológica, essas de Maspero, em que ele nos mostra como, no copta, os símbolos diretos, primitivos vão perdendo a significação direta, estreita e imediata, por-

---

[14] J. M. Baldwin, op. cit, p. 86.

que os sons correspondentes são aproveitados para símbolo convencional de outras idéias. Isto se faz, à medida que as necessidades da abstração vão exigindo o uso de símbolos puros. Destarte, por motivos de psicologia, individual ou coletiva, facilidade de pensamento, facilidade de percepção e de produção dos símbolos na comunicação, os ideogramas se transformam em letras de valor fonético.

Tornando-se mais explícito, Wundt insiste em que a natureza psicológica da linguagem "explica-se pela sua aparição". Isto significa que, para a elucidação do caso, o mais importante será sempre a investigação histórica e a interpretação dos documentos lingüísticos. De fato, se nos desprendemos do que há de regional em cada departamento científico, prontamente reconhecemos que a linguagem é o grande repositório, não só para elucidar a psicologia do pensamento, como para o estudo geral do espírito humano. Então, compreendemos a verdade mística do LOGOS de Philon, e o traduzimos para nossa singela filosofia, como a essência mesma do espírito humano, projetado sobre o universo, e, com isto, símbolo dos símbolos, entre os nossos valores mentais.

Na linguagem, está a condensação sensível e explícita do psiquismo humano, socializado como ele é, no sentir, no pensar e no agir. O espírito tem de ser exclusivamente social, e só o podemos compreender quando assim o consideramos. Para apreciar o seu dinamismo, devemos considerar que ele é essencialmente ativo; se o imobilizamos, desaparece. É a máquina que existe em trabalho; para compreender a sua estrutura, temos que apreciá-la nas inter-relações sociais; isolada não tem sentido. O homem tem uma existência de mais de 200.000 anos, dos quais 25.000, no máximo, estão diretamente registrados nos documentos históricos. A linguagem, porém, reflete, perfeitamente, todo esse longo desenvolvimento, que se fez, sempre, sob o influxo social[15].

* * *

A sociedade cresce constantemente, em número e em valor. As influências que incidem sobre as consciências se renovam e se multiplicam incessantemente. Para

---

[15] Pode-se progredir moralmente sem sublimes abstrações; mas, para conquistar o planeta, elas são indispensáveis como recurso de pensamento, em consciências de fórmula individualista. Tais são as qualidades que, mentalmente e socialmente, caracterizam os povos ocidentais. A abstração e a generalização especulativa são quase exclusivas das mentalidades arianas; sob esse regime se fizeram os respectivos idiomas.

definir em termos positivos a sua atividade, teríamos de considerá-la uma química, cujas afinidades variassem sucessivamente, cujas atomicidades se justapusessem de reação em reação...

Eis as condições em que se realizam os fenômenos do espírito. As suas leis não podem ter a significação limitada que têm as outras leis naturais. Finalmente, parece que a psicologia não chegou a conquistar uma só lei, rigorosamente científica. É que a própria trama aparente dos fenômenos psíquicos se desfaz. Motivos básicos, e que são como que fatores orgânicos, elementos primeiros, perdem a significação. Como compreender, por exemplo, na psicologia do indivíduo isolado, o caso do judeu, ou do cigano?... Tem o valor de evidência que o instinto é orgânico, anterior a tudo, no psiquismo humano, e que o sentimento de pátria é pura sublimação de um instinto irrecusável. No entanto, nestes dois casos, o instinto como que se dissolveu: um fator primeiro da organização social desaparece, para deixar sobreviver um complexo de formação subseqüente, simples produto do espírito que já existe, a tradição: a tradição religiosa no judeu, a simples tradição social no cigano. Ao mesmo tempo, Israel provou, com isto, a força do espírito, a resistência das suas criações, em oposição com os seus elementos básicos. E provou também que a dúvida filosófica, fator de progresso em tantos outros casos, não é, todavia, essencial para o progresso. Israel, que nunca duvidou, na sua existência social *sui generis,* tem acompanhado todos os progressos da espécie. Este é um fato que mais interessa à psicologia do que à sociologia.

Não há, nestas observações, nenhum intuito de fazer teoria, mas, tão somente, o de deixar bem patente o como variam as condições feitas à atividade mental. Variam tanto, que os seus processos essenciais parecem alterar-se, ao mesmo tempo que se dissolvem motivos psíquicos bem profundos. De fato, o espírito se refaz, não só no conteúdo, como no mecanismo, porque o conteúdo é também mecanismo. Há, certamente, na atividade psíquica, tendências e processos elementares, absolutamente constantes e irredutíveis — a imitação, o hábito, a inibição, a generalização, a atenção... São bem poucos, e, ainda assim, de valor muito desigual, de indivíduo para indivíduo.

De tudo isto, resulta que a observação pessoal tem de ser aceita sempre com reservas, porque é impossível achar, na atividade de uma consciência, a norma representativa da dinâmica geral do espírito. A inteligência trabalha sobre bases que se renovam, em nome de valores que se substituem. Com isto, modifica-se a própria orientação íntima das associações. O que hoje é semelhança, amanhã será indiferente; o que aqui parece contíguo, ali parece disjunto... Neste, uma profunda necessidade de equilíbrio leva a crer e afirmar; naquele, certa condição, igualmente profunda e íntima, faz permanecer hesitante em face do infinito. Evidentemente, em tal caso, a diferença está na própria fórmula dinâmica do espírito.

* * *

Não podemos considerar a sociedade um organismo, similar dos outros seres biológicos, principalmente porque as dependências entre os seus elementos são exclusivamente psíquicas. Mas, por isso mesmo, não podemos pretender conhecer a atividade desses elementos, se não consideramos ao mesmo tempo as condições gerais do conjunto social e as suas manifestações. Uma coisa explica a outra.

Agora, mesmo.

Assistimos a uma luta que, praticamente, envolveu toda a espécie, e foi a mais extensa e mortífera que a história tem registrado. Toda ela se fez no espírito humano em oposição a tendências essenciais da espécie. Durante anos, esteve a *humanidade* nessa obra *anti-humana*, de destruição intensiva, nela aplicando tudo que a inteligência pode criar... Foi uma crise essencialmente psíquica, ultrapassando, porém, a psicologia individual. E quem poderá prever os seus efeitos sobre os espíritos, nas atividades que de ora em diante se desenvolvem? Sem atender a esse período histórico e à vida que nós outros vivemos naqueles dias, muita coisa na futura psicologia parecerá absurda. Quem pretender que o espírito humano é hoje o que era há dez anos, só o fará pela impossibilidade em que o homem se encontra, de comparar-se a si mesmo.

Tanto como a linguagem, a história tem de ser investigada, sistematicamente analisada, por aqueles que desejem conhecer os processos da atividade psíquica. E a própria história se refundirá. Tão mal apresentada e interpretada tem sido a vida da humanidade que, ainda hoje, a história universal é contada como o desaparecimento do Elam, de Babilônia, da Pérsia... Dir-se-ia que se trata dos formigueiros que o lavrador destrói em substância quando o que tem havido é o aniquilamento, a substituição de tradições, isto é, de modos de ser dos espíritos em sociedade. Num qualquer destes casos, a história é um subsídio inestimável para a psicologia. O gênio grego, a filosofia prática de Roma, depois de terem coroado a civilização, vêm a ser vencidos pelo idealismo siríaco: como se faz nos espíritos uma tal transposição de valores?... A Idade Média parece-nos o caos na organização política do Ocidente; no entanto, é a época da perfeita harmonia mental dos espíritos: sentimento, pensamento, ação, tudo se equilibra e se ajusta no dogma. Os espíritos, unificados na crença, elevam-se numa mesma aspiração; cada consciência é a imagem da catedral que a época nos deixou, e que tão bem simboliza a ascensão, a harmonia, o equilíbrio e a segurança. Pois tudo isso não pressupõe uma dinâmica muito especial?

Atualmente há muito psicologista exclusivo, simples profissional. Será uma vantagem... Mas a sua obra nunca suplantará a que nos deixaram os filósofos, os espíritos universais, que vêm à psicologia trazidos pela necessidade de explicar o espírito para explicar a humanidade, e que trazem para o estudo do espírito tudo que sabem, da história, da natureza e do universo. Mesmo nos nossos dias, a contribuição representada dos trabalhos de Stuart Mill, Spencer, Taine, Humboldt... são, para a orientação da psicologia, mais preciosos que as experimentações desses milhares de míopes e microscopistas. São filósofos que se fizeram psicólogos pelo mesmo motivo por que os W. James, Ribot, Hoeffding, Baldwin, Wundt, se fizeram filósofos — as absolutas dependências do espírito na sociedade.

* * *

A história existe, e se faz, para atender à condição essencial da inteligência, cuja atividade se realiza sempre como *utilização do passado* — elucidação do presente pelo passado, graças a uma experiência acumulada. Ora, essa é a própria racionalidade da história. As suas leis não podem deixar de ser, ao mesmo tempo, leis do espírito que se realiza. A sucessão histórica tem de explicar muita coisa da evolução dos espíritos, assim como a psicologia deve patentear a lógica do desenvolvimento histórico. Nunca poderíamos compreender a fórmula das consciências, se, considerando-as sínteses isoladas, desprezássemos, na sua explicação, a massa formidável das tradições e dos documentos que as civilizações têm acumulado.

Fenômenos tão complexos como esses do espírito têm que ser estudados com recursos de todos os métodos possíveis, e racionalmente aplicáveis: observação pessoal, experimentação de laboratório, crítica filosófica, pesquisa lingüística, investigação histórica... De todo modo, em cada caso, a orientação geral será sempre a interpretação da consciência pelas referências ao conjunto. A produção artística, a obra literária... instituições históricas, religião, linguagem... tudo deve ser interpretado e deve contribuir para que se compreenda e se verifique a atividade do espírito. Finalmente, o estudo da natureza psíquica, no homem, tem de ser feito numa convergência perfeita de sociologia, arqueologia, lingüística, história, moral... convergência mais formal ainda do que a que, pela geologia, paleontologia, biologia, nos leva a conhecer a natureza em geral.

* * *

Justificando o método seguido nestas páginas, será conveniente explicar alguma coisa da sua forma, quanto ao sentido de algumas expressões.

A psicologia tem a desvantagem de lidar com uma tecnologia feita de termos que são, pela maior parte, de toda a gente, mas que tem, na linguagem corrente, acepção vaga, variável, como não convém ao rigor das definições e das análises científicas. Além disto, pois que se trata de fenômenos excepcionalmente complexos, de valor subjetivo muitas vezes; mesmo na pena dos psicologistas, varia muito a respectiva significação. É quase impossível discorrer a respeito de psicologia sem dar lugar a ambigüidades; ainda que se sirvam dos mesmos termos, os autores lhes dão acepção especial, pessoal, de acordo com as suas doutrinas ou necessidades do pensamento. Sem ir mais longe: se há termo que pareça de valor constante e claro é este: símbolo, como equivalente de sinal mental, principalmente na expressão *pensamento simbólico*; é o pensamento como idéias, evocadas nos respectivos símbolos. Ora, a psicanálise, usando o termo "símbolo" no sentido bem translato de imagem que corresponde a um estado de consciência, mas que o mascara; alargando mais ainda o sentido da expressão, chamam finalmente de pensamento simbólico o que se faz com imagens, sem o jogo aparente de idéias... Isto vem a ser justamente o oposto da significação consagrada.

Por tudo isto, para fazer bem claros os conceitos, pois que os fatos discutidos já são por si mesmos muito complexos, estas páginas se desenvolverão sem exageros de tecnologia, como se tivessem de ser lidas e julgadas por quem não tenha especialização de psicologia. São inevitáveis alguns termos técnicos, mas todos serão singelamente definidos, ou comentados. As noções primordiais, de referência constante, serão desde já apresentadas, e indicadas em termos explícitos, à luz de exemplos inconfundíveis.

I *Impressão* — encontro de um agente qualquer com as extremidades dos nervos sensoriais.

II *Excitação* — efeito sobre o sistema nervoso de uma impressão cujo agente, no entanto, é exterior a esse mesmo sistema; ou efeito de um estímulo originário da própria atividade interna dos centros nervosos.

III *Sensação* — repercussão na consciência das excitações que, oriundas das extremidades dos nervos sensoriais, propagam-se até os centros cerebrais.

IV *Percepção* — conhecimento imediato, concreto, das coisas que nos impressionam os sentidos.

O raio luminoso incide sobre a retina... a partícula aromática atinge, toca o cílio da célula olfativa da pituitária... São *impressões*. E como a substância nervosa é especialmente sensível e impressionável, o fato material da impressão determina nela uma qual modificação íntima, uma sorte de superatividade vital: é a *excitação*, que se propaga daí, da extremidade do nervo, sob a forma de *corrente nervosa*, até os centros cerebrais. No cérebro, esta excitação dá lugar a um fenômeno que repercute na consciência, com o aspecto de *sensação*. A sensação é específica, depende das condições da impressão, e varia com ela: é açúcar, a sensação é *doce*... é vinagre, sensação de *azedo*... *muito* açúcar, doce *forte*... *pouco* vinagre, azedo *leve*... A simples lembrança do azedo do fruto ácido pode determinar uma excitação cerebral de origem interna; por conseguinte, que produza efeitos semelhantes aos da excitação periférica, sensorial, e provocar uma salivação abundante... Um conjunto de raios luminosos, oriundos de um mesmo corpo, em determinada posição, impressionam-me a retina, produzindo uma certa combinação de sensações visuais; sejam os raios luminosos que me vêm do papel, da máquina, da borracha... e tenho a *percepção*, o conhecimento imediato dos respectivos objetos.

V *Representação* — tudo que se define na consciência; uma sensação isolada é uma representação puramente sensorial; uma percepção é uma representação resumindo um *conhecimento*...

VI *Imagem* — é uma representação que se define como valores sensoriais, mas que se faz sem excitação imediata dos sentidos. As imagens mais comuns são simples lembranças de percepções; a memória me traz à consciência um compasso de melodia que ouvi ontem, é uma imagem auditiva... vem-me, do mesmo modo, a visão interior de pessoa que me foi apresentada... é uma imagem visual. Tais imagens resultam do simples exercício dos sentidos; mas também me é possível conceber e compor a figura de uma casa que nunca vi, ou que não existe... é uma imagem criada, fruto da imaginação.

VII *Idéia* — é a representação abstrata e generalizada, de aspectos gerais das coisas, ou de relações. Quando penso: *Uma máquina de escrever deve estar sempre sobre uma mesa muito firme e bem equilibrada...* a cada uma destas palavras corresponde rigorosamente uma idéia. Na realidade, não há *máquina de escrever* em geral; há determinadas máquinas que forçosamente percebemos em determinadas condições de qualidade, de posição e de tempo. Os escritores ingleses e norte-americanos não dão à *idéia* o valor de representação abstrata; confundem-na um tanto com a imagem, a exemplo da antiga filosofia grega. Às abstrações, preferem dar o nome de *conceito*.

VIII *Atenção* — concentração de todas as energias mentais num mesmo objeto, num mesmo assunto.

IX *Associação das idéias* — propriedade mental ou modo de ser da atividade intelectual, em virtude de que, dada uma representação, outras são evocadas espontaneamente, como que atraídas: máquina - aparelho, mesa - gaveta...

X *Abstração* — operação mental mediante a qual consideramos e atendemos a uns atributos e aspectos das coisas, de preferência a outros e, ainda, pensamos nos atributos e nas relações, independentemente dos seres e dos fenômenos em que tais atributos se encontram, e em que tais relações se realizam: *doçura, felicidade, nutrição, mais, igual...* são concepções que resultam de abstrações, como aliás, acontece com todas as idéias.

XI *Generalização* — é o reconhecimento de um mesmo atributo, de uma mesma relação, numa universalidade de seres, ou de fenômenos. Ter a idéia de máquina equivale a generalizar por uma universalidade de seres, umas tantas qualidades características. A abstração e a generalização concorrem sempre na formação das idéias, e são, ao mesmo temo, operações essenciais em todo pensamento humano, na elaboração de todo conhecimento.

Dada a instabilidade da terminologia psicológica, estas rápidas definições serão de bom aviso para os não habituados a leituras desses assuntos. Com esses termos, cuja significação está bem clara, definir-se-ão, à medida do preciso, todas as outras noções, que devam ser caracterizadas ou explicadas.

/ *Primeira Parte*

Primera Parte

CAPÍTULO I

A Função da Simbolização

1. Condições gerais do símbolo

A mentalidade humana se caracteriza e se define pelos símbolos; neles se incorporam as idéias, para terem existência real e entrarem no jogo do pensamento, como verdadeiros valores mentais; neles se realiza a comunicação das consciências. Capacidade exclusiva do homem[16], a idéia em símbolo é essencial, tanto para o poder da inteligência, como para o viver social. O objeto destas páginas será justamente este, analisar e acentuar os aspectos simbólicos na atividade intelectual e no conjunto da vida psíquica, para indicar, de modo preciso e documentado, o verdadeiro papel do símbolo no desenvolvimento da inteligência humana, e a sua importância na socialização da espécie. Isto equivale a estudar tudo que há de próprio na simbolização: origem e evolução dos símbolos, suas formas e funções, como notação de idéias e como sinal de linguagem. Para tanto, porém, para bem compreender a formação e evolução dos símbolos, é indispensável ter em consideração dois aspectos primários da atividade psíquica: *a associação das idéias* e a lei da *economia*. O primeiro é de ordem estrutural; o segundo, de caráter dinâmico.

É na propriedade associativa que se baseiam os símbolos; é da economia de atividade que eles derivam.

Propriedade essencial na mentalidade humana, a associação das idéias se define e se caracteriza por si mesma. De fato, toda a experiência mental e riqueza de

---

[16] Os psicólogos naturalistas, da escola de Romanes, por exemplo, admitem e sustentam que o espírito humano resulta de uma evolução natural de atividades psíquicas, verificadas em outros tipos de animais. Mesmo estes, reconhecendo que há diferença entre o pensamento humano e a mentalidade animal, limitam-na a este ponto: "Está reconhecido que a só e única distinção entre a psicologia humana e a animal consiste em que a primeira apresenta essa faculdade de traduzir as idéias em símbolos e de empregar os símbolos em lugar das idéias". (A *Evolução Mental no Homem*, trad. franc., de Varigny, p. 83).

conhecimentos, em cada inteligência, apresenta-se como uma vasta e intrincada tecedura de noções e de representações associadas. Partindo de um ponto qualquer, podemos fazer passar pela consciência, de associação em associação, todas essas noções. Tão importante, e característico, e geral, é o fato, que a mais importante escola psicologista (na Inglaterra), do século passado, pretendeu explicar a dinâmica do pensamento pelo simples jogo das associações. Será exorbitante a pretensão dos *associacionistas*; mas, nem por isso, perde o fato da associação o seu caráter primário e indispensável na vida do espírito... Onde, e como quer que haja psiquismo humano, há associação das idéias. Foi isto, o que há de essencial e constante no fenômeno, que levou W. James a dizer: "O caráter do indivíduo está impresso nas suas associações".

Há vários aspectos a considerar na atividade associativa: a diversidade de tipos, de fórmulas, de freqüência, de motivos... isto é, as associações podem ser raras, fugitivas, únicas, constantes, exclusivas, fixas... Os psicólogos distinguem duas grandes classes — associações por *semelhança* e associações por *contigüidade*. Deste modo, indicam-se, ao mesmo tempo, os tipos e os motivos das relações: armário e estante, cabra e carneiro, generosidade e compaixão... *semelhanças*; pena e caneta, página e livro, casa e porta... contigüidades. Não há limites precisos entre os dois tipos. De fato, toda associação se explica por uma contigüidade, mediata ou imediata, até as de contraste. Armário e estante são idéias contíguas dentro da idéia geral de móvel... assim como cabra e carneiro, na idéia geral de ruminante... a lógica estabelece diversas fórmulas associativas: *causa* e *efeito, forma* e *matéria, continente* e *conteúdo*, a que correspondem, respectivamente, os casos de doença e morte, copo e vidro, jarra e flores... Todas elas são do tipo geral contigüidade; mas não seria difícil descobrir, em tais casos, *semelhanças*, desde que não queiramos restringir a significação dos termos aos tipos de coisas concretas, materiais. Evidentemente, entre a idéia de morte e a de doença, há semelhança no desgosto que produzem; entre copo e vidro, há semelhança na propriedade comum que possuem, a transparência...

Para o caso da simbolização, convém conservar essa distinção, de semelhança e contigüidade, considerando esta última simplesmente como das associações em que *só há contigüidade*.

As objeções apresentadas até aqui, só o foram para fazer notar as diferenças que existem entre os tipos de associações, e fazer atender a outros aspectos que dizem especialmente com o fato da simbolização. Analisemo-los, esses outros aspectos. A associação é essencialmente atração de uma representação sobre *outra,* ou sobre *outras.* Em toda associação, há a notar e a distinguir a representação que atrai e a que é atraída; se é uma e exclusiva a associação, e se é possível serem múltiplas; a constância e fixidez da associação, a presteza da evocação, a nitidez da representação atraída ou evocada, e o motivo da associação. Façamos concretamente as distinções.

Visto o sinal +, ele atrai e evoca a idéia de soma, adição... assim como as farpas de uma seta evocam e indicam a idéia de determinada direção; mas, se por um motivo qualquer, que não sejam os respectivos sinais, sou levado a pensar em soma, ou em diretriz, estas idéias talvez não atraiam ou evoquem a imagem dos mesmos sinais. A outro propósito, o sinal + só evocará a idéia de *soma*; nela, esgotou-se o poder associativo; mas a idéia de *soma* evocará, talvez, o respectivo sinal, e mais a idéia de *prova*, cifras, papel, lápis... A primeira é exclusiva, e, ao mesmo tempo, por isso mesmo, constante, fixa, nítida, pronta. No segundo caso, a associação é múltipla e, por isso, dispersiva, apenas *sugestiva*. A primeira, por ser constante, necessária, fixa, pronta, nítida, é *significativa*. Eis um aspecto essencial na caracterização dos símbolos: + é *sinal*, isto é, o "símbolo significativo" de adição.

2. Associação simbólica

Não se trata ainda de definir o símbolo, mas, tão somente de mostrar que a simbolização é um tipo particularizado de associação, utilizado como indicação, caracterizada por umas tantas qualidades. Essas qualidades resultam de uma freqüência, ou da exclusividade de evocação. Um dos aspectos interessantes na psicologia do símbolo resultará do apreciar como se estabelece uma tal exclusividade, mostrando quais as condições necessárias para que uma representação se associe exclusivamente a outra, e só provoque uma determinada evocação. Isto equivale a estudar a própria formação dos símbolos e indicar a marcha da sua evolução, até que eles adquiram essas mesmas qualidades, que são as dos símbolos perfeitos. Antes de entrar nessa análise, convém lembrar alguns fatos de psicologia, a que é preciso atender, para compreender bem a realização e a marcha da simbolização.

Na associação simbólica, temos a considerar a representação evocadora, que é o símbolo propriamente dito, e a representação evocada. A evocação pode ser exclusiva e *significativa*, ou simplesmente *sugestiva*, donde uma primeira distinção nos símbolos: *significativos* e *sugestivos*. Voltaremos a essa distinção, para mostrar o que há de característico e essencial, na psicologia do caso. O símbolo é geralmente uma imagem, um valor sensorial. Só por exceção funcionam idéias como símbolos; mas, mesmo assim, há interferência de elementos sensoriais, porque, quase sempre, a representação evocada é imagem. As idéias ocorrem geralmente em símbolos significativos. O mecanismo da simbolização baseia-se essencialmente na associação. Veremos que a formação dos símbolos inclui, de fato, comparações, metáforas, analogias, condensações... Ora, tudo isso se realiza mentalmente, num jogo de associações. São elas que, finalmente, nos impõem as imagens e governam as comparações e analogias.

A esse respeito, podemos fazer para as associações dois critérios de classificação: quanto ao modo de *formação* e o modo de *evocação*.

Referidas à formação, as associações podem ser: *naturais, ocasionais, lógicas* e *convencionais*. As associações por semelhança são todas naturais — as *metáforas*, analogias, esquemas... Grande parte das associações por contigüidade são também naturais: as de causa e efeito, forma e substância... *ferimento* e *dor, estampa* e *moldura*... Associações ocasionais, como o próprio nome o indica, são as que se formam por motivos transitórios, dependentes das condições objetivas dos fatos, ou das nossas condições pessoais: pregaram certo cartaz naquela esquina — a imagem do cartaz se associa, por isso, à idéia da rua em questão; em certo lugar recebi a notícia da morte de uma pessoa querida – a imagem do lugar se associa, por isso, à idéia dessa morte.

Associações *lógicas* são as que se impõem explicitamente à consciência, na elaboração dos juízos, e ocorrem nos raciocínios, constituindo a própria substância do pensamento. Olho para um objeto e vejo uma *rosa*... Isto é, afirmo, de mim para mim que aquilo é uma rosa. Ora, pela cor, pela forma, pela posição, tal objeto poderia associar-se a muitas outras coisas. Mas, dadas as condições intrínsecas da minha mentalidade, na necessidade de discriminar e ajuizar o que vi, é essa a associação que *logicamente* se me impõe ao pensamento. É uma associação *preferencial*. Wundt caracteriza muito bem o fato: "A associação é uma síntese que se ignora, ao passo que a mesma síntese, consciente de si mesma, é o juízo"[17]. Nisto, no que têm de

---

[17] Na tecnologia de certos autores, símbolo é equivalente ou sinônimo de sinal. Parece-me preferível conservar e empregar o termo na sua acepção geral e comum, correspondente à idéia de determinante de uma evocação. A palavra sinal se aplicará, então, aos símbolos significativos. De outro modo, nem teria propriedade a expressão simbolismo, com referência à arte.

específico as associações lógicas, está a grande dificuldade que a teoria associacionista não soube resolver, mostrando-se, destarte, insuficiente. O pensamento não consiste em simples associações, nem os juízos são associações quaisquer. Explicar o pensamento, contar a sua dinâmica, equivale a mostrar como certas associações se tornam preferenciais. O prosseguir desta análise nos deixará demonstrado, justamente, que no curso do pensamento predomina um determinado tipo de associações — as simbólicas. Por quê? Porque o pensamento é um dinamismo condicionado por idéias ou generalidades, e a idéia, qualquer que seja, existe incorporada num símbolo. E nada disto se explica pelo simples mecanismo das associações. São indispensáveis, mas não incluem toda a realização do pensamento, que é, sempre, intrinsecamente, escolha e direção entre as associações.

Todo esse capítulo da psicologia será devidamente estudado, a seu tempo, e, então, reconheceremos que, finalmente, as associações simbólicas são instrumentos indispensáveis para a realização do pensamento, isto é, das associações lógicas. Neste momento, o que é lembrado tem por fim, somente, caracterizar os diferentes tipos de associações.

Convencionais são associações onde não se encontram nenhum dos caracteres já estudados. Elas existem como se se tivessem formado artificialmente. De fato, a maior parte das associações que existem sem aparentes liames lógicos, ou ocasionais, tiveram uma origem natural, mas pela repetição, utilizadas freqüentemente, deixaram perder-se a lembrança desses liames naturais e ficaram com um valor puramente convencional: as paralelas, que simbolizam a *igualdade* matemática, são índices naturais de duas coisas *iguais*, em distância *sempre igual*... mas tudo isto é esquecido na evocação provocada por este símbolo, e que funciona como se fosse um simples artifício de convenção.

3. Símbolos significativos; símbolos sugestivos

A capacidade assinaladora resume o que há de mais característico na evolução dos símbolos. É por essa mesma tendência, a de ser simplesmente uma convenção, que as associações simbólicas, ainda quando se originem de semelhanças, tomam finalmente o tipo de associações por contigüidade. Tudo isto tem de ser devidamente apreciado a propósito da evolução dos símbolos.

Como associação, o essencial, no símbolo, é o tom *necessário* da evocação. Nos símbolos significativos, essa necessidade é absoluta, fixa e exclusiva; tais símbolos são imagens-sinais. Nos símbolos sugestivos, não há, propriamente, exclusividade de evocação; muitas associações podem ocorrer, mas, dentre elas, uma é predominante: *tesoura* é o símbolo sugestivo de *cortar,* separar... Outras idéias viriam à mente, atraídas pela imagem, ou o nome, desse instrumento, mas a da ação — *cortar* — não falharia. Aí, e noutros casos, cão-fidelidade, fuzil-estampido, rosa-espinho... é tal o predomínio da associação indicada, que o símbolo tem quase o valor de um sinal. É de toda evidência que esse predomínio, da evocação simbólica, pode ser mais ou menos acentuado; então, dizemos que o *poder sugestivo* do símbolo é *maior* ou *menor.*

Há um tipo de simbólica, muito característico, quanto à formação — os símbolos espontâneos ou emotivos. No que se refere ao poder evocativo, eles têm de ser considerados símbolos sugestivos, se bem que de um poder sugestivo especial, em certos casos irresistível. Em muitos deles, há verdadeira exclusividade: pranto-dor, tremor-medo, febre-doença... Mas não se lhes pode dar o nome de significativo porque o uso do sinal pressupõe um propósito e estes símbolos são essencialmente espontâneos. No entanto, alguns, dominados pela vontade, são realizados e utilizados intencionalmente, e servem como símbolos significativos — o sorriso, gemido, bocejo... e grande número das expressões fisionômicas e entonações.

Esta distinção — *significativo-sugestivo* — refere-se à forma da evocação; e, agora, a propósito do caráter das associações simbólicas, é isto o que importa. Tanto vale dizer que, aí, distinguem-se os resultados obtidos com os símbolos, e não a natureza deles: distinguem-se os meios, e não os símbolos. É uma distinção que não alcança a essência da simbolização como capacidade característica da mentalidade humana. Poderíamos defini-la assim: por mais extensos e gerais que sejam, os nossos estados de consciência têm a tendência de unificar-se, e podem ser utilizados como unidades ou valores mentais; a unificação se torna explícita numa imagem-símbolo, e é o símbolo que se evoca quando o respectivo valor mental ocorre no pensamento. O exercício da memória nos dá demonstração muito expressiva do quanto vale a simbolização. As nossas lembranças incluem, muitas vezes, processos longos, num complexo relacionamento de representações. No entanto, utilizamo-las normalmente como unidades mentais, porque as lembranças correntes existem, sempre, ligadas a um símbolo, e é a ele que nos dirigimos quando queremos evocá-las. Os símbolos facilitam, e como que governam o exercício da memória; é neles que reconhecemos explicitamente as lembranças.

Há muitas distinções quanto à natureza dos símbolos e dos estados de consciência evocados. Elas se farão a seu tempo, no capítulo consagrado especialmente à classificação dos símbolos, capítulo que resumirá os diversos aspectos na análise do assunto.

A associação simbólica se caracteriza, pois, pela predeterminação da evocação. Nos significativos, o símbolo é *exclusivamente* o sinal[18] duma representação, ou determinado estado de consciência; nos símbolos sugestivos, o poder de sugestão vem justamente da predominância de determinada representação, sobre todas as outras que poderiam ser evocadas. Este é o aspecto capital na simbolização; dele derivam as propriedades essenciais do símbolo; por ele se explicam as suas funções no conjunto da atividade psíquica.

4. AS REPRESENTAÇÕES SIMBÓLICAS

Uma das primeiras conseqüências da unidade evocação, na associação simbólica, é que toda forma ou imagem, todo estado de consciência, pode servir de símbolo; todo valor mental deve ter seu símbolo, todo estado de consciência pode ser simbolizado. E temos, então, imagens — símbolos de idéias (é o caso mais comum); imagens — símbolo de outras imagens; idéias — símbolos de idéias; imagens — símbolos de pensamentos completos; imagens — símbolos de sentimentos e emoções; idéias — símbolos de sentimentos; idéias — símbolos até de puras sensações orgânicas e dos concomitantes estados afetivos... Finalmente, a associação simbólica pode evocar, ou ter como correspondente, trechos inteiros de vida, teorias formais, sistemas filosóficos completos... Muitos dos nossos *símbolos pessoais* são desse valor. Quando, pensando em certo medicamento, nos vem a sensação de náusea, é que uma idéia foi símbolo de sensações orgânicas, viscerais. De modo geral, os nomes das imagens são símbolos delas: almíscar, baunilha, fuzilar, lodaçal, fumarento, estrepitoso... Cada um de nós tem inscrito no próprio vocabulário a fórmula da sua sensibilidade. Num ataque a florete, um encontro de boxe, os movimentos e atitudes dos combatentes são símbolos intensíssimos para a resposta do adversário. Um modelo que se ofereça à imitação é símbolo para a organização e realização dos atos imitativos.

---

[18] Bechterew chega a dizer: "As nossas sensações são, propriamente falando, símbolos objetivos de certas variações no estado do organismo". Os grifos são do autor, que, no caso, procura significar a absoluta correspondência que há entre as modificações produzidas pela impressão e os respectivos estados de consciência. (*Psychologie objective*, p. 11).

Todos esses tipos e processos de simbolização serão especialmente analisados nos seus aspectos diferenciais e nas funções particulares em que concorrem. Por ora, atenhamo-nos às propriedades gerais do símbolo.

Tudo pode ser símbolo; tudo pode ser simbolizado, contanto que haja unidade de evocação ou correspondência precisa[19]. É neste sentido que se diz, com toda razão: "A lágrima é símbolo da dor... Tal perfume, que simboliza certa quadra da minha vida..." De fato, até sensações olfativas e gustativas podem servir de símbolos, principalmente as olfativas, que são poderosamente evocativas. E porque nesse caráter de unidade de evocação, o símbolo tem um papel primordial no pensamento humano: o de dar-lhe o fio condutor. Ao mesmo tempo, e por isso mesmo, com a simbolização, realiza-se na vida do espírito, o princípio da economia de forças, princípio essencial em todo dinamismo. É tal a economia de atividade, a facilidade de mecanismo que o símbolo traz ao pensamento, que, sem ele, seria impossível, realmente, o que há de característico e essencial na mentalidade humana.

5. O MENOR ESFORÇO E A SIMBÓLICA

A economia de forças — a *lei do menor esforço* — é condição, em toda atividade viva, e se manifesta de um modo tanto mais explícito, quanto mais complexa é a atividade. Ora, nenhum aspecto de energias vivas é mais complexo que o funcionamento do espírito.

Para compreender a importância e extensão desse princípio basta considerar que muitas das modificações e adaptações orgânicas e funcionais se fazem para satisfazer a essa necessidade: do menor esforço. Cavam-se com lacunas aéreas os ossos das aves, alonga-se o corpo dos ofídios, lagartos e crocodilos, eliminam-se os artículos... tendo tudo isto como resultado uma acentuada facilidade de movimentos, manifesta excelência de resultados, com um mínimo de dispêndio de forças. Há, em biologia, um fato que se designa com a fórmula expressiva de convergência de caracteres: a assimilação de formas da generalidade dos peixes, dos batráquios perenemente aquáticos, dos cetáceos e sirenídeos... É, também, a forma geral da parte imersa das embarcações. Ora, que outra explicação poderia

---

[19] "Esta aptidão a pensar com termos gerais, usando de símbolos, que abreviam e resumem sistemas detalhados de associações, eis a primeira característica da inteligência humana". (J. B. Baldwin, op. cit., p. 244)

ter uma tal convergência, se não essa mesma, de que é a forma que permite, com um menor esforço, a locomoção e a direção dentro de um meio líquido?

A atividade psíquica, consciente, é essencialmente complexa e reformável; todas as suas reformas e modificações se fazem, rigorosamente, para corresponder a modificações do meio ou para tornar as reações e os movimentos mais fáceis, com economia de tempo e de força. Nuns casos, substituem-se completamente as formas e os processos, como aconteceu na transformação gradativa da escrita ideográfica em escrita fonética, ou na substituição do antigo sistema métrico pelo decimal. Noutros casos, conservam-se as formas das reações, mas, por tendência natural, repetindo-se, tornando-se habituais, os atos simplificam-se no mecanismo, isto é, reformam-se, no sentido de se tornarem mais fáceis, exigindo menos esforço de atenção e contração muscular. Tal é o caráter dos atos que, pelo hábito, se tornam automáticos – fazem-se mecanicamente num mínimo de tempo, com um mínimo de trabalho muscular, e quase que inconscientemente, sem nenhuma atenção especial.

Há, em fonética, a chamada lei do *menor esforço*, segundo a qual se explicam as deformações dos vocábulos, no sentido do abrandamento com a tendência a realizar um modo de vocalização mais fácil, menos penoso: de *noctis*, para *noite, pluvia – chuva, rex – rei...* Se o horizonte da gramática não fosse insignificante e estreito como é, já os gramaticantes teriam visto que esta lei não é, assim, limitada à fonética, mas extensiva a todos os fatos da linguagem, principalmente nos seus aspectos essencialmente psicológicos, por ser, de fato, uma lei do espírito em geral. Em verdade, é mais para a facilidade de percepção auditiva dos vocábulos que eles se deformam, do que para a facilidade da respectiva articulação. Do modo geral, toda substituição de vogais corresponde à conveniência de audição: nem de outro modo se compreende que tivéssemos passado do latim *pulla,* para o vernáculo *polha,* pois que a primeira forma é mais fácil de pronunciar que a segunda. Mas, perceber e distinguir, pelo ouvido, a palavra *pulla* é bem mais difícil do que ouvir distintamente a sonoridade *polha.* A vogal *u* é de uma sonoridade surda, a sua substituição, aliás freqüente, pelo ô, atende sempre a motivos de boa audição. A mesma coisa acontece com a *eliminação* dos *esdrúxulos*; não é bem verdade que eles sejam sensivelmente mais difíceis de articular que os *graves* correspondentes — *rótula* e rolha, *regula* – regra... No caso, o motivo principal foi certamente a dificuldade de bem perceber e distinguir, na audição, essas duas últimas sílabas, surdas, como são nesses casos. Foi por isso mesmo que tais eliminações se deram, principalmente nos trissílabos, onde a percepção do final surdo é mal compensada pela única sílaba forte, a primeira. Em vocábulos tais como: martírio, milícia, polícia, sacrifício... foi conservada facilmente a fonética original, porque não havia maior dificuldade para a percepção auditiva. Se o *menor esforço* tivesse significação, apenas, para a fonética, também se explicaria que do francês *bagage* tivessem feito *bagagem*, cuja pronúncia é bem mais árdua que a original. Tal se deu porque interveio uma outra lei, de valor universal em psicologia, a de imitação — *bagagem* como lingua*gem*, ima*gem*, roda*gem*... Ora, qual a significação primeira da imitação? Facilidade de realização, com o adotar-se um regime que já está instituído.

6. Símbolo – Índice da Idéia

O símbolo, onde quer que apareça, traz uma acentuada economia de realização. O símbolo perfeito é sinal-abreviatura: vale como índice de direção e como atalho que encurta a distância. Com o símbolo, alivia-se a atenção e reduzem-se os processos mentais. A simbolização é, sempre, uma substituição de longos encadeamentos por uma simples representação, que será, até, um sinal — exclusivamente sinal. Estabelece-se, *espontaneamente,* ou *propositadamente,* a associação entre o encadeamento de processos e o sinal, e usa-se, depois, o sinal. Em essência, o que se dá, em modo geral, é isto mesmo que explicitamente se faz nos mecanismos algébricos; indicam-se, em símbolos, relações complexas, e o pensamento joga facilmente com esses símbolos, com os quais *funcionam* formalmente essas mesmas relações, sem que tenha sido preciso tê-las explícitas na consciência, ao longo dos longos cálculos. Por isso mesmo, todo símbolo é abreviação. Os símbolos dos elementos químicos, por exemplo, são reles abreviaturas; mas as fórmulas simbólicas, principalmente na química orgânica, representam um simbolismo grandemente significativo: tal fórmula simbolizará e indicará não somente a composição do produto, como a sua constituição íntima, ou seja, o processo de obtenção.

Em todos esses casos, está bem patente o que o espírito ganha com a simbolização, e assim, concretamente, ficam indicadas as funções essenciais do símbolo, nas conjunturas mentais em que eles aparecem. O símbolo verbal, que é o mais freqüente, consiste num termo sintético e breve, que resume e exprime, de modo abreviadíssimo, um complexo de elementos e processos múltiplos, substituindo-se perfeitamente a eles, na mente que o evoca e na de quem por ele é impressionado (de quem ouve, ou lê). Com esta abreviação, alivia-se o espírito, e o mecanismo consciente se torna de uma extrema simplicidade, constância e facilidade. Para bem compreender a significação geral da simbólica, é preciso considerar que toda a nossa atividade, no seu desenvolvimento de funções, tem de fazer-se em *normas*; a atividade simplesmente orgânica está normalizada em reflexos, a atividade consciente, em símbolos. Tanto vale dizer: o simbolismo é o regime de tudo que não está mecanizado na rigidez do reflexo. É o símbolo que dá estabilidade, clareza e solidez ao pensamento. Neste sentido, tem toda a razão W. Hamilton, ali, quando diz que "as palavras (símbolos) são a fortaleza do pensamento". Em muitos casos, o símbolo comanda o reflexo, ou se substitui a ele. Tal acontece com a salivação e a própria secreção gástrica, se provocada pela imagem, ou o simples nome de alimentos. Em essência, o mecanismo é o mesmo: o símbolo intervém como excitação-causa do reflexo. Comparadas as duas formas de atividade — a puramente orgânica e a psíquica, verificamos que o símbolo é para o ato evocado o que a espinha é para o ato reflexo.

O símbolo tem, pois, função essencial, necessária, na própria elaboração do pensamento. É um papel todo íntimo, insubstituível — o de tornar sensível o conhecimento e conter a idéia. Na representação simbólica se inclui o valor mental que a ela se associa; tanto vale dizer: o símbolo é, no curso do pensamento, a consciência da idéia. Com isto, a imagem-símbolo deixa de ser um mero conjunto de sensações, uma percepção qualquer, para ser o expoente de determinada atitude mental. Vejo duas paralelas inclinadas e, em seguida, o sinal =; no primeiro caso, apreendi bem a imagem, mas poderei continuar impassível, inativo; ao passo que, no segundo caso, a imagem terá o efeito imediato, irrecusável, de levar-me a consciência para um pensamento de *igualdade*, isto é, ela foi o pronto comutador da corrente mental neste sentido. E tudo isto, a apreensão da imagem-símbolo e a orientação do pensamento, far-se-á num só ato, que é o ato único e momentâneo da percepção simbólica evocadora. Sobre os trilhos da simbólica corre toda elaboração mental explícita, e é no sensível das suas formas que se faz a disposição e simetria do pensamento. Por isso mesmo, psicologicamente, é a simbólica a sua fórmula de ação e de vida. Pudéssemos, como simples observadores, contemplar o mover da inteligência, e sentiríamos o símbolo como o retinir da idéia, ou as saliências do pensamento.

Assim, devemos considerar o símbolo: forma de íntima associação, na qual a representação simbolizada se condensa na imagem-sinal, incluindo-se o seu valor mental na própria consciência dessa imagem. No caso da simbolização de idéia, parece, mesmo, que o símbolo se substitui a ela, quando o que realmente se dá é o seguinte: assim, intimamente associada a um sinal, a idéia tem uma função toda latente, subconsciente, porque está implicitamente contida nele, por uma sorte de subentendido; a representação do símbolo provoca a reconstituição inconsciente da atitude mental e dos processos de que resultou a própria aquisição da idéia. E tudo isto se faz sem retardamento, nem desvio de atenção, nem mais dispêndio de energia, do que o necessário para a conjuntura especial do pensamento. Um momento de consciência, o perpassar do símbolo, basta para fazer valer o que há de útil na idéia; e a atenção fica livre para as representações ulteriores.

7. Símbolo — complemento da abstração; focalização

A idéia é feita de abstrações generalizadas. A idéia de mesa, por exemplo, é feita com aspectos ou atributos abstraídos das mesas conhecidas, e que consideramos comuns à generalidade desses objetos. Quando nos ocorre essa idéia, evocamo-la no respectivo símbolo, que a contém de modo implícito, latente. As mais das vezes, segundo o curso do pensamento, consideramos principalmente, ou exclusivamente, um desses atributos. É o que me acontece agora mesmo: penso em mesa simplesmente quanto ao aspecto — *suporte*... para a máquina de escrever. Nesta função, os símbolos são espécies de invólucros permeáveis, dentro dos quais, as idéias, por mais ricas que sejam, se apresentam como unidades, bem nítidas e limitadas, invólucros que, sem derramarem, na consciência, o conteúdo explícito da idéia, deixam sair para o desenvolvimento do pensamento aquilo que, no momento, lhe convém. É bem de ver que uma coisa será o pensar no valor total da idéia, outra o evocar a idéia como valor implícito e representação surda, para referí-la, apenas, a um dos aspectos do seu conteúdo, como acontece a quem se exclama: "Ah! Neste mar de inquietações, em que vivo..." A idéia de mar é riquíssima em aspectos, mas quem tenha pensado nesses termos, terá pensado, apenas, *num* dos seus aspectos menos importantes. E tal só foi possível porque a idéia existia unificada e evocável num simples símbolo.

A esse propósito, é preciso distinguir: como poder de inteligência, temos a capacidade de abstrair e generalizar, para formar idéias, ou, pelo menos, para compreender e adquirir as idéias já existentes (não esquecendo que a idéia é, justamente, o conjunto de aspectos abstraídos e generalizados); e temos a capacidade de simbolizar, unificar e resumir a idéia numa representação evocativa, a qual, na consciência, permite utilizar em parte, ou totalmente, o valor da idéia, sem a necessidade de representar explicitamente o seu conteúdo. Pensar diretamente com a idéia, independentemente do símbolo, equivaleria a pensar explicitamente no conteúdo dela, refazendo todo o trabalho de abstração e generalização donde ela resulta, mediante o qual foi ela adquirida. Para a realização da mentalidade humana, o essencial é essa primeira capacidade — de abstração e generalização. Não se pode simbolizar senão o que existe; dela resulta a infinita superioridade do nosso entendimento. Mas a segunda — a simbolização, se bem que derivando do poder de abstrair e generalizar, é igualmente importante, porque nos assegura a plena posse das idéias, pela nitidez e limitação que lhes dá. Sem o símbolo, nem estaria completa a idéia; as suas possibilidades seriam sempre muito restritas, e o seu emprego laborioso e falho, porque teríamos valores instáveis. Isto é, fora da unificação simbólica, a idéia seria uma representação insubsistente, a refazer-se constantemente, pois que lhe faltaria o que a normaliza e unifica, para ser um elemento seguro e pronto na experiência mental.

De tudo isto resulta que o símbolo traz facilidades especiais à elaboração do pensamento, e lhe dá capacidade e poder que, sem ele, seriam incompreensíveis. Pela simbolização, sobe o espírito de abstração em abstração, até esses vértices inatingíveis pelo entendimento que tem de pensar, em todo o momento, com o peso de todas as condições explícitas da realidade. Assim se faz a sublimação do pensamento, porque cada grão de simbólica é um degrau na ascensão do pensamento. Na fórmula da mentalidade humana, os símbolos são potenciais; no seu poder latente se firmam e se incorporam as abstrações, para que se formem novas idéias e novas abstrações. Não há dúvida que os animais superiores distinguem as cores principais, comuns; no entanto, ser-lhes-ia impossível atingir a idéia de cor, porque lhes falta a capacidade de unificar em símbolos — verde, azul, amarelo, vermelho —, o conhecimento, a experiência particularizada desses matizes; com esses símbolos é que trabalha o nosso espírito, para constituir a abstração superior.

Já vimos que todo o processo da simbolização se explica pela lei da economia. No caso, a economia se exprime como boa utilização da energia pensante. Podemos falar, por conseguinte, da força dos símbolos. Na apreciação comum, julga-se do valor de uma inteligência pela sua capacidade de expressão, pela riqueza do vocabulário. O critério é falho, porque há mentalidades presas a *vozes vazias* — a palavras que nada dizem, realmente, porque nada simbolizam. Mas, se tomamos como fórmula de apreciação o stock[20] de símbolos, em cada inteligência, temos aí um critério seguro para medir-lhe a riqueza e o poder efetivo. Não esqueçamos que o símbolo não é somente a notação de um valor mental, se não um fator excitante, como fio condutor que é do pensamento. Por eles, com a sua sucessão, se faz a direção sensível dos juízos. Muitas vezes, a sua função é bem explicitamente esta: projetar o pensamento em determinado sentido. Pensamos com idéias substanciais e idéias-relações; sendo o símbolo o índice mental, se se trata de uma idéia de relação, o papel do símbolo é justamente o de levar as idéias substanciais numa certa direção. O exemplo definitivo e ampliado desse aspecto, na função dos símbolos, nós o temos com o caso das chamadas quantidades negativas. Realmente, não há, nem poderia haver, quantidades assim; o símbolo significa, tão somente, e bem nitidamente, que, em vista dele, os números devem ser contados numa direção oposta à da existência real.

---

[20] N.E. Palavra da língua inglesa; nesse contexto pode ser substituída por "estoque".

CAPÍTULO II

Mecanismo Mental dos Símbolos

8. Generalização da simbólica na atividade consciente

A longa análise que fizemos através da simbolização deixou patente estes dois fatos: que o pensamento humano se caracteriza pela necessidade de símbolos[21]; e que o mecanismo simbólico é sempre abreviatura, condensação, unificação, eliminação da consciência, por meio de substituições, de tudo que é dispensável para a atualidade do pensamento. E, por isso, a simbólica se torna o regime de toda a vida intelectual. Os conhecimentos adquiridos, as verdades verificadas, ficam-nos em símbolos. Só desta forma podem ser lucidamente comparados, e entrar francamente no jogo da lógica. O espírito formado vai por entre os motivos simbólicos, como primitivamente se movia por efeito das simples sensações. Atendendo a isto, tem razão A. Comte quando reclama uma *lógica das sensações*, em par com a lógica dos símbolos. No entanto, se consideramos o sentido necessário da expressão, devemos reservar o termo — *lógica-logos* — para a dependência formal entre os símbolos. Assim, podemos considerar o homem um animal essencialmente lógico: é o único que pensa com símbolos. A sua riqueza cerebral permite armazenar uma experiência vasta e complexa, sistematizada em conjuntos, cada conjunto reconhecível e utilizável num símbolo.

Nessa complexa experiência, para o seu perfeito desenvolvimento, há uma verdadeira superposição de sistemas — símbolos de símbolos, de símbolos... da mesma sorte que há idéias elaboradas com outras idéias, que já derivam de idéias... É neste caso, que bem podemos apreciar o quanto há de facilidade e economia no recurso da simbolização. A escrita hieroglífica — em símbolos de idéias, já era uma enorme vantagem, como facilidade de retenção, de conservação e de comunicaçãso; mas a escrita em símbolos de sons é infinitamente mais econômica

---

[21] Max Muller chama a simbolização o Rubicon do espírito humano, na conquista do pensamento abstrato.

e simplificadora. No entanto, ainda não nos basta, e criamos símbolos para a escrita dos termos mais comuns: *Sr. Dr. D. S. SS...* e tantas outras abreviaturas, que são, de fato, símbolos de símbolos, de símbolos...

Em virtude das suas qualidades características, a simbólica se estende por toda a vida consciente, mesmo além do que é estritamente intelectual. Se não, vejamos: emblemas, brasões, divisas, dísticos, máximas... que significam realmente? A conveniência e necessidade de simbolizar num padrão esquemático o proceder pessoal, o modo de pensar e de agir, de tal sorte que, na visão do emblema, na evocação do lema, venha a indicação formal e imediata da norma adotada, sem que seja preciso pensar explicitamente nos motivos morais, ou outros, que determinaram a sua escolha, ou aceitação. O símbolo-emblema adquire o poder de impor-se à consciência com o mesmo valor dos motivos afetivos que intervieram na sua adoção. É este o melhor exemplo de *símbolo de vontade*; com ele verifica-se que, ainda neste caso, a dinâmica do símbolo é essencialmente a mesma.

9. Abreviação e nitidez do símbolo[22]

A influência simplificadora do símbolo se torna bem patente nestas conjunturas explícitas: o pensamento com intervenção de idéias, generalidades não simbolizadas, e o mesmo pensamento, com a intervenção das mesmas idéias já simbolizadas.

Toda pessoa de mediana cultura, com a mentalidade feita, tem a idéia perfeita de LÍQUIDO, idéia em cujo conteúdo entram atributos positivos e negativos: não consistência, coesão insuficiente para assegurar uma forma própria, distribuição igual de pressões... E esses atributos se materializam nos fatos — tomar a forma do continente, escorrer, estender-se horizontalmente... Na mente da criança, ou do homem do povo, o valor mental correspondente a nossa idéia de líquido é uma

---

[22] Assim considerada a função do símbolo, tem-se a explicação da longa e clássica contenda filosófica — sensualismo, nominalismo, conceptualismo, e temos, também, a solução justa do caso. Se considerarmos nome como equivalente de símbolo, têm razão os nominalistas, pois que a consciência da idéia se resume no símbolo: pensando com idéias, pensamos, de fato, com os respectivos símbolos. Mas, se atendemos que o símbolo é, em última análise, uma imagem — uma representação sensorial, têm também razão os sensualistas: pensando, temos sempre na consciência representações sensoriais. Finalmente, devemos considerar que o símbolo só é válido se, embaixo dele, há um conceito, cujo valor mental nele se inclui; e, deste modo, pensando com o símbolo, fazemos valer sempre o conceito; têm razão, por isso, os conceptualistas.

generalidade incompletamente abstraída, fortemente apensa à idéia de *água*, porque é na água que, mais freqüentemente, eles se têm encontrado com essas propriedades, por nós já abstraídas na idéia perfeita e simbolizada de líquido. Imaginemos, agora, uma situação em que o homem culto e o ainda inculto tenham de pensar com esta abstração generalizada. Por exemplo: encher completamente, ocupando todos os poros aparentes, um determinado volume... "Com um *líquido* qualquer, resolverei perfeitamente o problema..." refletirá a mentalidade feita, completa. Nisto se consubstanciará o seu pensamento; o valor da idéia *líquido* terá a instantaneidade da representação do respectivo símbolo, qualquer que ele seja; e ela terá realizado o seu papel, correspondendo aos motivos que a fizeram evocar, sem que se tenham reconstituído explicitamente os processos de abstração e de generalização, mediante os quais foi ela adquirida; nem mesmo se terão formulado explicitamente os aspectos essenciais que são o conteúdo da própria idéia. Quer dizer: a pessoa terá pensado em *líquido*, sem a consciência formal de que o faz porque o líquido tem tais propriedades. Em vez disto, quem não tem distinta e simbolizada essa idéia, examinando a situação, chegará à mesma solução, mas só o conseguirá depois que houver realizado, bem explicitamente, o trabalho de abstração e generalização preciso para reconhecer e afirmar, de si para si, que a água, ou qualquer coisa como água, que assim escorra, e se espalhe, e se infiltre, servirá para o caso. Com a repetição, a idéia se destacará de mais para mais; os processos de evocação se farão cada vez mais simples e mais curtos. Mas no curso dessa elaboração, ela se prendera fatalmente a um sinal qualquer: *simbolizar-se-á*. É a condição indispensável para a sua classificação definitiva, no conjunto da experiência mental; a condição essencial para ser um instrumento pronto e eficaz de pensamento.

    Um outro exemplo, mais expressivo, porque assistimos nele ao próprio ato da simbolização, e porque, no caso, toda a vantagem consiste em facilitar, com um novo símbolo, o jogo de idéias gerais, correntes. Temos a idéia das medidas de extensão — metro, quilômetro... Multiplicamos o quilômetro, subdividimos o metro, e, com isto, satisfazemos as necessidades correntes do pensamento, na apreciação das distâncias. Mas, com o estender a sua curiosidade pelo universo, o homem chegou a julgar das condições na existência de tudo que aí pode perceber, e até daquilo que apenas adivinha: o nosso sistema planetário, o sistema galáctico que o compreende, nebulosas que sejam como outros sistemas, exteriores à própria via Láctea... Ora, os juízos a respeito de tais coisas incluem referidas distâncias, que já não têm significação se as consideramos diretamente, medidas em quilômetros. Se não, vejamos: a distância da Terra ao Sol é de 99.105.273 quilômetros, equivalente a 244 vezes a da Terra à Lua, distância que é, por sua vez, igual aproximadamente a 10 vezes a circunferência desta mesma nossa Terra. Até aí apreciam-se as coisas mais ou menos bem. No momento, porém, em que nos dizem que a distância da Terra à mais próxima das estrelas — Alfa do Centauro — é mais de 42.000.000.000.000 quilômetros, o enunciado perde todo o valor evocativo, devido à própria insignificância da idéia *quilômetro*, em comparação com tais grandezas. Então, substituíram os astrônomos, em tais casos, a idéia *quilômetro* por uma outra, resultante, não de uma apreciação direta ou de um padrão tangível, mas de um raciocínio que leva à concepção formal de uma formidável grandeza em distância.

A luz, em cuja propagação se realiza a maior velocidade conhecida[23], percorre 299.000 quilômetros por segundo; os raios solares, não obstante à enorme distância de quase 100.000.000 quilômetros, chega-nos no tempo insignificante de 8 segundos. Consideremos isto e pensemos, agora, que a luz que nos vem da mais próxima das estrelas gasta 3 anos para fazer o seu trajeto. É o astro que se acha à formidável distância de *quarenta e dois milhões de bilhões* de metros! No entanto, este percurso é insignificante, se refletimos que a luz da nebulosa mais vizinha do nosso sistema estelar só nos chega depois de um trajeto de 45.000 anos, pois ela se acha a uma distância que assim se escreve: 400.000.000.000.000.000.000 metros... ou, em números falados — *quatrocentos bilhões de bilhões* de metros... Como indicação de grandeza, já não temos a base mental necessária para, num desenvolver de pensamento, apreciar imediatamente as respectivas relações numéricas e ajuizar das proporções entre as referidas distâncias. Fora preciso, em cada caso, em face de tão formidáveis números, suspender o curso do pensamento, para refletir especialmente, e detidamente, no próprio enunciado. Considerando nisto, os astrônomos adotaram um outro critério para a apresentação de tais distâncias e dimensões. Por um rápido e muito simples raciocínio, assente em concepções acessíveis, a todo espírito culto, eles impuseram uma nova orientação na apreciação imediata das distâncias: "Se, num segundo, faz o raio luminoso 299.000 quilômetros, que distância não

---

[23] As modernas idéias, em física, são de que "essa velocidade-limite... é, a certos respeitos, análoga à temperatura de 273 graus abaixo de zero, e que chamamos de zero absoluto, e que ela é na natureza um limite intransponível". (Ch. Nordmann, *Einstein et L'Univers*, p. 58)

percorrerá ele num minuto... numa hora... num dia... num mês... num ano?!..." E passaram a indicar as grandes dimensões, nos espaços siderais, referindo-se à distância que o raio luminoso perfaz no período de um ano. Foi uma idéia que se formou, na concepção das medidas; e os livros de vulgarização nos dizem: ao passo que a A.[24] do Centauro está numa distância que exige, apenas, 4,5 anos para fazer chegar até nós a sua luz, a nebulosa de Andrômeda manda-nos luz em 6 anos, a estrela polar em 46 anos, a gigante *Betelgeuse* em 180 anos; a mais afastada estrela, ainda pertencente ao nosso sistema galáctico, em 2.000 anos; a mais longínqua nebulosa, em 10.000.000 de anos...

Assim, analiticamente apresentado, em cada apreciação de distância, temos que refazer o raciocínio que nos leva à concepção da formidável grandeza. Outro é o caso, quando, aceitando o símbolo com que eles completaram a elaboração da idéia *ano-luz*, pensamos com ele. Possuído deste símbolo, vemos realizar-se a substituição mental de uma idéia padrão feita de dados sensíveis, por um padrão resultante de um raciocínio, e que por um raciocínio se impõe, sem deixar de ter rigorosa significação matemática. E quando nos servimos do padrão assim simbolizado *ano-luz*, já não nos é preciso refazer o raciocínio originário: o seu valor, com todas as suas conseqüências, está implícito no símbolo. Não é preciso, por exemplo, nenhum tirocínio especial nos assuntos astronômicos para apreciar, imediatamente, o valor numérico e as relações de proporções que Arthenius nos apresenta nestes termos: "O nosso sistema solar tem um diâmetro que é, apenas, de 0,002 ano-luz; o sistema estelar que Shapley chama de *local* tem um diâmetro de 3.300 anos-luz... e nós estamos a 60 anos-luz do seu plano norte... O sistema dos grupos dispersos de estrelas, a que se dava antigamente o nome de Via-Láctea... e os dois grandes sistemas das Cefeidas, formando o conjunto a que modernamente se considera como sistema galáctico, tem um diâmetro de mais de 20.000 anos-luz; por fora dos planos limitando o sistema lácteo, está o sistema dos *aglomerados globulares*, cujo diâmetro não é inferior a 300.000 anos-luz, e por fora de tudo, nos espaços que ainda podem ser perscrutados, o sistema das nebulosas espirais, ainda pouco conhecidas, e que se acham a 660.000 anos-luz, e mais". Eis o Universo definido, limitado, medido, nas abreviaturas de um símbolo padrão.

O ajuizamento fácil, como aí se vê, resulta da virtude intrínseca do símbolo que, na evocação da idéia, permite suprimir todos os processos intermediários e

---

[24] N.E. Alfa, de Centauro.

faz valer, no próprio ato da evocação, os simples efeitos mentais da mesma idéia. Ao longo dos seus estudos, o candidato a médico tem de atender especialmente à descrição e à observação de cada uma das organizações estruturais e psicológicas do corpo humano, para ter a idéia precisa de cada uma das funções... Seja a secreção renal. A idéia correspondente compreende explicitamente os três aspectos: secreção apenas seletiva; simples filtração, sob forte pressão nos glomérulos; a intensa depuração e coleção pelos epitélios dos ramos ascendentes das alças. Esta idéia, assim complexa, simboliza-se nos termos *função renal*, ou uropoëse, e, agora, contida num símbolo, tal idéia ocorrerá pronta e facilmente, para os juízos que o clínico tenha de formular. Nestes juízos, ele fará apreciações justíssimas quanto à fisiologia relacionada com essa mesma idéia, sem que lhe seja preciso, a cada passo, relembrar que a secreção renal consiste nisto, naquilo...

10. A SIMBÓLICA DE AFETIVIDADE TAMBÉM É ABREVIATURA

O aspecto de economia, pela supressão dos intermediários, é sensível, sobretudo, nos símbolos afetivos e nos de vontade. F. se queimou, um dia, ao brincar com fogos de São João; a ferida foi excepcionalmente dolorosa... O ruído de *queimar de fogos* será para ele um símbolo de terror íntimo; basta-lhe a primeira sensação de tal ruído, sem ter necessidade de lembrar os terríveis efeitos da queimadura: ei-lo tomado de emoção, como se se visse diretamente ameaçado. Mais expressivo, ainda, é este caso: o indivíduo teve de tomar um vomitivo; já nauseado com a expectativa dos efeitos, reteve o nome do remédio, o aspecto do frasco... E a náusea cresceu, com a ação positiva da droga; foi uma verdadeira angústia orgânica, até os resultados definitivos. Tempos depois, a pessoa vê o frasco do remédio, ou percebe pronunciarem-lhe o nome, e basta isto para que sobrevenha um acentuado estado de náusea. Neste caso, o simbolismo toma caráter especial, porque temos, de fato, uma idéia ou um conhecimento, simbolizando sensações, quando a fórmula geral é que os valores sensoriais simbolizam idéias. Não esqueçamos, porém, que a idéia é, por sua vez, simbolizada pela imagem do frasco, ou a imagem verbal...

Na realização da vida moral, para a manifestação dos sentimentos superiores, o símbolo tem essa mesma significação, com a mesma eficácia. O culto religioso ou patriótico, o apuro dos afetos propriamente humanos, fazem-se num regime de práticas que procuram aproveitar, justamente, as virtudes condensadoras e as fórmulas abreviadas do simbolismo. A. tem manifestado sempre muita amizade por mim; as suas repetidas bondades fizeram crescer em meu espírito uma viva gratidão... Conheço B.; sei quanta generosidade há no seu coração, quanta modesta dignidade vive no seu caráter... Vejo o retrato de A., e, antes de lembrar o bem que ele me tem feito, sem nenhuma representação explícita dos motivos da minha gratidão, sinto intumescer-se-me o peito numa profunda emoção. Ouço dizer que morreu B., subitamente o coração se me oprime, dolorido, como se, longamente, houvera refletido nas virtudes reais do morto... Nestes casos, do simbolismo afetivo e estético, a simplificação das formas e a eliminação de processos intermediários permitem uma condensação especial de energias físicas no sentimento. Todo o tempo que já não se gasta em pensar e compreender, todas as energias que não são gastas em refletir nos motivos racionais de sentir, concentram-se nesse mesmo sentir... "Não é com a razão, senão com o coração que amamos... Para bem amar, é preciso não compreender... O sentimento, para ser profundo, tem que ser exclusivo..." Estas fórmulas, justas, verdadeiras, dizem a necessidade que têm os estados afetivos de absorver e concentrar todas as energias disponíveis no momento. E é com o símbolo que isto se realiza. Toda afeição tem a sua causa; desde que a afeição se tornou habitual, a respectiva causa vale como um símbolo — imagem ou idéia. É o objeto do sentimento. Se, numa conjuntura qualquer, vem o símbolo à consciência, torna-se a representação exclusiva dela; não há que pensar, nem discorrer. Essa evocação é o motivo bastante para concentrar as forças do espírito sob a forma de afetos, que formarão um halo de paixão, em que o símbolo mais se destaca.

Esta é a dinâmica elementar do símbolo na vida afetiva; ela corresponde, absolutamente, à lei da economia e condensação, e já nos indica as condições a que devem satisfazer os símbolos de culto e de estética, que propositadamente criamos. Em capítulo próprio, será dado desenvolvimento especial à análise da simbólica sentimental. Quase sempre sugestiva, ela tende, normalmente, para exclusividade e abreviação; mas, ao passo que o simbolismo puramente intelectual visa à exclusividade de direção, o simbolismo afetivo se faz com exclusividade de concentração no emprego de energias. No domínio da afetividade, a função do símbolo é muitas vezes formalmente inibitória; tal acontece a quem, ao ouvir certa voz, ficou inteiramente detido, inibido de continuar.

11. Vantagens econômicas do símbolo

De todo modo, a excelência da simbolização está, sobretudo, na economia que ela realiza. Esta é a sua essência no dinamismo psíquico. Desde que, pela riqueza cerebral, possibilidades especiais nos são dadas, tudo é economizado pelo jogo dos símbolos, tem emprego em formas superiores de pensamento, em intensidade de sentir e de realizar. Neste regime, o espírito estende os conhecimentos sistematizando-os em idéias, limitando as concepções, consubstancializando-as em símbolos, que permitem os processos sumários e as formas abreviadas. O simbolismo verbal, que é o regime mesmo do pensamento, realiza perfeitamente todas essas condições. Com ele, a análise e a síntese, processos necessários de conhecer e de organizar a experiência mental, acham-se simplificadas e, de antemão, orientadas. Na fisiologia do pensamento, o simbolismo é a fórmula subjetiva de encadeamentos encurtados pelo hábito, e que permitem achar, de pronto, as reações definitivas e úteis. "É evidente que os reflexos simbólicos[25] facilitam grandemente a atividade neuropsíquica do homem, tornando-a ao mesmo tempo mais superficial e mais esquemática... Basta uma revivescência dos traços cerebrais, traduzindo-se num estado de tensão nervosa a que chamamos de *palavra interior*. Isto realiza uma grande economia de trabalho muscular e torna as reações simbólicas particularmente rápidas". Ribot é mais definido, no dizer: "O símbolo serve para superar as dificuldades (do pensamento), como, na prática, a alavanca e os seus aperfeiçoamentos servem para levantar os pesos"[26]. E tudo se resume na fórmula expressiva de L. Dugas, com que se fecha e sintetiza o seu livro sobre o *psitacismo*, isto é, o verbalismo puro: "Em resumo, o espírito é um: os símbolos pelos quais o homem traduz suas sensações, e aqueles pelos quais ele exprime as mais profundas verdades da ciência, são submetidos às mesmas leis. Qualquer que seja o trabalho a que se aplica o nosso pensamento, por instinto ou reflexão, ele dirige, isto é, adapta e limita o seu esforço; a marcha do espírito, como o movimento dos corpos, segue sempre a linha da menor resistência"[27].

O símbolo, com sua função primeira e essencial na elaboração íntima do pensamento, é o necessário instrumento de simplificação, para a evocação e individualização das idéias que, incorporadas nele, passam pela consciência como sistemas de abreviaturas mentais. Mas não esqueçamos que o pensamento é nimiamente socializado, e que as idéias, que formam a própria estrutura mental, são, realmente, valores sociais. A idéia só existe, de fato, quando vive na mentalidade

---

[25] W. Bechterew — op. cit., pp. 374-375.
[26] Th. Ribot — *L'Evolution des Idées Générales*, p. 165
[27] L. Dugas — *Le Psyttacisme et la Pensée Symbolique*, p. 195

coletiva, isto é, quando a consideramos um *equivalente* para o pensamento, em qualquer das consciências associadas. *Máquina* é máquina para os meus juízos, como para os de qualquer espírito formado sob o influxo desta civilização a que pertenço. Esta é a essência mesma da sociedade humana: agregação instintiva de indivíduos, relacionados explicitamente pela consciência, pensando em comum, com as mesmas idéias, segundo os mesmos processos. E como, socialmente, a idéia é o próprio símbolo, para o critério social, o pensamento é um jogo de símbolos. Sob a forma simbólica se fazem todas as comunicações; em simbolismos se realizam todas as relações.

Por isso mesmo, num estudo formal da psicologia do símbolo, tivemos de distinguir duas partes — o símbolo *instrumento de pensamento,* o símbolo *instrumento de comunicação.* Uma função deriva necessariamente da outra; mas são dois aspectos distintos na análise dos processos simbólicos, e em capítulos distintos os estudaremos. Agora, trata-se, apenas, de assinalar que, estendendo-se da elaboração íntima para a comunicação das consciências, o símbolo é aproveitado, em virtude das suas propriedades essenciais: ele é abreviatura para o pensamento, é abreviatura para a comunicação, isto é, na linguagem. Há, no caso, manifestação bem explícita do princípio de economia, pois tudo se resume no fato de que *uma* mesma elaboração, *um só* trabalho de referência, serve a *dois* fins, qual mais importante.

Toda linguagem pressupõe a produção e o uso de sinais, isto é, a realização e expressão de símbolos; mas, na elucidação dos fatos, de acordo, mesmo, com o que já foi analisado, temos que distinguir, psicologicamente, duas formas de linguagem, considerando como linguagem toda expressão intencional: *linguagem direta* ou imaginada, e *linguagem* propriamente *simbólica.* É uma distinção que deriva essencialmente do caráter dos símbolos usados: a primeira consiste no externar de símbolos naturais, instituídos, muitas vezes, no momento, em correspondência atual com os estados de consciência, como sejam — gestos, desenhos, sinais imitativos...; a linguagem simbólica, feita, sobretudo, pela palavra, consiste no emprego de símbolos de valor convencional e exprime, principalmente, as idéias ou imagens vulgarizadas. Convém-lhe esse epíteto de simbólica, porque ela é indispensável ao completo pensamento simbólico. Essa classificação indispensável como análise não contraria, pois, o caráter essencial na linguagem — a realização em símbolos. De fato: o gesto, mais natural e imitativo, o desenho, mais diretamente expressivo, valem realmente como símbolos, desde que são produzidos com o fim de provocar determinada evocação, determinado estado de consciência. A diferença entre as duas formas de linguagem é apenas de grau: na primeira, os símbolos são imagens com significação natural, valor próprio, utilizadas incidentemente para simbolizar idéias que a elas naturalmente se associam; na segunda, os símbolos são imagens vazias, geralmente, de toda significação natural e direta; são puras imagens-símbolos, e que, por isso mesmo, adquiriram um valor absoluto como instrumento de evocação; são símbolos excelentes porque são exclusivamente símbolos. Tal acontece com a generalidade dos símbolos verbais, que constituem a linguagem simbólica; tal o motivo porque, na comunicação, prevaleceu definitivamente a palavra sobre o gesto, reduzindo-se os recursos da linguagem direta a simples auxiliar da expressão. Se a palavra se tornou, universalmente, o principal sinal de idéia e de linguagem, é porque, na consciência, o seu valor próprio é tão significante, que pode ser inteiramente desprezado e, com ela, a atenção se não desviará para outras associações além da que é especialmente ou determinantemente evocada. Evita-se toda a dispersão de espírito e a economia é perfeita.

Este assunto tem de ser detidamente considerado a propósito da evolução dos símbolos. No momento, queremos mostrar, apenas, que, para a comunicação, traz o símbolo as mesmas qualidades dinâmicas, já referidas.

12. "Facultas signatrix"

A desenvolvida apreciação, como a fizemos, do mecanismo do símbolo, deixou bem caracterizadas as suas propriedades essenciais; já é possível resumi-las com clareza, para chegar a uma definição precisa e completa. Vimos que, em si mesma, a simbolização é uma associação especial, com tendências à exclusividade de evocação, associação que se faz para definir as idéias num sinal e tornar possível o uso econômico e imediato delas, segundo as necessidades do pensamento. O símbolo resultará de uma associação, terá uma virtude apenas sugestiva; mas, em correspondência com suas funções — como indicação precisa, tende a tornar-se exclusivamente um sinal. A escolástica definia o fato, admitindo que o homem goza também de uma *faculdade assinaladora*. Como resultado, cada símbolo, se não é originalmente um puro sinal convencionado, passa por uma evolução, no sentido de tomar esse caráter meramente assinalativo. É o acme[28] do sím-

---

[28] N.E clímax, ponto mais alto.

bolo — valer como sinal puro; só deste modo o simbolismo atinge a excelência da realização. A imagem-símbolo será, então, um simples continente ou veículo e, como a hemácia que perde o núcleo vivificante, para ser um puro veiculador de oxigênio-vida, o símbolo se fará sinal inerte, e morrerá, se novo influxo de imaginação não vier vivificá-lo. Em tempo, faremos referência especial a esses destinos do símbolo.

Condensaríamos perfeitamente a psicologia da simbolização se nestes termos a definíssemos: uma associação formal, nítida, orientada para determinada evocação, de tal modo íntima e pronta, que a representação evocada se apresenta instantaneamente, como que condensada no próprio símbolo. O verdadeiro simbolismo realiza-se como imposição à consciência. O *sinal*, simbolizante, puro conjunto sensorial, por si mesmo, não deve reter a atenção. Para ser ótimo, tem de ser, muitas vezes, insípido, vazio, inteiramente desinteressante. Se há nele qualquer coisa que possa, como virtude própria, cativar o pensamento, será o motivo de hesitações, desvios de atenção, dispersão de energias. Só se permite que o símbolo tenha valor próprio, nos seus aspectos puramente sensoriais, se isto pode concorrer sugestivamente para a determinada evocação. Por isso, *glutão, mexerico...* são ótimos vocábulos, tanto a sonoridade favorece a evocação, ao passo que *pingue, saturnal...* são termos a abandonar, porque, pela semelhança fonética que têm com os símbolos de idéias inteiramente dessemelhantes (pingo, soturno), produzem inevitável hesitação na evocação.

O símbolo mental é intermediário entre a realidade e a idéia que fazemos dessa mesma realidade. Para a perfeita elaboração do pensamento, ele há de ser um puro elemento dinâmico. O símbolo atrai e concentra a atenção em cada momento; condensa os aspectos típicos da idéia, conduz assim o pensamento, focaliza-o, de conjuntura em conjuntura; estende, sempre nítidas, as abstrações, limita as generalizações. Mas, em tudo isto, é apenas uma transparência da idéia, o ponto iluminado de consciência, porque esta lucidez é indispensável para guiar o complexo trabalho de subconsciência, que constitui a parte mais importante na elaboração mental, na realização integral do pensamento. Penso, agora mesmo, coisas difíceis, por entre as quais o entendimento hesita, vacila, penosamente, de juízo em juízo. A minha consciência é, de fato, e tão somente, o trilho iluminado por onde prosseguem os símbolos de idéias que profundamente se atraem. Tudo mais que concorre nesta produção mental é quase inconsciente, desde o esforço constante para a boa atitude assentado, até a atenção ao timbre da máquina indicando-me que chegou o final da linha... até mesmo o conhecimento de que certa idéia, que agora ocorre, já está apresentada noutra parte desta análise. Neste sentido, tem toda razão a fórmula de Leibnitz: "A concepção simbólica é sempre cega, só vê o símbolo". Realmente, como valor nítido, na consciência do pensamento, só há o simbolismo das idéias. O mais, é isto a que S. Mill chama de *química do pensamento*, uma química não menos complexa e resistente à análise que a do próprio metabolismo vital.

Nestas condições, podemos considerar o símbolo — guia indispensável dos superiores automatismos que formam a parte íntima, quase impenetrável do pensamento. Se a mentalidade humana se caracteriza pela capacidade de abstração, de fato, ela se realiza em símbolos: a abstração só vale plenamente em símbolos, só em símbolos é ela francamente acessível à análise.

13. Aspectos característicos do símbolo

Com essa caracterização do simbolismo, destacaram-se diferentes aspectos, que devem ser sistematicamente indicados e enumerados, para fazer sentir, bem explicitamente, a importância do fato: a) a necessidade de ser o símbolo uma representação concreta, sensorial; b) a exclusividade da evocação, na associação simbólica; c) a origem natural, para os símbolos sugestivos; d) a tendência que tem o símbolo a tornar-se puro sinal, de valor convencional, chegando a ser inteiramente díspar com a idéia simbolizada; e) a utilização dos símbolos como excelente recurso de comunicação e expressão. Dada a multiplicidade de aspectos, resulta, naturalmente, uma qual confusão na interpretação dos fenômenos, e, principalmente, no valor que se faz para os termos — *símbolo, simbólica, simbolismo*... São expressões que raramente se acordam, na língua dos diferentes autores e nas concepções das várias teorias. A acepção do termo, o seu emprego mais comum, é o de: símbolo — sinal de idéias; mas a literatura e a estética parecem reservar a expressão para a simbolização simplesmente sugestiva; nas suas definições, o símbolo é associação fortemente tonalizada de afeição, capaz de evocar idéia e sentimento, sem necessidade de definir-se. A estética só vê o aspecto sugestão. Mas, um dissertador de longas tiradas, como Croce, sem retirar ao símbolo a significação de fator — sugestão, considera-o principalmente no caráter de expressão, e, para ele, *simbólico* é como que sinônimo de *expressivo*. Binet, por exemplo, tendo em vista a possibilidade de relações naturais ou constantes, na associação simbólica, define: "Simbolismo, uma relação constante entre uma idéia e uma imagem disparate"²⁹. Finalmente, a psicanálise, considerando o fundo sensorial do símbolo, as suas propriedades condensadoras e a possibilidade de ser *qualquer imagem* — um *símbolo de qualquer coisa*, define: "Símbolo, expressão de abstrações, ou de objetos fortemente afetados, por objetos fortemente afetados, de sentimentos, por objetos concretos ou indiferentes, escolhidos a modo de analogias, mais ou menos vagas". Para os psicanalistas, o que se representa na consciência durante o sonho são símbolos de desejos contrariados, recalcados, insatisfeitos... símbolos em que tais desejos se disfarçam pela ação da *censura*. E formularam todo um código de símbolos, segundo o qual, bengala e outros objetos em haste, tem qual significação, bolsas, sacos, caixetas... tudo que pode conter, tem outra significação ajustativa, como nas peças de uma dobradiça. Como se vê, seria esse um simbolismo de qualidades contrastantes com as do simbolismo classicamente admitido nas idéias correntes; seria um simbolismo, não imediatamente significativo, ou diretamente sugestivo, mas desorientado, exigindo laboriosa interpretação, onde mais se revela a imaginação do interpretante que a do interpretado. Não se trata, pois, de combater a psicanálise, no mérito da sua doutrina. Se tivéramos de falar a respeito, não hesitaríamos em dizer que, na orientação geral, os métodos psicanalistas têm méritos incontestáveis. Nem de outro modo se compreendem os seus reconhecidos sucessos. Pensamos, agora, exclusivamente na impropriedade do sentido que, nessa doutrina, se faz aos termos *símbolo, simbolista*... impropriedade que chega ao ponto de fazer com que as palavras digam justamente o contrário do que deveriam dizer. Para toda gente que se ocupa dessas coisas, *pensamento simbólico* é o que se faz com abstrações bem caracterizadas, isto é, com idéias gerais, evocadas em símbolos-palavras; é, por conseguinte, um pensamento claramente lógico. Para a psicanálise, o pensamento simbólico é o que se faz como decorrência de imagens, sem lógica aparente, muitas vezes, qual acontece no sonho. Para o senso geral, o pensamento simbólico pode dispensar imagens ou representações concretas, a não ser os sinais verbais;

---

²⁹ A. Binet, *L'Étude Expérimentale de l'Intelligence*, p. 100. Num outro momento, procurando elucidar *Qu'est-ce qu'une émotion*? esse psicólogo é de opinião que "a maior parte dos fenômenos psíquicos, o raciocínio, a atenção, a imaginação, a vontade, são para nós obscuros símbolos". Estas palavras devem ser interpretadas como a afirmação de que a maior parte, e a mais importante, da atividade psíquica se faz inconscientemente; isso de que temos consciência vale, apenas, como símbolo dos processos completos. (A. Binet, *L'Année Psychologique*, T. XVII, p. 2).

para os psicanalistas, o pensamento simbólico é o que se faz exclusivamente com imagens, pensamento enigmático, e cujo sentido real depende de uma interpretação. Aliás, sendo a mais grave, não é essa a única impropriedade de expressão que se acusa na obra dos psicanalistas. Grande parte deles se revelam simples sabedores de medicina, sem a cultura filosófica, sem outra erudição, em psicologia, senão do que sabem da própria escola; na maior parte, as suas elucubrações consistem em descobertas do que já está como idéia corrente na psicologia comum. A maior novidade é a do vocabulário, feito, geralmente, de neologismos próprios. É assim que, muitas vezes, os seus *complexos* são extremamente simples. Há invenção de termos novos para coisas velhas, termos inspirados do mais primitivo animismo. Imagine-se que, em toda a literatura psicanalista, substitui-se a palavra *censura* por *self-control*: as concepções e explicações nada teriam perdido; apenas estaríamos com uma linguagem mais de acordo com a concepção científica geral. Significando a mesma coisa que *self-control*, a fórmula *censura* tem o defeito de dar a idéia de um qual feitor, lá dentro do espírito, para conter o que não deve aparecer; ao passo que a expressão corrente se refere a uma norma superior na estrutura geral do espírito, fórmula suprema da personalidade que se realiza. É o modo explícito de ser razoável, como que um hábito de lucidez, garantida pela inibição, por efeito de educação.

Para boa norma de exposição, pois que o fato é constante e essencial na dinâmica do espírito, convém aceitar a definição: símbolo — tipo de associação exclusiva, ou acentuadamente preferencial (sugestivo), que permite suprimir do fluxo consciente longos processos intermediários, substituindo-os por sinais ou indicações rápidas e precisas, e sempre bastantes para a realização do pensamento, que se faz, assim, tão completo e lúcido como se os intermediários fossem plenamente explícitos na consciência.

CAPÍTULO III

A Simbólica das Idéias

14. Natureza sensorial do símbolo

O simbolismo tem uma tal extensão no psiquismo humano que, por fim, nenhum processo consciente se desenvolve sem a intervenção de símbolos. Toda representação pode ter função simbólica; todo processo, todo estado de consciência, pode ser simbolizado, isto é, evocado e reconstituído por meio de símbolos. Já houve ocasião de assinalar bem todo esse aspecto da atividade psíquica, aspecto agora lembrado porque chegou o momento de dizer quais as representações que servem correntemente de símbolos ou, mais apropriadamente, as representações normalmente adotadas como símbolos.

Em última instância, os símbolos são imagens. Os sinais puros são, sempre, imagens, sem nenhuma significação própria. Em todo modo, a natureza da representação simbolizante depende muito do que é simbolizado, da ocasião e das condições em que se fez a simbolização; do *tipo sensorial* do indivíduo. Por conseguinte, convém, para essa parte do nosso estudo, começar por distinguir os símbolos nos objetos simbolizados.

Tentemos a distinção:

Símbolos de idéias, de juízos, ou crises mentais mais extensas, de teorias e outros conjuntos de idéias;

Símbolos de estados afetivos — emoções transitórias, afeições repetidas — paixões, sentimentos;

Símbolos de vontade — resoluções, modos de proceder, hábitos, normas de vida;

Símbolos de sistemas morais, filosóficos e religiosos, que envolvem todas as atividades psíquicas.

Este índice de ocorrências simbólicas não pretende ser uma classificação; servirá para facilitar a caracterização dos elementos simbolizantes, em cada caso.

Pela essência da sua função, o símbolo tem de ser uma imagem, uma representação concreta, ou mesmo uma sensação pura (os olfatos). Podemos pensar com abstrações generalizadas; mais do que isto: os nossos juízos incluem necessariamente idéias, que são essas mesmas abstrações; no desenvolver do pensamento, podemos elevá-lo a concepções que, num lance, envolvem todos os tempos, para além de todo espaço sensível; podemos sublimá-lo em abstrações cujos liames com a realidade quase se perderam. Mas, para a realização do pensamento, para fazer explícito o processo psíquico, para condensar e abreviar a sua dinâmica, é absolutamente necessário focalizar a consciência em tons sensoriais, ainda que esses elementos sensoriais nada valham por si mesmos, sejam valores surdos, simples sinais. Assim como o pensamento envolve sempre idéias, a simbolização exige sempre imagem. No entanto, em muita circunstância, vemos idéias na função de símbolo. É que o simbolismo se faz em muitos graus; freqüentemente se verifica o fato de — símbolo, simbolizando outro símbolo, que, por sua vez, é de símbolo... *Sr.* simboliza a palavra escrita *Senhor*, que é símbolo da mesma palavra falada (pois que as letras são, apenas, sinais de sons), isto é, do vocábulo propriamente dito, que é símbolo da respectiva idéia, a qual, em certas conjunturas de pensamento, é equivalente da idéia de Deus, símbolo de sentimentos religiosos, de crenças e de sistemas filosóficos. Este exemplo foi propositado, para apresentar um tipo de *símbolo* em idéia, isto é, o caso de idéia-símbolo, a idéia de *Senhor*, simbolizando a idéia de Deus. Ainda assim, o encadeamento simbólico leva a representações concretas, e haverá, forçosamente, momentos de tonalidades sensoriais na consciência, pois que a idéia-símbolo é, por sua vez, simbolizada em imagem-sinal. Este caso serve, justamente, para nos apresentar uma das condensações mais acusadas na realização do processo simbólico. Que um crente, no curso da sua leitura, encontre esta passagem: "... e a graça do Sr. derramou-se por todo ele...", este rápido sinal — *Sr.* — o transportará, no mesmo ato da percepção, à plena emoção religiosa, como se fora uma causa direta, sem nenhuma necessidade de considerar explicitamente que ali se encontra, apenas, um sinal de sinal, de sinal, de idéia, que, aliás, tem geralmente outra função.

Em tal modo, desde que toda simbolização se resolve, finalmente, em imagens, examinemos os tipos de imagens que concorrem, nos diversos casos, como símbolos de idéias, sentimentos, atitudes de vontade, fórmulas complexas de regime mental ou espiritual.

Quanto à idéia, o símbolo universal é a palavra; todavia, há tantas exceções interessantes, que, somente elas, formam um dos parágrafos para maior meditação no problema geral da simbólica. Toda idéia, se realmente existe, está incluída num sinal ou notação sensorial, cuja forma e cujo tipo dependem não só do grau de abstração e da natureza das suas relações, como do temperamento sensorial, e até da educação do indivíduo. Para chegar à compreensão dessa diferença de tipo e de forma será preciso distinguir, primeiramente, entre as mesmas idéias, naquilo que pode influir quanto às qualidades sensoriais do símbolo. Neste conforme, façamos os grupos característicos: idéias — *abstratos puros*, já sem ligação imediata com os aspectos sensoriais, e que são formadas, em gradação crescente, de muitas outras idéias (laranja – fruto – alimento – nutrição – vida...), *idéias de puras relações,* tanto referidas à realidade externa, como às puras coisas de consciência (*mais, tanto, em, para, de...*), *idéias gerais*, quanto à existência de seres ou fenômenos reais, concretos, quanto à atividade do espírito (pedra... desejo...); *idéias individuais,* de valor social, ou exclusivo e pessoal. Está bem visto que esta não é uma rigorosa classificação de idéias em critério psicológico, mas uma simples diferenciação, para indicação dos respectivos símbolos.

15. Simbólica dos abstratos puros

Os abstratos puros, onde quer que existam, no seu justo valor, simbolizam-se em palavras. Muita mentalidade haverá (talvez a maioria delas) incapaz de atingir a tais abstrações — *síntese, universo, estática, essencial, evolução...* Mas a idéia, abstrato, se está adquirida e incorporada ao cabedal do indivíduo, ele a possui no respectivo símbolo verbal. Não esqueçamos que se trata de noções superiores, cuja assimilação pressupõe uma longa elaboração mental, como *afinidade, gravitação, fator...* Na realidade, a aquisição de tais idéias, a sua assimilação, não se consideram realizadas senão quando cada uma delas dá todo o seu valor mental ao pensamento, na instantaneidade de representação do símbolo. É verdade que em circunstâncias muito especiais de aquisição, se há na idéia motivos de fácil associação a imagens visuais, ou motoras, poderá haver, como *símbolo subsidiário*, uma dessas imagens: gravitação — qualquer coisa que se projeta sobre outra... ainda assim, tais imagens serão sempre símbolos subseqüentes, secundários, no cortejo do símbolo verbal. Como admitir que quem está afeito a pensar em ótica, átomos, hereditariedade, potencial, latência, finalidade, hedonismo... ou mesmo capilaridade, osmose, isometria, coesão, assimilação, inércia... chegou a realizar completos pensamentos de vigília, em que concorram razoavelmente tais noções, sem que ocorram, também, os respectivos termos? O fato, relativamente comum, de faltar a expressão verbal, e que indica, geralmente, ter sido tal idéia simbolizada por sua imagem visual ou motora, só por exceção raríssima se dará com os abstratos puros. E quando isto suceder, o motivo será uma qualquer singularidade ligada à aquisição ou uma idiossincrasia, que se tenha interposto entre a idéia e o seu símbolo verbal, necessário[30]. Também pode ser que se trate de uma noção relativamente secundária, dessa que perfeitamente se designam numa perífrase, por uma denominação analítica, definidora, com que todos nós substituímos esses nomes buscados pelo pedantismo científico do léxico *grego*, para dizer coisas banais — enteroptose, propedêutico...

Com as idéias de simples relações assimilando-se os abstratos puros, e, para elas, ainda é mais rigorosa e constante a simbolização verbal. Veremos, ao ser analisado o próprio mecanismo do pensamento, que tais idéias — *ainda, com, em, de, já, sim, menos, igual, tanto, porque, senão...* são propriamente idéias *sem conteúdo*; servem, tão somente, para fazer a direção do pensamento, já ocupado por *conceitos cheios*. São idéias que se adquirem desde os primeiros tempos do pensamento, contemporâneas de toda a atividade mental, e que foram incorporadas à experiência mental sob a forma de palavras, servindo imediatamente como direção de pensamento. São idéias nulas, quando isoladas, e que nem se podem associar, geralmente, a imagens plásticas, para dar lugar a esses símbolos subsidiários, em alguns casos turbadores da expressão.

16. Simbólica das idéias gerais

As *idéias gerais* são as representações comuns, referentes a todos esses aspectos sensíveis da realidade, idéias de seres concretos — animais, plantas, alimentos, corpos brutos... fenômenos tangíveis, como *chuva, luz, queda...* qualidades sensíveis, como *cores, formas...* estados orgânicos, estados de consciência — *câimbra, tontura, cólera, vergonha...* Numa enumeração completa, facilmente verificamos que quase todas elas se podem associar, de modo íntimo (e, de fato,

---

[30] O meu primeiro professor de fisiologia do sistema nervoso tinha uma gesticulação muito enérgica, e, ao tratar dos fenômenos da inibição, para acentuar o caráter suspensivo e frenador da reação inibitória, repetidamente, num movimento vigoroso, recalcava com a mão direita o bordo da mesa, como a impor imobilidade. Esta imagem me ficou associada à respectiva noção, com o valor de um símbolo. Foram-me precisos esforços e cuidados especiais para, professor mais tarde, ter na pronta elocução o termo inibição, porque, para o pensamento silencioso, ainda hoje, o sinal da idéia é esse movimento.

normalmente se associam) a imagens motoras, visuais... ou a estados afetivos. Essas imagens serão representações completas, resultantes de determinadas percepções ou leituras; serão traços apenas sensíveis, espécies de esquemas, próprios, todavia, para o assinalamento. Seria exceção a registrar que alguém pensasse em elefante, ou pulga... vaga[31], ou elevador... lápis, ou laranja... sem que na consciência se evocasse uma rápida figura, em quatro ou cinco traços — orelhas, marfim, tromba... ou a imagem do primeiro elefante percebido... um ponto que salta, ou o contato da pulga... a visão de curvas que avançam, e se desfazem... o aspecto do primeiro elevador em que entrou, ou o choque da partida da cabine... o cone, em ponta negra, do lápis... um esquema arredondado, em dourado quente, que é a essência mesma da forma da laranja.

São tão constantes essas associações, que tais imagens valem como símbolos, para todos os efeitos do pensamento íntimo, silencioso. Tais símbolos, que são realmente sinais naturais das coisas, prevalecem geralmente nas condições comuns, sobre os símbolos verbais. Daí, essa tão freqüente deficiência de expressão, nas pessoas do povo, desde que se trate de coisas triviais e de realidades imediatas: "Vá, e me traga aquela... *coisa*, aquele *negócio*... Ele anda todo *assim... coisa...* Era de um *modo*... por cima, não sei *como*..." Em verdade, todos esses aspectos, qualidades e ações, que o indivíduo não consegue dizer, ou apresentar em símbolos verbais, ele os está vendo, sentindo, representados concretamente na consciência, em sinais naturais, em revivescências e laivos afetivos. Quando tem dever mental de parecer culta e apta, a pessoa faz esforço, inventa, até, processos, que são como *mnemotécnicas*, para lutar contra essa tendência de menor esforço no utilizar os símbolos naturais, e consegue, finalmente, ter expressão verbal para as idéias de seres concretos. O homem do povo, esse fica, legitimamente, na simbolização primitiva, que chamaríamos de *passiva*, e no exprimir-se, com o gesto, os circunlóquios, consegue suprir os símbolos verbais que faltam.

O que há no caso é, bem explicitamente, o seguinte: para todos nós, as idéias que se referem a existências concretas, como *formigueiro, vento, rolar, almiscarado*... foram adquiridas pelo contato com as condições da realidade, e impuseram-se-nos à consciência imediatamente, por essas mesmas condições, sob a forma de traços sensoriais. No uso da linguagem, viemos a dar nomes a essas realidades; mas as *denominações* e os respectivos processos de simbolização natural

---

[31] N.E. onda.

representam verdadeiras superposições, que trazem sobrecarga para a memória e são apenas admitidas pelas necessidades de comunicação. Em tal caso, quando os símbolos verbais se fixam definitivamente, constituem uma segunda simbolização, sempre subsidiária (como é subsidiária a simbólica imaginada, no caso dos abstratos puros). Se, por um motivo qualquer, queda do tônus nervoso-psíquico, precipitação na realização, inutilidade de exteriorização, só prevalece *um* dos símbolos, este, muitas vezes, não é o verbal.

17. Símbolos acessórios nas idéias gerais

A psiquiatria assistida, até, por grandes mestres em psicologia (Ribot), inclui certos desses casos de *insuficiência de símbolos para a expressão verbal* entre as amnésias patológicas, ao mesmo tempo que se estabelecem as leis para a sucessão de tais perdas de memória: "Em primeiro lugar, os *nomes próprios* (idéias individuais), substantivos, verbos, adjetivos..." Certamente há casos em que a insuficiência da simbolização verbal tem o caráter anormal, de moléstia; existe a idéia, simbolizada em qualquer sinal natural, mas o indivíduo, por mais esforço que faça, não chega a realizar a associação simbólica verbal. Tal acontece por efeito da fadiga, de intoxicação, ou como resultado de choques e traumatismos. Nota-se uma acentuada agravação de insuficiência da palavra, devida à manifesta precedência do símbolo natural, quanto ao verbal. Nessa precedência nos motivos psíquicos, que fazem prevalecer um símbolo sobre o outro, é que está a explicação de ordem no desenvolvimento da amnésia verbal. Em si mesmo, o fato da categoria gramatical — *nome próprio, substantivo comum, verbo, ou adjetivo...* pouco importa, se não houvesse, de fato, uma associação simbólica natural, tão freqüente, que deixa em função secundária, esquecida, o símbolo verbal. Tal desmemoriado esquecerá freqüentemente o vocábulo para *serrar, abrir, balançar*... quando não lhe faltará o nome próprio — Brasil, ou Itália, ou, mesmo, Rio de Janeiro... E dirá "Uma coisa assim, assim..." para significar um pano flácido, ao passo que não hesitará na expressão: "*Manda quem pode...*", fórmula que adquiriu por ouvir dizer. E que, para ele, as idéias de serrar, abrir, balançar... pano, flácido... existem normalmente nas imagens visuais ou motoras, referentes a tais objetos ou aspectos e qualidades. *Uma coisa assim...* é um verbalismo vago, para corresponder à visão de uma superfície tecida, bamba...

Ribot, com o seu admirável critério na análise da atividade psíquica, chegou a cercar-se da verdadeira interpretação, quando diz, tratando de certos casos de insuficiência verbal: "No espírito adulto, cada estado de consciência é uma unidade complexa; o pensamento é apenas o núcleo, em torno do qual se agrupam sinais mais ou menos numerosos... O mecanismo da amnésia torna-se claro. É um estado patológico em que, ficando intacta a idéia, uma parte, ou a totalidade dos sinais que a traduzem, foram esquecidos, temporariamente, ou para sempre" [32]. De fato, existindo a idéia, a ausência do símbolo verbal só é possível porque há multiplicidade de associações simbólicas. Um pouco mais, ele teria formulado a ordem racional, nos esquecimentos das palavras, pelo *inverso* valor dos outros símbolos — os subsidiários. Mas já havia formulado uma ordem — substantivos, verbos... e teve que ser lógico consigo mesmo.

São, todos esses, fatos que se realizam como manifestação de linguagem; a sua explicação, porém, só se pode achar na apreciação de certas condições psicológicas: a aquisição das idéias, o seu valor e o seu emprego, consoante às necessidades do pensamento. *Diálise, eletricidade, atomicidade, raiva, estética... automóvel, sorvete, caranguejo... lente, aurora boreal, laranja...* São substantivos comuns: admitirá, alguém, que estes nomes se esqueçam com a *mesma* facilidade. Imaginemos a idéia de *caranguejo*, no indivíduo do litoral, e no sertanejo. O primeiro, desde criança, conhece o animal, em todas as suas qualidades e utilidades; tem participado das respectivas pescarias, guardará a lembrança de algumas mordidelas... tem, finalmente, uma imagem bem concreta, em correspondência com a idéia; para ele, caranguejo é *aquela coisa*, que ele bem conhece, e que assim se *chama*. Tão repetidamente diz e ouve essa palavra, que ela lhe acode facilmente à memória; em todo caso, o termo é o nome de uma idéia, que distintamente existe no seu símbolo plástico e natural. E quando o praieiro, para si mesmo, pensa em caranguejo, o que lhe passa pela consciência é um traço rápido dessa imagem — mais visual, mais motora, mais afetiva (as dentadas), segundo o seu tipo sensorial, imagem que se acentuará, de modo especial na consciência, segundo a contingência ocasional do pensamento — se pensa em caranguejo — alimento, pescaria, espécie... Nas condições comuns, para exprimir a idéia, não lhe faltará o termo; desde, porém, que esteja um tanto mais açodado ou distraído, faltar-lhe-á o signo verbal, e ele dirá "Tira esse coisa do fogo... O coisa me deu uma dentada..." Ao sertanejo, apresentarão, um dia, o caranguejo, que lhe parecerá *estranho bicho, aranha enorme...* e o nome do ani-

---
[32] Th. Ribot, *Les Maladies de la Mémoire*, p. 121

mal perderá a importância, em contraste com a imagem vivíssima, exagerada, que se lhe formará no espírito, e que ficará sendo o símbolo irresistível da idéia, que ele, o sertanejo, possa ter do animal. Poucos dias bastarão, talvez, para fazer esquecer o nome, que não lhe era familiar; mas... a imagem persistirá, simbolizando a idéia, enquanto não se tornar esquecido o estranho animal. Diversamente se passarão as coisas, se se tratar de idéias adquiridas didaticamente, principalmente se forem de seres ou fenômenos não caracterizados em qualidades sensíveis. Admitamos que esses mesmos homens (gentes do povo), no curso de uma história ouvem: "... Só então, é que o *detetive* pode efetuar a prisão..."

— Que é detetive?

O narrador lhe dá a explicação, bem completa e compreensiva. O praieiro e o sertanejo ficam sabendo bem o que é *detetive*, e tal idéia, que se organizou em torno de um nome, assim ficará simbolizada, com nitidez e prontidão; assim permanecerá, e assim será evocada e concorrerá no pensamento. Quando se lhes dissipar da mente esse nome é porque se perdeu a própria idéia. O mesmo acontecerá, e acontece, com idéias comuns, correntes na mentalidade desses homens, mas referentes a relações sem correspondência imediata com dados sensoriais. Qual dos nossos homens do povo que não tenha idéia de crime, inimigo, *governo*... São idéias que se formaram, em parte por informação; mas, de todo modo, ligadas a fatos da vida moral, que se definem na consciência por outras idéias e não dependem imediatamente de imagens. Nestas condições, a idéia se organiza, desde logo, em torno de um símbolo verbal. As imagens outras que a ela se associem formarão símbolos subsidiários, de valor secundário.

18. Fórmulas de simbolização

Por esse longo analisar, chegamos, logicamente, às fórmulas da simbolização, fórmulas que se condensam em proposições muito simples:

1º.) Na dinâmica do espírito, os símbolos são os pontos de focalização, na consciência, de processos subconscientes, e que neles se abreviam, e por eles se conduzem;

2º.) Todo símbolo se resolve em imagens ou elementos sensoriais, porque só as imagens têm valor explícito na consciência;

3º.) Todos os processo psíquicos, todos os estados de consciência, se se repetem, simbolizam-se; e é no símbolo que se fazem as sucessivas e representativas evocações;

4º.) O símbolo é um recurso indispensável, de condensação e abreviação, na dinâmica do espírito (*lex parcimoniae*); é essencial para a própria elaboração íntima do pensamento;

5º.) Toda imagem pode servir de símbolo às idéias; o tipo finalmente adotado, ou prevalecente, depende do modo de aquisição da idéia, do seu grau de abstração, do tipo sensorial do indivíduo, da freqüência da idéia no pensamento comunicado e até da situação social do indivíduo;

6º.) Cada idéia se liga, não a um símbolo exclusivo, mas a um símbolo predominante, o determinante dela no pensamento íntimo, e a vários outros símbolos subsidiários, que se evocam a modo de associações concomitantes;

7º.) Nos abstratos puros, qualquer que seja o tipo sensorial do indivíduo, o símbolo predominante é geralmente a *palavra*, mas haverá uma concorrência, maior ou menor, de imagens subsidiárias, segundo o tipo sensorial da pessoa, e as condições ocasionais de aquisição da idéia;

8º.) Nas idéias comuns de relações, ou que se refiram a seres e fenômenos não materializados, o símbolo predominante é a palavra; a natureza dos subsidiários depende do tipo sensorial;

9º.) Nas idéias referentes a seres ou fenômenos tangíveis, o símbolo predominante, nos indivíduos que não são acentuadamente auditivos, é o traço sensorial característico do ser, ou qualquer coisa ligada a circunstâncias impressionantes, quanto à aquisição da idéia, de acordo com o tônus sensorial do indivíduo; nestes casos, a facilidade da associação verbal depende da freqüência da idéia, como pensamento e como expressão, da situação social do indivíduo; tais valores têm uma simbólica acentuadamente subjetiva;

10º.) Como necessidade íntima do pensamento, a simbolização é de caráter essencialmente espontâneo; os primeiros símbolos são traços sensoriais — símbolos naturais; só nos últimos termos de abstração, ou quando se trata de símbolos de símbolos, o simbolismo se faz, desde logo, algumas vezes, em termos convencionais;

11º.) Todo símbolo, pelo uso, tende a se tornar um índice de valor convencional;

12º.) O símbolo, índice necessário para o dinamismo íntimo do pensamento, sendo um valor sensorial, é também o índice ou sinal que se exterioriza para a necessária comunicação das consciências, e tem, por isso, função essencial na socialização da espécie.

Na primeira dessas proposições, assim como na segunda e na terceira, estão as conclusões mesmas de toda a análise que viemos fazendo, desde as primeiras páginas, no intuito de mostrar em que consistem os processos simbólicos. As proposições que se seguem pedem mais demorada demonstração.

19. MULTIPLICIDADE DE SÍMBOLOS

A multiplicidade de símbolos, numa mesma idéia, resulta, principalmente, da própria natureza da representação simbolizada. O simbolismo é, intrinsecamente, uma forma de associação; os motivos que o determinam podem levar, naturalmente, a mais de uma associação. O símbolo significativo, perfeito, quando já perdeu todo valor natural, inclui uma só evocação. A palavra *ninho* só evoca esta idéia; mas a idéia, ou a imagem, do *ninho*, não só evoca o símbolo verbal, como evoca, geralmente, outras idéias e imagens. Pela sua função, na elaboração do pensamento, cada idéia é um foco de atração mental, agindo em toda circunstância como um comutador ativo, para a projeção do pensamento em diversas direções. Toda idéia tem o seu *cortejo de consciência*: são as suas associações constantes, e que formam, em torno do símbolo verbal, os símbolos subsidiários. Ribot diz *cortejo de imagens*; é bem preferível substituir a expressão, porque nessas associações constantes também entram, geralmente, algumas idéias. Fora impossível pensar em ninho e não evocar a idéia de pássaro, ovos, prole... São, essas, representações constantes, formando o *cortejo de consciência* de ninho, ao lado das imagens também constantes.

Desde que uma representação se associa constantemente, ou freqüentemente, a uma idéia já simbolizada verbalmente, funciona como símbolo subsidiário dela, e assim deve ser considerada. O indivíduo terá a noção teórica do *aeroplano*; conhece, depois, concretamente o aparelho, em pleno vôo, e o fato lhe produz uma tal emoção que a imagem da máquina, cortando os ares, ou o ruído do motor, lhe fica de modo indelével na memória, como associação necessária e substancial para a idéia, a par do símbolo verbal, podendo, mesmo, tornar-se o preferido. Outras imagens, por outros motivos, virão reforçar a plêiade simbólica da idéia *aeroplano*, como a de qualquer outra que exista nas mesmas condições. Para cada um de nós, todas as idéias triviais, referentes a aspectos e coisas tangíveis, existem assim, com uma plêiade de símbolos: um, dominante, significativo... outros, de valor sugestivo, mais ou menos constantes.

Estes símbolos subsidiários existem, já o vimos, mesmo para os abstratos superiores, desde que o indivíduo não seja um auditivo puro. São imagens, em grande parte, e é por eles que se explica, por exemplo, a patente contradição de Berkeley, ao afirmar ser incapaz de "formar a idéia abstrata de movimento, sem um corpo que se move, um movimento que não seja, nem rápido, nem lento, nem retilíneo..." O pensamento, como ele o formula, considera a idéia absolutamente abstrata de movimento, mas o psicólogo, em face das imagens, no seu *cortejo de consciência*, ilude-se, e chega à afirmação que faz, porque a sua abstração se acompanha de símbolos subsidiários — formas de movimento, corpos em movimento... Em contraposição a este parecer, poderíamos apresentar a análise que F. Le Dantec faz dos seus processos de evocação: "Quando *vejo* (o grifo é dele mesmo) acontecimentos, logo me acode de os contar a mim mesmo, em linguagem vocal... O *compte-rendu* de um salão de pintura, nunca evoca, para mim, nenhum dos quadros, cuja descrição é feita; mas, quando vou visitar o salão, noto, em *primeiro lugar*, em cada quadro, as particularidades que me foram assinaladas em linguagem vocal". Nesta citação, não há verdadeira contradição ao parecer de Berkeley; ambos estão com a verdade, pois afirmam o que lhes diz a consciência. O que há é um contraste de mentalidades, com sensível diferença de processos evocativos. Berkeley era, evidentemente, um visual, com uma experiência mental riquíssima em imagens tais. Toda evocação abstrata se lhe acompanhava de imagens subsidiárias, precisas, constantes, como símbolos. E isso acontece em todas as consciências que não sejam de puros auditivos, o que, aliás, é relativamente raro[33].

20. SIMBÓLICA DAS IDÉIAS DE PURAS RELAÇÕES

As idéias de *puras relações*, mesmo no domínio do pensamento modesto, para a vida prática, são abstrações que têm como símbolo predominante a palavra. Pode acontecer, mesmo, que seja esta o símbolo único, exclusivo, uma vez que tais idéias não têm conteúdo próprio, e só valem pela direção que dão ao pensa-

---

[33] Le Dantec era, certamente, um verbo-motor. Em tal caso, feita a introspecção, não parece haver, e, de fato, não há, imagens ou símbolos subsidiários; a simbolização das idéias se faz com palavras, que se guardam nos respectivos movimentos de articulação. Em compensação, há pessoas que, não possuindo outras imagens visuais associadas aos abstratos puros, evocam a imagem da palavra impressa. São esses, que as classificações míopes dos laboratórios chamam de tipos tipográficos. Ao mesmo tempo, verificou-se que tal tipo se encontra, de preferência, entre os metafísicos. É muito fácil compreender porque não se encontram tipográficos em outros círculos de intelectuais — biologistas, físicos...: os fatos que lhes dão assunto de generalizações fornecem-lhes, ao mesmo tempo, uma larga cópia de imagens visuais, naturais, para o cortejo dos símbolos subsidiários. (*Science et Conscience*, p. 210)

mento; ainda assim, há muito que distinguir e apreciar, no simbolismo delas. De modo geral, e pelos motivos agora mesmo assinalados, essas idéias têm um significante cortejo de símbolos; mas há bastante diferença no valor e na forma desses símbolos, segundo o tipo sensorial, principalmente nas pessoas do povo. Aí, muitas das particularidades da expressão verbal derivam da simbólica adotada. Tal indivíduo, sem maior inteligência, erudição nula, possui relativa fluência de linguagem; ao passo que outro, de inteligência mais forte, é sempre hesitante na frase, mesmo quando não lhe faltam os nomes das coisas, os qualificativos, ou a verbalização das ações. É que indivíduos tais são temperamentos acentuadamente sensoriais, para quem a vida prática, como objeto de pensamento, se apresenta nos aspectos da realidade imediata. Por outras palavras: eles pensam — *vendo, sentindo, agindo...* As idéias de realidades sensíveis, simbolizam-nas em imagens; se têm de exprimi-las, evocam os respectivos termos, como quem busca um nome de qualquer coisa que está presente. Se não lhes acode o termo, dizem a coisa por circunlóquios. Mas, quanto a essas relações, simples direções de pensamento, elas evocam-se, em tais indivíduos, inclusas nas próprias idéias-imagens, ou somente, numa modificação íntima de atitude mental, e que equivale à *posição* que uma representação sensível toma quanto às outras. Que sejam, por exemplo, as relações expressas nos termos *mais, sobre, com, em...* Desde que se refiram a seres concretos, se as respectivas idéias se simbolizam e formas tangíveis, tais relações indicam-se, na consciência, pelo modo segundo o qual se agrupam e se apresentam essas mesmas formas tangíveis. Penso "...que a *máquina* deve estar *sobre* a mesa... Raimundo *mais alto* que Eugênio... o homem *na porta de casa*... um *tinteiro com tinta*..." Evocadas as imagens-símbolos, correspondentes às idéias substanciais aí contidas, as relações estão implicitamente simbolizadas pelas posições recíprocas em que as coisas se apresentam: a máquina *em cima* da mesa... Outras relações simbolizam-se *implicitamente* pelo modo de sucessão dos fenômenos: "Muito trovão: *depois,* chuva forte..." Outras, na *forma* dos movimentos simbolizantes: "andava *depressa*..."

Quando se trata de comunicar um pensamento que assim se simboliza, surgem dificuldades especiais: as idéias cheias, substanciais — máquina, mesa, andar, trovão... exprimem-se nesses mesmos símbolos verbais; o esforço de expressão consiste, apenas, em procurar os termos correspondentes a coisas que explicitamente se apresentam; ao passo que, para exprimir as idéias-relações, que só implicitamente se simbolizam, é preciso fazer uma verdadeira análise mental para reconhecer explicitamente o tipo de relação, e buscar, depois, o símbolo verbal correspondente. Ora, essa análise representa uma sobrecarga de trabalho mental, um motivo de confusão, principalmente para quem, não tendo hábito de tais elucidações, queira fazer prontamente o que pensa. Por isso, a expressão se torna lacunosa, omissa, hesitante, confusa... quanto às relações, ou o modo em que as coisas se apresentam. Daí, esse dizer *cassange*, infantil na forma, tão comum em certas pessoas do povo. O fato é perfeitamente apreciável nas relações que se exprimem pelas partículas — *e, em, com, mais...* São relações de agrupamento, sob as formas especiais de juntar, conter, adicionar. O pobre homem, que sendo um visual, em consciência apenas *viu* as coisas juntas, fará sempre uma adição, e, no seu titubear, dirá invariavelmente: "É preciso tomar calomelano *mais* óleo... Pedro foi *mais* Joaquim para o arraial..." Por isso mesmo, o visual, que apura a sua elocução, tem necessidade de educar especialmente o pensamento, no sentido de torná-lo bem explícito quanto às relações, a fim de ter, sempre, possibilidade de expressão completa e correta.

Consideremos, a todas essas, como relações *materiais*, para distinguir de outras, que dizem com a vida moral e afetiva, ou se referem ao próprio desenvolvimento racional do pensamento. São as relações *morais* e *lógicas*, que se exprimem nos termos *tanto que, assim, todavia, embora, em virtude, logo, visto que...* Nos indivíduos cultos, afeitos ao pensamento verbalmente explícito, mesmo quando silencioso, essas relações se simbolizam nos respectivos termos; mas, nas pessoas mais simples, ou nos transes mentais mais veementes, tais relações simbolizam-se implicitamente. As que se referem à vida moral-afetiva, valem como tonalizações afetivas do pensamento: "Devo dizer... *todavia*, preferia..." Esse *todavia*, no mentalismo íntimo, é uma simples hesitação, *timidez, desconfiança...* As relações lógicas incluem-se, ou valem, simbolicamente, pela dependência necessária, das idéias substanciais entre si, e pelo tom de direção de umas sobre as outras. As primeiras, ao exprimirem-se, dão lugar a essa constante manifestação do *eu*, característica no falar popular: "EU fiquei desconfiado... *Eu* comecei a pensar... *Eu* peguei, e disse comigo..." As outras — as relações lógicas — tomam um aspecto geral de causa e efeito, ou de simples sucessão, e exprimem-se pelo repetido "porque, por causa, *pro mode*, por isso... ou o pueril *então, então*..."

Essa tendência a incluir as idéias-relações nas idéias substanciais é o próprio determinante do fato da *aglutinação* e *flexão* na linguagem. É paradoxal, que, com o evoluir, as línguas flexionais percam grande número de flexões, justamente das mais sintéticas e aparentemente abreviantes. Pensemos, todavia, no quanto se facilita a percepção e compreensão da linguagem com o regime analítico, e teremos a explicação do paradoxo[34].

Temos de considerar, ainda, que nos pensamentos práticos, se não se fazem para serem comunicadas, as representações apenas se esboçam, as idéias entram com um valor mínimo, ou incompleto, já pelo caráter sumário do próprio pensamento, já porque a noção ainda não chegou a ser formulada de modo bem preciso, como acontece nos casos figurados no § 21, do cap. V, da 2ª. parte. Quando penso que tenho de ir a Copacabana... a idéia de *viagem* é um rápido esboço, onde, quase, nem palpita o que há de mais importante, como conteúdo formal da respectiva noção. Noutros casos, do homem do povo que tem de pensar com uma generalização da idéia de água e que chamaríamos o embrião da idéia de líquido; — nesse caso, a idéia é necessariamente um esboço, no sentido de que é incompleta, mal limitada. O mesmo acontece com um grande número de idéias práticas, havidas, em grande parte, da experiência pessoal, e que simbolizam em traços sensoriais rudimentares. Não se poderia dizer que o homem do povo não tem a idéia de alimento, repouso, higiene, mineral, ser vivo, exatidão... Mas também é certo que, em consciências tais, essas idéias não têm a nitidez de significação (compreensão), nem extensão precisa, ou valor integral que lhes dão as inteligências realmente cultas, onde elas, simbolizadas verbalmente, não percebem, todavia, necessárias ligações com a realidade, como acontece aos puros eruditos.

A esse propósito, distinguem-se três tipos de mentalidade: aquelas em que as realidades mal se definem ou delimitam como idéias; as que têm o conhecimento da realidade em idéias nítidas, simbolizadas verbalmente; e aquelas cujos conhecimentos são puras definições verbais, sem correspondência precisa e lúcida com a realidade. São os eruditos e livrescos.

Toda essa parte referente à simbolização das idéias gerais e das idéias-relações, se completará nas análises ulteriores, porque muitos são os aspectos de estudo que ela nos oferece, e que pedem elucidação. A própria dinâmica do pensa-

---

[34] Os índios Cherokees designam, na sua escrita, o cachimbo pelo esquema de um índio sentado, a fumar. Essa figuração excessiva (quando o simples perfil do cachimbo bastaria) seria um desmentido à lei da economia, se não tivéssemos a considerar que, numa escrita não convencional, nem rigorosa, como é a que eles usam, o simples perfil do cachimbo seria por demais vago, por conseguinte — difícil para a percepção.

mento nos explica muita particularidade do simbolismo das idéias. Neste momento, para termo do assunto especial, bastará deixar assinalados estes dois fatos:

a) Muitas relações se simbolizam tão implicitamente, mesmo no caso de pensamento comunicado, que se exprimem simplesmente nas entonações com que, aí, acompanhamos a palavra falada;

b) As idéias gerais, simbolizando-se, freqüentemente, em traços ou imagens diretas, são as que geralmente dão lugar a esses símbolos, que Galton chamou de imagens *compositas*. Sem negar a realidade de tal tipo simbólico, temos de reconhecer que ele se faz, não em imagem verdadeiramente composita, mas como o simples aproveitamento de uma imagem qualquer, especialmente notada. O processo de formação composita seria avesso à lei da economia, que determina *naturalmente* o simples aproveitamento da imagem que *naturalmente* se formou[35].

---

[35] Tive a primeira notícia da descoberta do ocapi num artigo acompanhado de certa gravura; muitos outros trabalhos ilustrados li, depois; vi, mesmo, a plástica antílope num museu. No entanto, o que me ficou, como símbolo, foi uma redução ou simplificação da primeira imagem que percebi. Tal imagem tem um valor genérico, esquemático, mas não pode ser considerada um produto de composição.

CAPITULO IV

Simbólica Subjetiva

21. Símbolos das idéias individuais

Designam-se como idéias individuais todas essas referentes a indivíduos, na generalidade da sua existência, e que, se se exteriorizam, exprimem-se em nomes próprios, ou em circunlóquios individualizadores. A simbólica de tais idéias é muito pitoresca, nimiamente interessante, porque tem, quase sempre, um cunho acentuadamente pessoal. Antes, porém, de analisá-la, para boa compreensão, convém apreciar e distinguir o que há de pessoal nas próprias idéias individuais.

As idéias propriamente ditas — *idéias gerais e abstratos puros* — são valores mentais socializados, quanto à formação, e, principalmente, quanto ao uso. De idéias tais, só podemos dizer que realmente existem, quando estão socialmente aceitas[36]. Pouco importa a idéia que eu tenha do que seja a simbolização: se, numa dissertação, sólida e lúcida, não a apresentei de modo a torná-la implicitamente vulgarizada; se não consegui que outros pensassem com ela, dando esse mesmo valor que lhe dou, é como se ela não existisse para o mundo do pensamento, pois não passa de um valor mental apenas pessoal, restrito ao meu pensamento. Por isso mesmo, as idéias vagas e incompletas do homem do povo, não bem unificadas num símbolo usual, têm pouca importância no pensamento geral; mas têm importância no pensamento prático, em cada consciência onde existam, pois que existem como valores mentais de uso pessoal, para os efeitos do pensamento íntimo, na satisfação dos interesses individuais e subjetivos. Tal acontece, para o vulgo, com as idéias de *caráter, preparo, sinceridade... nitidez, insuficiência, fluência, plasticidade... organização, estrutura, função...* São aspectos apreciativos, que freqüentemente ocorrem no pensamento de toda

---

[36] Baldwin estuda especialmente a evolução socializadora das idéias, no tit. 325 do seu livro, já citado.

gente; no entanto, nos espíritos incultos, apenas se esboçam, como noções vagas, mal abstraídas, de um valor muito subjetivo, ligadas a símbolos naturais, sem repercussão convencional no comum das consciências. São noções equivalentes de idéias gerais, mas que funcionam como valores pessoais. A distinção de lógica entre idéias *gerais* e idéias *individuais* aplica-se, apenas, ao objetivo a que elas se referem – ao que essa mesma lógica chama — a *extensão* da idéia. Mas, para a análise da simbólica, é preciso considerar também a circulação da idéia; e, para evitar confusão de termos, convém distinguir essa outra diferença de valor, como idéias *socializadas* e idéias *pessoais*. Destarte, se aproximamos os dois critérios, verificamos que as idéias gerais, em símbolos verbais, são valores socializados, mas podem existir, em graus diversos de evolução, com valor estritamente pessoal; as idéias individuais existem, muitas vezes, como valor socializado, com simbolização verbal — *nome próprio*, mas, na sua maior parte, elas existem como valores puramente pessoais. As idéias — José Bonifácio, Lloyd George... New York, Turquia... assim como as que eu tenho de cada uma dos meus amigos, dos objetos de que me sirvo, dos lugares que freqüento... são idéias *individuais*, tanto as primeiras como as outras. Poderíamos, no entanto, assimilar as primeiras às segundas? Aquelas são valores inteiramente socializados; estas valem, tão somente, para mim. Fora absurdo considerar as idéias Japão, Berlim, Mar Negro... Colombo, Pasteur, Emerson, Shakespeare... Dr. Fausto, Jean Valjean, Beatriz... representações similares, em qualquer aspecto de formação e valor, às que meu vizinho tem da cozinheira que o serve, e o *setter* que o afaga. Todas essas aparentes individualizações, que são o conteúdo mesmo da geografia e da história, essas individualidades, que são as forças vivas de grande pensamento, essas idéias simbolizantes, em que as criações do espírito se sublimam; — tais idéias vão muito além de um valor individual; são representações onde se condensam, até, muitas idéias gerais. Há, nelas, mais motivos de pensamento abstrato do que em muitas abstrações. E tanto é assim que muitas delas se desdobram em derivados, e dizemos: as tonalidades *hugoanas* de Castro Alves, o vigor *shakespeariano*... o *darwinismo* das suas teorias... Tais idéias têm, bem acentuadamente, o duplo caráter: formação e valor social; a inópia da gramática pode confundi-las com valores restritamente pessoais, devido à circunstância fútil de se designarem por um nome próprio, sem que importem as diferenças capitais que há entre umas e outras.

As idéias individuais socializadas aproximam-se mais das idéias gerais que das individuais de valor pessoal. Todavia, devemos reconhecer que há nelas um tom pessoal bem mais pronunciado que nas idéias gerais, sobretudo nas mentalidades de pensamento autônomo. É de toda evidência que o *Descartes* de Boussuet devia ser sensivelmente diferente do de Spencer. Essas idéias se formam, geralmente, por informação, ou apreciações diretas de leituras, e que são, não há dúvida, as mesmas informações e as mesmas leituras para toda gente. Mas há o julgamento pessoal, o índice de uma consciência que não *recebe*, apenas; que *aprecia* e *afirma*. Além disto, distingue-as, a essas idéias, uma acentuada tonalidade afetiva, principalmente nas que se ligam imediatamente à vida moral e às apreciações estéticas. De tal sorte, a idéia *Zola* que, para determinada consciência, é quase nula, se não inibitória do pensamento, por motivo de invencível antipatia aos seus processos literários (antipatia que nem deixou reconhecer a beleza das suas grandes visões e dos seus movimentos amplos); tal idéia, para outras consciências, será a condensação, talvez exagerada, de tudo que, de humano e eficaz se fez no *naturalismo*. Aliás, nem só nessas idéias se nota personalismo mental. É uma necessidade formal do espírito adaptar a si mesmo, e às circunstâncias ocasionais, toda matéria de pensamento, toda formulada de atividade: idéias, imagens e processos. Quão diferente não é o *boi* do açougueiro, do *bos taurus* de Cuvier?!...O fato se reconhece explicitamente na chamada *equação pessoal*.

Tudo isto repercute na simbólica das idéias, e constitui um dos seus mais importantes motivos de diferenças e de distinções. Resumindo, poderíamos chegar a essa escala:

os *abstratos puros* existem em símbolos nimiamente socializados, e que podem ser assistidos de imagens ou símbolos secundários, mas esses não se substituem ao símbolo verbal;

as *idéias gerais*, nítidas, completas, existem em símbolos verbais, socializados; mas são geralmente assistidas de uma plêiade de imagens — símbolos subsidiários, que, muitas vezes, no pensamento íntimo, se substituem ao símbolo verbal; as *idéias individuais*, se são socializadas, têm símbolo verbal, no mesmo regime das idéias gerais; as meramente pessoais existem em símbolos naturais, acentuadamente pessoais; mas a tonalidade pessoal no símbolo das idéias individuais socializadas é geralmente mais acentuada que nas idéias gerais.

22. Modificações da simbólica, pela adaptação da idéia[37]

De modo geral, quando consideramos a substância ou os objetos de pensamento, referimo-nos correntemente às *idéias* e *imagens;* mas, de fato, só contamos explicitamente com as idéias socializadas, exteriorizadas imediatamente nos respectivos símbolos verbais; isto porque a insensata análise gramatical nos habituou a só ver a idéia imediatamente subjacente à palavra. No entanto, se nos superpomos ao preconceito, e apreciamos o conteúdo efetivo do pensamento, analisando-o principalmente no característico de cada consciência; se procuramos distinguir os circunlóquios em que se exprimem os símbolos pessoais — das idéias individuais, não socializadas, imediatamente verificamos e reconhecemos a definitiva importância dessas idéias, como representações mentais. São elas, e não as imagens propriamente ditas, que levam certos escritores à linguagem imaginada, tão rica de sugestões, e tão característica dos talentos originais. Lemos, de Raul Pompéia: "E guardávamos do livro (Paulo e Virginia), cântico luminoso de amor sobre a surdina escura dos desesperos da escravidão colonial, uma lembrança mista, de pesar, de encanto, de admiração. Que tanto pode o poeta: sobre o solo maldito, onde o café floria e o níveo algodão e o verde claro dos milhos de uma rega de sangue, altear a imagem fantástica da bondade, Virginia coroada; como o capricho onipotente do sol, formando em glória os filetes vaporosos que os muladores fumam, que um raio

---

[37] O *De Natura Rerum*, de Lucrécio, foi um dos livros que mais forte impressão me fizeram. Li-o logo depois de haver terminado o meu curso de medicina, quando não tinha outra idéia do que é o pensamento greco-romano, em ciência e em filosofia, se não as puerilidades vazias, de que é feita a nossa instrução secundária-preparatória. Com o espírito já atraído para os aspectos filosóficos das ciências por onde passara, essa leitura foi-me um verdadeiro deslumbramento, para mim, cuja química de átomos vinha de Lavoisier, para mim, que via em Galileu a afirmação do movimento da terra e da sua esfericidade!... Li o meu Lucrécio em tradução, pois que não tenho latinismo para compreendê-lo e senti-lo no original; mas, tão inesperadas foram as revelações, que procurei o texto latino, e fiz todos os esforços possíveis para, no cotejo com a tradução, apreender bem o pensamento. Do conjunto da obra, do valor mental do poeta, ficou-me, naturalmente, uma idéia muito pessoal, idéia freqüente nas minhas referências de pensamento íntimo. O interessante do caso é que tal idéia se simboliza, não no nome do poeta, nem no título vernáculo do poema; nem mesmo no seu título latino, inteiro, mas na visão da palavra impressa... *Rerum*, como estava no texto latino, sendo que, nessa visualização, as duas primeiras letras estão bem nítidas, o R intermediário, num valor menos acentuado, e o UM final quase apagado. É de notar, principalmente, que normalmente esqueço o nome Lucrécio; muitas vezes, mesmo depois de longos esforços, esse nome não me acode. Já contei, certa vez, 5 dias, sem que o nome me viesse.

chama acima e doura..." E verificamos, no entanto, que nesta página, de imaginação e poesia, o pensamento se eleva a alturas realmente dominantes; mas o que fez a força desse mesmo pensamento não é o simples fato de que o escritor tivesse imagens, e as tivesse exteriorizado em tom poético; e, sim, que essas imagens lhe serviram de símbolos a idéias pessoais e vigorosas, capazes de, como idéias, captarem outras consciências.

A pura imagem é uma forma de estática mental; se nela se move o pensamento, se por ela se sugerem idéias, isto significa que a imagem já ocorre como símbolo de idéia. Se, na estrutura funcional da mentalidade, só houvesse, além das imagens, puramente descritivas, as idéias gerais, as consciências se confundiriam tanto que mal poderíamos distingui-las como focos de pensamento. As idéias gerais, apesar do tom pessoal que adquiram no serem utilizadas, valem essencialmente como representações socializadas; são sempre generalizações, equivalentes na generalidade das consciências. Desta sorte, como afirmação de pensamento pessoal, nos indivíduos que não chegam a criar idéias gerais (e é a grande maioria), fazem-se idéias individuais, a que melhor chamaríamos idéias *singulares*. Esses valores formam, efetivamente, um grande cabedal representativo em cada experiência. Em tais idéias se condensa um mundo de noções e de conhecimentos, especialmente importantes pelas constantes referências ao longo de todo o pensamento. Não só dos indivíduos e dos objetos substancialmente limitados, formamos idéias individuais ou singulares, mas de tudo que se representa como *uma* existência, uma individualização, uma caracterização de fatos, um ser... É assim que a rua onde moro, a minha vizinhança, cada uma das casas de comércio... a viagem que normalmente faço para o meu trabalho, a ocupação habitual das diferentes horas do dia... as crises que tive de resolver, os característicos estágios da minha existência, as quadras definitivas, cada um dos meus planos de viver, as decisões essenciais na minha vida, cada uma das leituras que deixaram rastro no meu espírito, cada uma das minhas turmas de alunos... Todas essas coisas são objetos de outras tantas idéias individuais, assim como as crises políticas a que tenho assistido, situações especiais em que tenho visto os meus amigos, cada um dos pormenores importantes em que realizo o meu proceder, as minhas concepções morais no necessário ajuste à vida que tenho de fazer... Pode-se negar que essas coisas sejam importantíssimas, essenciais mesmo, em muita conjetura de pensamento? Pode-se compreender a atividade mental, qualquer que seja o seu objeto atual, na ausência de uns e outros desses motivos? Agora mesmo, ao tratar de assunto tão aparentemente abstrato, essas coisas se acentuam, e constantemente intervêm no pensamento, como instrumentos indispensáveis da minha elaboração mental. E se assim intervêm, como instrumentos de pensamentos, temos que considerá-las idéias, *pois que a definição não pode ser outra: idéia* — instrumento dinâmico de pensamento. Dá-se, mesmo, que muitos desses valores mentais nem são diretamente representáveis em imagens. É inegável que eu penso com meus planos de vida, as minhas normas de proceder...; cada uma dessas concepções está simbolizada no meu espírito; mas, a elas não correspondem imagens imediatas; tais valores não são imagens, e, se servem no pensamento, são idéias, então.

Pudéssemos inventariar as coisas e os motivos de pensamento nas consciências, e verificaríamos quanto são usuais essas idéias, e o como correspondem às solicitações mais definidas na atividade mental. Ora, tais idéias existem acentuadamente simbolizadas, num símbolo tanto mais distinto quanto mais freqüentes elas forem. Notemos, porém, que elas, mesmo que sejam concepções imateriais, referem-se a realidades na existência imediata; ao mesmo tempo, ocorre que muitas delas (a maioria, talvez) pouco figuram entre os fatos mentais comunicados: não são motivos de exteriorização. Não tenho o que dizer quanto à vizinhança... Nada tenho a comunicar dos meus pormenores de proceder... Desta sorte, os respectivos símbolos servem exclusivamente para a elaboração íntima do pensamento e podem ser exageradamente, extravagantemente, pessoais. No comum dos indivíduos, só uma paciente observação, guiando-lhes a introspecção, poderia desvendar a forma que tomam estes símbolos, em cada caso estudado. A análise da linguagem de que nos servimos, quando temos de apresentar essas idéias, seria um precioso subsídio, porque os circunlóquios de que nos valemos, em tais casos, são, muitas vezes, descrições sumárias dos seus símbolos: "M. ficou atrapalhado, depois, com as conseqüências da sua indiscrição...", digo da crise de um amigo. "Calo-me, subitamente, e *fito* a classe em cheio...", digo do meu proceder, para assegurar o silêncio na classe... São indicações explícitas de símbolos pessoais.

23. A SIMBÓLICA DOS VALORES MENTAIS — PESSOAIS

Na boa literatura, encontram-se repetidos traços de imaginação, acentuados, sugestivos, e que são, realmente, plásticas de símbolos sugestivos — de idéias em valor pessoal. Os melhores exemplos estão na poesia de pensamento, na prosa superior à simples ficção, quando o escritor tem talento descritivo e qualidades de síntese. Carlyle é um dos mais ricos nestes símbolos. Não será um genial criador de sistemas; mas, na sua refração de pensamento, as idéias se personalizam tanto, oferecem tais novidades de valor, que ele tem de ir com a sua filosofia de imagem em imagem, e ainda recorre às sucessivas maiúsculas — para indicar o que de especial pretende trazer ao sentido dos termos que emprega: *"A belwildering, inextricable jungle of delusions, confusions, falsehoods and absurdities, covering the whole field of Life"*... é o mundo do paganismo. Os dons de pensamento, a extensão da palavra impressa: *"...the sphere-harmony of a Shakespeare; the cathedral-music of a Milton... that huge froth-ocean of Printed Speech we loosely call Literature!"* Alguns desses símbolos são longas e explícitas elaborações plásticas; outros, os mais característicos, simples traços de passagem: o *tremolar dell'onde...* no Purgatório de Dante, "...leão que *sacode as gotas de orvalho da juba*..." de Burns. Onde quer que despontem idéias e se gerem pensamentos, surgem imagens simbólicas, necessárias aos novos valores mentais que se criam. É por isso que a obra do florentino se apresenta como sucessão de símbolos; é por isso, ainda, que os livros sacros — repositórios de legendas e mitos, são, ao mesmo tempo, repositórios de símbolos clássicos: é neles que a humanidade vem recolhendo as novas verdades morais. É pela análise do estilo nesses criadores de símbolos, que podemos bem apreciar quanto labor lhes custa: o tirar do caos subinteligente esses valores, que apenas bruxuleiam; instituir na luz da consciência as novas idéias; defini-las para si mesmo, e chegar, depois, a formulá-las nitidamente, claramente, de sorte a serem compreendidas, assimiladas e socializadas. Sem isto, não passarão elas de particularizações, como as define Baldwin[38].

Haverá necessidade, ainda, de tratar deste assunto, a propósito dos aspectos pessoais na simbólica das idéias gerais; neste momento, ficará consignada a própria condição geral — a simbólica dos valores pessoais, para chegarmos a distinguir as suas formas plásticas, das que se incorporam nas imagens puramente descritivas. Toda imagem em palavras é uma descrição: eis um truísmo que não se repetiria aqui, se não fora esta necessidade de distinguir imagens simplesmente descritivas e imagens-símbolos.

> Voava. — que tanta flor! vamos às flores!
> Quanto raio de sol! Como isto agrada!
> E abelhas a zumbir! e multicores
> Rosários d'água a sacudir a geada!

---
[38] J. M. Baldwin, op. cit., p. 160

...É uma simples visão do poeta, e que ele nos oferece em todo o encanto da sua poesia.

> A mesma aspiração de luz e imensidade,
> Que faz a trepadeira os elos estender,
> E saindo da sombra, olhar a claridade
> Do deslumbrante sol...

...É o símbolo da idéia que ele faz da íntima energia de Eros.

Apreciando-os nesse critério, a literatura nos parece mais descritiva, ou mais simbólica, e compreende-se, então, que os primeiros versos de Machado, ou de Bilac, sejam mais abundantes em puras descrições, ao passo que as suas últimas poesias nos dão, principalmente, plásticas de símbolos. Nos cem sonetos de TARDE, as imagens, além do próprio esplendor, fulguram sempre na luz de idéias, a que o poeta dera o valor do seu espírito. É nas OCIDENTAIS que se encontram os símbolos imortais de Machado — *O Desfecho, A Mosca Azul, No Alto...*

Na generalidade dos casos, tais símbolos são visualizações. É nos visuais, principalmente, que essa necessidade se impõe. Ninguém o diz melhor do que Carlyle: *"... in less important things, That what a man feels intensely, he struggles to speak-out of him, to see represented before him in visual shape, and as if with a kind of life and historical reality in it."* Admitindo que o número de visuais é sensivelmente superior ao de auditivos e motores, dada a menor freqüência de comunicação dessas idéias de valor pessoal, admitiremos, também, que os respectivos símbolos são plásticas para a vista — imagens de tom natural, em traços imediatos. Os auditivos, mesmo quando têm talento, são de pouca originalidade na frase; ostentam fluência em formas triviais; o espírito se lhes enriquece pelo ouvido, em pensamentos já realizados e verbalizados. Mesmo no caso da experiência pessoal — das idéias individuais, eles resolvem a respectiva simbolização ajustando os seus dados pessoais aos juízos que ouviram, ao palavreado que já possuem. A idéia que farão de um conhecido é mais o resultado das informações ouvidas, que das impressões pessoais; simbolizam o vizinho, cujo nome não sabem, antes do som dos passos, no metal de voz, que na fisionomia.

24. SOCIALIZAÇÃO DOS SÍMBOLOS

Simples sinal de uso pessoal, a simbólica das idéias individuais não quebra as normas do simbolismo — abreviação, focalização, economia... pois que aproveita os traços sensoriais imediatos, e se faz em símbolos naturais, isto é, imagens da própria realidade, sintetizada na idéia, de acordo com o tipo mental do indivíduo. E, assim, como imagens simbólicas, elas dão maior amplitude ao pensamento, porque libertam a consciência das condições de tempo e de lugar, indispensáveis quando nos referimos à realidade imediata. Então, o estoque dos símbolos pessoais, em proporção com os adquiridos, dá o índice de originalidade mental do indivíduo. De fato, na região do simbolismo, estão as fórmulas explícitas de cada entendimento. Vivo... penso, dentro deste mundo onde vivo: como agem e se refletem sobre o meu pensamento todas essas coisas do mundo a que pertenço? A vida, o homem, a natureza, o universo... tudo isto é matéria de símbolo. Se não sinto aquela necessidade de que nos fala Carlyle, se não chego a ter símbolos meus, capazes de trazer evocações a outras consciências, sou um insignificante vivente, banal remoedor de pensamentos alheios, e, não, um centro de atividade útil, no conjunto das consciências humanas.

O indivíduo não chegará, muitas vezes, a socializar valores mentais, a dar símbolos para o pensamento coletivo, mas é preciso que a sua personalidade se defina ao menos por valores singulares, na sua própria consciência. É uma tendência a que não podemos fugir. Nas mentalidades fortes, quando há um qual exagero do *eu,* os valores pessoais inflam, na medida desse egotismo, e o indivíduo, na ilusão do eu hipertrofiado, considera todas as suas idéias, inclusive as individuais, valores socializáveis: não hesita em apresentá-las como grandes verdades novas, originais concepções. Há, no caso, além de egotismo, deficiência de senso crítico, e é por isso que a pessoa insiste em generalizar os seus juízos limitados, para fazer das suas *particularizações* um valor universal de pensamento. Destarte, explica-se que a obra de um A. Comte, ou de um Tolstoi, apresente, ao lado de concepções geniais, puerilidades, como algumas que são do Catecismo Positivista e das páginas pedagógicas da Isnaia Poliana.

Nos literatos desse tipo, as idéias individuais dão lugar, muitas vezes, a símbolos literários de um caráter especial, que pretendem ser tipos humanos, e que, no entanto, valem muito diferentemente dos grandes símbolos de caráter, de harmonia moral e de sentimento humano. Eis como se explica o caso, na sua gênese e nos seus efeitos. Conhecendo limitadamente algumas criaturas, em situações incompletas, o literato faz delas uma certa idéia e simboliza-as em tipos de ficção. Em virtude dos próprios motivos psicológicos do símbolo, esses tipos simbólicos tendem a reduzir-se aos traços essenciais, indispensáveis na mente do literato, para evocar o personagem como o ideou. Temos com isto um tipo humano esquemático, por conseguinte caricatural, insuficiente para dar a representação de uma realidade. São personagens que logo patenteiam a ficção e o intuito acentuadamente literário; resolvem o seu proceder em atos que serão muito lógicos, mas são sempre de um manequim, apenas movidos por meia dúzia de cordéis. Finalmente, nas criações de tais literatos, não se encontram personagens completos, vivendo uma vida cheia, se não silhuetas articuladas, feitas para exclusivos aspectos ou modos de ser, limitadas às páginas onde as conhecemos, bonecos e silhuetas que, finda a leitura, hão de ser restituídas aos caixilhos onde as encontramos. E como, ao mesmo tempo, no egotismo, tudo diminui de simpatia, estes personagens, ainda quando se agitem em transes veementes, são *articulados*, sem efetividade íntima, sem verdadeira humanidade, sem a atmosfera de vida, normal às almas que realmente existem. Tais símbolos valem como evocações de traços isolados, tipos enfeixados e unificados numa idéia. O escritor conhece tal adúltera; tem a sua idéia a respeito dela, e, se faz dessa adúltera o personagem de um drama, apresenta-a esquematizada nos traços sintéticos — o conteúdo da idéia, definição e esquema, porque toda a idéia é um esquema da realidade (quando não é esquema de outros esquemas). O personagem não será falso, mas é certamente incompleto, a modo de *Homúnculo*, com alma limitada, e tangida por estímulos que agem como simples molas, sem a ductibilidade que resulta da vida completa. São, assim, quase todas as principais criaturas da série dos grandes romances do nosso Machado de Assis. É por isso que, apesar dos tons geniais da sua obra, todas aquelas criaturas nos deixam tão ostensivamente impassíveis: são arcabouços, que não chegam a encobrir a ficção, e não têm humanidade bastante para provocar o movimento íntimo de simpatia. Todo Daudet é pouco mais do que isto; não obstante o naturalismo que o envolvia, e de que ele quis participar, nas suas páginas só perpassam manequins, desde Numa Rumestan até Sapho. Em todos eles há verdade, mas não há a inteira realidade da vida. É essa a diferença, se o aproximamos das criaturas em pleno sentir, da obra de Maupassant. E tudo resulta de que Daudet simboliza tipos em que encarna as suas idéias, ao passo que Maupassant tira os seus tipos diretamente da realidade; são casos de humanidade, flagrantes de vida, pelo pitoresco com que são apresentados. Em Flaubert, encontramos as duas sortes de personagens — o manequim-símbolo, em Bouvard e Pécuchet, o caso de humanidade despretensiosa em Madame Bovary. Essa observação fará, talvez, objetar: "E os grandes símbolos de sentimentos, na literatura?..." Certamente, há tais símbolos; nem outros nomes merecem as almas que vivem e sentem — em Otelo, Dom Juan, Nora, Andrômaca...

Dessas criaturas-símbolos aos tipos-articulados vai a diferença que há entre as idéias individuais e as idéias gerais.

À parte o que se explica pelo poder do gênio no artista, é de toda evidência: que Shakespeare não fez o seu Romeu com a idéia que tivesse de *um* qual amante. Na grandeza do seu espírito, como condensação de tudo que a vida humana lhe patenteou, fez-se um tipo ideal de amante, realizado numa criatura plenamente humana, realmente viva; e Romeu é, por isso, o símbolo da idéia que o gênio de Shakespeare tinha do amor, no momento em que o homem deve amar. Em Ernani, Jean Valjean, Quasímodo... o personagem já não é nem um símbolo de humanidade, nem uma silhueta articulada, ou um caso restrito de vida: é um símbolo de pura concepção imaginativa; Hugo faz a vida ao sabor da sua fantasia, e dessa vida, pura imaginação, tira os seus personagens. As suas criaturas são completas, como em Balzac, mas são irreais.

Teremos de rever esse assunto, pois não poderíamos deixar de estudar especialmente os símbolos em literatura. Não devemos esquecer que, agora, o assunto é, bem explicitamente, formas e tipos nos símbolos das idéias individuais e singulares. Passaram pela análise os casos mais importantes, nos seus aspectos característicos, e, de tudo, resume-se que tais símbolos se fazem sempre espontaneamente; são simples sinais, para uso íntimo, em traços havidos imediatamente da própria realidade. Não há, para eles, os motivos que tendem a dar ao símbolo um valor convencional, e que determinam a preferência do som. A não ser nos casos de *auditismo* característico, eles — tais símbolos — são visualizações, ou lembranças de movimentos, e se exprimem por perífrases.

25. Sugestões constantes na simbólica

A necessidade do símbolo patenteia-se na constância com que ele se formula. A possibilidade de escolha é relativamente limitada. A simbólica impõe-se, a cada consciência, com um caráter que depende, ao mesmo tempo, da natureza do assunto e do temperamento mental do indivíduo. Todo símbolo é uma resultante desses dois fatores. Por isso mesmo, segundo os assuntos, há grandes símbolos que são valores eternos. Nenhum poeta, ou criador de idéias, poderia pretender uma simbólica inteiramente original; a sua personalidade tem de definir-se, principalmente, pelo uso que ele faça destes eternos valores evocativos. Desde a lenda de Igdrasyl, a ÁRVORE é o símbolo da vida que se realiza em perfeição e beleza, e se expande úbera e completa. Sol e oceano, brisas e vagas, estrelas e horizontes, rios e selvas... são aspectos em que a natureza mais vivamente se apresenta, e deles nos servimos para modelar as idéias e definir as ocorrências de pensamento. Cada inteligência os adota no tom de gênio que lhe é dado. Machado leva nos *olhos* toda a sua inspiração poética. Visual, ele faz do olhar o seu motivo simbólico principal, e é para os *olhos* que simboliza. Em *todas* as suas poesias, as evocações dizem-se explicitamente para os olhos; todos os seus grandes símbolos na poesia (e o são realmente) — *Uma criatura, A Mosca Azul, Círculo Vicioso...* visões portentosas, em que se ilustra o pensamento. E agora, assim verificado, compreende-se porque tenha ele contido nas pupilas de Capitu, naquele célebre *olhar de ressaca*, todo o trágico da sua novela. O mar é também um motivo simbólico a que a mentalidade de Machado freqüentemente recorre. Para a grandeza do seu pensamento, o oceano era uma visão indispensável. Daí, que num lance decisivo das suas criações, ele tivesse fundido num só transe, *olhos* e *mar*. O seu estro fez dos *olhos verdes*, que o gênio de Shakespeare prendera à fúria e à dor do crime, a *Musa da Divina Esperança*. Não é o verde a própria visão do mar? *Versos a Corina* é a sua obra-prima em poesia, e que ele engendrou toda em amor; é uma obra-prima em valor absoluto. Veja-se aonde se encontra o profundo enlevo da sua lírica:

>... Nasceste de um beijo e um olhar...
>..............O olhar foi do Senhor.
>Olhar de vida, olhar de graça, olhar de amor.

Então, aí, nesses mesmos VERSOS A CORINA, já encontramos o símbolo infalível, onde se fundem os dois motivos essenciais da sua plástica poética:

>Que sou eu ante a luz dos teus olhos?...
>Chamam-te as águas, vem! tu irás sobre as vagas.
>......... ....
>...a vida renasce... a vida se agita...

> À luz do teu olhar...
> Mas que não te seduza o cântico das águas,
> Não procures, Corina, o caminho do Mar!
> ....
> O mar tem novos sons e mais viva ardência;
> A onda enamorada arfa e beija as areias.

Eis porque o amante de Capitolina teve de morrer arrastado pelas vagas, e ela fechou no seu olhar sinistro toda a traição de si mesma e da ressaca.

Pagão sereno e olímpico, em face da natureza, aspirando a luz definitiva, Alberto de Oliveira tem no Sol, na floresta, na palmeira... os símbolos indispensáveis à plástica escultural da sua poesia. Ébrio de luz, mas sem deslumbramentos, ele quase despreza as míseras agitações humanas. No seu estro, o pensamento vai sempre calmo, seguro, num ritmo perfeito, como é perfeito e sereno o ritmo dos seus versos. Todo para a luz, ele é o brâmane voltado para Sourya: tem o enlevo do astro que nos dá o ritmo supremo e a luz definitiva. Bilac, mais humano, vibrando em todas as nossas paixões de homem, alma enleada a todo o viver ambiente, ama e prefere, no firmamento, as populações estelares; é um sabeísta; tem nas estrelas que pululam, e nos rios que fremem de vida, os seus símbolos favoritos. Todo vibração e movimento, fazendo valer em intensidades o que seria a força do seu pensamento, Raymundo Correia só tem símbolos em gestos e movimentos:

> Oh! Borboleta, pára! Oh! Mocidade, espera!

É o mais perfeito símbolo em evocação de movimento. O túrgido pensamento subjacente na imagem sugerida, quase faz esquecer a peregrina plástica do verso. É a altitude suprema para o evocar eloqüente da idéia que lhe vai na consciência. E de tal forma se impõem ao poeta essas imagens de movimento, que ele tem de voltar a elas: "... Detém-te... susta essa infrene corrida..." grita ele, agora a Mazzepa.

CAPÍTULO V

Função do Símbolo

26. O PODER LIMITANTE DOS SÍMBOLOS

Na realização da mentalidade humana, a passagem da representação abstrata ao símbolo inclui um grande progresso, porque é a conquista definitiva da idéia, que só é *idéia* com o pensamento simbólico. A lei da economia comanda todo o mecanismo intelectual, e o símbolo é a própria fórmula de economia. A realidade, que devemos conhecer, e a que nos devemos adaptar, envolve-nos de uma tal complexidade que seria impossível destrinchá-la de modo direto, atendendo em cada momento a todas as suas particularidades. Graças à abstração[39], desprezamos o urdume das particularidades, e elevamos o pensamento à essência das coisas, porque as simplificamos em generalizações. Mas todo esse trabalho seria perdido, e as generalizações emaranhar-se-iam no filame donde as tiramos, se não tivéramos a capacidade de isolá-las e mantê-las distintas, prendendo-as a símbolos. Assim, dominamos o complexo da realidade, e podemos entrar com as abstrações generalizadas para a atividade mental, como se cada uma delas fora um valor bem característico. Então, a seqüência, na constituição de tais unidades de pensamento, é bem formalmente — separar, comparar, generalizar, simbolizar... O conhecimento perfeito, em ordem e utilizável na experiência mental, passou, necessariamente, pelas três fases: realidade, idéia, símbolo. É no símbolo que o reco-

---

[39] "Abstrato. Esta palavra, que remonta a Aristóteles, tem uma história interessante a conhecer. Aristóteles se serviu dela a princípio para caracterizar a criação de uma obra de arte; o escultor talha num bloco de mármore uma estátua de homem ou mulher, e rejeita as estilhas de mármore e a poeira que de nada lhe servem. Depois, Aristóteles aplicou esse mesmo termo a uma idéia, cujo fundo tenha sido cuidadosamente indicado, ao mesmo tempo que o respectivo pensador a reveste de uma forma conveniente, e a desembaraça de todos os pensamentos que a ele vinham misturar-se acidentalmente; feito isto, o que resta é uma idéia abstrata." (M. Moncalm, *La Pensée et la Parole*, pag. 290). Bilac emprega a expressão no primeiro sentido, ao utilizá-la no soneto — Abstração.

nhecemos. A realidade envolve o espírito de particularidades, aspectos e motivos de atenção; a capacidade de abstração é a mesma em que tudo se funde, deixando escoar-se a escória do que é secundário, para chegar-se à cristalização de uma unidade mental relativamente nítida, clara e estável. Para esse resultado, porém, é indispensável o símbolo, porque é em torno dele que se completa a cristalização ou a instituição da idéia. Além disto, temos a considerar que a abstração se faz gradativamente. É, em boa imagem, a escada por onde ascende o espírito para, finalmente, contemplar e compreender a unidade do universo. Ora, se é fato que tal ascensão se faz, não é menos certo que os degraus explícitos dessa escada são os símbolos. Em fórmula mais simples, diríamos: o entendimento é *humano* pela aptidão a compreender as realidades complexas, enumerá-las e distingui-las em sinais, prontos a serverem em futuras elucidações. E tão instante é essa necessidade de simbolizar, que o espírito chega a instituí-los no domínio do próprio inconsciente. Os mitos são símbolos inconscientes, a guisa desses que a psicanálise consegue verificar no mentalismo dos seus enfermos. Se, no delírio dos perseguidos, sobrevêm aquelas alucinações auditivas — *ecos de pensamentos* inconscientes, é porque, mesmo inconscientes, as idéias valem nos respectivos símbolos, e, desta sorte, se há uma forte excitação no pensar, o ocorrer dos símbolos, numa marcha inversa, repercute sobre o sensório, e o doente *percebe em alucinações* o vozear do seu pensamento obsedante. Então, se se oferece a questão: *pode haver pensamento sem símbolo?* Havemos de responder: "Mesmo no caso do pensamento inconsciente, deve-se admitir que as idéias valem nos respectivos símbolos"; e, outra vez, nos voltamos para a psicanálise, nos muitos exemplos que ela fornece — de imagens com que os sonhos nos apresentam pensamentos inconscientes, acessíveis somente pela interpretação dos símbolos aparentemente incoerentes, e que nessas imagens se contêm.

Nas condições normais, comuns, a região dos símbolos é como a cúpula iluminada do pensamento. Em verdade — sistematização, nitidez, prontidão, clareza, se existem no jogo das idéias, é porque elas se condensam e se delimitam em símbolos. E é por isso, também, que a inteligência pode tão facilmente escolher e guardar os produtos das suas elaborações atuais, para futuras elaborações. Não admira, pois, que toda análise de pensamento se faça como individualização de símbolos. Se insistimos mais na análise, verificamos, então, que o símbolo é o índice subjetivo de uma diferenciação objetiva de processos cerebrais; enquanto a representação não se define e assinala — isto significa que o processo ainda não está convenientemente instituído. Na simbolização está a positiva localização funcional. Poderíamos, mesmo, dizer: a atividade mental se realiza como sistematizações perenemente reformáveis, sob o regime de circulações íntimas, orientadas em consciência pelos símbolos. Em linguagem habitual de psicologia, isto significa — que, empregando os símbolos, estamos dispensados de evocar e fazer valer os seus subjacentes. De fato, com o pensamento simbólico, não chegamos a examinar as situações mentais em que os juízos se formulam. CHOVE!... dizem-me, e eu reajo prontamente, adaptando-me ao conjunto da situação, como se houvera sentido diretamente o efeito da chuva: o símbolo, todo convencional, foi o bastante para desencadear imediatamente a reação habitual. Noutra conjuntura: a decorrência do pensamento me leva formular o juízo — *O calor é indispensável à vida*... a afirmação se faz, produzindo todos os seus efeitos racionais sobre os juízos subseqüentes, pela simples ação dos símbolos, sem que tenha sido preciso trazer, explicitamente, o formidável arsenal de conhecimentos que aí estão condensados; nem mesmo a síntese do que é *calor, vida*... O símbolo se substitui à idéia, como esta se substitui à realidade, isto é, ele simplifica o já simplificado, e põe a consciência em face de puros esquemas diferenciados, o bastante, apenas, para que o pensamento não seja um mecanismo no vazio. Bergson considera a abstração uma projeção do espírito sobre as coisas, uma primeira simbolização dos objetos[40].

Foi preciso deixar bem acentuado o caráter essencial do simbolismo, para fazer reconhecer que, só assim, as idéias se tornam efetivas, e francamente utilizáveis. A abstração discriminativa e a comparação generalizadora seriam ineficazes e estéreis na organização da experiência mental, se não conduzissem à unificação, bem definível e manejável. E isto se realiza com a inclusão da idéia na imagem simbolizante. Desprendendo-se da realidade múltipla e disseminada — as imagens, o espírito tem de concentrar a sua abstração depuradora numa determinada imagem; porque só os valores sensoriais se definem explicitamente, de modo inconfundível, na consciência. Temos de considerar, também — que, nas condições humanas, com o pensamento formalmente socializado, a idéia geral se ela-

---

[40] "Graças à ideação, os processos intelectuais se podem abreviar notavelmente, e podemos trazer conosco, numa forma abreviada e condensada, os resultados de nossa vida intelectual anterior. Isto nos permite poupar energia para novas combinações." (Hoffding, op. cit., pag. 214). Será preferível dizer... resultados da vida intelectual de toda a espécie humana.

bora já com vistas à vida social, isto é, a ser comunicada. E, como só o símbolo pode ter expressão definida e limitada, a idéia geral já se formula num símbolo: é a condição essencial para ser utilizada no pensamento socializado, comunicável.

No caso dos abstratos superiores, que se formam por um trabalho de discriminação entre outras abstrações (idéias que se elaboram a custa de outras idéias), a necessidade do símbolo é ainda mais imperiosa, porque, aí, a mente colige os seus elementos entre símbolos; com eles constituem-se o conteúdo da idéia superior — uma nova síntese mental, que tem de existir simbolizada. Poderíamos ter a idéia nítida e completa de *vida*, sem as idéias de química, nutrição, assimilação, desassimilação, combustão, alimentos, gêneros de alimentos, protoplasma...? E, agora, existindo no símbolo, ao ser adquirida a idéia, todo o trabalho de *aprender* e compreender consiste, justamente, em condensar demonstrações e explicações numa definição que no mesmo ato se identifica em um sinal — o termo, o símbolo. Isto é assim, ainda no caso da mais perfeita didática: Estudemos a *densidade*: leva-se o aluno a observar que, apesar de ser o peso uma propriedade universal, em todos os corpos, a sua expressão varia de uns corpos outros, relativamente ao volume; podemos distinguir um peso absoluto e um peso relativo; experiências permitem apreciar matematicamente esse peso relativo e compará-lo, de uns corpos para outros... No correr de todo esse processo pedagógico, o espírito do aluno esteve como que suspenso; há uma conclusão a que ele deve chegar, mas que ainda não se fez. Essa conclusão é a própria idéia em que se condensará o conhecimento; mas, tal idéia só se instituirá definitivamente quando a consciência do aluno domina completamente o conjunto, e, em toda a lucidez, pode chegar à noção definidora: "Esta relação — entre o volume de um corpo e quantidade de matéria que o forma, é a sua densidade." Agora, sim: o esforço de aprender chegou a um resultado completo, e o indivíduo adquiriu realmente uma idéia; pode servir-se correntemente dela.

27. Conhecimentos simbolizados

Desde o começo da sua filosofia, Herbert Spencer faz uma nítida distinção entre *concepção real* e *concepção simbólica*. A representação que temos da terra, pelo descortino sobre uma altura, é uma concepção real, se bem incompleta; a noção a que chegamos do conjunto do planeta, pela vista de um globo ou de um planisfério, é uma concepção simbólica. O mérito das segundas sobre as primeiras vem das virtudes mesmas da idéia — como instrumento de pensamento: a limitação, a singularidade da noção simbolizada, o seu fácil manejo. Com toda a propriedade, podemos considerar a simbolização de uma idéia como a realização definitiva do conhecimento que nela se contém. Por isso, quanto à economia mental e a clareza do pensamento, há muita diferença entre — conhecimento *esboçado,* conhecimento *explícito* e conhecimento *simbolizado*. No primeiro caso, o conhecimento não chega a ser um valor, pois que ainda está em plena elaboração; no segundo, para fazê-lo valer, é preciso reconstituir, em consciência, todo o longo processo de elaboração, ao passo que, na abreviatura do símbolo, temos toda a função do conhecimento como noção simplesmente assinalada: "A capilaridade explica-nos toda a circulação da seiva bruta." Que condensação de conhecimento não há nestas três fórmulas simbólicas — *capilaridade, circulação, seiva bruta*?!...Em física, fazemos a corrente elétrica com o *elétron*; em biologia, consignamos ao fagocitismo parte importante da defesa espontânea do organismo contra as infecções... Mas, que são elétrons e migrações de fagócitos senão símbolos, que os sábios criam para definirem, ante o próprio entendimento relações complexas e noções difíceis? Nesse momento, instituído o símbolo, clareia-se o pensamento, e dizemos: *fundou-se uma teoria...* Então, assimilando o valor desses termos simbólicos, adquirimos, na medida da nossa própria inteligência, toda a força de pensamento que neles se condensa: conhecemos a teoria. Em verdade, as coisas explicam-se deste modo: o esforço de adquirir a noção e compreender a teoria corresponde ao trabalho de representar e repetir explicitamente todos os processos, mediante os quais se elaborou o conhecimento, na mente de origem. Com isto, o conhecimento é entregue ao subconsciente. No iluminado da consciência, apenas girará o respectivo símbolo, simples indicação dos novos recursos havidos para o pensamento íntimo. Destarte, os nossos conhecimentos definidos e simbolizados operam como efeitos sobre o subconsciente: e é assim que se valoriza automaticamente o pensamento, porque, sob cada um dos símbolos que adquirimos, se estende a significação positiva dos conhecimentos que os alimentam. Tudo isto, nós o sentimos interiormente, no bem-estar mental, anterior a qualquer exame íntimo, quando percebemos um símbolo verbal, desses que comandam idéias. Como se faz o pensamento, sob esse giro luminoso de símbolos? É o mistério, talvez inacessível ao nosso entendimento; o mais angustiosos dos mistérios em que vivemos. É no *pensar*, que nos sentimos plenamente conscientes; mas, quando pretendemos assenhorear-nos definitivamente do pensamento, todo ele foge, como que se perde nas túrgidas raízes do inconsciente; só nos ficam, acessíveis, os símbolos. Saibamos acompanhá-los e compreendê-los.

E, com isto, o símbolo assegura, ao mesmo tempo, um valor médio às idéias. Veremos, em momento oportuno, que a maior parte das idéias, sobretudo as mais fecundas ao progresso do pensamento, são valores em plena evolução. Grande número delas funcionam em numerosas variantes. Todavia, há uma relativa estabilidade, porque, em torno de cada signo institui-se nas idéias uma relativa estabilidade, porque em torno de cada símbolo se faz uma apreciação mediana, uma como que condensação do mais importante no conteúdo da idéia. Quando estudarmos especialmente a *luta contra os símbolos,* sobretudo a "luta entre o símbolo e a idéia", teremos ocasião de acentuar essa notada tendência à fixidez, inerente ao símbolo. Por enquanto, trata-se, justamente, de destacar o que há de vantajoso nessa mesma tendência, devido à relativa estabilidade que ela traz aos valores mentais. Há mesmo o caso de noções que, uma vez elaboradas e fixadas no símbolo, alheiam-se completamente dos processos explícitos de formação e passam a existir exclusivamente nos respectivos sinais. Tal acontece com os números: na realização do cálculo abstrato são meros símbolos. Por isso mesmo, no pensamento matemático, encontramos o melhor exemplo da função e significação do símbolo.

28. A SIMBÓLICA NO CÁLCULO

As idéias de número são dessas que se formam na aurora do pensamento abstrato. Na plena posse do espírito, quando já é possível uma análise introspectiva, perderam-se as lembranças dos processos mediante os quais, da realidade concreta, tiramos as idéias de relações numéricas. Quando afirmamos que a idéia de número resulta de um cotejo enumerativo – entre a unidade e a coleção, apenas fazemos teoria. Se consultamos a consciência, a experiência pessoal é inteiramente muda. O tempo, as condensações simbólicas eliminaram todos os vestígios das longas induções, de que resultaram as abstrações numéricas. Mas, há um meio de contornar a dificuldade, e chegar a demonstrar – que, no cálculo abstrato, os números são simplesmente símbolos. É um processo indireto, sem ser um artifício, e consiste em mostrar que, se damos às *relações-números* qualquer caráter de realidade, na generalidade dos casos, os cálculos se tornam irrealizáveis. Que haja vinte maçãs a dividir por cinco crianças: imediatamente, fazemos a distribuição sem esquecer nunca a situação concreta – *a olho,* sem cálculo explícito. Se, porém, queremos *achar a aresta do cubo capaz de conter N toneladas de mercúrio,* temos de esquecer completamente que se trata de mercúrio, qual o fim do depósito, e, até, num certo momento, qual a forma do depósito. Finalmente, o pensamento matemático, na realização do cálculo, toma a forma definitiva de puro mecanismo, servido por sinais; tanto assim que, em vez de buscar os resultados desse mecanismo, num esforço mental, podemos retirá-los de uma régua de cálculo, ou, mesmo, de uma máquina de calcular. Quando as relações numéricas se complicam mais ainda, devemos abreviar os símbolos – noutros símbolos. É o cálculo algébrico.

Com toda facilidade, resolve-se aritmeticamente qualquer problema representável numa equação de 1º grau, a uma incógnita. O processo algébrico terá a vantagem, apenas de abreviar, e tornar quase mecânica, a marcha das operações:

$$X + \frac{X}{2} + \frac{X}{3} = 121 \ldots 6X + \frac{6X}{2} + \frac{6X}{3} = 726$$

$$6X + \frac{18X}{6} + \frac{12X}{6} = 726 \ldots 6X + 3X + 2X = 726$$

$$X = \frac{726}{11} \ldots = 66$$

Se se tratasse de um problema de duas incógnitas, seria possível a solução aritmética: mas exigiria um raciocínio tão desproporcionadamente laborioso, que a mentalidade habituada ao cálculo algébrico quase não saberia resolvê-lo de outra forma. De fato, a marcha a seguir é a mesma: definir as relações numéricas entre uma incógnita e a outra, e incluir numa delas o valor da outra, nos termos que foram definidos. As diferenças entre os dois processos é, realmente, a seguinte: aritmeticamente, é preciso referir repetidamente as relações numéricas entre as duas incógnitas e fazer todo o jogo de valores nos próprios termos explícitos em que foram definidas as relações; algebricamente, definidas as relações, elas são simbolizadas... na marcha do cálculo, basta trabalhar com os símbolos, sem nenhuma necessidade de representar explicitamente as condições a que eles correspondem. O homem do povo, sem nenhuma instrução de cálculo, se tivesse que dividir 15.200 níqueis de 100 rs. por 12 homens, 20 mulheres e 40 crianças, dando a cada homem o triplo do que coubesse a cada mulher, e a cada uma dessas o dobro do que venha tocar a uma criança – se intentasse resolver o problema, gastaria horas e horas, mas acabaria acertando. Quem soubesse o seu mínimo de aritmética, em face do problema, teria tanta facilidade em calculá-lo abstratamente, que seria incapaz de impor à consciência o labor penoso de organizar as condições concretas e de insistir nelas, para dar-lhe boa solução. Inteirado do enunciado, automaticamente se desenvolveria o raciocínio: Mulher igual a duas crianças, homem igual a 3 X 2 crianças ... 12 homens iguais a 72 crianças, 20 mulheres iguais a 40 crianças... Logo, será a dividir 1:520$000 em 152 partes, sendo 72 para os 12 homens, 40 para as 20 mulheres, e 40 para as crianças. Em todo desenvolver de lógica, o símbolo tem esse mesmo efeito de ser necessário e bastante.

29. DEFICIÊNCIA DE LINGUAGEM, DEFICIÊNCIA SIMBÓLICA, DEFICIÊNCIA DE IDÉIA

Todo esse relembrar de noções elementaríssimas, e aparentemente estranhas ao objeto deste estudo, seria pueril, se não fora o propósito de patentear, nessas aplicações elementares, o verdadeiro caráter do símbolo, como instrumento de pensamento, assim como a absoluta necessidade das funções simbólicas no mecanismo abstrato, qualquer que seja a natureza das abstrações. Toda idéia que não se refira a experiências sensíveis, funciona como puro símbolo. É certo que o pensamento só tem propriedade e eficácia se o espírito guarda o poder de, em qualquer conjuntura, definir bem lucidamente o valor da idéia; mas na elaboração do juízo, como dado explícito de consciência, só há o símbolo. Se não compreendemos, desde logo, essa propriedade da idéia, é porque, tradicionalmente, as coisas nos são mal apresentadas. Para a lógica, a idéia pode ser um valor : para a psicologia, ela tem de ser considerada uma função. No entanto, mal apreciado o seu papel, a idéia continua a ser considerada, em psicologia, como puro conjunto estrutural, na organização da mentalidade, e é definida nos mesmos termos da imagem, que, esta sim, é essencialmente estática, puramente representativa. E dizemos: idéia – *representação de aspectos abstraídos e generalizados*... imagem – representação de aspectos sensoriais, coordenados, e referidos a um momento de um ser... Ora, a idéia é um fenômeno essencialmente dinâmico, e que só em termos dinâmicos pode ser devidamente apresentado e definido. É o momento de atividade mediante o qual utilizamos, condensamos numa unidade funcional, os trâmites de um pensamento anterior, nosso, ou que nos foi comunicado – explicitamente, ou já condensado *num* valor. De todo modo, a idéia só pode existir como convergência de ação mental: ela é o próprio símbolo vivo do pensamento. Assim considerado, devemos admitir que, para a função de condensar noções, no sucessivo realizar de pensamentos, a idéia tem de ser, realmente, *um* momento de consciência, fazendo-se explícita, apenas, no símbolo. Uma coisa é representativa da outra; se surge a idéia, ei-la no símbolo; se não ocorre o símbolo — um símbolo qualquer, é porque não existe a idéia. Note-se que essa imagem-sinal pode ser qualquer valor sensorial. Todavia, se se trata de idéia que tenha curso no pensamento socializado, ela se incorporará num símbolo verbal; se este falha, no conjunto da linguagem, é porque a idéia não ocorreu, efetivamente.

Todas essas coisas, porém, são estudadas e observadas como puros fatos de linguagem — considerada a linguagem formalmente como simples expressão do pensamento, e, então, dizem os comentadores aos descrever a vida de certos selvagens: "... empregam, geralmente, desenhos ou gestos, gestos compreendidos mesmo pelos que não lhes sabem a língua, para exprimirem-se..." [41] Ora, esta explicação sumária não alcança toda a extensão dos fatos, cuja verdadeira interpretação — nesse emprego de figuras e gestos — é a seguinte: tais selvagens não têm, ainda, muitas das nossas idéias gerais, comuns, no grau de abstração simbolizável num puro sinal; têm, apenas, idéias ainda intimamente ligadas à realidade sensível, simbolizadas, por conseguinte, diretamente em figuras ou gestos sensíveis, correspondentes naturais e imediatos dessa mesma realidade. Noutros casos, afirmam eles: "Os FF... só contam até 3... até 5...; mas fazem os seus cálculos para quantidades bem maiores e sabem perfeitamente quando, numa coleção de 60, ou 70, faltam quatro, ou seis..." Assim discorrem e explicam, quando, em verdade, a interpretação psicológica é outra: os FF... não têm *a idéia abstrata de número*, e não fazem cálculos abstratos, nem com 3, nem com 5...; têm a representação fortemente concreta, de coleções de coisas conhecidas — como quantidades concretas, que eles apreciam e avaliam com relativa exatidão. Terão designações verbais para as pequenas coleções. É a isto que esses maus observadores chamam de *contar até* 3... até 5... No caso, o difícil não é passar de 3 a 9, mas o passar das coleções concretas para a enumeração abstrata. Por isso mesmo, sabendo reconhecer perfeitamente quando falta *um* coco, num monte de 35, são absolutamente incapazes de calcular 5-3=2, isto é, ainda não têm a concepção de que 2 será, sempre, a diferença entre essas quantidades que se trate de *cocos*, de *caranguejos*, de *dias*, ou de *luas*... Eles estão naquela fase que o mestre-escola tem de reproduzir, quando faz os seus principian-

---

[41] Lévy-Bruhl — *Les Fonctions Mentales*, pag. 153

tes contar — no bolário, ou com pauzinhos, canetas, lápis e penas... até que, convenientemente conduzidos, cheguem à idéia de *número*, como resultante da observação, no concreto, desses fatos numéricos.

É num caso desses que dissertadores como Lévy-Bruhl parecem ver as coisas de fora para dentro, quando afirmam... "Os Cherokees não têm a palavra *nós*; têm *eu* e *tu*... e assim dizem..." Não só os Cherokees: deste modo se exprimem também as inteligências rudimentares, entre os civilizados. A esses primitivos falta, não a palavra, mas a idéia — *nós*, idéia um tanto estranha às mentalidades primitivas, e é por isso que a *primeira pessoa do plural* rareia tanto no falar popular. Não devemos admirar, por conseguinte, que, assim orientado, esse mesmo escritor coloque o carro antes dos bois e conclua: "Nesses povos, as imagens-desenhos não permitem senão uma generalização restrita, e uma abstração rudimentar..." Lévy-Bruhl não refletiu que a linguagem é apenas a escada; tendo boas pernas, tendo a capacidade de abstração, o indivíduo acabará sempre arranhando a escada para subir; o impossível está em, sem pernas, ir lá, acima, ainda que exista a escada... É tão verdade isto, como é verdade que — mesmo tendo apenas pernas, é indispensável ter o meio de utilizá-las. Sem a idéia — sem a capacidade de abstração, é impossível chegar ao símbolo; mas, existindo a idéia, é indispensável o símbolo para utilizá-la. Admitamos que seja comum, nos idiomas primitivos, existirem palavras para significar particularidades de uma idéia, quando não há o termo correspondente à idéia geral: tal tribo que dá o nome a cada um dos tipos vulperinos que conhece, não possui o termo correspondente a *raposa*; outra tem designação para cada uma das cores que distingue, mas não possui a palavra cor; outra se serve de termos especiais para mencionar — *homem assentado, homem de pé*... Tais fatos, que assim transparecem na linguagem, são de pura psicologia: nesses primitivos, o que falta é a capacidade de abstração, para atingir idéias de maior extensão. Também entre os civilizados: o homem do povo tem a idéia de sol, lua, estrela, cometa... mas não tem a idéia de *astro*; tem a idéia de mesa, cadeira, cama... mas não tem, muitas vezes, a de *móvel*, apesar do convívio numa sociedade onde são correntes estes valores mentais. No entanto, basta que se explique a um qualquer desses rudimentares: "...todas essas coisas... e que podemos *mover*, chamam-se *móveis*..." para que, em torno do símbolo, se forme a idéia, graças à facilidade que o símbolo constituído oferece.

Falsearíamos os fatos se disséssemos: abstraímos e generalizamos porque simbolizamos; a capacidade de abstrair é a primeira, e nela está a essência mesma do pensamento. O símbolo representa, apenas, o complemento, indispensável, para a utilização completa e econômica da abstração. Ainda não estaríamos com a plena verdade se disséssemos — simbolizamos para poder generalizar. De fato, as dependências se sucedem nesta ordem: simbolizamos porque abstraímos e generalizamos; simbolizamos para assegurar o bom uso das abstrações, e limitar as generalizações, e porque — só em símbolos, têm os valores mentais a fórmula precisa e nítida para a comunicação.

Quando apreciamos e analisamos o conteúdo da experiência mental, em cada indivíduo, e na existência da espécie, encontramo-la organizada em categorias, dispostas e classificadas para uma utilização sempre pronta e ótima. Mas, se procuramos saber — em que forma giram tais categorias e classificações, encontramo-nos sempre, e por toda parte, com símbolos. Eis porque o simbolismo se apresenta como o próprio característico da mentalidade humana. Mesmo nos tipos inferiores: o pensamento poderá fazer-se sem palavras, mas não sem símbolos.

30. EVOLUÇÃO DOS SÍMBOLOS DE IDÉIAS: NATURAIS-CONVENCIONAIS, SUGESTIVOS-SIGNIFICATIVOS

No caracterizar os símbolos, foi preciso distinguir os de *função significativa* e os de *ação sugestiva*. Na mesma ocasião, tivemos de notar que, entre esses dois tipos de simbólica, não se faz separação absoluta: há formas intermediárias — nem simplesmente sugestivas, nem rigorosamente significativas; e ficou acentuado, também, que todo símbolo, em plena função, tende a tornar-se cada vez mais significativo. Isto faz compreender, desde logo, que o símbolo em exercício está, por isso mesmo, realizando uma evolução que se faz nesse sentido — de sugestivo a significativo. Para bem indicar o valor e a marcha dessa evolução, será conveniente relembrar o caráter essencial do simbolismo, entre as funções primeiras do espírito, e insistir — repetindo distinções que facilmente se notam nos símbolos.

O simbolismo é, bem o sabemos, uma forma de associação que se caracteriza pela tendência a realizar-se numa evocação exclusiva. Além disso, há este aspecto específico a assinalar: nas associações comuns, as representações ou os estados de consciência associados têm uma situação similar, nenhum deles perde de valor, pelo fato da associação. Concretizemos o caso: houve um momento em que a idéia de *pássaro* realizou uma nova associação — *aeroplano*; a associação se perpetuará, sem que isto modifique, em modo nenhum, o valor dessas idéias. Na associação simbólica, há diferença na situação das representações associadas: uma é o *símbolo*, com a função específica de *evocar*, isto é, de chamar ou atrair a outra. E, como a vantagem do simbolismo está em produzir *uma* determinada evocação, realizando-a de modo mais pronto, temos que a imagem-símbolo, no realizar esta sua função, está perdendo todo valor próprio e natural, para tornar-se um simples instrumento de evocação — um simples *sinal*. Enquanto isto, a representação simbolizada e evocada no símbolo nada perde; pelo contrário, quanto mais nítida e firme é a simbolização; quanto mais corrente ela se torna no pensamento, mais clareza e mais prestígio adquire a noção simbolizada.

Tivemos ocasião, também, de fazer referências a símbolos *naturais,* símbolos *convencionais*... associações por *semelhança*, associações por *contigüidade*...E falamos, ainda, em símbolos *puros*, símbolos *perfeitos*, símbolos *subsidiários*, símbolos *diretos*... Tudo isto tem que ver com os fatos que agora estudamos — *a evolução do símbolo*.

Como instrumento de pensamento, e também como índice para comunicação — *símbolo perfeito* é o que vale como sinal, destituído todo valor próprio. Com isto, ele tem de tornar-se inteiramente servil, de todo indiferente à natureza do que é simbolizado. Então, pois que é uma associação, para efeitos de *abreviatura* e de *economia*, a simbólica aproveita todas as possibilidades de associação, principalmente as mais rápidas, e fáceis, e sugestivas, isto é, as associações naturais, comuns — as que desde logo se oferecem, e são facilmente apreendidas. É esta a marcha própria da evolução do símbolo: começa como associação natural, geralmente por semelhança (nos chamados símbolos *espontâneos* ou *naturais*), e, com o repetir da evocação, ele vai adquirindo um caráter mais exclusivamente indicador, de puro sinal, até que, finalmente, se torna o equivalente de um valor convencional. Origem natural... transformação em convencional. Tal é preciso compreendê-lo, porque deste modo se realiza o perfeito simbolismo. Considerando esses mesmos aspectos, Bergson distingue os símbolos em — *sinais instintivos* e *sinais inteligentes*... Os primeiros correspondem absolutamente aos símbolos naturais; aos outros, que são, de fato, símbolos puros, de valor convencional, ele deu o epíteto que convém: existem para as abstrações, e são *inteligentes* — na medida em que, por eles, se enleva a inteligência.

31. SÍMBOLO PURO — SÍMBOLO SIGNIFICATIVO PERFEITO

No símbolo puro, evoluído, convencional, não se procura autenticidade, isto é, correspondência legítima com o valor simbolizado. Para a Cristandade, a CRUZ é o símbolo perfeito de glória divina, ante o qual se prostem todas as consciências. E, neste ato, quem pensa na significação histórica e autêntica do instrumento patibular?... O que se pede ao símbolo é instantaneidade de evocação, na unidade de significação: identificação do valor simbolizado com a imagem-sinal, atualização nesse mesmo ato, de tudo que, da experiência mental, pode ser condensado na representação simbólica. Para isto — para ser absolutamente exato, realmente instantâneo, o símbolo deve tornar-se inteiramente servil, incaracterístico, nada tirando ao valor simbolizado, nada trazendo que o modifique, ou que possa desviar a atenção. Tanto vale dizer — o símbolo significativo perde toda a significação própria, e se liberta de outras associações, que não sejam em relação imediata com a determinada evocação. Tudo se resume desta forma: o símbolo tende a despojar-se das relações diretas, naturais, e a dispensar interpretação; está preso a *uma* associação e elimina tudo que seria dispersivo da consciência. Esta é a fórmula, mesmo para os símbolos estéticos e afetivos: podem estimular a emoção procurada, mas devem evitar comentários e interpretações, que seriam derivativos das energias emotivas, e arrastariam a atenção. Veremos, no momento oportuno — que o processo, em tais símbolos, é sempre de *convergência* e *simplificação*.

No entanto, é tão essencialmente natural a simbolização, que não podemos fugir à tendência a adotar os símbolos naturais. Mesmo quanto propositadamente adotamos um símbolo, queremo-lo natural; nem de outro modo se explica a quase pueril preocupação dos fazedores de tecnologia, buscando símbolos (termos técnicos) que contenham a definição da noção simbolizada. Todo o repulsivo acervo das palavras eruditas vem daí. Outro fato demonstrativo: as crianças, no criarem os seus símbolos, são essencialmente *naturais* e *imitadoras*. Mas, à medida que o pensamento se eleva, e que se complicam as condições na comunicação, torna-se insuficiente a simbólica imediata e natural, tanto assim que o gesto, símbolo espontâneo, quase impulsivo, é geralmente precário, e serve, apenas, como comentário natural da simbólica verbal.

Sem hesitação, podemos chegar a esta conclusão: todo símbolo firmado na tradição foi inicialmente natural, e adquiriu um valor convencional. A prova definitiva da origem natural dos símbolos, e da sua evolução — para o puro convencionalismo, nós a temos na própria evolução da linguagem — da metáfora, para o puro verbalismo. Podemos acompanhar a marcha dessa evolução nas transformações dos hieróglifos. Neste sentido, há toda razão em dizer que o simbolismo é, essencialmente, um redutor de imagens — tirando-lhes toda a significação própria. Que é que resta do caráter natural e do primitivo sentido dos *cetros reais*, ou dos bastões dos generalíssimos? O varapau em que se apoiava o *velho trôpego*, quando vinha trazer às assembléias a autoridade da sua experiência e do seu conselho, — esse varapau, como símbolo de autoridade moral e social, a pouco e pouco, transformou-se no puro símbolo da autoridade dos *homens vigorosos*, capazes de dirigir e de vencer. Nada ilustra melhor a redução deformadora, simplificadora e esgotante, nos símbolos, que essa já referida evolução da escrita copta: de hieroglífica, isto é, imediatamente representativa da realidade, ela se fez hierática — em traços esquemáticos, e, finalmente, de esquemática, em *demótica*, cujas figurações, abreviadas, diminuídas em traços, simplificadas em forma, são símbolos inteiramente esgotados de qualquer evocação imediatamente natural. É um fenômeno análogo, pois corresponde às mesmas necessidades, ao que se dá com os símbolos verbais. Toda essa parte, na evolução simbólica, será estudada quando for o momento de apreciar o símbolo como instrumento de comunicação, com o lembrar que o aspecto mais interessante no desenvolvimento geral da linguagem é esse movimento evolutivo dos vocábulos: nascem de metáforas e, de redução em redução, acabam em significações puramente convencionais. Como ligar o epíteto de sensação muscular ao que haja de real na forma do *músculo* comparado aos *ratinhos*?!... Que é que lembra nos atuais duques o condutor de homens?!... Como lobrigar a identidade de origem, e a aproximação de significado, em *monstro, monetário, amostra*?!...

Todo símbolo em curso é símbolo, por sua vez, de uma longa evolução, que se faz, já o vimos: quanto à forma — como simplificação e redução; quanto à orientação — como passagem do tipo imitativo, natural, ao de puro sinal, de valor convencional. Emblemas, metáforas, brasões, esquemas hieráticos, alegorias... tudo isto resulta dessa tendência, que nos explica, em toda simbólica, uma origem natural. Mas, os próprios processos do simbolismo — abreviando, simplificando, assimilando... produzem tais desvios, relativamente a essas origens naturais, que, finalmente, muitos dos símbolos tradicionais devem ser interpretados, e se tornam, com isso, maus símbolos.

Um outro princípio essencial: o símbolo existe para ser um instrumento fácil e pronto; se exige interpretação, não corresponde aos seus fins, principalmente na comunicação. A interpretação é dispêndio de tempo e força, e a evolução do símbolo é presidida pela lei da economia. Toda evolução constitui, naturalmente, um processo de apuro na simbolização, apuro que se faz, sempre, no sentido de tornar o simbolismo — *ótimo*, em facilidade e rapidez de vocação. Não será de estranhar, por conseguinte, que, por vezes, haja uma inteira substituição do símbolo primitivo, quando um outro se apresente, mais de acordo com as leis da simbolização. Outros fatores podem intervir no caso, mas o predominante é, incontestavelmente, o princípio de economia. Por toda parte onde um símbolo puramente significativo ou convencional se apresenta para substituir o símbolo natural, este acaba sendo eliminado. Nem outro foi o motivo da gradativa substituição da escrita ideográfica pela fonética, que já é símbolo de símbolo. Mais eloqüente, ainda, é a adoção das cifras árabes, em substituição dos números romanos.

32. Aquisição e substituição de símbolos

Todos esses aspectos do simbolismo se tornam especialmente notáveis e expressivos na evolução mental da criança. Até os 24... 30 meses de idade, o bebê interessa-se pouco por aquilo que não lhe é tangível; no entanto, ele é, desde que começa a conhecer, intensamente curioso. Há, porém, uma grande diferença quanto ao modo de satisfazer a essa curiosidade: antes dos dois anos e meio, aproximadamente, e depois; isto é, antes de se sentir possuindo a capacidade de comunicação, e depois que reconhece a possibilidade de ser informada pelos outros. Nos primeiros tempos, a criança vai diretamente sobre os objetos que a impressionaram e tentam; procura fazer por si mesma a experiência da vida. Os conceitos que forme resultarão, principalmente, do seu contato imediato com as coisas. Os símbolos desses conceitos serão traços sensoriais, que ocasionalmente se tenham apresentado como os mais vivos, interessantes e intensos, no conjunto das imagens que a realidade lhe vai tracejando pela consciência. Serão símbolos exageradamente simplificados e esquemáticos, de acordo com a simplicidade das suas generalizações: toda barba é símbolo do papai... toda parda é símbolo da mucama. Um, dois... atributos bastam ao bebê para definir a sua experiência, e ele pronto generaliza, e logo simboliza nesses traços a sua generalização. Destas mesmas observações, devemos concluir que, antes de receber os primeiros símbolos, que lhe venham pela linguagem, a criança já tem o seu acervo de símbolos próprios, pessoais. Como a vida social envolve completamente o bebê, cuja consciência se instituirá sob o influxo destes dois poderosíssimos instintos — sociabilidade e imitação, desde muito cedo ele é irresistivelmente atraído pelas outras consciências, e procura associar-se aos que o rodeiam: ensaia comunicar os seus conceitos, e se serve dos primeiros símbolos que lhe ocorrem. Quando se trate desses conceitos cujos símbolos lhe tenham sido impostos, desde o alvorecer da percepção — *papai, mamãe... leite, berço...* a criança os emprega, porque, numa natural associação de contigüidade, tais palavras são, de fato, os símbolos em torno dos quais se formaram os respectivos conceitos. Nos outros casos, o símbolo estará numa imagem qualquer. Muitas vezes, essa imagem será, desde logo, uma onomatopéia, ou um som que, naturalmente, ou acidentalmente, foi associado às coisas englobadas no conceito. Então, a criança é fortemente tentada a expandir-se e a produzir o som simbolizante do seu pensamento. Se se trata de símbolos doutra espécie sensorial, ela procurará, ou aceitará, um qualquer sinal sonoro que naturalmente se lhe apresente associado às coisas representadas. É legítimo acreditar que tal som acabará substituindo-se, como símbolo, ao primeiro símbolo visual, ou outro. É preciso admitir que assim se passam as coisas, pois vemos que as onomatopéias primitivas são todas substituídas pelos símbolos verbais, que o uso lhe impõe posteriormente[42].

De todo modo, salvo o caso daqueles símbolos verbais que a assistência do bebê repete desde os primeiros dias, e que, por isso, se associam naturalmente aos respectivos seres, os outros primeiros símbolos são originários da criança e têm, rigorosamente, um caráter natural. São símbolos que se instituem como conclusão necessária na elaboração do conceito[43]. Desde, porém, que a criança se reconhece com a capacidade de comunicação, e apela para a experiência dos outros, mudam as condições de formação dos símbolos. Já não há uma elaboração própria de símbolos, se não uma simples aquisição, ou aceitação, que faz alterar bastante as relações associativas, entre o símbolo e os respectivos conceitos. Agora, assimilando a experiência dos outros — *aprendendo*, a criança encontra-se desde logo com o símbolo; muitas vezes, o símbolo precede a representação da realidade. Há casos em que, em face da realidade, o infante pergunta — "Que é isto?"... E lhe dão o *nome*, — o símbolo, a guisa de explicação, de sorte que essa imagem sonora se vem fundir, numa simultaneidade forçada, á própria representação da realidade. Noutros casos, comuníssimos, a criança ouve a palavra, é curiosa... sabe que palavras se referem sempre a qualquer coisa e interroga: — "Que é *elefante*? — É um bicho muito

---

[42] M. Bomfim. *Noções de Psicologia*, cap. XIII, 9.

[43] Esse primeiro mentalismo da criança é, quase todo, substituído; assim se explica a impossibilidade de rememorar qualquer representação anterior aos 30 meses. Começa a substituição pelos símbolos. (M. Bomfim, op. cit. cap. XXII, 14, 15, 16).

grande, muito grosso... muito maior que um boi, ou um cavalo, com um nariz comprido, como se fosse uma cobra, ou um canudo, movendo-se para todos os lados; dois dentões que saem da boca como chifres... Ele pega as coisas com o nariz, que se chama tromba..." Em tal modo, se na mente da criança chegou a formar-se o conceito do proboscídeo, ele está absolutamente ligado ao respectivo nome, que o precedeu. Então, altera-se a ordem, na ideação: em vez de — percepção, idéia, símbolo... temos — símbolo, ideação e imaginações, que devem completar a noção plástica. Baldwin não hesita em dizer: "A criança concebe as coisas porque pode dar às palavras que as designam uma significação geral (tanto vale dizer – pode dar-lhes função simbólica de uma generalidade), e pode ter uma previsão geral das suas conseqüências... A sua principal ocupação na linguagem é a absorção do sentido das palavras, antes, que o da sua descoberta". De fato, a criança quer sempre que lhe dêem a significação do que ouve, o nome do que lhe é apresentado. Com isto, ela reconhece explicitamente o grande valor do símbolo[44]. Este fato, isto é, a inclusão do conhecimento num símbolo, é em si mesmo tão importante, que W. James, admitindo que o pensamento seja função do cérebro, restringe o conceito, para afirmar que neste caso, "o trabalho cerebral será mais de transmissão que de produção". O estudante fez o seu tirocínio de geometria, adquiriu a matemática das linhas e das formas, possui lucidamente os respectivos teoremas... Ele que consulte a consciência e verificará: cada teorema lhe ficou em um símbolo.

33. O SÍMBOLO NA COMUNICAÇÃO

O símbolo responde a uma necessidade toda íntima, e pessoal, do pensamento: permite pensar com abstrações generalizadas, resumindo-as num sinal. Mas, desde que se trate de abstrações socializadas — idéias gerais (existindo em símbolos também socializados), exteriorizado o símbolo, ele tem o poder de fazer valer noutras consciências, por ele atingidas, a idéia respectiva: produz a evocação da idéia. Com isto, desenvolve-se o poder do símbolo, num tríplice efeito: é, internamente, o condensador e evocador da idéia; dá-lhe, à idéia, um valor definitivo e limitado; e, transformado em sinal externo — impressionante, serve à comunicação das consciências.

---

[44] J. M. Baldwin, op. cit., 131; a frase em ( ) é nossa. Prayer, no entanto, considera o período em que a criança procura adquirir por si mesma o sentido das palavras como o mais interessante no seu desenvolvimento mental.

Com a nova função — comunicação, novas condições se fazem ao simbolismo, condições tão importantes que, no estudo completo da simbólica, torna-se indispensável destacar duas partes — O SÍMBOLO NO PENSAMENTO ÍNTIMO... O SÍMBOLO, FATOR DE SOCIALIZAÇÃO. Está bem visto que, para aí, para a parte *comunicação*, se reservam todas as análises a ela referentes. Todavia, se aqui tratamos especialmente das transformações que, de modo geral, podem sobrevir ao símbolo, convém indicar, desde já — que essas transformações obedecem, não só às condições da dinâmica mental interna, como às da boa comunicação.

Os gramáticos e lingüistas estudam os símbolos — o léxicon— exclusivamente como comunicação; não vêem, nas transformações por que passam os vocábulos as exigências da *boa percepção*. Já houve ocasião de mostrar (pag. 60) como este fator — *boa percepção* influi, modificando a estrutura fonética dos vocábulos. Em alguns casos, a conveniência da percepção irá ao ponto de contrapor-se à *lex parcimoniae*, no que se refere a quem produz o símbolo. Esse mesmo fator — boa percepção, intervirá, noutros casos, determinando resistência a transformações tentadas em vista da economia de quem exterioriza. É inegável que a mais acentuada resistência às reformas ortográficas, ainda quando estas sejam necessárias e lógicas, resulta da dificuldade que encontramos em ler numa grafia alterada. Aqui se reforçam as exigências da percepção com os efeitos do hábito, não só em quem lê, como em quem escreve.

Boa percepção e hábito manifestam-se mais poderosos ainda, na resistência à completa substituição de símbolos. Nos surdos-mudos, assim educados, habituados à simbólica dos gestos, o emprego, o emprego desse meio de expressão toma o aspecto de tendência irresistível, instinto inerente à própria condição natural[45]. É tão formal e intransigente essa resistência, mesmo em indivíduos normais, que certos dissertadores querem ver nas respectivas manifestações um modo de ser específico do dinamismo mental. Muitos selvagens, por exemplo, possuídos, principalmente, de idéias ligadas a coisas sensíveis, simbolizam-nas em gestos e figuras, e desses gestos se servem correntemente para a comunicação. É quase impossível, para eles, prescindirem das mãos no exprimirem-se; gesticulam mesmo no

---

[45] Quando se trata de ensinar o surdo-mudo a falar, pela observação dos movimentos dos lábios, se "se comete a imprudência de lhe tolerar o uso de sinais, ele não usará mais da palavra." Binet et Simon — La Parole aux Sourd-Muets, *Année Psychologique*; 1909, pag. 387.

pensamento mudo. Lévy-Bruhl, num pueril exagero de interpretação, cria, então, uma nova categoria de conceitos — os *conceitos manuais*. Mesmo incorporadas, depois, ao mentalismo social, comum, inteiradas da linguagem verbal, essas criaturas continuam a falar — principalmente com as mãos. E assim continuam a falar, porque assim continuam a pensar. Aliás, a muita gente, que não é, nem foi selvagem, acontece qualquer coisa de análogo: são os que *falam pelos cotovelos*, — tanto dizem, como gesticulam, e gesticulam tão eloqüentemente que, se reduzissem os respectivos discursos apenas aos termos verbais, perderiam mais de 50% nos efeitos de expressão.

Um outro aspecto — quanto à decorrência dos símbolos: é o uso ou a adoção ocasional deles, segundo o curso do pensamento. Não há dúvida que a idéia-relação MAIS é a mesma — no ajuizamento comum e nos desenvolvimentos matemáticos. No entanto, para a mentalidade que *calcula*, ela vale no símbolo visual direto +, ao passo que, no discorrer comum, o símbolo é o verbal. E tão pronunciado é este fato que, se, numa leitura, encontramos o sinal +, isto provoca a suspensão do pensamento. Não é que o espírito não possa sobrepor-se a essa contingência do hábito e aceitar, finalmente, o + na leitura comum. Tal acontece aos que, pela pressa, têm de apelar para quaisquer abreviaturas. Em todo caso, é indispensável um *treino* especial. A demonstração dessa resistência — a mudar de símbolos, numa mesma conjuntura de pensamento, nós a temos, bem sensível, quando ensaiamos intercalar na escrita comum, não só os símbolos matemáticos, como imagens diretas. Finalmente, um trecho onde figurassem uns e outros símbolos, seria um verdadeiro *enigma pitoresco*, ainda que as imagens diretas fossem muito explícitas e significativas.

CAPÍTULO VI

SÍMBOLOS DE CONJUNTOS

34. TUDO QUE CONCORRE EXPLICITAMENTE NO PENSAMENTO TEM O SEU SÍMBOLO

A atividade do espírito organiza-se em normas; de outro modo seria o caos, seria o refazer indefinido de uma síntese informe. Os objetos da elaboração mental não poderiam ser constantemente novos, não só porque as nossas condições íntimas são necessariamente as mesmas, como porque a própria realidade exterior se repete. Daí resulta que, na vida física, as formas se regularizam numa estrutura funcional, e os objetos se tornam habituais. Deste modo, a atividade do espírito se realiza numa revivescência de processos, mais ou menos reformados para adaptarem-se a novas condições, mas, em todo caso, processos que subsistem, pois neles se compreende a experiência feita, e que é o próprio conteúdo geral do espírito. Por outras palavras: o que fazemos hoje está em função do que fizemos ontem; pensaremos amanhã com essas mesmas idéias que nos serviram hoje, aproveitando os resultados do juízo de ontem, sob a solicitação dos mesmos sentimentos, para chegar a decisões coerentes com as que tomamos ontem... Os processos psíquicos são, sempre, mais ou menos complexos; os mais complexos se fazem, explicitamente, pelo ajuste ou concorrência de processos elementares, qualquer que seja a natureza deles. Todo processo complexo, e que corresponde a situações atuais, tem necessariamente, qualquer coisa de novo e específico, porque ele é sempre um reajuste de processos elementares, para atender a novas solicitações. Os processos elementares, estes são, geralmente, habituais. Ao mesmo tempo, ocorre que todos esses processos psíquicos, — generalizações e conceitos, sentimentos e interesses definidos, decisões e normas de proceder, opiniões e preconceitos — todos eles, urdidos da síntese da personalidade, só existem porque se sistematizaram na trama da experiência, que é o mesmo cabedal psíquico acumulado, com o qual a personalidade prossegue a sua existência. A vida psíquica é, em si mesma, essa capacidade de reviver e reformar os processos ou complexos de que se compõe a experiência. A essência do espírito está nesse como que poder — de utilizar os conteúdos da experiência na organização de novas experiências. E, assim, o espírito repetindo-se, renova-se incessantemente.

Consideremos, também que, no repetir-se, para as constantes e necessárias utilizações, os processos se abreviam, e que grande parte do seu dinamismo se faz em surdina, quase inconscientemente. Assim o exige a lei da economia, a cujos efeitos se somam utilmente as conseqüências do hábito. Mas, esta surdina ou subconsciência não poderia ser total, se não, como reconhecer a coerência lúcida, indispensável para nós mesmos, no refazer e reformar dos processos? Como acompanhar atentamente, em consciência, a constante e interminável organização da atividade psicológica, com o aproveitamento econômico da experiência? Como indicar o que nos vai pelo íntimo da consciência? Como compreender o que é do espírito alheio?

É o símbolo que nos permite realizar, assim, numa ótima de lucidez e de economia, a plena atividade psíquica, e comunicar-nos de consciência a consciência. E não será exagerado afirmar: todos os processos psíquicos, constituídos, conservados e utilizáveis como experiência, existem ligados a um símbolo, espécie de rótulo ou índice luminoso, sobre a obscuridade da profunda elaboração inconsciente. Aliás, não há nesta conclusão afirmações novas, mas a repetição resumida do que já foi patenteado em longas análises anteriores. Então, a propósito de cada tipo e cada aspecto na simbolização, era preciso deixar-se uma designação. E tanto se multiplicaram elas, que se torna necessário fazer, se não a classificação definitiva dos símbolos, pelo menos uma enumeração criteriosa sistemática das designações usadas, que indicam racionalmente os diferentes aspectos em que os símbolos se distinguem.

Antes de apresentar-se a enumeração, convém acentuar que aí figurarão tipos simbólicos ainda pouco referidos nas análises comuns. São esses mesmos símbolos, já indicados a propósito das idéias individuais. É óbvio que a existência de tais símbolos não poderia ser admitida simplesmente porque eles figurem numa lista enumerativa; nem se trata, mesmo, de dar uma prova de que eles existem. Pelo caráter desse estudo, faz-se preciso explicar, bem claramente, com a apreciação direta dos fatos: em que consistem esses processos simbólicos especiais? Por que existem? A que necessidades correspondem? Com isto, ter-se-á conseguido mais do que tornar evidente a sua experiência: ter-se-á demonstrado que tais símbolos são indispensáveis no psiquismo humano, tão indispensáveis ao pensamento íntimo como os outros símbolos reconhecidos e descritos na psicologia geral. E como se trate de análises especiais, terão capítulo próprio. Neste momento, bastará sintetizar a demonstração: pensamos com idéias, que, para as necessidades do dinamismo mental, existem em símbolos; realizamos a nossa afetividade em sentimentos, paixões e interesses, objetivados em outros tantos símbolos; mas o conteúdo do espírito não são somente idéias correntes, sentimentos, paixões e interesses; muitos outros objetos formais entram na experiência pessoal, e vem constituir objeto de pensamento, nas sucessivas instâncias da consciência. Cada um de nós tem o seu passado — a sua experiência própria, utilizável no mentalismo, e construída em: imagens, idéias pessoais, sentimento, paixões, interesses reconhecidos, hábitos psíquicos conscientes, normas de proceder, recordações de atos essenciais para o desenvolvimento individual, vastas lembranças — quadras características da existência pessoal, decisões comutadoras da vida, crises veementes, épocas de significação histórica especial... planos de viver, projetos, sistemas esboçados... Quem se negará a reconhecer que tanto pensamos com as idéias gerais, correntes, como pensamos com essas concepções pessoais? Nem poderia ser de outra forma, pois que são elas mesmas que constituem explicitamente o nosso *eu*. Cada uma delas, cada um desses estados de consciência em que se representam os processos de experiência individual, são frações da própria personalidade, são valores mentais correntes no pensamento. E é isto o que os obriga a condensarem-se em símbolos. Lembremo-nos que não é pelo fato de ser *idéia geral,* que tal valor se resume num processo simbólico, e, sim, porque a idéia é a expressão de um longo processo mental, que, uma vez realizado ou adquirido, para intervir validamente no pensamento, não precisa de ser explicitamente repetido: basta ser evocado, como que lembrado, por intermédio de um sinal. E, assim, por natural economia, as idéias valem correntemente em símbolos. Ora, todos esses valores psíquicos pessoais, indispensáveis também no pensamento, resultam de processos psíquicos acentuadamente longos; há tanta vantagem, para o espírito, tanta necessidade de simbolizá-los, como às próprias idéias. Muitos, é certo, não são usuais na comunicação; não será isto motivo para que dispensem o símbolo, que é anterior à expressão, isto é, resulta de uma necessidade de certo modo anterior à expressão, e que se distingue dela. Destarte, o símbolo não socializado tem de especial, apenas, a possibilidade de fazer-se numa imagem qualquer, atendendo, unicamente, às condições ocasionais, ou resultantes do temperamento pessoal. Daí resulta, justamente, uma maior facilidade de simbolização para essas concepções, que não poderiam, por conseguinte, deixar de ser simbolizadas.

35. ENUMERAÇÃO DOS SÍMBOLOS

I - Múltiplos são os aspectos em que os símbolos se fazem apreciar e permitem distinções. Consideremos os mais importantes desses aspectos, que seriam, aliás, excelentes critérios de classificação. Os símbolos se distinguem quanto à:

EVOCAÇÃO — *significativos, sugestivos*

FORMAÇÃO — *naturais-imitativos* (associações por semelhança); metáforas, esquemas, alegorias, emblemas, onomatopéias...;
— *naturais-ocasionais* (associações por contigüidade);
— *convencionais* por evolução;
— *convencionais* por escolha

ORIGEM — *pessoais* (elaboração própria); valor individual
— *adquiridos* (por assimilação); valores sociais

NATUREZA DOS PROCESSOS SIMBOLIZADOS
— *mentais* – idéias individuais – não comunicáveis;
— idéias individuais – comunicáveis
— idéias gerais;
— idéias – abstratos puros;
— *afetivos* – estados orgânicos; sentimentos pessoais; sentimentos sociais; estéticos (inclusive literários);
— *vontade* – decisões e atos particularizados; normas de proceder, hábitos...;
— *conjuntos* – quadras de vida, crises, épocas, episódios, situações...; sistemas, teorias...; leituras, cursos, autores...; costumes, instituições, agrupamentos...;

NATUREZA DAS IMAGENS
— *verbais* – visuais; auditivas; motoras
— *diretas* – visuais; auditivas; motoras; olfativas; orgânicas

36. SÍMBOLOS CONVENCIONAIS

Não será preciso insistir para fazer compreender as duas conseqüências desta distribuição de símbolos. Pois que se trata de cinco diversos aspectos de distinção, um mesmo símbolo deve caber em cada uma destas cinco categorias enumeradas; há aproximações ou correspondências necessárias entre algumas dessas categorias. É assim que: MESA é um símbolo *significativo, convencional por evolução, adquirido,* de *idéia geral, verbal,* geralmente *auditivo,* ao passo que a figura de um BRONTOSSAURO será um símbolo *sugestivo, natural, pessoal,* de uma *leitura,* numa imagem *direta.* Por outro lado: os símbolos significativos são, geralmente, de valor convencional, por evolução, ou por escolha; os *convencionais por evolução* consistem, principalmente, em palavras (verbais) e correspondem comumente a *idéias gerais* e *abstratos puros*; os símbolos sugestivos são, necessariamente, naturais, principalmente imitativos; os de origem pessoal se resumem em imagens diretas, por serem naturais-imitativos, quase sempre... Os sugestivos, por serem naturais-imitativos, são símbolos universais.

É de notar, ainda, que os três primeiros critérios — evocação, formação e origem — dizem, especialmente, quanto à organização do símbolo, e que, por conseguinte, entre essas formas específicas indicadas, há tipos intermediários. Não esqueçamos que, organizando-se, os símbolos realizam uma verdadeira evolução. Na sua generalidade, os *significativos* foram sugestivos, os *naturais* tendem a tomar um valor convencional. Há casos, também, de símbolos pessoais que resultam de deformações de um símbolo social.

Destarte, à parte os símbolos verbais, relativamente estáveis, quase todos os outros se nos apresentam em formas que não podem ser rigorosamente puras. Além disto, há tipos propositadamente intermediários, pois que grande número de *escolhas* de símbolos significativos se fazem procurando aproveitar os efeitos sugestivos imitativos, se bem que, depois, sejam esquecidos geralmente esses atributos sugestivos. O -, na simbólica matemática, ao significar *menos,* ou *dividido por...* pretenderá corresponder diretamente à idéia de *cortar, dividir, tirar...* mas, no uso corrente, este sinal vale como se fora sinal convenção absolutamente arbitrária; ... — — — ... é símbolo do veemente grito de socorro na vastidão do oceano; é uma convenção definitivamente aceita por todos os marinheiros, e hoje, percebendo-o, não há consciência de marujo que não tenha a evocação imediata do supremo perigo. Nenhum, nem mesmo o telegrafista, terá necessidade de recordar que esse conjunto de pontos e linhas é o símbolo do S.O.S, símbolos das iniciais dos símbolos verbais *Save Our Souls...*

Essa enumeração de símbolos se fez pela necessidade de resumir uma longa descrição. Os tipos arrolados explicam-se nos fatos estudados, e já foram, aqui ou ali, apresentados, analisados e definidos. Todavia, pois que estamos sistematizando os tipos caracterizados, convirá restabelecer algumas definições, e desenvolver o estudo de categorias que têm importância especial, como acontece com os símbolos de estados afetivos, principalmente os que se ligam a motivos de estesia, e que terão, por isso, capítulo especial.

37. Símbolos de estados afetivos

As palavras são, geralmente, símbolos de valor convencional; mas, está reconhecido que elas têm uma origem metafórica; entraram em uso por motivos sugestivos; por evolução, perderam o caráter primitivo, e só valem para quem lhes conhece a significação, como se se tratara de uma pura convenção. Esses fatos serão estudados especialmente a propósito do *símbolo na comunicação*.

Os símbolos de estados orgânicos não são símbolos obrigatórios, no sentido de que nem todos os estado orgânicos têm símbolos. Será, até, mais comum que os respectivos movimentos afetivos se façam independentemente de símbolos; todavia, não é raro que, por um motivo qualquer, uma afeição orgânica repetida se associe a uma imagem independente dela, e que se torna o seu símbolo. Além disto, dado que tais afeições têm naturalmente como causa uma impressão material, se elas sobrevêm por efeito de uma idéia (ouvir o nome de um medicamento e sentir náusea), essa idéia — do medicamento — deve ser considerada símbolo da afeição orgânica.

Os símbolos dos sentimentos pessoais são, geralmente, imagens dos seres — *objetos* desses mesmos sentimentos, ou de coisas que se liguem a esses objetos. Um retrato de pessoa, amada ou odiada, é necessariamente um símbolo, como será qualquer objeto conservado *como lembrança*. No caso de certos sentimentos sociais — patriotismo, humanidade... adotaram-se símbolos, uns inteiramente convencionais e arbitrários — pavilhões, hinos, escudos de armar... outros de caráter natural — alegorias, emblemas... Ao lado desses, existem sempre símbolos puramente naturais, espontâneos, de cunho pessoal, com um poder evocativo bem mais acentuado, às vezes, que os símbolos consagrados. Muitos corações brasileiros vibrarão mais prontamente, e mais intensamente, ao divisarem-se as encostas verdes, em chão de argila, características da nossa natureza, do que à vista do auriverde pendão, com todas as suas erudições. Para todas essas gerações nacionais, de 1885 para cá, as sonoridades do Guarani são mais simbólicas de patriotismo que os compassos oficiais dos hinos feitos para estimular a emoção patriota. Todos, que aspirávamos um objeto a que levássemos o nosso enlevo, substancialmente nutrido do amor natural ao mundo a que pertencemos; ávidos de glória para uma pátria em que fôssemos também gloriosos; com a imaginação possuída desse brasileirismo que as visões poéticas de Alencar nos infundiram; inflamados e orgulhosos com a fama que se fez para o Brasil nas obras de Carlos Gomes — todos, nas sucessivas gerações, já ouvimos e recebemos a música do *Guarani* como a voz das nossas glórias. As suas belezas se exaltam, e os seus compassos valem, realmente, pelo mais vibrante e evocativo dos hinos pátrios.

O maior interesse da simbólica afetiva, comum, está no recurso que ela traz à cultura dos sentimentos. Toda a psicologia do culto se faz como utilização do simbolismo, para o efeito do reforço de certas tendências, pela intensificação das respectivas manifestações. Por isso mesmo, havemos de analisar especialmente esse capítulo de psicologia.

Os tipos a seguir, na enumeração, formam uma simbólica ainda mal apreciada. Referem-se a valores mentais mais complexos: são os que se ligam ao exercício e mecanismo da vontade, e esses outros referentes a processos de conjunto, e que participam, de todas as formas da atividade psíquica. Nestes casos, há um simbolismo muito especial e pitoresco, por isso que corresponde, sobretudo, a motivos pessoais, e reflete, principalmente, o temperamento e os outros aspectos da individualidade.

38. Símbolos da vontade; lemas e emblemas

Antes de os incluir entre os processos simbolizáveis, acentuamos o caráter desses valores mentais, e, bem nitidamente, indicamos os seus motivos de existência: são concepções pessoais, em que se inclui o mais importante e substancial da nossa experiência própria. Existem como símbolos da personalidade, e constantemente concorrem para o pensamento, numa função análoga à das próprias idéias comuns. O intuito, então, no assinalar a existência deles, foi o de fazer compreender, num raciocínio de pura dedução — que sendo similares das idéias, para os efeitos de elaboração do pensamento, esses valores mentais têm a mesma necessidade de condensar-se em símbolos, tanto mais quando se trata de processos mais complexos que as mesmas idéias. Agora, será a ocasião de completar a caracterização destas sínteses pessoais, analisando-as diretamente, numa sorte de verificação experimental, para mostrar, concretamente, casos típicos de símbolos desses valores mentais especiais.

A enumeração deles se fez em duas classes: processos de *vontade... conjuntos*, onde se englobam todos os aspectos da vida física. A lista é longa; não seria possível analisar casos típicos, particularizados, em cada subdivisão de classe. Nem seria preciso: três ou quatro dessas realizações simbólicas, bem pormenorizadas e caracterizadas darão uma demonstração suficiente.

Na enumeração dos símbolos naturais, figuram os *emblemas*. De fato, não há tipo de símbolo mais francamente aceito do que o emblema. O seu uso tanto se desenvolveu que se tornou, até, recurso comercial. Finalmente, não há dentifrício, carrapaticida, ou cinta higiênica... sem o seu emblema; com emblemas se oferecem *massagistas, datilógrafos* e *bombeiros*... por emblemas apresentam cursos, gabinetes e até igrejas. Esses emblemas dizem, por premeditadas sugestões, virtudes gástricas, ou emolientes, de especialidades, vantagens de preços, honestidade de fabricantes e vendedores, normas de proceder e de negociar de empresas e firmas, possibilidades de loterias... Um dos aspectos característicos da vida moderna, nas grandes cidades, é essa profusão de emblemas, verdadeira luta de símbolos, e em que transluz a mentalidade típica de uma classe. Haveria, mesmo, uma vasta biblioteca a fazer, para conter a análise do simbolismo comercial, biblioteca curiosíssima, não tanto pelo pitoresco das imagens emblemáticas como pelo pitoresco do que subjaz nestes símbolos, desde a psicologia de finíssima argúcia, até a sandice e a definitiva estupidez.

Dentre os emblemas comerciais, são caracterizadamente sugestivos, e bem expressivos, os que pretendem dizer — normas de proceder comercial. São extensões dos emblemas pessoais, *divisas, brasões*... espécies de frontispícios morais, com que os apregoadores de si mesmo se apresentam. Observados num certo momento, vistos pelo moralista, tais *emblemados* parecerão estultos autólatras; mas, se admitimos que usos e costumes têm sempre um motivo absolutamente razoável, os emblemas e as divisas nos hão de aparecer com uma origem absolutamente justa e natural. Os emblemas clássicos eram símbolos em que tipos de vontade lembravam a si mesmos e impunham à própria consciência uma forma de proceder, um ideal de vida a realizar, uma fórmula pessoal para resolver determinadas situações na existência. O traço distintivo do armorial, ou a divisa pessoal: uma garra de leão, uma asa de corvo... o pêndulo que normaliza, a palmeira, que sobe e se isola, a serpente que coleia prudente, as colunas de Sansão... *Dieu et mon droit...Dixi...Ad unguem... Laboremus... Alterius non sit... Parcere subjectis... Festina lente... mais je bois dans mon verre... mas — sóbria como um templo grego... Vae victis!... Ai! Do que está só!...* são lemas — são outros tantos símbolos, nos quais, sinceros para consigo mesmos, ânimos resolutos definiram a própria existência, e organizaram o labor em que a querem realizar. Nestas frases, como em *Vox clamantibus... Sente parvulos... Perdoa-lhes, Pai...Toma, e lê!...* a síntese simbólica se desdobra em efeitos: há uma representação plástica, de gestos e atitudes, bem simbolizante pelo forte poder expressivo, e há uma evocação de puras idéias, que tradicionalmente se têm associado ao lema ou à sentença. Não é raro que o lema se figure diretamente numa plástica: *John Bull* é um símbolo porque tem o valor de um lema — uma fórmula de ideal coletivo; ele existe, e todo ideal se incorpora num símbolo. "Isto não prova, dir-se-á, que seja normal e necessário em todos os espíritos, esses tipos de símbolos." Que cada um se examine; que se analisem os modos de ser e a linguagem comum, em quer que seja; que se busquem os vestígios, na obra dos escritores, que nos dão documentos da vida humana; e teremos a prova imediata da constância desta simbólica. E são tão sugestivos, às vezes, tais símbolos, que saem do domínio pessoal e se comunicam eloqüentemente. Nunca o esquecerei. Foi logo depois de proclamada a República Brasileira. Numa estação de veraneio, encontrei um velho africano, que havia sido escravo numa família chegada ao paço. Conhecia as tradições e o viver da nossa modesta Corte, no seu exotismo pobre; e, comovido, quis que eu lhe contasse as peripécias da revolução. Mostrava penetração, boa observação no apreciar das coisas e das gentes. Tanto me interessaram os seus modos, que o convidei a vir comigo ver o Rio de Janeiro sem a Corte. Sorriu-lhe o meu oferecimento e admitiu que o aceitasse. Mas, havia tanta hesitação, e tão incompreensível me parecia a hesitação, que exclamei: "Mas, por que tanta demora para resolver uma viagem ali?..." —He! Sinhô, replica o velho *congo*; espera! Sinhô não vê: sapo tá na beira d'água e pára; vai pra trás, vai pra diante... Ele qué vê, primeiro, o pulo que vai dá..." Um admirável símbolo de norma, esse; pitoresca fórmula de ponderação e prudência no indispensável exame das situações, antes de qualquer decisão. O africano fazia excelente filosofia com o singelo pulo do sapo. Eu, por minha vez, o guardei como símbolo dessa boa filosofia popular.

A maior parte dos nossos atos, inclusive as decisões que os precedem, perdem-se no esquecimento em que vamos enterrando o passado; mas, de vez em quando destacam-se ações particularmente valiosas e significativas, cuja lembrança guardamos; elas nos ficam em formas esquemáticas e simbólicas. São atos e decisões que continuam os seus efeitos pelo decorrer da existência. Tal indivíduo lutou duramente contra si mesmo, até que se decidisse a aceitar um trabalho, que os preconceitos de educação repeliam. Ativo, produzindo, sentiu-se, depois, bastante forte e senhor do seu destino; e, no seu espírito, se fundiram as lembranças da luta íntima, o travor de desespero com que tomou a decisão, da vergonha com que fez o pedido de emprego, do tom humano com que foi ouvido, do desafogo com que contemplou a própria atividade na primeira realização do seu trabalho, do orgulho íntimo em sentir-se capaz e independente... E todas as muitas vezes que tudo isto tem intervindo na sua vida, e influído no pensamento, é, sempre, no símbolo daquela porta de escritório, diante da qual esperou por 15 minutos...minutos que tiveram valor de uma existência. Quantas vezes me repetiu o amigo: —"Aquela porta de escritório!... Ah! Não imaginas!... Eu tremia diante dela... E como bati! Como entrei!... Ficou-me para todo sempre, aqui... e aqui!..." E apontava para o coração e para a fronte. Toda a sua fisionomia mostrava bem que o passo lhe custara e a porta lhe ficara gravada, como símbolo de qualquer coisa decisiva na vida. A estes símbolos cabe um papel essencial na realização da personalidade: é neles que nos reconhecemos através da sucessão dos tempos. Com eles, com os estados afetivos por eles evocados, temos sensíveis frações do passado, acompanhando-os ao longo da existência. Um dia, amesquinhado solicitante, J. J. Rousseau, é mandado, numa casa aristocrática, para a mesa da copa, a partilhar a refeição da criadagem. Passam-se os anos e vem a conhecer-se o gênio que o ilumina, e vem a fama, e vem a glória de um nome que será dos primeiros do seu século... ele bem o sabia, tanto que julgou o íntimo de sua vida como documento que a humanidade devia possuir. Contudo, aquela mesa — símbolo de momentos dolorosos, não lhe caiu da lembrança: *"Cela me rappelait madame Bouzenval m'envoyant dîner à l'office. Les temps étaient changés, mais j'étais demeuré le même."*

39. Simbólica dos hábitos

Desde que o processo psíquico chega a um resultado, se se incorpora à experiência pessoal, conserva-se numa forma simbólica. Para demonstrar que há símbolos de hábitos, bastaria apelar para o que foi lembrado a propósito das normas de proceder, porque, finalmente, *normas* são *hábitos*. É justamente a lei do hábito que determina a estabilidade e normalização da atividade consciente. Hábito é toda atividade psíquica normalizada pela repetição. O próprio mecanismo do pensamento é interpretado como manifestação dessa lei; as idéias funcionam como verdadeiros *hábitos de pensar*. No domínio da afetividade, devemos considerar *sentimentos* e *paixões* como hábitos de sentir. E, pois que as idéias, sentimentos e paixões são necessariamente simbolizados, não há razão para entender que os hábitos de atividade objetiva (que são geralmente considerados como hábitos) não se prendam, também, a símbolos. Nem se compreende que os hábitos conscientes se possam realizar de outro modo. O hábito não é atividade incessante, é, sim, atividade normalizada e repetida. A ação habitual deve ter uma excitação atual, de origem externa, ou interna, que a provoque; é a sua determinante. A esse propósito, o hábito pode ser assimilado à mola que, presa, está pronta a impelir o mecanismo num determinado sentido; a excitação atual ou *determinante ocasional* é a pressão de botão, com que desprendemos a engrenagem. Ora, no regime normal do espírito, para um hábito consciente, essa determinante deve ser um símbolo. É classicamente repetido aquele caso do velho soldado, de que Huxley se serve para acentuar a força do hábito. Reformado, depois de muitos meses fora do quartel, simples serviçal numa pensão, vai levando a sua marmita; os garotos que o conhecem lembram-se de divertir-se fazendo deixar cair o vasilhame de comidas, e, quando o velho militar os defronta, gritam-lhe na entonação típica — SENTIDO!... foi como os perversos tinham imaginado: o pobre homem, como autômato articulado em molas, largou tudo e estende regimentalmente os braços ao longo do corpo[46]. Este é o esquema do ato habitual: uma norma de ação, definitivamente formulada e arraigada no espírito como associação necessária de determinada imagem — a voz de comando; foi percebida a imagem-símbolo, e os movimentos desencadearam-se imediatamente, como acontece nas evocações da simbólica significativa. Tal esquema aplica-se a qualquer conjuntura das manifestações automáticas. Entramos o local das ocupações habituais, e cada objeto que percebemos naquele consuetudinário da nossa vida, é o símbolo de determinada ação, cada voz que ouvimos, o determinante de uma atitude repetida; assim, de símbolo em símbolo, de repetição em repetição, quase distraidamente, cumprimos os nossos afazeres, como que conduzidos por este simbolismo trivial, mas utilíssimo, pois nos dispensa de restabelecer, dia a dia, o programa da nossa atividade. De fato, a vida parecer levar-se por si mesma:

On s'éveille, on se lève, on s'habille et l'on sort;
On rentre, on dîne, on soupe et l'on dort...

---
[46] Huxley, *Elementary Lessons in Physiology*, XII.

Tudo isto se faz em plena lucidez, mas quase maquinalmente. Como? Cada uma dessas realizações habituais tem o seu símbolo, e, desde que o símbolo se representa, a ele se segue, sem mais hesitações, o ato necessário: o sol a derramar-se pelos lençóis — *levantar*...terminou o almoço — *sair*... Há um momento em que, para acentuar a virtude do hábito, W. James pergunta: "Quem poderia gabar-se de jamais *ter dado corda* ao relógio, no tirá-lo do bolso durante o dia... ou ter puxado das chaves ao defrontar a porta de um amigo?..." Então, para cada ato habitual, ele dá o respectivo símbolo: *tirar o relógio* — para dar corda... *defrontar a porta* — para puxar das chaves... Como se vê, o hábito é o ponto de chegada das adaptações individuais, que devem definir-se em outros tantos símbolos.

40. SÍMBOLOS DE VALORES HISTÓRICOS

Quadras da própria existência, crises características do viver, planos de futuro, épocas históricas, acontecimentos decisivos, tradições, instituições, costumes, agrupamentos, autores e obras de pensamento, sistemas de idéias, concepções morais e religiosas... tudo isto, em cada espécie, intervém correntemente no pensamento. São outros tantos valores mentais e não poderiam deixar de ter os seus símbolos. Alguns — Renascença, Evolucionismo, Cavalaria, Carta Magna, Universidades, Jesuítas, Abolição... simbolizam-se, geralmente, nestes mesmos termos, com o rico cortejo de símbolos acessórios; estão já socializados e assimilados às idéias gerais. Muitos outros, porém, ainda não se condensaram num símbolo verbal; evocam-se, em cada consciência, por um símbolo plástico, de acordo com motivos pessoais, e exprimem-se por meio de perífrases.

A conquista da Polônia, nos meados do século passado, o seu desmantelamento nas garras das nações de presa, foi um fato que doeu vivamente em todas as consciências possuídas de humanidade, capazes de compreender a injustiça desse proceder; e, na simbólica de Machado de Assis, encontramo-lo assim: "...vê no extremo arranco abater-se sobre ela escura nuvem de famintos corvos... Triste viúva, o tempo abriu-te as portas..." Na história antiga, não há período que me tenha interessado mais do que o correspondente ao fim da antiga república romana, suplantada pela política, ao mesmo tempo, imperialista e democrática de César. Sempre que penso em coisas de história política, este assunto me vem à lembrança. No entanto, com a imensa importância que tem essa quadra histórica, tudo se resume, na minha consciência, ao símbolo fugaz de uma planície baixa, sem contornos definidos, vagamente agitada de gentes que se escapam... Serão reminiscências de leitura — *Pharsalia*. E este fato influi-me no pensamento como um conceito que, se tivera de exprimir-se, seria nestes termos: Roma, para chegar ao império do mundo, teve que vencer a si mesma (César-Pompeu). Quando analiso explicitamente é que o encontro. Com a imaginação de um Heredia, a vitória de Roma, no Egito, é aquela esteira de galeras... a resistência ao holandês é, na nossa história, a quadra mais significativa, como primeira manifestação do espírito nacional. E como se desdobram os sucessos que se impõem ao pensamento, multiplicam-se os símbolos. Um deles tem a significação geral — um recanto do primeiro arraial Bom Jesus. Além disto, para cada particularidade de aspectos: o rosário de Camarão — a sua personalidade; uma visão da carta de Henrique Dias ao Chefe holandês; o ângulo inferior da casa onde a manha de Sebastião Souto conseguiu vencer o trânsfuga — *Calabar;* as chamas de um canavial — a fase final, com a intervenção decisiva de Negreiros... Mesmo quando o fato histórico tem o seu símbolo verbal, no pensamento íntimo prevalece, muita vez, uma simbólica toda plástica: *Regência... República...* são nomes definitivos para duas crises decisivas da nossa história; mas, quem tenha compreendido toda a importância da primeira, quem viveu a segunda, e com isto, contemplou a imagem enérgica, inconfundível, de Feijó, e conheceu, e ouviu Silva Jardim, se é um visual, nestas duas figuras terá os símbolos de dois fatos capitais no primeiro século da Nação brasileira.

A esses conjuntos históricos, necessariamente simbolizados, poderíamos juntar aspectos gerais e característicos na vida da sociedade, no suceder das gerações, no desenvolver de uma cidade... Nós, do Rio de Janeiro, os que vivemos a sua vida nos últimos três decênios, temos nas figuras de Patrocínio, Ney, Deodoro, Floriano, Custódio, Bilac, Prefeito Passos... outros tantos símbolos, refletindo cada um dos aspectos em que a vida mais intensamente se valorizou, como incorporação do passado. Sucederá, mesmo, que nem seja preciso a imagem inteira da pessoa; a gravata e o topete de Pardal Mallet simbolizam uma geração, tão bem como a toga romana simboliza a civilização que, num tempo, foi senhora do mundo.

Em tais exemplos, parece confundir-se o que é simples memória e o que já é resultado de juízos históricos, finalmente sintetizados em valores para o pensamento. Outro modelo esclarecerá melhor. Não haverá brasileiro um tanto contemplativo e interessado pelas coisas humanas, que, ao descortinar as vastas aglomerações onde fervilha a vida moderna, e onde se faz o nosso progresso, não sinta o pensamento atraído para o passado, e não leve as suas meditações até essa curva do destino, na qual desapareceram as gentes que aqui viviam — uma humanidade inteira, quase não deixando vestígios explícitos. O olhar se perde nas quebradas, como a buscar uns rastros que não existem, e, dolorido, o pensamento refaz o viver dos simples que as animavam; idealiza as formas de consciência em que eles compreendam o universo, até o dia fatídico do primeiro encontro com a vaga humanidade forte que invadiu este mundo. Imagina todos os transes, e as desdobradas tragédias da luta que se desenvolve, e como se lhes transmuta a mentalidade, e figura-os, finalmente, vencidos, absorvidos, ou trucidados... a desaparecerem num sinistro sussurro secular de gemidos e rancores. Da grande árvore humana, elimina-se um ramo que, rasteiro embora, nos mostrava vivamente as formas humildes, donde vem esta civilização que nos orgulha... Concluindo, a meditação se fechará neste conceito, resumo de compassivas interrogações — o desaparecimento do aborígene. Numa consciência pobre de toda fantasia, tal conceito terá como símbolo a rápida imagem daquela tapuia velha, que, aos meus dezoito anos, encontrei num casebre, à beira do caminho. De cócoras, sorvendo o cachimbo, não levantou, sequer, o rosto, ao estender-me o tição que lhe pedi. A cariátide desbastada pelos séculos não é mais inexpressiva, nem mais impassível, em face da turba humana, do que a criatura viva a quem eu, fremente de curiosidade, falava e interrogava. Era viva, mas inteiramente extinta. O demente, por mais demente, mostra a sua miséria de espírito, diz a sua mesma demência; ela nada mostrava, nada dizia: fumava, sem motivos, sequer, para impacientar-se da minha insistência... A impressão feriu-me fortemente. Nem mesmo sei dizer se foi este símbolo que me impôs o pensamento, ou se foi o pensamento que aproveitou o símbolo. Nada disto importa; todo o interesse do caso está em verificar como o mesmo conceito, numa mentalidade rica e vibrante, faz surgir um símbolo todo outro, palpitante, grandioso e trágico — TAPIR, de Bilac. Será modelo que, no capítulo próprio, terá referência especial.

Por agora, devemos, apenas, insistir e assinalar que, tão necessariamente ocorrem estes símbolos históricos, tanta importância têm eles no contemplar do passado, que, no caso de nossos grandes poetas lhes deram versos de evocação simbólica, até Alberto de Oliveira, apesar de que a sua musa serena parece despreocupar-se das míseras angústias humanas: "Suave gozo às vezes libo na fantasia serena, lembrando a filha morena de alguma guerreira tribo... Oh! quem me dera esta rede que está de um ramo pendente!... Mas quem de tão ledos brilhos esta paisagem me traça, se estão há muito teus filhos extintos, cabocla raça!" Quando esses grandes videntes entregam a mente e o coração a tal passado penumbroso, penetrados dos mesmos motivos de inspiração, criam símbolos cujas plásticas se assimilam, e é assim que se explica como Gonçalves Dias nos dá um Itajubá que é, na sentida evocação, uma qual antecipação de Tapir: "Do povo Americano, agora extinto, hei de cantar... Evoco a sombra do selvagem guerreiro... Torvo o aspecto, severo e quase mudo, a lentos passos, caminha incerto, — o bipartido arco nas mãos sustenta, e dos despidos ombros pende-lhe a rota aljava... as entornadas, agora inúteis setas, vão mostrando a marcha triste e os passos mal seguros de quem, na terra de seus pais, embalde procura asilo, e foge o humano trato." Essa é uma assimilação de símbolos que se impõe porque os motivos de inspiração e os elementos sugestivos são os mesmos: o apelo do passado, em gentes cuja essência de vida trazemos no palpitar das carnes, cujas idéias e lendas ainda nos estão no espírito.

41. SÍMBOLOS DE SISTEMAS DE IDÉIAS

Pensamos com sistemas ou complexos de abstrações, para — filosofia, literatura, religião, moral... São outras tantas idéias. Além disto, cada um de nós, por isso que organiza a sua existência, formula sistemas para si; ainda o mais humilde tem de acompanhar os regimes aceitos às condições do seu espírito, e, nisto, realiza uma concepção especial, própria. Tal indivíduo, no meditar as observações pessoais, terá chegado à conclusão de que — na organização dos atos conscientes, a maior parte dos determinantes vem de motivos profundos, sem repercussão explícita e lúcida na consciência refletida; daí, a necessidade de ser tolerante, e de considerar toda responsabilidade moral, sob esse aspecto de relatividade. Quem tenha chegado, por si mesmo, a esse modo de pensar, não o fez para criar filosofias, mas para ter um critério justo de julgar. Então, há de, freqüentemente, trazer ao pensamento esse critério. Em que símbolo? *Um véu confuso...* sob o qual ondula qualquer coisa não definida... todo o inconsciente. Na refração do pensamento genial, a idéia corrente pode desenvolver-se num símbolo pessoal, que será um como reforço de valor, e finalmente se socializará. Deste modo, o *purgatório* aparece, na visão de Dante, naquela *Montanha da Purificação*, que já não é o primitivo presídio correcional de almas, mas o símbolo do *esforço do homem no redimir-se*. "Muros que se abatem, muros que se elevam: prisioneiros aqui, prisioneiros lá: é, pois, o mundo uma imensa prisão? Só há livre, aí, o louco, para quem as cadeias se enlaçam em graciosos festões?..." Foi o símbolo que se ofereceu a Goethe, num dos momentos em que procurava tornar precisa e justa a sua idéia sobre a *sociedade humana*. No cansaço das agitações políticas, "há homens que aparecem e se salientam, pela mesma razão porque emergem e se mostram os detritos volumosos da vasa, na baixa-mar." É de Chaix d'Est-Ange a imagem, símbolo perfeito, para quem admita que tais crises sociais produzam uma queda de *nível moral*. "O presente, soma viva do passado... A história, essência de biografia......" Assim diz Calyle idéias comuns, a que, realmente, consegue dar novas virtudes. O bucolismo de Virgilio apresenta-nos uma perfeita idéia de ociosidade; mas, no símbolo de Jean Jacques, o ócio é todo outro: "A ociosidade que me apraz é a de uma criança sempre em movimento, para nada fazer..." Volúpia! Volúpia!... Haverá idéia mais triturada para análise? Poesia, moral, psicologia, religião... onde quer que venha repercutir a exaltação do prazer, traça-se o quadro dos sentidos em gozo, define-se o defeito, pecado, temperamento de volúpia... Será um tema exaurido, até que nos encontramos como aquela imagem bradante de Shakespeare, em Marco Antonio e Cleópatra: *"... we have kissed away kingdoms and provinces."* E vemos como em ternuras e carícias, num frêmito de contatos e desvarios, se dissolvem reinos e aluem portentosos destinos. É o prestígio definido da idéia de *volúpia*.

Em conjunturas análogas, para ajustar o símbolo à instância de pensamento com toda a nitidez compreensiva, dá-lhe o poeta a linha de um apólogo, desenvolve-o em parábola, multiplica as imagens da metáfora... É sempre o símbolo o fixador de valores mentais. Diz Aben Hamed: "Ninguém atormenta as árvores infecundas e ressequidas; só se batem e apedrejam as que vicejam em frutos de ouro." Em traço igualmente evocativo, porém, mais incisivo e fulgurante, temos de Castro Alves outro símbolo para a mesma idéia: "Ai! quem sobe ao Capitólio, vai precedido de pó." E são tantas as instâncias de puro pensamento, que na sua plástica se destacam, tantas as idéias correntes, enriquecidas no vigor dos seus símbolos, que, por momentos, quase esquecemos a vibração de afetos da sua palavra, para só contemplar o descortino de uma filosofia realmente humana. A *"esmola* que transborda por entre os dedos da pequena mão..." Referindo-se a heróis: "... os ossos deixais, qual na praia as âncoras..." O poder do gênio — *Homero a erguer-se*... E a evocação tanto o exalta, que o poeta insiste, e repete a imagem da *Poesia e Mendicidade*, para compor um dos mais vigorosos entre os símbolos da *Deusa Incruenta*. Por todo esse poema, como nas Vozes d'África, Cachoeira de Paulo Afonso, No *meeting* do Pão... há um desfilar de conceitos plásticos, vivos, fulgurantes: a Europa, senhora do mundo: "O universo, após ela, — doudo amante — segue cativo o passo delirante da grande meretriz." A África cativa e aviltada, "...subo às pirâmides do Egito; embalde, aos quatro céus, chorando grito: Abriga-me, Senhor!" Que lhe vale todo esse passado, que foi a aurora mesma da civilização no Ocidente?... "De Thedas, nas colunas derrocadas, as cegonhas espiam debruçadas, o horizonte sem fim..." Aquela mesma idéia primeira, simbolizada no *pó do Capitólio*, com a sensibilidade de Fagundes Varela, toma o tom de orgulho contido, e já não tem valor de luta e vitória: "Temporais de pó, deixai o cedro esquecido." O conceito o detém — a calúnia, perfídia: "Misto de lama, de poeira e luzes! Não há charcos impuros neste mundo, que o teu pérfido busto não retrate!" Nestes mesmos motivos, insistirá Raymundo Correia. Mais artista, sem dúvida, todo em movimento, dando em intensidade a energia do seu espírito, ele *move* a idéia em símbolos que percutem e flagelam: a vida, para o homem — "O fragoroso oceano, em cujas plagas, rotas em uivos e lamentos, troam... despedaçando-se, as humanas vagas...Vasta fermentação... bulhando em turbilhões de lama e ouro... pranto e dor na incerta rota de sangue...Uma lança partida em cada seio." Tal será a realidade, que também é sonho — *O sonho de Nasah*: "Que enorme dita, ou desventura enorme, é tudo um sonho... Vão-se a esperança e o sorrir, vagas deste mar infindo, praias de ouro descobrindo, que tornam logo a cobrir... Assim sobre as cinzas corre um sopro e, efemeramente, faísca a brasa latente, arde, arqueja e afinal, morre..." Como esses, outros conceitos — vértices de abstração, na simbólica dos poetas, animam-se, deixam de ser angústia de pensamento, para tornarem-se valores vivos, profundamente estimulantes.

O *destino humano* — Machado de Assis contemplou-o, e, por termo de meditação, tomou o símbolo em que Eschylo o levanta, infinitamente intrépido contra as dores e contra os deuses, e fez, desse mesmo *Prometeu*, em quem o homem se sublima e se redime — o símbolo do homem, que só se liberta *na morte*: "Uma invisível mão as cadeias dilui; acabara o suplício e acabara o homem." Por toda a última metade da obra do poeta de Corina, há esse mesmo ressaibo de amargura; a visão se entenebrece, e o mundo que a sua percepção alcança já não mais lhe parece "Canto do céu... ninho para aquecer a ave abatida." Não há mais a perspectiva de que "a gasta vida rebentará em rosas..." Se a *ilusão* existe, a análise assassina "a disseca, a tal ponto, e com tal arte, que ela, rota, baça, nojenta, vil, sucumbe..." Na mente de Machado, repassam grandes motivos humanos, puros e abstratos, e a sua poesia de pessimismo veste-os em símbolos que são verdadeiros sudários do ideal. Aspiração, ambição?... Tortura de *invejados a invejar invejosos*. A vida?... "Criatura... que a si mesmo devora os membros e as entranhas." O mundo interior?... com a "vida imortal, o eterno cataclismo." Dela, ninguém passa, "sem se deter, silencioso, junto ao cão que ia morrer, como se lhe desse gozo ver parecer..." A psicologia de Machado de Assis, pela interpretação de toda a sua obra, dar-nos-ia, certamente, a razão de tal pessimismo, e os motivos dessa simbólica denegrida. Por enquanto, contentemo-nos em notar que tanto no espírito de forte pensamento é forte a luz da razão, que se ele considera, por acaso, a obra de Anchieta, sabe ver todo bem que nela se fez, reconhece que o sublime apóstolo — "trepar não cuida a luzente escada que aos heróis cabe..." O seu nome "resplandece ao vivo nome do Brasil unido".

Essa escada é aquele mesmo símbolo, que nos vem desde *Gênesis*. Luiz Delphino consagrou-o na sua idéia da Escola — escada aposta ao infinito..., ... Uma crítica de curtos teria visto impropriedades nesta simbólica. Frágeis de espírito! Todas essas escadas — aqui em Varella, e em quantos por ela tem feito subir as suas aspirações, estão sempre postas ao infinito. Que seja o nosso grande lírico, da *Mimosa e Bela*: ele é relativamente sóbrio, antes tímido, no figurar as idéias. Procuremo-lhe o simbolismo, nessas mesmas idéias — a vida, o destino humano... "O sonho e a vida são dois galhos gêmeos..." e ele insiste no símbolo: "A vida é um fio negro de amargura e de longo sofrer: semelha a noite, mas fagueiros sonhos pode de noite haver... Embora a nossa vida corra alheia da ventura.... Viajor perdido na floresta à noite, assim vago na vida; mas sinto a voz que me dirige os passos e a luz que me convida." Se ficamos nesse pensamento, por idéias túrgidas assim, podemos bem achar o que haja de característico e pessoal na simbólica de cada um. Para Bilac, a expressão na vida humana é o *rio,* o seu símbolo perene, quer propriamente vivendo-a, quer tenhamos de contemplá-la: "Rio soberbo e nobre! hás de chorar o tempo em que vivias como um arroio sossegado e pobre... *olhando a corrente...* põe-te à margem, contempla-a, lentamente, crespa, curva, a rolar... Lá vai todo o nosso amor..." Se o ânimo se agita, — "treme o rio a rolar, de vaga em vaga..." Se vem a paz, — "o rio... dorme aos raios de luar de prata..." Sempre para a *vida humana*, Bilac tem, também, o seu *Prometeu*. Poeta em todos os anseios do homem, ele mantém, no eterno símbolo, a suprema significação que o gênio grego lhe dera, tornando-o, embora, bem dos nossos dias e das nossas almas: "Dê aos homens o ideal... mais alto quando caio... sou — sobre o martírio, o orgulho e, sobre os deuses, o Homem." Como, na sua refração, se ilumina uma idéia comum — New York: "... galgando em fúria o espaço... pesas sobre o mar..." O *tempo* é "vago, e delicioso aroma", que embalsama a obra da civilização humana; é "rio perpétuo e surdo", que "esboroa serras e almas..."; mas, tem a sua simbólica definitiva, completa, no sinistro e impassível COMETA, a *sorrir* por entre as eras, a *fugir*, a *passar* e *sorrir na sua eternidade...*

Para Alberto de Oliveira, a vida é aquela excelsa ponte de "arcadas negras suspendida no ar... — o céu de um lado, a terra do outro, e tudo iluminado. Horrenda é toda, e alta e comprida! Faz medo... Onde termina? — no mistério, na treva indefinida..." Por ela sobem *dores* e *sombras,* num *atro uivar medonho...* "Acima é o céu que está fulgindo..." É horrendo, sim; mas, para "em salvo atravessar a ponte e ir lá ter", basta "Amar, amar, eternamente amar." O poeta vê a vida de sobre ela, e mostra-nos que, para vencer a vida, é preciso aceitá-la religiosamente, e intensamente vivê-la. Alma pagã, ele não tem que a consciência seja a essência das coisas e da vida. Simpatiza com as próprias energias naturais, e segue a energia íntima da vida no átomo de ferro, que vem na hemoglobina, veículo do comburente em que a vida arde e palpita. E segue o fluir natural dessa vida, que em mil aspectos naturais o fascina, porque é vida e natureza, e porque, natureza viva, o leva ao amor. Esse momento soberano da vida, que se impõe para novas vidas, é o tema da eterna epopéia da natureza; para ele, a natureza coroa de beleza a mocidade. É o símbolo da coroa de Hercilia:

> Moça! e coroada! e rainha!
> Mas, suspensa, e o espelho encara:
> "Será minha
> Coroa que a todas vence
> Em fulgor? cousa tão rara
> Me pertence?"..
> — "Sim, tua é a coroa, tua!"
>
> ....
> Vem da tua mocidade,
> Que estás moça, e é esse o estemma
> Dessa idade;
> A luz em que o vês arder
> É a da graça que diadema
> A mulher.

CAPÍTULO VII

SÍMBOLOS SUBJETIVOS

42. FUNÇÃO MENTAL E SOCIAL DA POESIA; VALOR DOS SÍMBOLOS POÉTICOS

Os símbolos em que os poetas apóiam as suas idéias são de valor sugestivo, mas, tão poderosamente evocativos que, por eles, não só adquirem as idéias novas virtudes, como rejuvenescem todo o conjunto do mentalismo por onde passam. É essa a função superior da poesia na vida do pensamento, e, daí, a sua ação especialmente vivificante da linguagem. Ainda que subsidiárias, não perdem de importância essas funções da poesia; subsidiárias, sem deixar de ser essenciais, na atividade geral dos espíritos. Entendamo-nos. A poesia vive do sentimento, para o sentimento. É a forma como, no homem, desde sempre se faz a cultura e a sublimação dos afetos essenciais à grandeza e à superioridade da espécie. Sobre a vida dos afetos se formou afetividade especial, uma como que superestesia — o sentimento poético. Sully-Prudhomme, nos seus momentos de filosofia, reconhece: "A poesia é o sonho pelo qual o homem aspira a um viver superior." Para atender a tais aspirações, nas suas realizações ideais, criou-se uma arte, a mais humana e, necessariamente, a mais estética, pois que tem a soberania e a universalidade dos efeitos: é música para os ouvidos, é simbólica para a visão; é pensamento, movimento e ação, vibrar de afetos, vida íntima, vida a expandir-se... Com a poesia, chegou a arte à sua fórmula suprema: a perfeição da natureza, a natureza superior — que se exalta no pensamento, e, no pensamento, conhece a inteira realização. Mais do que o teatro, a poesia renova sugestões para o sentir sublime; de fato, nada é o seu poder de expressão direta, se o comparamos com os efeitos sugestivos dos seus símbolos. Penetração profética, intuição sentida das realidades; reflexo sobre a consciência do que uma concepção penetrante e estética pode surpreender entre os seres e as coisas: eis de que se faz a poesia. O lírico infiltra-se da beleza que há na vida e na natureza, e no-la dá em símbolos. A beleza é o próprio símbolo do desejo, e, com a poesia, sobe-nos a tonalidade dos desejos, divinizando-se os seus objetos. Há uma capacidade de sentir simpaticamente com as energias universais — na emoção religiosa e na emoção poética. Mas o crente comum apenas aspira entregar-se à divindade; o poeta sai de si mesmo, fica em comunhão com o Universo e a Natureza, e têm, daí, as energias que lhe permitem irradiar sentimento, e criar em símbolos novos valores de pensamento. Neles, poetas, o espírito se inflama, e, por eles, conhecemos esses momentos de exaltação lúcida, gozo do puro espírito em ser espírito.

Deste modo, com toda a eficácia e todo o estímulo que a atividade artística em si contém, prossegue a cultura de afetos, como convém aos destinos humanos. No sentimento está a atração dos seres que vivem à luz da consciência; no sentimento se faz a socialização da espécie. Aí está a função capital da poesia; por isso, ela existe e existirá sempre; por isso, as suas vozes vêm trazendo os nossos fados, e por isso, nelas reconhecemos as necessidades íntimas que na consciência se fazem aspirações. No sentimento e na idéia se contém toda a nossa vida, realmente humana; a idéia ilumina a ação, torna-a possível para a utilidade; o domínio da consciência, porém, pertence ao sentimento, pois que para ele se conduz toda ação: é o seu motivo último. E como o homem só pode viver e agir em sociedade, as idéias se fizeram valores sociais, e são os sentimentos que nos dão as próprias formas sociais de viver. Idéias — instrumentos do viver social; sentimentos — motivos conscientes do viver social; linguagem — realização explícita do viver social. A poesia, com os seus símbolos, enriquece e rejuvenesce as idéias, refaz o poder da linguagem, tudo isso como recurso, na função essencial de dar as formas superiores de sentir, estimular os corações, e sublimar, em surtos de consciências, as solicitações íntimas da vida.

A natureza — externa, ou a nossa própria essência, existe, é realidade. Mas, dessa realidade, fizemos idéias, e a essas idéias, para o uso do pensamento, incluímos em símbolos. Destarte, nós outros, que apenas pensamos no regime trivial, pensamos já muito afastados da realidade. São tantos — a maioria — para quem *vida e natureza* se reduzem à definição verbal!... O poeta, não; o seu pensamento, sempre túmido de simpatia pelos seres de que se ocupa — o seu pensamento tem necessidade de chegar à realidade; e ele refaz, com o sentir, cada idéia essencial de que se serve. Daí, o julgar insuficiente os puros símbolos em que elas se exprimem; daí, a necessidade de estampá-las em símbolos, que diretamente apresentem a realidade. Com isto, rejuvenescem as idéias, e se refaz em vigor toda a dinâmica do pensamento, porque o poeta inspira-se diretamente no que vive, em vez de limitar-se a absorver remotas abstrações, palha seca, reespremida em milhares de pensamentos pobres[47]. Alguém já pensou no como ganharam, em vida e poder, os valores mentais através da consciência dos românticos, por exemplo, de Rousseau a Victor-Hugo? Os poetas animam e retemperam as idéias, como os políticos as amesquinham, e aviltam, e matam. — *Gregários...* e *Solitários...* Este primeiro termo é de muito uso entre os políticos; se nestas secas expressões perpetuamente ficassem tais idéias, cedo estariam completamente exangues, incapazes de inspirar um pensamento forte, e de dar ao julgamento esse tom de intensidade, que é, ao mesmo tempo, lucidez e profundeza. Um dia relemos o nosso poeta: "São torpes os anuns, que em bando folgam; são maus os catetús que em varas pascem: somente o sabiá geme sozinho e sozinho o condor ao céu remonta." Ainda que esse modo de julgar não seja bem o nosso, aí se vivificaram as idéias, como se faria numa observação direta das coisas. Pensemos, porém, como são raros os que sabem observar!... "Tem olhos para não ver, ouvidos, para não ouvir..." É um outro símbolo com que nos fica, bem vívida, essa verdade, que torna preciosa a poesia.

Em face da natureza, o dom da poesia é uma estesia super-limiar, que nada deixa perder do que pode reascender a intuição: é essa expressão direta da realidade, numa refração que amplia a beleza e concentra os seus efeitos e estímulos. Assim, é levado o poeta às metáforas, em que se retempera toda a linguagem, metáforas que irão dar pasto aos mesquinhos dizedores de trivialidades, e que,

---

[47] Conta Darwin que tinha grande prazer na leitura de poetas, mas, atraído para trabalhos de pura observação científica, perdera essa capacidade de gozar a poesia. Há uma qual impropriedade na sua explicação. As tendências poéticas de Darwin não se perderam, mudaram, apenas, de objeto. Observando a natureza, ele tinha, diretamente, o que os poetas lhe davam dantes; e por todo o curso de sua obra genial, o sábio conservou as qualidades características do poeta no tratar com a natureza. É o que se verifica da linguagem em que são feitos os seus trabalhos. Tendo desenvolvido abstrações que sintetizam aspectos da natureza toda; tendo levado as suas generalizações até envolver toda a criação; chegando a concepções e teorias que dominaram e transmutaram todo o pensamento humano, ele as formulou e as expôs sem criar um só desses termos de insuportável erudição pedantesca, sem usar, quase, verbiagem ressequida das abstrações e que torna tão antipática a leitura dos Comte, Tarde, e tantos outros fazedores de teorias. Darwin elevava o pensamento na concepção de idéias nutridas e vivazes, e as simbolizava singelamente, em locuções explícitas, do idioma usual. Com isto, assegurou-lhes uma compreensão imediata, e inteira eficácia sobre os espíritos. Origem das espécies, Seleção Natural, Luta pela Vida, Sobrevivência dos mais Aptos...são modestas metáforas, para símbolo de grandes idéias; são expressões singelas, mas poderosíssimas, pois que, sob tais símbolos, palpita a natureza inteira. Sábio no meditar, poeta no sentir, Darwin o patenteia nos termos em nos diz o que sentiu, nos cumes dos Andes, ou no seio da floresta virgem do Brasil.

nesse metabolismo banal, se esgotarão, até rolarem aviltadas, nulas, destituídas de todo poder evocativo — em míseros clichês. Tudo isso, no entanto, já o acentuamos, serve, apenas, como *palavras do canto*. Esse — canto-sentimento — sim, é o motivo definitivo. Foi um filósofo poeta, poeta de grande poesia, Guyau, quem achou a fórmula justa dessa necessidade humana: "Quando uma multidão sentir em uníssono, harmonicamente, está muito perto de entender-se e ajustar-se." O poeta faz mais: dá o ensejo para esta solidariedade de afetos, dá os motivos de sentir, e dá sentimento já em vibração, estimulando diretamente a simpatia, impondo-se a ela. AINDA UMA VEZ, ADEUS!, A ÁRVORE, À MINHA MÃE, CÂNTICO DO CALVÁRIO, OS CLAUTROS, É TARDE, A MORTE DA ÁGUIA, PÁLIDA MARIA, BENEDICITE... são formas de comunhão, onde centenas de milhares de consciências brasileiras se encontram e se identificam, nutridas nas suas mais intensas necessidades de sentir humanamente, exaltadas na verdadeira glória, que é a do coração que se expande e ama. A poesia é sentimento, amor... para esses todos que, na insignificância de coração, em si mesmos não poderiam achar, nem os temas, nem as formas de sentir e elevar o coração.

43. Os símbolos clássicos

Os símbolos, que tanto fazem para o pensamento e o coração, existem como existe a própria realidade a que eles correspondem. Não são, nem poderiam ser, produtos de mero capricho, criações ao decorrer da pura fantasia. Pelo contrário: respondendo a necessidades naturais da idéia, derivam dela mesma, e impõem-se às consciências como se impõe o teor da idéia. Os grandes símbolos formam, por isso, um domínio geral ao serviço de todos. Variam, apenas, em tonalidade, de consciência em consciência, como variam as tonalidades de pensamento poético — o temperamento, o surto da inspiração, a intensidade de sentir... São simbólicas naturais, e que se fizeram simbolismo universal, refletindo diretamente a natureza, ou correspondendo aos tipos da alma humana. Poderíamos distribuí-los em grupos, para quem os quisesse usar: diretamente *naturais, clássicos, ocasionais*-possíveis... Oceano, céu, horizonte, astros, vagas e brisas, floresta, rio, flores, leão, alcícones e pombas, pôr-de-sol, fulgor de aurora, bosques e jardins... São relativamente raros, tais símbolos nos clássicos antigos; apenas como traços complementares, encontramos a *fúria* nobre *do leão*, a *prudência da* serpente, a *frescura da fonte*... No entanto, essa literatura, principalmente nas mitologias, é a grande messe dos símbolos. Toda a fabulação greco-romana se dissemina em símbolos, desde os *raios de Jove* até a *Lira de Orfeu* e a *Túnica de Nessus*. Mais cativante, no entanto, se nos afigura a simbólica semita, da *maçã* de Eva... às sete figuras do *Apocalipse* de São João. São símbolos mais espirituais e humanos, e que, por isso mesmo, ocorrem mais freqüentemente: sacrifício de Abraão, escada de Jacó, prato de lentilhas, estátua de sal, dores de Raquel, vacas magras e gordas, coluna de fogo, bezerro de ouro, arca da aliança, trombeta de Jericó, toda a fábula de Sansão, desde a *queixada*... até o derruir do templo; o caco de telha de Jó, as espigas de Ruth... com a vida de Jesus e a doutrina evangélica, cria-se novo tesouro de símbolos, qual mais humano, evocativo, comovente... E tal poder têm eles que o uso pelos parvos ainda não os anulou. Os vendilhões do Templo, o filho pródigo... já pouco dizem, bem pouco... Mas o julgamento da adúltera, as virgens loucas... ainda conservam todas as suas virtudes. Além disto, a verdadeira poesia sabe servir-se do tesouro, desdobrando-o em novos símbolos: JESUS AO COLO DE MADALENA, que — "erguendo a pálpebra divina, busca ver se Ele a vê... beijando-o ainda!"

A distinção real, que nos símbolos usuais se pode fazer, seria a que se ligasse à própria evolução do espírito. Nela teríamos os característicos de cada uma das simbólicas clássicas: por ela se explicaria o maior encanto que sobre nós exercem as evocações da Bíblia. Os motivos de crença, na civilização greco-romana, eram as energias naturais; por isso, o politeísmo explícito que na religião se afirmava. Divinizavam-se seres exteriores ao Homem; a eles se atribuíam atualidades e aspectos humanos, mas eram energias apreciadas e enumeradas nas manifestações naturais em que eram conhecidas. Na mitologia bíblica, são as próprias energias psíquicas, unificadas na vida de consciência que se divinizam. Deus, agora, é uno; tem o onipoder sobre o universo, mas é o puro espírito — o espírito humano, porque só este se conhece: homem pelas qualidades, Deus pela intensidade, pois é dotado de tudo que a aspiração humana pode alcançar. É único porque é o *espírito* divinizado. Mas, em tantas virtudes resplandece o espírito, como de tantos modos sucumbe...E vieram os símbolos, que nos apresentam sensíveis e desejáveis as graças e virtudes do espírito; os símbolos que nos patenteiam as decadências e os desvios da alma humana. Não há, no caso, uma substituição de símbolos e de idéias, mas o simples desdobrar da inteligência em novas aquisições mentais. Não morreu a alma pagã, nem se calaram as suas simpatias; o homem continua atraído para a natureza, amando-a como toda ela merece que a amemos; os símbolos desse amor ainda nos falam ao coração e mantêm eterno o prestígio sobre o nosso espírito. Contudo, quando o homem descobriu a si mesmo, e, na plena posse da consciência refletida, pode contemplar toda a força do espírito, sentiu mais forte deslumbramento que, mesmo, ao ter descoberto, antes, as forças da natureza. Não se contentou de aproveitar a pan-natureza para encher o céu da sua adoração; foi quase completo — criou o seu deus, e com ele só encheu o céu. Esse Deus é o supremo bem; nele se absorve a força, a beleza, a vida... tudo que era divindade no céu pagão, e que são simplesmente os meios, de que o homem precisa, para o fim definitivo — o amor sublime, o bem do espírito, como ele o conhece. Um dia, o homem terá no céu do seu culto o puro bem, sem mais ampará-lo de nenhuma ficção. Adorará e aspirará o bem pelo bem; outros símbolos virão, sem que se dissipem esses, que marcam o caminho por onde viemos a ser completamente humanos, e, com eles, guardaremos, — sobre a alma primitiva, a alma pagã, a alma cristã, a alma conscientemente humana... No entanto, é natural, é legítimo que, na intensidade do sentir, em contemplação da natureza, o espírito humano mais se apaixone pelas forças vivas que sente em si mesmo, mais se concentre no seu próprio fim, que nos simples meios, e, então, a simbólica explicitamente humana, mais o comoverá. Vitória sobre Titãs, Ceres e Flora exaltam, enlevam... mas, não trazem o conforto, não têm a sedução do BOM SAMARITANO, que é o conforto e a sedução da essência do amor no bem.

Pelo continuado uso, os símbolos naturais se fizeram clássicos, e foi assim que se tornaram universais. De fato, a árvore, no *Gênesis*, ou na mitologia de Odin, é o mesmo valor simbólico, tão qualificado para a tradição como a tela interminada de Penélope, ou o arvoredo que cegou Tobias. A sugestão vem naturalmente das coisas; quem tenha sensibilidade há de senti-la. Os grandes símbolos se refazem quando são tocados pelo gênio, mas não poderiam ser assunto de criações absolutas. Formam um domínio comum, já o lembramos; impõem-se ao poeta, ou ao filósofo, como se impõem as visões da natureza. Há aspectos naturais, e casos humanos, tão expressivos e ricos de sugestões, que se fazem valer, como condição da mesma realidade. São símbolos espontâneos e eternos; dispensam definições e comentários. Ninguém os achou; constituíram-se numa qualquer oportunidade, trazendo uma tal virtude, tal propriedade ao pensamento, que se tornaram instrumentos indispensáveis como as próprias idéias. Em vista deles, não há que pesquisar originalidades; são anteriores a todas essas pueris competições de propriedades. Quem é que primeiro deu melancolia ao crepúsculo?... O palpitar célere do coração nos transes de amor fez desta pobre víscera o símbolo de todo movimento de ternura, e, finalmente, de toda a afetividade. Todos falam de coração; ninguém o inventou, ninguém se poderia furtar a essas referências. No conceito de VIVER, a suprema exaltação de consciência vem como aspiração de subir, ascender, em glória, poder, virtude... E a *escada* será, para todos nós, como para o patriarca, o símbolo dessa eterna repetição de anseios e aspirações. A *fonte* pura é sempre beleza, frescura, conforto, vida, esperança, manancial... Podemos evocar o símbolo explicitamente, em cada uma das suas virtudes; podemos simplesmente subentendê-lo: "Fonte de toda vida!... Fonte de puro amor!..." Ninguém tem direitos de autor, como não o tem contra quem evocasse a *experiência* na *velhice*... e associasse o *efêmero* à *espuma*, a *solidez* ao *rochedo*, a *fúria* ao *mar*, a *dor* ao *gemido*, o *pesar* ao *pranto*... Hugo deu a sua fórmula: *L'aigle c'est le génie*. Antes, quantos já teriam dito? E depois?... Que impertinente imbecil encontraria, aí, um plágio? Não é o rio a fluência natural, absolutamente constante no tempo, constante na orientação? Toda vida é uma fluência, assim: é como o rio a prosseguir. Carlyle fala no "rio misterioso da existência..." Bilac, que só compreende o homem vivendo, tem no rio o seu escolhido símbolo da vida; um puro cientista, W. James faz do rio a imagem da própria consciência, isto é, da vida exclusivamente lúcida, e que se vai como fluir contínuo, sucessão necessária de estados, sem possibilidade de permanência nem fixidez. Ainda assim, tantas vezes refeito o símbolo, tantas vezes refeito por ele mesmo, não há repetição em que Bilac não obtenha um novo efeito de sugestão e de beleza: "Vives assim, como a corrente fria, que, intemerata, aos trêmulos olhares das estrelas e à sombra dos palmares, corta o seio das matas, erradia." Por que havia ele de reter a imagem, se era a que mais convinha à tonalidade do seu pensamento? O uso, ao longo dos séculos, poderá tornar cediços os motivos simbólicos. *Leões* e *águias* parecerão gastos; mas quando o entusiasmo de Álvares de Azevedo nos grita, ao nome de Pedro Ivo — "Era um leão sangrento que rugia...", o entusiasmo irradia-se; o símbolo retempera-se — o leão revive!... Asas, vôos, pombas e andorinhas... e com as asas — sonhos, esperanças, ilusões, saudades... Rara será a lira brasileira que nesses motivos não tenha gemido, até que nos foi dada a jóia de Raimundo Correia. Então, não há zoilaço[48] que não se lembrasse ter lido as *Colombes*, Th. Gautier. E por que

---

[48] N.E. Zoilaço é utilizado aqui como aumentativo de zoilo, e o significado de crítico invejoso e mordaz, derivado do grego Zôilos, famoso crítico do século IV, que atacou violentamente pensadores que ele achava medíocres e que não teriam nenhum futuro, como Homero, Sócrates e Platão, de acordo com o *Dicionário UNESP do Português Contemporâneo* (Org. Francisco S. Borba e cols. São Paulo: UNESP, 2004).

esqueceram Varella, Machado de Assis e o próprio Castro Alves?... "Falam de ti... os passarinhos que abrindo as asas no azulado céu, como um bando de sonhos esvoaçam." É do poeta das Melodias do Estio: "Quando voarem minhas esperanças como um bando de pombas fugitivas; e destas ilusões... doces e vivas só me restarem pálidas esperanças..." Tão precioso é o símbolo para Machado, que ele o retoma no poemeto Sabina: "Ó, pombas fugitivas da primeira estação, porque tão cedo voais de nós? Pudesse ao menos a alma guardar consigo as ilusões primeiras..." Afasta-se mais o efeito, em Castro Alves, sem deixar, todavia, de ser o mesmo símbolo: "Como as aves espantadas arrojam-se ao espaço, saudades e lembranças s'erguendo... roçam por mim as asas...". O símbolo de um, por muito sugestivo, será motivo, inspiração ou estímulo, de que outro fará uma desenvolvida obra completa. Referindo-se à Europa revolucionária, dos fins do XVIII, lembra Carlyle os elementos de luta e de revolta que, então, se espalharam: "A nova Europa teve... inúmeros meteoros de rubro flamejar, levando a peste e derramando-a da cabeleira..." E todos aceitamos que a *Terribilis Dea*, da épica indígena, vem dali.

44. Símbolos necessários; a imitação na simbólica literária

Como sobrevêm tais símbolos? A poesia popular, tão rica desses valores, no-lo mostra claramente, na sua mesma espontaneidade: "Sou como o tronco quebrado, que dá sombra sem ter vida." É a analogia que de si mesma se oferece. "Vês esta liana flexível? Ela descansa e segura-se amorosamente sobre este tronco soberbo, como tu, cara Sita, fatigada, apóias o teu braço sobre o meu." Desde então (talvez, mesmo, antes), heras, lianas e trepadeiras, enlaçadas aos troncos, suspensas aos muros, são recursos preciosos para o lirismo. "Pelo tronco das árvores se enroscam parasitas, esposas do arvoredo." Depois deste contemporâneo, milhares de poetas ainda vieram versejar com os *jasmineiros pendurados,* as *tranças de lianas,* as *cortinas vivas em flor...* como versejam com símbolos de fatos e destinos: "Soltos ao longo do batel da vida, os esquecidos remos... Roto casco de nau, desprezado ao mar... Alma — pano de nau largado aos quatro ventos... Pobre vela rota, e a mercê das ondas..." mesmo quando faz o símbolo na própria atitude, o poeta é forçado a usar a imagem oportuna, muitas vezes repetida: "No orgulho embucei meu rosto pálido... Cairei, em meu orgulho envolvido... Envolvido em mim mesmo, olhos cerrados a tudo mais... O orgulho de ser grande na desgraça..." São versos de quatro poetas diferentes. Vigny já havia dito: *J'aime la majesté des souffrances humaines.*

Em certos casos, no entanto, a particularidade da expressão faz admitir reminiscência de leitura, ao mesmo tempo que oportunidade de símbolo. O templo — santuário, recolhimento, divindade, culto... é um efeito seguro em simbolismo, e naturalmente se repete, sem motivos de reparo. Mas, se encontramos: *"... ta grande âme est comme um temple, d'ou ne sort que la voix d'un dieu..."* e, num contemporâneo — "Seu nobre coração é como um templo, onde só Deus habita..." neste caso, há razão para preferir que não tivesse havido *repetição* de efeitos... Já tanto não acontece com o resumo que Raimundo Correia faz, na sua VESPER, da poesia de Junqueira Freire — *A Freira*. Aqui, o tema se sublima para, da simples poesia, tirar-se um símbolo. O caso típico do símbolo conscientemente aproveitado, em todos os recursos de evocação e até de expressão, é o final d'A BOA VISTA, de Castro Alves, refeito na célebre — *Visita à casa paterna*, de Luiz Guimarães: "Ó, casa de meus pais!... Eu no teu vaso — vejo uma multidão, fala-me o teu silêncio — ouço a solidão!... Povoam-se estas salas... E eu vejo lentamente no solo resvalarem falando tenuemente... as sombras veneradas, fantasmas adorados — visões sutis e brandas... aqui... além... mais longe... por onde eu movo passo..." Mas, era tão opulento, e rico, e magnífico, o poeta da *Boa Noite*, que não se lhe diminuirá a riqueza por esses aproveitamentos. Aliás, Castro Alves não está livre de que lhe apontem DALILA como aproveitamento de VAI-TE, de J. Freire.

Há símbolos universais sugeridos de utilidades triviais. Além da *escada* — ascensão, a *chave* — esperança, possibilidade de entrada; e *laço, cadeia, tenaz, livro, segure...* A cada passo novas associações se oferecem para evocações seguras, e novos símbolos se formam; o essencial é uma sensibilidade de escol, que saiba acentuar a sugestão, e a valorize em expressão bem evocativa: "Esta flor é o coração; aquele verme, o ciúme" [49]. São tantos, que assim se formam! Haverá nada mais sugestivo de pobreza que uma garrafa servindo de castiçal?... No turbilhão do recolher, em New York, passa o estrangeiro arrastando o sinistro isolamento d'alma: é um poderosíssimo símbolo dessa paradoxal situação que a civilização nos impõe freqüentemente; estruge a tempestade, e, à sua voz, impávido, o touro vem aguçar as pontas nos cabeços da rocha — é a *coragem cega, coragem contra tudo, coragem até a morte;* o *velho*, que já não pode

---

[49] Para Gonçalves Dias: "...o verme no fruto..." é a idéia delirante na consciência do mísero obsesso.

utilizar a experiência — a riqueza inútil; os milhares, na pequena alimária, que vivem no velho tronco, e dele vivem perenemente, sem que o possam ver, sem que o possam conhecer — a inconsciência... Numa esquina do Strand, o *policeman* faz suspender a caudal de gentes apressadas, e *cabs,* e *autubus,* automóveis, e ciclistas... e, entre os barrancos vivos e agitados, garante a passagem do carrinho-leito do bebê, que nem pode conhecer o que vê; a ilustração que deu a fotografia desse momento documentário, pôs-lhe a legenda: *His majesty the child!* Guardemos a imagem, pitoresco símbolo do que é a criança em certas sociedades. Quão longe estamos, agora, do singelo — musgo entre fendas... que, em Gonçalves Dias, tem, no entanto, aquela sedutora sugestão!...

45. Símbolos de situações pessoais

A individualidade consciente — a personalidade — é o passado vivo e organizado, em ação. Para os efeitos de consciência, esse passado existe em cada uma das suas fases características, no apreciar das crises reveladoras de poder pessoal. A consciência refletida reconhece a si mesma no analisar do que é explícito, quer dizer, o que tem valor mental, afetivo, ou afirmativo. Fora impossível ao ser pensante, na posse de si mesmo, não fazer intervir repetidamente, como unidade de pensamento, todos esses aspectos característicos e essenciais da vida na própria pessoa. Assim como temos necessidade de julgar evocando épocas históricas e acontecimentos de repercussão geral, precisamos de pensar com as quadras da nossa própria existência. Cada uma delas tem a sua significação, e a cada uma nos referimos freqüentemente. Se externamos o pensamento, significamos o caso num circunlóquio, mas, se pensamos para nós mesmos, evocamos esse valor mental num traço rápido — de qualquer coisa bem ligada à quadra de vida a que atendemos. Pensando de nós mesmos, incorporamos cada situação ou motivo pessoal numa imagem-símbolo, a que ligamos, necessariamente, cada um dos nossos conceitos, no que concerne ao passado individual. Temos, nessas imagens, como que frações sensíveis, reais, do nosso próprio eu.

Como se formam tais símbolos? Como coeficientes pessoais: pessoais na significação e no valor do que é simbolizado; pessoais no tom sensorial ou na plástica do mesmo símbolo. "Ergue esse ramo solto em teu caminho!" Quem não vê, aí, a imagem que se formou e se fixou por um motivo todo subjetivo. Será uma pura criação de imaginativa; será um traço objetivo repercutindo na visão do poeta...

De qualquer modo, a sua condensação em símbolo vem de uma necessidade afetiva toda pessoal, e, por isso mesmo, é duplamente evocativa: traz à consciência, na sucessão necessária, as atitudes de dois amantes. Tais símbolos são, essencialmente, originais, como é original e pessoal, em cada um de nós, a fórmula de sensibilidade e de ajuste ao mundo onde vivemos. Nos poetas, tais símbolos são, como esse mesmo, intensamente afetivos. E Varela é rico dessas vivazes evocações sensoriais e de imagens túrgidas de passado: "Sinto o aroma do incenso das igrejas... Quando as garças vierem do oriente... dos teus olhos no cerúleo brilho... Junto do alpendre sentado, o camponês nos saudava..." Assim vai desfiando a sua triste aventura neste mundo.

A trágica existência de Junqueira Freire — história num só capítulo, está naquele "sacrifício estéril... nos degraus dos altares ao longo... co'a face no chão." Combalido, túmido de saudade, ele vai buscar imagens simbólicas da adolescência:: "As mãozinhas da irmã, que... seus cabelos, brincando alisavam." E o resto da existência se lhe incorporou no "edifício negro, erguido e vasto, manchando o azul do céu... Pasta de lama escurecendo os ares." Álvares de Azevedo, no poetar da época, mostra-nos uma *silenciosa* e querida "varanda romântica e sombria... sobre as colunas o luar vinha bater..." O traço muito concreto e particularizado, para não ser verdadeiro. Nessa varanda teria ficado qualquer coisa do passado do nosso genial romântico. Gonçalves Dias, no seu lirismo de decepções, vê o quadro com sua amada — colóquios que teria tido, colóquios que poderá ter, e, sobretudo, os que ela terá com o rival: "Reclina-se outro no teu seio!... O meu ideal.. estava em deixar minha vida correr por ti conduzida...ter a meu lado a consorte querida..." Há qualquer coisa de análogo, como quadro evocado, nas SOMBRAS, de Machado: "Quando ausentada à noite... deixas no regaço as tuas mãos cair, e escutas sem falar, e sonhas sem dormir... com que flor, com que espinho, a importuna memória do teu passado escreve a misteriosa história? Que espectro ou que visão ressurge aos olhos teus?..." Flor, espinho... visão ou espectro... são os símbolos em que o passado se refaz; o poeta bem o sabia. "...Cuido vê-la, plácida, a meu lado, lendo comigo a página que leio..." A *Via Láctea* tem muitas outras dessas revivescências, em que acordam as quadras definidas da existência. "Que bem me sabe ainda aquele copo de água!..." o poeta que tal relembra tem a sua poesia toda semeada de momentos memoráveis, mas nenhum parece mais simbólico de situação em que ficou bem gravada uma volta do caminho feito.

46. A SIMBÓLICA AFETIVA NA ABSORÇÃO DA CONSCIÊNCIA

Toda essa revisão do passado diz principalmente com a vida afetiva. Cada um dos símbolos referidos é a focalização de um sentimento; a sua evocação corresponde ao cuidado com que espontaneamente cultivamos os nossos afetos, até as próprias dores, — que as amamos porque são nossas, e nos dizem que *sentimos* e *vivemos*. A simbólica dos processos afetivos tem, por isso, um interesse superiormente humano, além das virtudes gerais de economia. Na simbolização está a condição indispensável para a cultura dos sentimentos e o apuro da afetividade. Já foi o momento em que tivemos de demonstrar que paixões e sentimentos existem vinculados a um símbolo; assim se definem as afeições; assim as reconhecemos e distinguimos. Há, mesmo, símbolos naturais, necessários e imperativos na evocação: a lágrima, o grito de angústia... são valores absolutos sobre a sensibilidade. Por vezes, tornam-se alucinantes, tais símbolos, e não é preciso ir à psiquiatria para encontrar desses casos, que são os falados casos de fetichismo. O *fetiche* desses dominados é, de fato, um símbolo; e quantos fetichistas se encontram entre os que se julgam razoáveis e sãos!... Quantos outros não têm a vida suspensa a um sonho de glória, votada à intransigência de uma ambição. Ora, todo anelo de glória e todo desejo ambicioso se fazem como solicitações em símbolos.

Além disto, especialmente no apuro da afetividade e na formação da moralidade: a vida moral é essencialmente julgada em *valores*, cada um dos quais vale como um símbolo de proceder. As sanções se definem como idéias — estão simbolizadas; as influências educativas, sendo educativas, são necessariamente sugestivas, isto é, agem como símbolos. *Igualdade e Fraternidade...Ordem e Progresso...* seriam símbolos afetivos, se, de fato, significassem alguma coisa... A poesia, se não é simplesmente metro e rima, significa sempre, significa grandemente para os corações, porque a parte substancial dela é sempre riqueza de símbolos afetivos, que dão forma e estímulo para o sentir. "Hão de os anos volver como as flores... mas como as flores, sobre o teu nome vividos e leves..." e tudo que aí se segue e o símbolo discreto da amizade, símbolo tão singelamente comovente que é, por isso mesmo, formador, educativo. "Tornei-me o eco das tristezas todas que entre os homens achei!..." No momento em que é lançado esse grito, já ninguém o percebe como imagem de arrojo poético, e ele cai na alma como o brado simbólico de uma grande miséria afetiva — a tragédia da ternura paterna. O *Adeus de Thereza*, — vinte e quatro versos, contendo todo um drama em 4 atos... e, por isso, repercute na consciência como um verdadeiro símbolo do drama que cada coração compõe livremente.

Nas paixões orgânicas, as representações simbolizantes se reforçam com excitações de origem interna. Em todo modo, na vida afetiva, os símbolos são as imagens oriundas dos seres-*objetos* das respectivas manifestações. A representação viva da imagem — uma qual excitação sensorial — é condição essencial na realização da afetividade. Nesse fato universalmente reconhecido baseiam-se todos os cultos. A análise, agora, tem por intuito, justamente, caracterizar a função do símbolo na evolução e no apuro dos afetos. E, por isso mesmo, será preciso começar lembrando princípios gerais da psicologia, ao mesmo tempo que se assinalarão as condições formais em que se realiza esse simbolismo, e que são ligadas às suas próprias leis. Elas se capitulam em três fórmulas:

a lei da economia é tão necessária e expressiva na vida afetiva como no puro mentalismo;

nos estados afetivos intensos, a consciência tende a ser exclusivamente sentimento;

desde que a consciência se entrega a uma emoção, as excitações sensoriais comunicantes, se não a contrariam diretamente, são como que estímulos subsidiários.

Já vivemos necessidade de mostrar como, pelo símbolo, se realiza a lei da economia, nas manifestações afetivas. Sou amigo de F... tenho motivos para essa amizade; comoveram-me os transes em que se debateu o ânimo de tal herói... A apreciação desses motivos de amizade, os juízos morais a respeito do herói, representam longas elaborações mentais, que são as bases mesmas dos meus movimentos afetivos. Mas, para que as emoções se repitam, agora, quando já existem símbolos representativos desses julgamentos e apreciações morais, não é mais necessário que se repitam explicitamente os longos processos de idéias em que se nutrem os sentimentos. Os símbolos dessas elaborações — a *imagem* do amigo, a percepção do seu nome, uma referência ao *nome do herói*, a visão do seu *monumento*... qualquer dessas imagens simbólicas será o bastante para fazer vibrar a sensibilidade, num conjunto afetivo tanto mais forte, e profundo, e exclusivo, quanto maior for a dose de energias mentais poupadas, isto é, dispensadas de concorrer como trabalho de pensamento. Sim, esta é uma conseqüência da própria lei da economia, e que nos explica a segunda fórmula.

Sempre que nos encontramos com os efeitos desse princípio — a *lex parcimonae*, devemos ter em mente a sua verdadeira significação. Tendência ao *menor esforço* não quer dizer renúncia ao esforço, mas tendência a eliminar os esforços inúteis, e, por conseguinte, a *bem* utilizar as energias disponíveis para a realização da atividade realmente *necessária*. Quando, pela lei da economia, se suprimem e se substituem, pelos símbolos, os intermediários disponíveis no pensamento, não é para que se suspenda o mecanismo mental, e, sim, para que toda a energia que não se gasta num reviver inútil de abstrações e comparações seja utilizada no prosseguir ulterior do pensamento, levando-o a maior extensão, maior agudeza, maior desenvolvimento útil. Se, por efeito da *lex parcimonae*, basta o símbolo para despertar a emoção, não significa, tal economia, que as energias disponíveis se recolham e fiquem inaproveitadas. Não; nem tal seria possível, dada a propriedade essencial dos estados afetivos de dominarem a consciência. É por isso mesmo que tão justos e necessários, ou adequados, pareceram aqueles conceitos e que todos se resumem na fórmula *para bem sentir, é preciso não pensar*. Realmente, nada mais exaustivo do que sentir. Certas emoções serão estimulantes, porque, no ajuste espontâneo da atividade psíquica, o desencadear de tais afeições já se faz como uma forte concentração de energias — todas as energias possíveis. Essas energias são como que chamadas para servir no desenvolvimento da emoção, porque esta exigiria muito vigor e consumirá todas as forças disponíveis. Esse é um modo de ser essencial na vida afetiva. Destarte, para que o sentimento atinja a veemência e a intensa vibração, e passe do *rouge au blanc*, é preciso dar-lhe combustível — deixar que ele utilize todas as energias que seriam para o simples pensamento.

É noção elementar de psicologia: que os nossos estados de consciência são, geralmente, mesclas de representações e afeições, e que o valor de um desses aspectos é sempre inversamente proporcional ao do outro. De sorte que, nos casos extremos, só há representação, ou quase, só há emoção. Tal acontece no puro mentalismo abstrato: o pensamento se faz num tom inteiramente neutro; tal acontece a quem se entrega à solução de um qualquer problema de árduo raciocínio, orientado com lucidez e penetração. Então, os momentos decisivos são de pensamento exclusivo. Da mesma forma, no êxtase do místico, o vértice da emoção é de puro sentir: a alma absorvida na divindade, possuída pela graça, já não se pertence, quer dizer, já não *conhece*, nem tem consciência para a *realidade*; é toda sentimento, vibração de amor no seu Deus. A simples experiência comum nos diz bem que é desse modo que as coisas se passam. Mesmo quando o objeto que comove deve ser conhecido e pensado, reconhecemos que é impossível conhecê-lo perfeitamente, lucidamente, se na consciência predomina a emoção. — "Espere! Acalme-se! e pense, então..." É o conselho invariável. Em tal sorte, o símbolo, pelas suas virtudes específicas de concentração e exclusividade vem acentuar e favorecer as propriedades essenciais dos processos afetivos. O símbolo é sempre um todo, unificador e focalizante; é, por conseguinte, a forma de excitação mais conveniente e propícia aos estados afetivos repetidos. No desenvolver de uma afeição, para que ela atinja a sua ótima, é preciso que não haja estímulos diretos ao pensamento, para os efeitos de conhecer e compreender. Seriam motivos dispersivos, turbadores do sentimento, porque todo esforço mental é inibitório da afetividade. Uma emoção criticada, analisada, é emoção dominada.

Todos esses aspectos da vida afetiva são muito acentuados na sensibilidade estética. Deles resultam os princípios essenciais quanto à boa realização do simbolismo nas artes plásticas, e, mesmo, na literatura; por isso, terão de ser relembrados, em novas aplicações e deduções.

47. Os símbolos no culto

A última das fórmulas traduz fatos que resultam desses mesmos já estudados, explicados segundo as condições gerais da atenção.

Todo estado consciente é, por isso mesmo, unificação, que será tanto mais manifesta e formal quanto mais acentuada for a respectiva intensidade. E como o estado de atenção é, justamente, o *acme* de consciência, isto é, o de mais intensa representação é também o de mais perfeita e completa unificação. Os estados afetivos pronunciados, intensos, são quanto à representação de consciência, equivalentes da atenção, ou melhor, são determinantes de atenção. Neles se manifesta essa mesma propriedade unificadora, exclusiva e absorvente da atenção. Nestas condições, se sobrevêm outras excitações, principalmente excitações sensoriais, tais excitações serão canalizadas como reforço de sentir. Se, pela sua natureza, não podem ser assim unificadas no processo afetivo, são turbadoras dele. O símbolo, em compensação, tem uma ação nitidamente ordenadora: permite evocar os estados internos de dor, de prazer... até mesmo os de caráter estético, sem produzir as perturbações internas que adviriam se houvesse a revivescência explícita dos complexos sensoriais.

Examinem-se, agora, as práticas e formas em qualquer culto; analisem-se as liturgias que tradicionalmente levam as consciências à exaltação ou à beatitude religiosa, e a respectiva psicologia nos aparecerá inteiramente natural, tão lógica e compreensível no seu desenvolvimento, como qualquer regime que se houvesse instituído sob a inspiração imediata e racional de psicólogos experimentados.

Pela educação, os sentimentos se formam na referência constante a símbolos bem sugestivos, e em cada conjuntura provoca-se a formação de múltiplas imagens convergentes. O complexo de todas essas imagens, para os olhos arquiteturais, picturais, esculturais, atua sobre a consciência e a ela se impõe, como uma simbólica generalizada, envolvente. E, com isto, ao mesmo tempo que se isola a criatura de todas outras excitações, dispersivas e divergentes, contendo-a num âmbito exclusivo para o culto, aí, nesse âmbito, ela encontra excitações para todos os sentidos que possam concorrer para a exaltação do sentir religioso: a visão, em penumbra, de motivos de pura crença; a sonoridade inexpressiva do bronze, cantos que apenas são música, sem virtude estética para levar a consciência a um gozo específico; olores excitantes, mas tradicionalmente ligados à própria liturgia, sem outro poder evocativo. E, assim, envolvida de excitações convergentes, está a alma do crente, contida e inteiramente abstraída de qualquer outra impressão. No vazio mental do ambiente, com a exclusividade das sugestões, as excitações possíveis são puros estímulos, necessariamente utilizados pelo poder unificador da afeição[50].

Mestres na arte dificílima de conduzir os homens, experimentados formadores de consciências, os instituidores de religiões e organizadores de cultos mostram-se, sempre, excelentes psicólogos. Sem *revelar* os seus métodos reais de influir, eles procederam sempre como se nada ignorassem do que a boa psicologia tem ensinado. E, se não *revelavam* o que era de si mesmos, falavam sempre por uma *revelação*, como portadores do mistério, porque o mistério afasta o pensamento, dispensa de conhecer e de compreender. É a iniciação clássica, e realmente eficaz, para o que se deve obter do culto.

---

[50] O templo aberto, na luz da grande natureza, era o próprio do culto grego; o templo fechado, onde Pan não se faça sentir, é o necessário para o culto que só se dirige ao espírito. Por isso, a missa campal é uma aberração, quase insuportável para o verdadeiro crente católico; é festejo, onde não pode haver aquele recolhimento da alma que aspira comungar com o espírito divino. Toda a glória da natureza, que encha o ambiente, será turbadora da verdadeira emoção religiosa cristã.

E, prosseguindo logicamente, o culto se faz com o máximo de eficiência educativa. Cientificamente, toda tendência é o correspondente psicológico de uma organização nervosa. Daí, estes preceitos, essenciais em educação: a) para desenvolver e reforçar a tendência — estimulá-la repetidamente, e, repetidamente, fazer sentir intensamente o que ela pode fazer sentir; b) para apurar a tendência — produzir as suas manifestações em torno de motivos que se representem como os mais elevados; c) para atenuar uma tendência — impedir que ela se manifeste. Tudo isto é absolutamente razoável e tem a sua explicação em termos de pura fisiologia: *a função faz o órgão...* é o exercício que apura. Destarte, no regime de qualquer culto religioso, reforçam-se e apuram-se as tendências humanas, que parecem garantidoras da moralidade, sustêm-se, pelas prescrições dogmáticas e cominatórias, as tendências que se consideram baixas e degradantes. Ora, é o símbolo o economizador das energias que serão utilizadas em sentir; é o símbolo o condensador, focalizante e impositivo. É o símbolo fator essencial na realização do culto, qualquer que ele seja. Hoffding indica nitidamente a relação direta entre a sublimação dos sentimentos e as suas necessidades simbólicas: "O sentimento torna-se mais ideal quando se refere a um conjunto vasto e considerável — a família, estado, humanidade, ou ao que, por essência, não pode ser concebido numa limitação — a divindade, a natureza. Neste caso, a representação que se ligue ao sentimento tem de ser de caráter simbólico. A história das religiões aí está para mostrar-nos até que ponto a essência do sentimento implica a necessidade de símbolos. Daí, a necessidade de fixar o ideal e o infinito sob formas precisas, para dar à emoção um ponto de concentração" [51].

No sentir comum, para a afetividade trivial, o símbolo tem essa mesma influência, a mesma significação, e o regime normal do espírito nos leva, naturalmente, a simbolizar todas as nossas manifestações afetivas habituais, colhendo suas imagens de tudo que naturalmente se oferece. Toda emoção tem o seu vislumbre fisionômico, e são esses mesmos tons de fisionomia que nos servem de primeiros símbolos afetivos. De muitos deles, dos mais freqüentes e simples, usamos correntemente em recurso de expressão — o sorriso, o movimento de olhar, a disposição da fronte... os gestos espontâneos, as inflexões... finalmente, todo esse conjunto de atitudes e tonalidades emotivas com que acompanhamos o discurso, le-

---

[51] Op. cit. pág. 328

vam aos olhos e aos ouvidos do interlocutor um precioso complemento de expressão. Nesta simbólica natural, espontânea, ele percebe todo um mundo de circunstâncias afetivas que a palavra não sabe dizer, ou, pelo menos, não se retarda em traduzir[52].

---

[52] Não pareça estranho que, nesta análise, não haja referência aos processos característicos da poesia simbolista. As razões argumentadas no prefácio bastariam para explicar a ausência de tais referências. Símbolo e simbolismo, estudados aqui, são fatos constantes em todo mentalismo, característicos do pensamento humano. Os seus efeitos sugestivos têm origem na essência mesma da obra poética, independentemente de escolas e programas. Um trabalho de pura crítica literária teria razão de rever os simbolistas em especial; uma análise de pura psicologia deve estudar os aspectos gerais do símbolo, onde ele assim se caracteriza. Os simbolistas, numa reação certamente necessária, não quiseram refletir em que: a refração simbólica resulta do temperamento mental do artista, não é coisa a ser adotada como processo qualquer de factura. Não é simbólico quem quer, mas quem, por necessidade íntima, só no símbolo tem a justa expressão do seu espírito. Os simbolistas procuravam, sem muita lucidez, certos efeitos de sugestão surda ou imediata. Procuravam realizar a arte de dois grandes poetas — Baudelaire e Verlaine, dois escravos dos seus nervos, dois temperamentos que se individualizaram até a morbidez; e, com isto, inacessíveis à imitação. Resultou que o simbolismo, para continuar a viver em escola, teve que ser: decadentismo, impressionismo, versolibrismo, cubismo, futurismo...Foram desvios irresistíveis, em que esquecia que toda arte de expressão inteligente deve procurar, sobretudo, os efeitos de pensamento. Pendre la visage de la Pensée... com puras sonoridades e simples nuances, no desprezo da idéia, era um programa de sacrifício para artistas de pensamento.

CAPÍTULO VIII

SÍMBOLOS ESTÉTICOS

48. Aspectos gerais na simbólica da arte

O estudo dos símbolos estéticos se deve fazer como extensão da simbólica afetiva, porque o seu interesse maior está em tornar patentes os princípios racionais a que deve atender a obra de arte, quando se realiza em símbolos. Nessa análise, far-se-á evidente que, nos efeitos da estesia, o simbolismo é todo sugestivo. Aí estudaremos, somente, o que nos oferecem a pintura, a escultura e a literatura. A estesia musical é de causa puramente sensorial, independente de qualquer elaboração imaginativa-mental, com interpretação através de evocação. O seu domínio – da estesia musical, é isolado do pensamento. Os apontados efeitos simbólicos ou sugestivos da música são efeitos de puro estímulo afetivo, como o da estesia olfativa; a prova está em que eles se podem juntar ou fundir com os de qualquer afeição de significação explícita na consciência, sem a perturbar, antes reforçando-a, isto é, intensificando a afeição de que o indivíduo esteja possuído. Quando se diz que a música é evocativa, o conceito quer significar, somente, que a música, excitando a vida de consciência, deixa a criatura à mercê de todas as associações possíveis – e muita coisa será evocada, ao acaso das condições pessoais e das circunstâncias oportunas. Quando um trecho musical serve de símbolo, isso resulta de motivos pessoais, ou ocasionais, inteiramente estranhos ao encadeamento estético. Também não haverá menção especial de símbolos arquiteturais porque, não sendo a arquitetura pura arte, sendo-lhe a arte mero atavio, a análise da simbólica arquitetônica teria que tratar, na generalidade dos casos, não de símbolos realizados com estesia, mas de realizações utilitárias, quando não de aberrações, pela infração de todas as leis demonstradas no mentalismo humano. A verdadeira obra de arte é valor de eternidade; é a própria beleza incorporada à tradição humana sobre a terra. O transitório, em arte, é o que pode ser dispensado; é o irresistente, o que se tem de condenar e eliminar na depuração definitiva. Ora, a arquitetura quando deixa de ser estritamente utilidade material, é, geralmente, moda, e a moda é o belo que será feio, será monstruoso, amanhã. Não é que a arquitetura não se possa fazer como verdadeira arte, e que não tenha havido realização de grande beleza nas produções arquiteturais; não se nega que a ponte Alexandre seja uma verdadeira obra de arte; que haja muito poder sugestivo no "Arco do Trajano" e que a catedral de Rouen seja um todo bem simbólico... Mas, ainda assim, não há razão para dar referências especiais a esses escassos espécimes de verdadeira sugestão estética em linhas arquitetônicas, principalmente porque, em tal caso, os efeitos simbólicos guardam perfeita analogia com os das outras artes plásticas. O Trocadero é simbólico, talvez, como será simbólico um afresco de Puvis de Chavannes.

Antes de distinguir a simbólica das artes plásticas, da que se encontra na literatura, convém fazer um reparo preliminar, que permitirá acentuar bem alguns aspectos comuns a essas artes de que nos ocupamos. A literatura, como toda produção inteligente em expressão verbal, pois que é verbal, faz-se em símbolos significativos, que são as palavras. Há, nesta afirmação um verdadeiro truísmo, que foi necessário, no entanto, a fim de ficar bem indicado que, no considerar da literatura, agora, só nos referimos à simbólica sugestiva, que é, já o dissemos, a de efeitos estéticos. Então, os símbolos significativos concorrem, apenas, como instrumentos ou materiais para a organização dos sugestivos. Ao mesmo tempo, no correr desta análise, ao caracterizarem-se os diferentes tipos de simbólica literária, temos de apreciá-los especialmente no sentido de ver até que ponto concordam eles com as distinções que anteriormente se fizeram.

Toda arte onde se traduz o próprio espírito humano, ou o seu modo de sentir a natureza – pintura, escultura, poesia – em todas estas, as obras realizadas, ou são descritivas, isto é, de expressão imediata, em efeitos picturais, reproduzindo a vida e a natureza através de um temperamento; ou são verdadeiros símbolos, sugestões sintéticas da própria vida, condensadas numa sensibilidade. E, então, verifica-se que a pintura e a literatura podem ser descritivas ou simbólicas, ao passo que a escultura é sempre simbólica. Um Rembrandt, um Barbera... são analistas, picturais; um Miguel Ângelo, Rafael, Corot...são simbólicos, apesar de todas as dessemelhanças; um Maupassant, um Tolstoi, um Camões... são principalmente descritivos; um Corneille, um Dostoievski, um Milton... são simbólicos... Há uma diferença, ainda, a assinalar – esta, agora, entre a pintura e a arte literária. O pintor (raramente) será aqui descritivo, ali, realizador de símbolos; mas a sua obra – cada tela terá significação exclusiva: o Velásquez das *Fiandeiras*... é um pitoresco, o do Cristo... um sintetista. Na literatura, os pequenos poemas serão exclusivamente simbólicos, ou simplesmente picturais; mas as produções de grande desenvolvimento trazem sempre, em dose variada, uns e outros efeitos. Fora impossível o romance todo em símbolos, ou inteiramente destituído deles. Quando se diz do poeta, do novelista – que é um descritivo, ou um criador de símbolos; quando se classifica o poema, ou o conto – de pictural, ou de simbólico, indicam-se, apenas, os efeitos dominantes. É isto mesmo que se patenteará na análise direta dos tipos de simbólica estética, quando for apreciada a sua intervenção no pensamento artístico, sob a forma de literatura.

49. A escultura

As opiniões consagradas infiltram-se-nos de toda a parte, e destemperam-nos a sensibilidade; a erudição empasta os nervos e os entorpece... A maior parte das opiniões correntes na estética resulta de uma crítica por entre preconceitos e sob sugestões. Esqueçamo-la, e admitamos que uma inteligência lúcida, num temperamento capaz de perceber a beleza, e amá-la, e admirá-la – que uma tal inteligência, ostensivamente livre de erudições e preconceitos, leva a sua visão à Galeria das Esculturas, do Luxemburgo: na retina se lhe traça, forte e luminoso, o ascetismo bradante de um profeta, a curva de torso de uma mulher que se vai erguer – mulher, mulher em todo o movimento de linhas... a puerícia que saltita num bronze... e, como fundo abandonado na visão, muita forma inexpressiva, quase indistinta – grupos e bustos apagados. Plásticas que resumem atividades da alma condensam vigor e sentimento, e vivem para os olhos; bronzes e mármores que se dispersam na atenção, e sobre os quais a vista apenas desliza, porque não há, neles, a convergência sugestiva que retém e focaliza o senso estético; não resumem, nem condensam – não têm poder simbólico, e, por isso, não vivem. Serão formas, mas não são esculturas. Ignorante das críticas didáticas, quando ainda se não vulgarizara a descoberta, o visitante, com olhos para ver, acha-se no baixo de uma escadaria do *Louvre*; o acaso leva-lhe a vista para o alto, e ele percebe, num surto de deslumbramento, a massa ondulosa que, do solo pesado, se eleva para expandir-se em asas energéticas e gloriosas. São linhas de segura elegância, de graça intrépida, e que, num movimento de sensível sublimação, enlaçam-se e volvem no ar, para simbolizar, na contemplação humana – o gênio triunfante, a glória, o transe supremo em que o mortal domina tempo e espaço, conquista as eras, e se coroa de imortalidade. A escultura toma feição nas asas que se desprendem para o excelso;

falta-lhe a cabeça, faltam-lhe as remígias de uma das asas, e pés, e pedaços de perna... Que importa? Ao seu poder evocativo nada falta, que ele reside, todo, naquele movimento de triunfo, naquela força de ascensão serena, magnificente, definitiva. Não há desvio de efeitos; não há mínimo de linha, nem recanto de uma curva, que não se incline para aí, numa absoluta convergência de sugestão. É a *Victoria de Samothracia*. Mutilada como a Vênus de Milo, mais despedaçada ainda, a plástica da Victoria guarda, no que resta, a plenitude dos seus efeitos, porque são os de um símbolo, como o mármore da Afrodite mutilada mantém inalterável a sua serena beleza, soberana e completa, mesmo sem os artículos perdidos.

Tal não poderia ser, se a escultura fosse descritiva. Então, cada detalhe perdido seria uma lacuna real de efeitos, e as *Parcas* do Parthenon seriam sem valor. O boêmio destemido atira a sua apóstrofe irreverente às plaquetes do monumento encomendado: "Botas! Botas!... Onde já se viu estátua com esse ar de quem não sabe o que fazer de si? – Mas tem realidade!... replicam-lhe. – Ora! Realidade tinha o meu mirrado professor de literatura em futilidades, que nos fazia lições de baboseiras, e pretendia ensinar quando nos sufocava em rançosas pulhices literatas... Realidade tem toda banalidade e sandice... Quero realidade de alguma coisa que eu possa admirar! Uma escultura que me diga um Homem, e apresente a realidade de um Herói, pois que é a estátua de um herói." O boêmio será desabusado e irreverente, mas está com a verdade. Que é que significaria uma galeria, absolutamente real e exata, de um milhão de anatomias humanas, tiradas do trivial? Seria mármore para fazer caliça. A escultura, a mais plástica das estéticas, é a arte dos contornos, das curvas e das convergências. Toda realização escultural se faz numa conflexão de linhas, confluência de curvas, para *um* mesmo ajuste de partes, no sentido de *um* mesmo efeito. Esse efeito, se se produz, é o de uma evocação, cujo símbolo está na própria obra de arte como conjunto. No *Gladiador Moribundo*, em qualquer das *Afrodites* clássicas, da primitiva beleza rude à graça voluptuosa das praxitelinas, no Discóbolo, em Lacoon, ou em Niobéa, no Penseur, ou na Alegoria do *Muro dos Fuzilados*... em tudo que se esculpe, se é de valor, a fórmula é a mesma: as linhas se destacam e se tornam explícitas na medida em que concorrem para a intensidade do desejado efeito. Que é que, em Moisés, ou no busto de Homero (mármore do Louvre), poderia ser considerado estranho ao efeito geral e à evocação? E, sendo assim, compreende-se bem que as parcelas mutiladas quase não façam falta. O símbolo está no todo, e se o que resta é representativo dele, o símbolo subsiste na soberania da sua função. Pode a escultura desenvolver-se num monumento, multiplicado em ornamentos e plásticas acessórias: será toda uma frisa, ou a longa teoria alegórica do Nilo... A fórmula de estética é a mesma: os detalhes se condensarão na unidade de efeito; os contornos que conformam o símbolo serão curvas envolventes, conexas no focalizar a consciência para uma exclusiva evocação, e toda a energia do espírito irradiará daí em pura emoção estética. A escultura deve ser capaz de evocar e fazer sentir o íntimo do que é explicitamente apresentado, sem o quê será peso de bronze, ou mole calcária. Uma *Quimera* de Christophe: – suga a volúpia em que se transfigura a fisionomia daquele mesmo, cujas carnes se dilaceram sob suas garras... Pois não está aí a história veemente de todos que sonharam uma ambição, e gozaram, e palpitaram, e sofreram esse sonho?... Que um artista de gênio consiga tirar do barro as formas que Bilac evoca pelos versos de *O Brasil, Pecador*... ou Alberto, em *A Morte do Feitor*, Gonçalves Dias em *O Homem Forte*... e teremos símbolos que nos dirão, comovidamente, o que não se conseguiria de volumes inteiros em filosofias e sociologias.

Os efeitos estéticos da escultura se relacionam muito intimamente com as emoções que se desenvolvem no culto. Nem podia ser de outra forma: a escultura tem o melhor da sua origem na necessidade de dar forma ao objeto do sentimento religioso. As suas primeiras obras primas foram plásticas da divindade. Na divindade, idealizavam-se as perfeições humanas, sublimavam-se os sentimentos, subiam infinitamente as aspirações. O artista pedia ao seu gênio toda a beleza a que podia chegar, para nela fazer resplandecer cada um dos atributos que reconhecia na divindade, destacando-os bem fortes numa das criaturas do seu Olimpo. E nessa tradição estética ficamos, que daí não poderíamos sair. A escultura será, perpetuamente, a arte de perpetuar as belezas humanas para o culto, e, por isso, torna-se-lhe inerente esse caráter simbólico. Culto religioso a princípio, e logo o culto cívico, culto amoroso, culto de pura estética... Mas, sempre, sob a forma recolhida e intensa como é a da emoção religiosa. A rápida *terracota* de ornamento, o saxe miniatural e rendado, parecerão escapar a essa fórmula; mas, realmente, não deixam de ser símbolos – de graça, de um detalhe de gesto... Aliás, mesmo aí, o esculpido guarda o seu cunho – o culto da beleza no reduzido das proporções, da perfeição que é somente perfeição.

Aproximem-se desses princípios as produções da escultura atual; critiquem-nas na lucidez que a experiência estética oferece, e ter-se-á a explicação de tanto insucesso, tanta inutilidade na estatuaria monumental que cogumela pelas praças das grandes cidades. Onde o simbólico sugestivo daquele patriarca, sem fisionomia, sem vida íntima, pobre plástica de minueto?... Que querem ali, à roda daquele comandante de bombeiros, índios e capivaras, tacapes e tamanduás?... Que estesia se pretende realizar com toda aquela erudição, em torno do mastro onde suspenderam, sem proporções, o herói calmo da defesa republicana e da dignidade nacional? Cada *I-Juca Pirama* daqueles, cada *Anchieta*, é um motivo de dispersão, pois que não se vê *uma* síntese – não há condensação de plásticas para um mesmo simbolismo. Quem queria ter, dali, uma sugestão conjunta, há de, laboriosamente, fazê-la por si mesmo, e este esforço significará energia perdida para a admiração. Por que – aquela pesadíssima bandeira, que filtra bebês por um lado, e, pelo outro, expele não menos pesada mulher, acrobata sem trapézio, a balouçar-se por sobre o herói, que sempre foi singeleza, comedimento, bonomia e serenidade de vida íntima? Uma bandeira, – para quê? Para dar caráter nacional a Floriano? E aquela espada?!... O homem que achou, na sua recolhida alma de brasileiro, a definitiva resposta – *a bala*!... esse exige que lhe dêem à própria fisionomia a tonalidade de ânimo e vibração patriótica em que se fez tal resposta. O seu monumento seria um valor para a Nação Brasileira, como culto do seu herói, se, na contemplação dele, as sucessivas gerações pudessem achar uma forte sugestão de brasileirismo, de convicção patriótica, fulgurante na irradiação do espírito nacional. Seria a consagração ideal, triunfante, do homem que, respondendo pelo Brasil, soube ser brasileiro; e, no seu culto, a pátria se reforçaria, e se engrandeceria de mais em mais[53]. Um monumento não é um mostruário de símbolos: é um símbolo, e esse único símbolo deve ser emanação do tipo humano que nele se admira, realização sensível da idéia que nele se consagra. O símbolo que se vem pendurar por fora, como a amparar o herói, ou completar a idéia – tal seria um símbolo de insuficiência. No caso, cada um daqueles temas de erudição é turbador da verdadeira emoção estética e patriótica, porque, um monumento não pode ser assunto de exegese, e, a interpretação do amontoado, ali, exige uma quase exegese. Além disto, quando pensamos que entre os ornamentos se encontram figuras igualmente monumentais, tudo se desconcerta na consciência. Não se coroam deuses com

---

[53] Simbolismo a valer, ali, é o da matronaça que puxa o rancho, e, sem sair da sua espessa e solene matronice, aceitou a graciosa missão de aproar-se pelos séculos a fora, oferecendo-lhes aquela simbolicíssima rosa.

outros deuses; de um agrupamento de heróis, só pode resultar sombra para cada um deles: Anchieta é muito vulto para um pedestal, ainda que seja de Floriano. Os ornamentos de uma escultura não são para temas de sabedoria, nem ostentação de efeitos a esmo; têm que ser como o incenso, o cantochão, o erguido da ogiva... na emoção religiosa.

50. A PINTURA

Na pintura, a simbólica tem exigências especiais, porque aí a expressão se faz em condições também especiais. Toda pintura implica processo interpretativo, por efeitos de perspectiva; é uma necessidade a que o simbolismo dos quadros se tem de subordinar, e é daí que resulta o caráter alegórico (quando não caricatural), que tem, frequentemente, o símbolo em tela. E, com isso, prejudicam-se os efeitos sugestivos, desde que não é o tom alegórico o propositadamente visado. Toda alegoria é símbolo, mas, evidentemente, nem todo símbolo plástico pode ser alegoria. De fato, os efeitos alegóricos são relativamente escassos; e o pintor cuja mentalidade de síntese faz pender para a simbólica, deve cuidar em evitar o isolamento de traços, essa qual limpidez de composição, necessária e inerente à alegoria. O símbolo plástico, perfeito e completo, é, necessariamente, uma unificação de traços – dos traços definidores de uma personalidade, de um sentimento, de uma crise de espírito... Sua condição essencial é ser completo, sem ser dispersivo. A alegoria, mais pobre (menos estética, talvez, do que a caricatura) é o simples destaque de traços, como se disséssemos – a abstração no pitoresco, para limitado efeito, que se obtém, muitas vezes, por uma segunda associação, isto é, mediante interpretação. Daí, a redução no valor simbólico, se lhe fica o aspecto alegórico; daí, a limitada sensibilidade de um Corot, de um Puvis de Chavannes... Sejam exemplos as plásticas de *S. Genoveva*, no Pantheon. É isto o que diminui Rubens, se o aproximamos de Rafael, vigorosamente simbólico, ou de um Van-Dyck; é isto o que faz a diferença entre um Monet e um Carrière. Todo o gênio de um Rembrandt, luminosamente descritivo, não chega para dar a qualquer das suas figuras aquela melancolia das *Virgens* do simbólico Botticelli. Um símbolo fica, e vale, na tela, como o gesto daquele Cavalheiro do Ideal, de Rochegrosse – quando afasta com a mão sensações que, em vultos de mulher, vai encontrando.

Se procuramos os motivos psicológicos dessas diferenças, achá-los-emos, talvez, nas condições que assim se exprimem: o pintor de pitoresco, criador de quadros, é senhor de si mesmo; é um simples temperamento em face da realidade, com poder de senti-la em tudo que impressiona a sua visão; o grande realizador de símbolos é um escravo do seu gênio, preso às impressões com que a realidade se lhe condensa na consciência; o alegorista é um redutor de impressões, uma retina onde se simplificam as plásticas, para serem meros atavios da realidade.

CAPÍTULO IX
SIMBÓLICA NA LITERATURA

51. A PLÁSTICA NA POESIA

Como é fácil compreender e chegar à idéia, quando o coração se interessa! De fato, a consciência nunca é, ao mesmo tempo, plena emoção e pensamento analista, dissecador; mas, também é verdade – que um estímulo de afeto é, sempre, condição indispensável para o pensamento fecundo, porque o trabalho de idéias é uma realização, e, na atividade humana, não há grandes realizações, poderosas e fecundas, se não as alimenta o sentimento. Para conhecer e compreender as coisas, é indispensável que nos interessemos por elas, e, de certo modo, as amemos. A simpatia, que é a essência mesma da afetividade humana, cria um tal eretismo, que acelera e facilita o trabalho intelectual, a ponto de fazer admitir uma intuição direta das coisas, isto é, uma elaboração de conhecimento independente da razão servida pela análise. "As mulheres são bem mais intuitivas que os homens..." diz-nos a observação comum. Há verdade no conceito, que resulta de um fato perfeitamente explicável: nelas, a vibração afetiva é mais fácil e instantânea, mais à flor do ser, de sorte que, muitas vezes, antes de impor-se à razão, o objeto a conhecer foi colhido pela simpatia, e convertido em intuição. A tudo isso, G. Finnbogason chama de *Inteligência Simpática*. Não era preciso inventar o nome, nem criar essa inteligência lateral; os fatos com que ele argumenta, desde sempre, foram notados, e todo psicólogo conta com eles. O seu trabalho, no entanto, tem o grande merecimento de acentuar, bem explicitamente, muitos modos em que o afeto se insinua no pensamento, e lhe modela o conhecimento. Pena é que lhe falte o capítulo especial – pensamento e poesia, capítulo onde se acentuasse o que há de característico e próprio na elaboração mental do poeta.

A poesia é a plástica do pensamento – a idéia surgindo imediatamente das coisas e da vida, vibrando nas ondas de afetos com que se fazem os poemas. O poeta, o verdadeiro poeta, em verso, ou sem versos, julga e conhece – sentindo; a simpatia lhe embebe a consciência perenemente, dando-lhe à obra mental essa tonalidade emotiva, que é o seu mais acentuado caráter. Ao exprimir-se, o poeta se serve de palavras – dos símbolos significativos comuns; mas, em verdade, os sinais verbais, têm, aqui, uma função bem particularizada: não vêm simplesmente para exprimir idéias, a modo direto e comum, pois que as idéias, nas suas palavras, são, apenas, materiais e recursos com que ele, o poeta, constrói imagens e organiza símbolos sugestivos, correspondentes imediatos do seu pensamento, colorido e vibrante, e onde intensamente se reflete o ânimo das coisas... Houve um momento em que tivemos de caracterizar a função social e humana da poesia, e vimos, então, como, por ela, se reacendem as idéias, ao mesmo tempo que, em multiplicados estímulos, por novas formas se expandem e se apuram os sentimentos. Na voz do poeta, fala diretamente a vida e a natureza; a sua inteligência é uma forma de penetração intensiva na realidade, uma apreciação que ultrapassa as idéias, e vai à essência dos seres. É o *grande segredo aberto*, a que se refere Goethe. Para traduzir afetos, o poeta sente-os, e nos patenteia a própria realização deles; para fazer conhecer, não se limita à secura da idéia – definição mínima da realidade; "... cisma a isolada torre... e... no sol, o olhar de pedra abisma". *Imagens! Linguagem de poeta!*...dizemos. Esquecemo-nos de que – a linguagem é, por toda a parte, o próprio pensamento, que vai de consciência em consciência. *Imagem*, sim, e *pensamento*, também, e *sentimento*, porque assim é na poesia: o conhecimento se faz como necessidade do sentir; é uma definição explícita de afetos. Nesta imagem, o poeta sente e concebe a função do tempo – na sucessão vivida das coisas humanas. O tempo já lhe é saudade! A velha torre, animada nos pensares e lembranças do que passou... E, assim, ele nos leva a uma idéia que palpita, viva, na nossa própria vida. Agora, a voz de puro lirismo tem eflúvios de luz, a luz da idéia: "Era do coração, memória dele, oh! saudade, oh! rainha do passado, quando te falte gleba onde tu cresças, vem, sim, vem ter comigo... Entra meu coração, ocupa-o todo, fibra por fibra enlaça-ta com ele, desce com ele à sepultura, meu derradeiro amigo..." E o mesmo poeta da velha torre lhe responde: "Oh! a saudade, poeta, é uma ressurreição". Sim: quando aprendemos que a idéia deve nutrir-se no sentimento; quando, acompanhando-lhe o sentir, verificamos que a vida é sempre um bem, e que, nestas saudades está a riqueza mesma do coração. Com isto, refaz-se-nos a energia de viver, numa filosofia que é, ao mesmo tempo, paz, gratidão e estoicismo, em face do universo a que pertencemos. "Pálida estrela! o canto do crepúsculo acorda-te no céu... Ergue-te! eu vim por ti e pela tarde, pelos campos errar, sentir o vento, respirando a vida... Estrelinhas azuis... lágrimas de ouro sobre o véu da tarde, que olhar celeste em pálpebra divina vos derramou tremendo?... Criaturas da sombra e do mistério... eu vos amo!..." Um pouco de transporte, mais, e o poeta estaria a conversar com elas, como o realizava, depois, a sensibilidade daquele a quem era franca a *Via-láctea,* e vinha daí afirmando que "... quem ama pode ter ouvidos capaz de ouvir e entender estrelas..." Liberdades de inspirados... Todos amam, ou terão amado, mas, para a vulgaridade dos amantes, astros e céus continuam na sua eterna mudez. Ele, sim, por ser poeta, teria esse dom: sem nenhuma alucinação, comovido de amor, na visão estelar se lhe terá multiplicado a estesia, e a luz cintilante seria, também, um murmúrio inteligente para os seus ouvidos. No influxo de pensamento poético, como reflexo da sua emoção, na alma nos fica alguma coisa desta riqueza de afetos lúcidos; o viver adquire novos valores, simpatizamos com a ambiência, e este nosso mundo deixa de ser o simples fermentar de uma química banalmente complexa, ou o torvo agitar de almas penadas e desesperadas, e comunica-se-nos à consciência um novo ânimo, quando contemplamos o universo, através dos seus olhos: "Entraja-se de gala a natureza, e como um banquete à lauta mesa, ouço as risadas da manhã sadia." Outro cantará: "Eu, que espalhei por todo o céu meus sonhos!..." e os céus parecerão – de sonho e *poesia,* mesmo a quem não é poeta.

52. Imagens de pura descrição; imagens símbolos

Esta análise, que é, agora, especialmente de simbólica literária, continuará referindo-se principalmente à poesia, Aí se encontram, em toda abundância, os mais perfeitos e característicos dos símbolos estéticos. Convirá, por conseguinte, repetir algumas das seções, e completá-las, para uma definitiva apreciação. A poesia, já o sabemos, é essa capacidade de chegar às sublimidades do pensamento, e de dizê-las, sem as friezas e o nu das abstrações. O poeta idealiza em imagens; mas, dessas imagens, já o assinalamos, também: umas são puramente descritivas, concretizações picturais ou transcrições de modelos sensoriais; outras são funcionalmente simbólicas. "*O balanço da rede, o bom fogo, sob um teto de humilde sapé... um robusto alazão mais ligeiro que o vento* que vem do sertão..."; ou estas: "*Áureo turíbulo imenso,* o ocaso *em púrpuras arde...–* Que *berços d'harpas,* Clotilde, *te embalarão!–* O céu... *um teto de bronze* infindo e quente... o *sol fuzila,* e, ardente *criva de flechas de aço o mar* de areia." São plásticas e formas imediatas – em como as coisas foram percebidas e imaginadas; ao passo que, em outras formas, temos verdadeiros símbolos: "Deus fala às campinas em flor... A mente leva a prece a Deus, por pérolas, e traz, voltando atrás após das praias cerúleas, um brilhante – o perdão." Um pensamento de justo orgulho: "...a dor majestosa que incendeia dos eleitos a fronte, os vis deslumbra com o seu vivo clarão..." Outra nuança deste pensamento, noutro símbolo: "... *dans les cieux ouvrant ses ailes triomphales la blanche ascension des sereines vertus...*" Em desenvolvimentos mais extensos, vemos as imagens multiplicarem-se para um mesmo efeito de pensamento: "Criança... depois envelhece, fogem os róseos sonhos, o astro da esperança do espaço azul se escoa... Pende-lhe ao seio a fronte coberta de geadas, e a mão rugosa e trêmula levanta-se e abençoa..." Apesar de já não ser uma forma única, a evocada, podemos considerá-lo, pela rapidez dos traços, – *um* símbolo simples, em contraste com os longos desenvolvimentos simbólicos, – *Deusa Incruenta, O Portão da Chácara,* ou, mesmo, *Jó*... Nestes, o poema é uma seguida evocação de imagens, para sugerir, numa sucessão de efeitos combinados, todo um conjunto, que sintetize uma concepção ideal, um completo movimento afetivo, ou um personagem. *Terribilis Dea* é bem a simbólica de pensamento – as fortes imagens que se idealizam, para dizer-nos o horror da Guerra, e a sua grandeza; *Dentro da Noite* – canto do desejo, é transfiguração, em Eros, do mundo em que o poeta sente os seus frêmitos de amor, e onde há, para cada palpitação uma imagem, para cada anelo um acorde: "Dissipo a tristeza de tudo, por todo o espaço, e ardo, e canto, e a natureza arde e canta quando eu passo, só porque passo pensando em teu amor..." É um transbordar de afetos que tudo envolve – vida, natureza e energias. Phedra, Shilok... são simbólicas para fazer viver, completa e intensa, uma paixão, ou condensar um caráter completo.

Os símbolos simples já estão longamente estudados, nas páginas anteriores, e tão profusamente exemplificados, que nada mais seria para dizer, se não fora a necessidade de acentuar – que muitos deles são essas mesmas metáforas que se disseminam na linguagem, socializando-se como valores comuns de expressão: *boca da noite... ambição, matéria, pecúlio, polvo...* Todos esses dizeres nasceram sob a forma de sugestivas imagens, vividamente sentidas, ou majestosamente vestidas pela imaginação que as criou. Assim, poderosamente evocativas, elas cativaram as consciências e se vulgarizaram, até desbotarem completamente pelo uso, e tornarem-se *vocábulos*, para servirem de pasto, finalmente, às laboriosas e fúteis elucidações etimológicas. "Neste *ramo* de conhecimentos...", diz um qualquer entre nós, tristes e áridos dissertadores; certamente, foi de poeta o símbolo, para corresponder sugestivamente ao conceito – da progressiva expansão do espírito humano, qual o desenvolver da árvore que se multiplica em *ramos*. Há, na vida dos símbolos popularizados, uma fase de transição, bem interessante como psicologia: essa mesma em que eles morrem, isto é, perdem o poder evocativo, no enxurro da linguagem que deles se apodera. Leia-se uma qualquer das peças oratórias, dos usuais líderes políticos. Será o perpassar de imagens cediças, tiradas rançosas, chavões que pela ênfase da aplicação se tornam ainda mais banais e inexpressivos: *senda* do progresso... *peso* das responsabilidades... *revestir* de brilho... *rédeas* do governo... ver por um *prisma*... *tapete* da discussão... os interesses *vitais* do país... ouvir os ditames do patriotismo... a verdade eleitoral... e todos os fúteis recursos com que o pensamento vazio e insincero pretende elevar-se e ser eloqüente. Para aí se voltam, por necessidade essencial, todos os que deveriam pensar, mas têm de viver no desprezível arremedo de idéias, dessa ridícula farandulagem verbal. São criaturas que perderam, quase, a capacidade de ser impressionadas pela realidade, e tirar dela apreciações e conhecimentos. Fazem, com os resíduos das outras consciências, o colorido lustroso e mal combinado de uma inteligência pêca[54], ou ausente. Desamparados da idéia em valor pessoal, medindo os efeitos de elocução pela retumbância do período e o empolado da frase, tais dizedores só dão valor à expressão quando a tenham ouvido, nesse mesmo tom enfático em que falam. Para eles, não é nem a originalidade do pensamento, nem o poder sugestivo da imagem, o que prevalece; nem mesmo podem apreciar tais coisas. Empregam a expressão *preciosa* conhecida, como a velha megera se cobre de gazes e rendas – para ser graciosa. A virtude plástica da imagem, os seus efeitos evocativos, perdem toda significação, e eles chegam freqüentemente a monstruosidades de expressão, descabidas, ou erradas para os próprios gramáticos: "O homem e a mulher no mesmo pé de igualdade... Vê por um prisma todo obscuro... Escreveu nas águas do Paraguai com a sua espada... Estremeço a minha pátria... A história... como terreno para estudar as questões cambiais... Meter ombros à empresa..." Assim se amesquinham e aviltam primores de pensamento plástico e colorido. Quem pedisse à imaginação o valor exato das expressões simbólicas, poluídas no falar desses dissertadores, chegaria a uma visão de monstrengos, se o vazio do pensamento e o ridículo da linguagem tivessem solidez para suportar qualquer construção, ainda que de monstrengos.

---

[54] N.E. O autor parece querer dizer "pequena".

53. O LIRISMO BRASILEIRO

Agora, como símbolos literários, estudaremos os conjuntos simbólicos, nos três tipos já indicados – de pensamento, de sentimento, e de caráter, onde tudo se unifica. Cada uma dessas direções gerais se multiplica em particularizações; mas, aí justamente, nas particularizações, verifica-se quanto é difícil distinguir o símbolo poético, para considerá-lo no regime do puro pensamento, ou simplesmente como sentimento. Não esqueçamos que a poesia é pensamento ungido em afetos, o sentimento no fulgor da idéia. Em certos casos – *Uma Criatura, A Torrente, Primeira Migração*... as plásticas evocadas valem exclusivamente para idéias; noutros, *Lira Quebrada, Desejo* (de J. Freire), *A Alcova*... há somente sugestões de afeto e paixões, mas, na generalidade dos poemas líricos, como em – *A Selva do Leão, Benedicite*... há sentimento, sublimando-se no pensamento, ampliado e intenso, pelas idéias de que se enriquece. Neste modo, as particularizações simbólicas se multiplicam em formas e objetos: imagens dos seres amados na natureza, das criaturas queridas, ou detestadas, plásticas para traduzir, ao mesmo tempo, modos de sentir e de pensar, para tornar sensíveis as crises afetivas e as situações morais. Esse é o vasto reino do lirismo, o mais propício para a simbólica, e onde se afirma gloriosa a nossa literatura.

No Brasil, a grande expressão sempre foi a voz da poesia. Agora mesmo, nesse rápido rebuscar de modelos e referências, não houve como fugir ao deslumbramento, que nos deixa essa linguagem de paixão iluminada, e o deslumbramento logo é volúpia, embriaguez... Arte e pensamento, sonoridades e conceitos, visões e frêmitos... Sensibilidades ricas e intensas, que, de imagem em imagem, vão levando a idéia e a exaltam em novos valores, para afirmar e convencer; conceitos e afetos que se esculpem em formas vivas, e, com essa virtude de vida, sugerem, comovem, seduzem, convencem...: "Tal os sepulcros colora, bela aurora... – A corrente impiedosa a flor enleia, leva-a do seu torrão... Pobre planta esquecida, sem virações... – Erguem-se as flores trêmulas de orvalho dos vales no regaço... – Como a estrada que os séculos trilharam, está calejado o teu bom coração... As tuas áureas cordas, onde pulsava o prazer e a vida, estalaram por si... – A luz do alamparido estala, cresce, expira, após ressurge, como uma alma a penar... – Roma... como a barca de Cristo... irá nas ondas dos séculos boiando... – Branca e triste gaivota, alma nos mares errantes... – O Paraíba... monstro a levar na garra troncos, pedras... traz dos sertões que andou, cânticos e perfumes, um ninho, um fruto, um ramo, um leque de palmeira... – Quem vai o píncaro galgando... do horizonte infindo, nota que, à proporção que vai subindo, se vai em torno o círculo ampliando... – Perfeição!... Amo-te, cobiçando-te... rondo-te, e arquejo, e choro, ó cidadela! Como um bárbaro uivando às tuas portas!..."

De quase todos os nossos grandes poetas, podemos dizer o que já dizia Gall, falando de Goethe: "Não pode abrir a boca, sem que uma imagem se produza." Imagens do próprio sentir, imagens do mundo onde vivem. São os verdadeiros reveladores da natureza como a possuímos, porque são eles que fazem brotar as ondas de simpatia com que a ela nos chegamos. Palmeiras e gaturamos, florestas e tabuleiros, vales e praias, tardes e céus... tudo isso que amamos, nós o encontramos nas suas imagens; delas fizemos os nossos símbolos de afeto à terra-mãe, e é justo admitir que nenhuma poesia será mais pujante de plásticas, mais viva em movimentos de ternura. Se não o percebemos desde logo, será que a sensibilidade já se nos embotou de tanta imagem? Foi por isso, talvez, que, em certo momento das suas críticas, um dos nossos consagrados chegou a dizer, há vinte e cinco anos: "... falta à nossa literatura, no momento presente, sinceridade. A decadência evidente [55] da nossa poesia pode bem ser não ter outra causa. Compare-se, por exemplo, a poesia dos dez ou mesmo dos quinze últimos anos, com a do período de 50 a 60, dos Gonçalves Dias, dos Casimiro de Abreu, dos Álvares de Azevedo, dos Junqueira Freire, dos Laurindo, e se notará como a sinceridade da emoção que transborda naquela, falta quase por completo na de hoje... Essa falta proviria, acaso, de uma descorrelação do meio e do escritor... de um elemento permanente de boemia, quando a boemia é um anacronismo ridículo, nas nossas letras." A linha final explica, em grande parte, a extravagância e a injustiça dos conceitos. Para o crítico, todo escritor que não *letrasse* no regime de sua mentalidade, era boêmio, para quem ele reservava dessas eliminatórias, quando não lhe dava o puro desprezo. Como, de outra sorte, admitir-se que ele encontrasse evidente decadência na poesia que era Machado de Assis, Luiz Murat, Alberto de Oliveira, Luiz Delphino, Olavo Bilac, Medeiros de Albuquerque, Pedro Rabello, Raimundo Correia, Emílio de Menezes?... O decênio em que essas vozes se encontraram juntas, foi, até agora, o mais glorioso da nossa poesia; o crítico, porém, acredita justificar-se, com a enfática alegação de falta de sinceridade na emoção... Pasmemos, para não ceder à irritação. Então: pode haver emoção sem sinceridade? Ha-

---
[55] José Veríssimo, *Estudos de Literatura Brasileira*, T. 11, pág. 11.

verá quem negue emoção e sinceridade a essas páginas, que são como *Versos do Coração, Mãe, Missa da Ressurreição*, toda a *Via Láctea, Flores da Serra*... para não referir senão o que já era esplendor da época? Que é que ele chama *sinceridade*, em *Tentação de Xenócrates, Paraíba. Exortação da Floresta, Versos a um Artista*...? Aqui, toda a sinceridade de artista com que o poeta elevou a sua plástica à altura do pensamento, e na perfeição que conseguiu realizar.

Pensaria, o crítico — que sinceridade de emoção poética significa realidade e materialização dos afetos cantados? Imaginaria ele que os Casimiro de Abreu, os Álvares de Azevedo... passaram por todas as formas concretas e as fadigas reais dos transes que gemeram, e dos espasmos que deixaram nos seus versos? Há romances vividos... há poemas sentidos e cantados. Se estes nos enlevam e comovem, valem absolutamente como sinceros; nem outro critério se conhece para dar esse preço à obra de arte. Ao crítico, sim, é difícil demonstrar sinceridade... ao poeta, não. Se vozeia inspirado, se à sua voz dá sentimento, é como se mostrasse o íntimo coração, que tudo tem de estar aí, para que haja sentida inspiração. Não podemos pretender que a realidade afetiva tenha para o poeta significação limitada como para nós outros; ele é sincero — real em si mesmo, desde que sente necessidade de expandir sua vida de afetos. Se é poeta, todo o talento — o dom essencial dele, está justamente em poder realizar este milagre: sentir plenamente, em toda a sinceridade, no sublime radioluzir da imaginação, sem a necessidade de a subordinar ao quadro objetivo que o destino lhe tenha feito. Nutrido o talento numa sensibilidade superior, ele, o poeta, dá plástica às paixões, para senti-las e gozá-las nas formas puras que criou; transmuta em símbolos a natureza, a vida, o universo, e vive, assim, portentosamente, o que nós outros chamamos os seus sonhos. Nem por isso, deixam de ter realidade estes sonhos, nem são menos sinceras as paixões cantadas e as tragédias vividas nas suas rimas. A nossa percepção banal e grosseira não as reconhece, que elas se fazem da própria essência do estro. O poeta encontra beleza onde só vemos banalidade, faz grandeza e tragédia do que, para nós, é vulgaridade. O trágico, que se transporta à sua obra, está realmente no fato de que o mundo não é feito de poetas, e não se pode ajustar a eles. Por vezes, o gênio não tem a força bastante para conter-se, e o drama do sinistro desacordo transparece. Noutros casos, os mais intensos, a tragédia se contém; é o poeta na sombria companhia dos desencantos de pensamentos, e desejos vãos. Então: porque estes viveram a vida externa como toda gente, e não levaram para o claustro a sua adolescência, ou não ostentaram um casamento contrariado, não são sinceros quando se exaltam de amor, quando festejam esperanças, quando pranteiam desilusões?!...Nenhum engenho de mero literato poderia produzir as obras-primas da nossa sinceridade. Leiam-nas além das rimas, leiam o que é alma, nelas, e encontrarão, em intensa eloqüência, os símbolos de horas trágicas — tempestuosos desejos, aspirações mal compensadas, pávidas perspectivas... o homem sofrendo por todos os seus nervos, as ânsias de revolta, as melancolias lúcidas, as forçadas regressões de ideal... Já meditou, algum dos nossos críticos — no que deve ser para um desses talentos de temperamento, a pena de viver a mesquinhez que lhe é dada? E a mesquinhez se faz tortura. "A felicidade? — Um sonho de juventude realizado na maturidade.." Quando é que este nosso mundo pode dar aos seus poetas a *aspiração sonhada*? Felizes, sim, esses *amados* do destino, que, com a mocidade e o gênio, levaram para a morte as legítimas aspirações. Felizes, ainda, os que fizeram da ida objetiva uma tragédia perceptível aos críticos, e onde a cegueira pode apalpar a sinceridade. Felizes porque, ao menos, sentiram realidade nos seus sonhos, e não tiveram de sofrer fantasmas de dores, no ofegante desejo que nenhum Tântalo terá conhecido.

    Sentir em si o de que se cria *O Desfecho*, ou *Deus Impassível*, ou *A um Poeta*, ou *A Avenida das Lágrimas*... e ter a serenidade de julgamento para compreender o que este nosso viver pode permitir como realização!... E começa a verdadeira tragédia: "...anos de silêncio e de tortura... de agonia e de solidão... o Ideal perdido!... As horas vividas sem prazer!... a tristeza do que... tem sido... e do esplendor que deixou de ser!..." Quando, finalmente, flameja o *Horóscopo,* sobem as vozes *Dentro da Noite,* ou murmuram as *Respostas na sombra...* E ainda a crítica não lhe acha sinceridade de emoção!... Não estranhemos que os nossos líricos tenham feito de si mesmo, ou da Natureza, apenas, o objeto principal dos seus cantares. Havia muita desproporção entre a sua visão de humanidade e a humanidade que para eles se realizava. Com tudo, foram sempre grandes vozes de expressão; produziram-se como grandes reveladores, porque foram sempre criadores de símbolos. No seio da Natureza, o *longo braço imerso.* Sincero, Álvares de Azevedo? Sim; mas não tanto a gemer saudades, como quando, pela *Meditação*, vai com o seu panteísmo de poeta: "...n'alma sinto que essas tardes e brisas, esse mundo que na fronte do moço entorna flores... tem uma alma, também, que vive e sente... A natureza bela e sempre virgem, com as suas galas na... aurora, suas mágoas na tarde... e essa melancolia... do luar, não é apenas uma lira muda, onde as mãos da natureza viva, nessas folhas e vagas, nesses astros, nessa mágica luz que me deslumbra... palpita por ventura um almo sopro... À flor dá a ventura das auroras, os amores do vento...ao mar a viração, o céu às aves,... sonhos à virgem, e ao homem... essa flor que inda murcha tem perfumes... o amor..." Sincero, sim; mas não é menos sincero o poeta que vê, "fronte ao sol... alucinado... trôpego, aos tombos, um desesperado, um doido que pergunta: *É isto a vida?* Folhas ao sol, verdes árvores cheirosas, e ao vento as frescas pétalas vibrando, lírios e jasmins e rosas. E asas ao sol... as tagarelas aves aos milhares... parecem dizer: É isto a vida!..."

54. SÍMBOLOS POÉTICOS SIMPLES

Imagens, visão e movimento, idéias vibrando, sentimentos ao vivo... É essa a nossa poesia; é essa a eterna poesia. Cantores vedas, inspirados da Hélade, trovadores de castelãs, liras da renascença, clássicos e românticos, cinzeladores, ou decadentes... Gonzaga, Gonçalves Dias, ou Bilac — se são poetas, são assim poetas. E assim será eternamente — organizadores de plásticas e de símbolos, plásticas que sublimem os sentimentos, símbolos que sejam luz para a idéia, vida e modelo para os afetos.

> *Le délice éternel que le poète éprouve*
> *C'est un soir de durée au coeur des amoureux*

Sully-Prudhomme o diz por si e por todos os outros. Podia dizê-lo, porque é verdade; mas não era preciso. Todo amante sabe onde buscar, nas horas de paixão, mais vida para o coração, mais vibração para a sua ternura. O lirismo é a grande fonte dos êxtases na terra. Criador de beleza para o espírito, o poeta, no sentimento, dá a própria vida para que outros se exaltem, pelas emanações em que se faz essa aliança do pensamento à emoção. Nisto — na irradiação de afetos pelo pensamento, os nossos líricos são privilegiados: "Musa do sentimento, nova musa a quem vai todo o meu pensamento... mãe dos meus melhores versos..." Assim se exorta a si mesmo, aquele em cuja lira ressoam idéias por todas as cordas.

A sucessão de rubricas — símbolos de criaturas e de coisas, queridas ou repelidas, de modos de sentir, de crises... de conceitos e de fenômenos... tais designações se fazem quase a esmo, sem pretensão a classificar as formas simbólicas dos nossos poetas. Houve um momento em que tentamos deixar uma lista sistemática de símbolos; mas essa lista tinha um caráter todo objetivo. Dentro dela, o temperamento do poeta, pelos seus motivos de inspirações, multiplica os tipos simbólicos. Hugo faz da palmeira o símbolo do poeta: "... *palme qui grandit, jalouse et solitaire."* ... Castro Alves — "Uma palmeira — Deus!..." Bilac: "...Palmeira, não susténs um ninho... tédio, orgulho, desdém... desgraçada sorte: a avareza da sombra e da piedade." Gonçalves Dias procura na palmeira o pouso de gorjeios; Alberto de Oliveira vê, nela, a majestática beleza, a glória de quem, só, por si se eleva: "Só de meu cimo, só de meu trono... sentir romper do vale e a meus pés... dilatar-se e cantar a alma sonora e quente das árvores..."; e vê, ainda "—Aspiração, amor, e tristeza, e saudade!" Quando, porém, se trate de um desses afetos privilegiados, os símbolos irão na mesma direção, sem perderem, contudo, da riqueza que encontrarão em cada temperamento: "Pensamento de mãe é como o incenso que os anjos do senhor beijam passando..." Tal imagem que o poeta faz para si mesmo, para representar, num frêmito de enlevo, a essência da alma materna. No estro de outro, a ternura filial virá nesta imagem: "como as flores de uma árvore silvestre se esfolham sobre a leiva que deu vida a seus ramos... ó minha doce mãe, sobre teu seio deixa que desfolhe também, frias, sem cheiro, flores da minha vida.." Contra a sua consciência de monge, Junqueira Freire não hesitará em dizer, neste movimento de desvario, a força da paixão maternal: "Os extremos de mãe são assim! Blasfemei desse Deus que arrancava de meus braços meu filho querido..." Calmo, na ternura que já é êxtase, o poeta da *Via Láctea* faz subir o seu amor filial "... às estrelas trêmulas... numa infinita e cintilante escada... Tu, mãe sagrada! Vós também, formosas ilusões... leis por ela como um bando de sombras vaporosas..." Este outro, sempre olímpico, se se entrega à contemplação da ternura, tem a pura imaginação de um filho: "...MÃE — Talvez se abriu com a luz da tua aurora um sol de amor, teu santo olhar dourando... Dessa adorada face... veio a luz a meu pai, luz que ainda agora vai seu pálido inverno alumiando... Mãe... com teu sábio exemplo nos governas, e nós beijamos essa face ungida e orvalhada de lágrimas eternas."

55. Símbolos de conjuntos afetivos

Quase todos os exemplos apontados, até aqui, são de símbolos isolados. Não há necessidade de buscar outros modelos. Na designação de símbolos literários, consideram-se, principalmente, as concepções que, num conjunto de evocações, por um multíplice efeito sugestivo, levam à representação de uma síntese, — afetiva, ou puramente intelectual. Um dos mais completos e poderosos, dentre esses símbolos de conjuntos, é, certamente, o livro de Jó. Aqui, já deixamos indicados alguns, bem característicos, da nossa poesia. Juntemos-lhes a apreciação explícita de dois ou três, de simbólica bem nítida.

De quantos sentimentos agitam o coração do homem, nenhum se tem ilustrado em mais copiosos símbolos do que o ciúme. É natural. Riquíssimo de misturas — amor, ódio, desejo, vingança, humilhação, despeito... ele se desenvolve da ternura zelosa, ao desespero suicida e assassino. Heterogêneo de tonalidades — imagens de gozo, tecidas em rancor e despeito, o ciúme tem, a realçar-lhe a riqueza afetiva, a veemência, a fúria egoísta, que falta, por exemplo, à saudade, igualmente *agridoce, delicioso pungir*. Shakespeare simbolizou-o definitivamente, na horrenda imagem de Michelangelo — *monstro de olhos verdes*... e consagrou-lhe, em simbólica imagem, toda uma alma de herói. Otelo será para sempre, enquanto na terra houver corações para amar e sofrer, o símbolo vivo do ciúme. Na nossa poética, no entanto, encontra-se uma admirável plástica animada, para simbolizar a crise de ciúme: "Jura, enfim, que hás de, essa espada vibrando, a mulher amada, por tal suspeita afrontada, com sangue desafrontar. —Ai de mim, que hei de esta espada contra mim mesmo voltar!" Símbolos tais, toda uma cena, são particularmente evocadores, pela vida que comunicam. Aliás, em Raimundo Correia, a simbólica é sempre em sugestões de movimento. "Deixa-me, ébrio de ti; deixa-me, Flora, haurir-te a essência, o espírito suave, e, em êxtase, beber tua alma inteira!" — é um outro símbolo seu, do gozo estético que lhe dá esse aspecto da natureza viva.

O HÓSPEDE — É um simbolismo sob a ingênua trama da parábola. Não perde, por isso, de virtude. O forasteiro — o *hóspede*, um eivado de civilização, em ânsia de viver, encontrou, na simplicidade rústica, amor, possibilidade de singela ventura... Em vão: para ele, nem mais — "O fantasma sequer de uma esperança"..." Símbolo de uma idéia moral, em filosofia trivialíssima. Mas o vivo das imagens, a intensidade do sentir, o movimento de realidade poética em que os quadros se sucedem, tudo isto tem um tal poder de sugestão imediata, que as intenções últimas do símbolo são esquecidas, porque a consciência engolfada nas ondas de plástica, retida nas tonalidades de colorido e de afeto, nada mais exige: "...chegaste... Era noite!... A tormenta além rugia... gemidos longos, delirantes... Entraste! A loura chama do brasido lambia um cedro crepitante. Eras tão triste ao lume da fogueira... Que eu derramei a lágrima primeira ao enxugar teu manto... Onde vais... porque deixas esta... cabana? Se quiseres... as flores do silvedo verás nas tranças da serrana..."[56] Bóia em teus olhos a esperança morta... Não partas, não! Aqui todos te querem!... Quando à tardinha volves da colina, sem receio da longa carabina, de lajedo em lajedo as corças descem!... Se partires, quem será teu amigo?... Que família melhor que meus desvelos?... Que tenda mais sutil que meus cabelos, estrelados no pranto dos teus olhos?... No entanto *Ele* partiu!..."E a imagem e o sentimento fizeram a sua obra de poesia.

Em Gonçalves Dias, os conjuntos simbólicos têm sempre essa estética medida, apesar do romantismo em que se envolvem; e a sua plástica parece-nos, então, relativamente pobre... Não pobre, mas escolhida. Nele, a exaltação é meiguice, ternura... fervor, pranto... Tem *meigos cantores*... mesmo na turba selvagem; o seu estro se faz em *delicadas cordas de harpa*... Um símbolo bem característico da sua poesia — ROSA NO MAR. Pura sugestão de afetos. "Numa praia arenosa... uma donzela... Brinca o vento nos soltos cabelos dela... Não volteia, não gira, não foge a brisa... Em seu pensar embebida, tinha no seio uma rosa melindrosa... Ia a virgem descuidosa, quando a rosa do seio no chão lhe cai: vem um'onda... que impiedosa a flor consigo retrai. A meiga flor sobrenada... A virgem não a quer deixar! Bóia a flor; a virgem... vai traz ela, rente, rente, à beira mar. Vem a onda... vem a rosa; foge a onda; a flor também... Se a onda foge, a donzela vai sobre ela! Mas foge, se a onda vem... Não quer deixar de insistir... Nisto o mar que se encapela a virgem... recolhe e leva consigo... Nas águas alguns instantes, nadaram brancos vestidos... Um doce nome querido foi ouvido... Toda a praia perlustraram, nem acharam mais que a flor na branca areia" [57]. Todo o símbolo está no evocar da

---

[56] Tranças e lianas... são imagens constantes na simbólica de Castro Alves.

[57] O movimento característico desta poesia é mal reproduzido no Beija-Flor, de Tobias Barreto. Para reconhecê-lo, bastará ler um dos poemetos — logo se faz lembrar o outro, apesar de que Tobias tenha anulado completamente a simbólica de Gonçalves Dias, com o substituir o mar por um mimoso beija-flor, que teve, aliás, de ser teimoso, como o próprio mar, como o exigia o movimento do quadro reproduzido. Com a substituição, foi-se toda a tragédia, agora reduzida, miniaturada nas duas pomas da mocinha, e que lhe saltam do corpete, para epilogar aquela luta — "forte luta, luta incrível..." De fato, é incrível!... Na vida, aquele corpo-a-corpo nada lembra, a nada corresponde. As imagens em que o poeta insiste ficam, destarte, sem emprego simbólico, a menos que as evoquemos para simbolizar o quase clássico *On ne badine pas avec l'amour*... O beija-flor teimoso servirá para sugerir que, em tal brincar, desfolham-se as rosas, muitas vezes. Demais, as pomas eram aleijadas, por inconhas, grudadas, uma na outra...Mas para o frouxo de redondilhas em que vem o símbolo, não se pode exigir mais beleza de seios. G. Dias, artista a valer, sugeriu, pelo metro e pelo ritmo dos seus versos, o característico dos movimentos que descreve; Tobias Barreto, indiferente a tais efeitos, admite que a enxurrada dos populares sete-sílabos bastará para tudo.

tênue tragédia — nesse mar que atrai, seduz... retrai a flor, arrebata a virgem... e de cuja voragem só resta a *flor, na branca areia*... É a romântica sugestão do mundo, a voragem da vida. É o símbolo, principalmente, do temperamento do poeta, e do sentir de uma época. Em MISÉRRIMO, Gonçalves Dias leva o seu romântico simbolismo mais para o pensamento; o sentimento se fecha na revolta, o ciúme, o desespero... ávidos de um amor que *era mentira*, e a paixão dá às imagens, nas sugestões circundantes, um vigor de fúria, uma plástica erguida e tersa. Abre a cena um *robre secular,* em *rábido tufão*. A tragédia é toda no coração do homem — amante. Aqui, ele aparece na vida *como a concha que o mar à praia arroja.* "Cresceu qual a planta em terra inculta... Infante viu de roda sepulturas em que não atentou. Viu belo o ar, e terra, e céus, e mares; viu bela a natureza como a noiva sorrindo em breve dia de noivado!... Sonhos de puro amor, sonhos de glória... no peito um mundo de esperanças; sentiu a força em si... Qual a águia que nas asas se equilibra, começou da vida a senda. Um monte... subiu... Inda mais outro, colossal... Íngreme... Costeou; mas cansou, que era sozinho! Sentou-se.. A cabeça inclinou. Fome e sede curtiu... Muda era a sua dor — de homem que sofre, que chora isento de vergonha ou crime. Encontrou mais além... bela na sua dor... figura virginal... Esqueceu-se de si... Nova força criou... Contra seu peito do frio a protegeu... tomou nos braços... e ela pode viver... Disse que o amava... era mentira! E ele a conheceu!... — por precipícios... se arrojou... só, no morrer, na terra se estendeu... Alguém, vendo um cadáver de sanie e podridão comido e sujo, com o pé num fosso o revolveu... terra caída ao acaso o sepultou... Tudo é vão...exceto a morte." Levemos o símbolo para o estoicismo: *Alivia-te do desejo e serás feliz!* A filosofia em fórmulas, ou em símbolos, é sempre discutível; mas o valor da imagem é definitivo e eterno, nessa eternidade coeva das consciências; e é isto o que neste momento nos interessa.

CADÁVER DE ÉBRIO — Um cadáver faz o motivo de simbólica bem diversa, em Alberto de Oliveira. Diversa como idéia moral, diversa como substrato de afetos. O poeta — a plástica mais opulenta da nossa língua, na sua longa série, tem símbolos mais fulgurantes e coloridos, e estuantes de sentimento, e animados de pensamento. Este, porém, deve ser notado pela impassibilidade aparente, a propositada fatura, para o refulgir exclusivo da idéia — no *universo eterno*, a *lei que em movimento* faz a evolução *infalível.* Os toques de sentimento são bastantes, apenas, para exaltar a inteligência, na contemplação do perpétuo refazer das coisas e da vida. No seio animado da

Natureza, tudo se absorve, para o intérmino transmutar de atividade; e nesse transmutar aproximam-se contrastes, que seriam sinistros para as consciências que se limitassem a puras visões humanas. Mas o símbolo se eleva: é contemplação superior, onde tais contrastes se fundem no meditar de calma filosofia. "É um ébrio!... Que importa!... Ébrio ou não... ora é uma coisa morta... Para fora da estrada, alguém... pegando-lhe de um pé, lembrou-se de o levar, e o deixou... num chão de urtiga brava... Assim, isto acolá... das plantas que se enfloram cercado o corpo mole, disséreis ... — um fauno adormecido. Dentre os braços.. o mato em hastes sai; dois lírios, aos seus pés, num pouco d'água vicejam; por seu ventre uma lesma arrastando-se vai... Uma abelha... sobre o lábio pousou-lhe... e colheu a vida... a derradeira bolha de um vômito, a supô-lo o néctar de uma flor. Dos ramos através filtra-se a luz radiante do sol... das moscas o enxame já vem... fresca e vivaz brota a vegetação... aquela coisa imunda vai pouco a pouco entrando em decomposição... Do seio da terra um formidável canto sai...: Alma!... Vai!...Remonta-te além, sobe à azulada esfera... e da estrela mais pura anima a primavera, transformando-te em rosas. E tu, parte brutal... apodrece, fermenta, esfaze-te... agora, és como um tanque infecto... dissolve-te... Vem ser água do céu, vem chorar ao sorriso da madrugada clara! Apodrece de vez!... Outro estado esparsa vem gozar; dás p'ra chuvas... dás p'ra flores que em junho a terra hão de enfeitar. Vem!... Carne abjeta, escuta: quem te fala é a Natureza eterna!"

SALUTARIS PORTA — um dos últimos estios de Bilac; encerra, se não o mais belo, pelo menos o mais profundo simbolismo de motivos íntimos, em que a filosofia do poeta nos aparece. Em si mesmo, o poema tem um duplo interesse: resolve-se num *símbolo*, que é todo *feito de símbolos*. A conclusão sugerida no final pediria meditação, se o desenvolvimento simbólico anterior não fosse condizente para essa conclusão: o amor não vivido, e que se faz estímulo de canto. "Para conter aquela imensa chama, os nossos corações eram pequenos: tivemos medo da paixão... E ao menos não vimos tanto céu mudado em lama! O velario correu antes do drama... E não houve perfídias nem venenos entre os nossos espíritos serenos, que a saudade do prólogo embalsama... Amor... sonho que expirou tão cedo, soçobrado no porto antes do surto!" Sucedem-se assim as sugestões lúcidas e comoventes e, por elas, o grande símbolo se torna igualmente transparente: "Feliz o idílio que não teve história! Salvando-nos do tédio, o nosso medo foi uma porta de ouro para a glória!"

56. Símbolos complexos

A poesia pode ascender ao vértice do pensamento, e servir-se, nos seus conceitos, de valores mentais equivalentes a todas essas transcendentes idéias de que é feito o formulário das majestosas abstrações; pode ser sociologia, ou filosofia, com a condição, porém, de que no pensamento haja uma qual infiltração afetiva, um permanente estímulo de sentimento, e, com isto, que as idéias se evoquem no interesse plástico das imagens, com a clareza que a representação das formas oferece. Poeta, nos seus versos e fora deles, Guyau foi sempre um grande filósofo. Igualmente filósofo, até com eiva de metafísico, foi o grande artista do VASE BRISÉ, símbolo que já deveria ter sido lembrado aqui. Finalmente, em todo verdadeiro poeta, há muita filosofia. Mas, a poesia, numa língua de abstração e sínteses verbais, perderia o melhor do seu encanto; nem seria poesia inda que lhe dessem a mais apurada das métricas, com o cortejo deslumbrante das rimas bem *ricas* e preciosas. Poesia é sensibilidade e plástica; quando aí se assimila a idéia, temos a verdadeira glória da estesia: luz, cor, e movimento de formas em beleza, porque o pensamento é movimento, que agora se destaca e adquire novo valor, no feérico das imagens.

Foi um momento em que tivemos de acentuar o como todos nós possuímos, entre as idéias individuais, um grande número correspondente a concepções ou ajuizamentos peculiares à nossa experiência pessoal, e que, realmente, só servem a nós mesmos, como valores *subjetivos*, para a elaboração do pensamento próprio. Tais idéias, que, na generalidade dos casos, nunca serão valores sociais, têm, como vimos, uma simbolização personalíssima, de origem natural — por *semelhança, ou ocasional*. Ocasional, como aquele símbolo em que evocaríamos a idéia subjetiva quanto ao *desaparecimento do indígena* em contato com o adventício. E a isto nos referimos, pondo em confronto um símbolo pobre e o símbolo que, para a mesma conjuntura de pensamento, se formou na mente de um poeta, TAPIR, de Bilac. Aí, como se enriquece a idéia, desenvolve-se e multiplica-se o símbolo. É um monumento — em plena vida: pela harmonia e magnificência da composição, a condensação de almas e a intensidade de sentimentos, que se evocam para animar e colorir o pensamento. Tudo isto, no cenário augusto da floresta abandonada, num horizonte de serranias, com a perspectiva de abismos, realiza uma evocação comovida e sublime, onde se grita o horror da grande injustiça, e soluça a saudade, nutrida de toda essa herança de rota melancolia, que a raça infeliz nos deixou no sangue e na própria alma. Qual a função do símbolo aí? Em que influi a poesia, quanto ao pensamento?... Esse mundo que eles, os poetas, iluminaram e reviveram nos seu poemas, é, para nós, objetivamente, uma história apagada, onde só se destacam ferezas, vilanias e gemidos... O que conhecemos, das pobres gentes e da sua história, é como penumbra e confusão; assim existiram elas, para nós, até que uma luz cruel dissipou toda penumbra, queimando o que era sombra, e que, surdamente, ainda vivia. Foram tais símbolos — Peri, Itajubá, Tapir, I-Juca Pirama, Lindóia, Potira... que deram alma a essas criaturas de névoa e confusão, que em névoa nos aparecem, mesmo quando vieram projetar-se portentosamente, decisivamente, nos nossos destinos. Que é, para nós outros — Araribóia, Arco-Verde, Pindobussu... e o próprio Camarão?... Menos do que mitos, ou, antes — o contraste de mitos. Este é o ânimo heróico, fulgurante nas consciências como estímulo de afetos, mas que, talvez, não viveu; aqueles, nossos, foram heróis que viveram e a quem não soubemos dar a consagração de uma legenda. Felizmente, a simbólica dos poetas corrigiu a miséria da história, e, hoje, pensamos do homem que foi o primeiro Brasil, cuja alma se fez ao influxo deste céu e destas belezas, e que assim em nós se fundiu — pensamos dele na luz das criações simbólicas, em que a poesia os esculpiu, sob o estímulo do generoso entusiasmo que elas nos sugerem. O que Olavo Bilac atribui a Gonçalves Dias:

> E, eternizando o povo americano,
> Vives eterno em teu poema ingente.

...isto se tem de aplicar aos nossos grandes poetas. Todas essas vozes, capazes de fazer pensar e sentir, deram-lhes cantos, e, com isto, deram-nos, a nós, um modelo de afeto — irresistíveis movimentos de simpatia, saudade sem objeto, dó, quase remorso pelo destino que lhes foi feito.

Quando é simbólico o poeta? Quando é capaz de concluir dos seus conhecimentos, e de sintetizá-los numa imagem, que é plástica e é o sentimento. O resultado será, então, um verdadeiro símbolo de pensamento, de afetos e de humanidade. O símbolo é para o poeta o que a fórmula e a lei científica são para o sábio. E, assim, tem a poesia possibilidades que para as outras artes não existem: a gradação dos efeitos, o comentário inteligente dos ornamentos, o jogo equilibrado de idéias e paixões, a sucessão oportuna das formas, apresentadas em plena vida, agindo e sentindo. O escultor, que entrega o seu símbolo para uma percepção instantânea, está subordinado a essa mesma necessidade, limitado ao que pode obter de um momento de consciência. Esse momento é decisivo, e se há, na sua plástica, o que possa distrair o espírito do efeito essencial, estará ela definitivamente prejudicada. A escultura desenvolve-se, em espessura, relevos e superfícies, que convergem simultaneamente; a poética se realiza em sugestões sucessivas, num desenvolvimento de perspectivas mentais, como ajustada gradação de efeitos. Ali, o artista é contido pelos limites da visão única e exclusiva, ao passo que o poeta pode estender-se até onde alcance a consciência sucessiva. Os seus símbolos serão — de todo um drama, uma existência inteira, a história de um povo, a evolução humana, a múltipla natureza, a vastidão do universo, o infinito do tempo... E quanto mais se expande a plástica, mais acentuada se fará a convergência dos relevos. Ora, é uma simples escala de imagens até o traço concluente, como na *Mosca Azul*; ora, um multiplicar de efeitos, como na *Tentação de Xenócrates*; ora, o mágico urdume de recursos do *Corvo*... Subindo para a evocação soberana, empenhado em chegar à forma definitiva para a sugestão final, o poeta não tem outras restrições de imaginação, e quanto mais a dilatar e enriquecer, mais esplendor dará à sua plástica, mais amplidão ao pensamento, mais paixão ao sentir, desde que seja realmente poeta e artista. Os nossos grandes cantores são assim — mentalidades de encanto. Ascendem à idéia, e crescem-lhe o fulgor, no combustível da comoção que despertam com as imagens; excitam a sensibilidade nesse mesmo esfuziar de imaginação, e criam, destarte, um qual orgasmo de afeto para, com esse estímulo — dentro dele, fazer fulgir o pensamento.

O CORVO é citado, aqui, bem propositadamente. Seria insensata uma análise de simbólica literária que esquecesse o poema de Allan Poe: — realmente, e consagradamente, a obra-prima do simbolismo poético. Os comentários que se lhe ajuntem não poderiam concorrer para dar-lhe maior encanto. O *Corvo* não é para ser, apenas, compreendido; as suas estâncias têm que ser imaginadas, sentidas e pensadas, no efeito irresistível dos seus símbolos. A sua virtude de exceção está em que — resiste a qualquer análise, sem perder nos efeitos e encantos. Tudo isso porque, sendo pura simbólica, é a mais ordenada e, ao mesmo tempo, mais sábia, e mais estética, e mais variada em recursos, que a poesia já tem realizado. O poema de Poe não é propriamente um conjunto simbólico, feito em imagens que se ajustem, e que entrem, ali, com um valor próprio, como elementos de uma construção monumental. É um puro símbolo, que assim se apresenta, mas que, na consciência onde penetra, vai crescendo, expandindo-se, enriquecendo-se, sublimando-se, até que, finalmente se esvai em puro sentimento. Os meios para chegar a esse prodígio de efeitos são buscados a toda a psicologia do amor, da saudade, da tristeza, do desconforto, medo, melancolia lúcida, desespero calmo... Todos esses movimentos emotivos combinam-se sobre a consciência para dominá-la definitivamente, e combinam-se em tanta arte que o próprio horror tem o seu valor estético. Edgar Poe pretendia que o seu poema tinha sido concebido e realizado fora de qualquer inspiração, ou surto de espontaneidade; que era uma obra pedida explicitamente à imaginação, e gerada em plena consciência, meticulosamente ideada, planejada, ajustada, e, deste modo, acabada. Que não seja tanto assim... É inegável, contudo, que o perfeito regime nos recursos artísticos, a maravilhosa combinação de tonalidades afetivas, fazem admitir longo trabalho de ordenada composição, aturado esforço de fatura.

Em noite gelada, tempestuosa e solitária, aparece a ave agourenta, ao amante de todo absorvido em pensamento melancólico, abandonado a sua viuvez; e o corvo vai impor o seu negrume sinistro e a sua voz de desespero sobre o mármore do pensamento. É toda a plástica. Daí por diante, sem mais descrever, sem mais insistir, o poeta faz viver dramaticamente, o apavorante quadro, de alucinação em alucinação, e, assim, realiza o seu verdadeiro simbolismo, que finalmente esvoaçará num último e terebrante NUNCA MAIS. Nessa realização, as idéias apenas se movem e transluzem na consciência, cada vez mais intumescida e dominada pelo sentimento. E tudo isto se conduz para um acme de intensidade emotiva, sem um instante de exaltação. Donde se conclui que Allan Poe era sincero quando afirmava ter feito uma construção poética — de pura lógica e reflexão. É o que se patenteia na gradação de movimentos, a distribuição de toques, a condensação de efeitos para atingir, pelo trágico puro, o sublime da dor humana. E é nesse lavor de pensamento, que o *Corvo* nos aparece como a obra, ao mesmo tempo, mais sábia e mais artística, que a poética tem produzido no simbolismo vulgarizado. Suprema beleza pela harmonia das formas, puro idealismo de paixão, exclusivo ecoar de sentimento — são os elementos essenciais nesta simbólica; mas o poeta soube infiltrar na substância do seu drama muitos outros recursos instantes, para a absorção absoluta da consciência: o estendido metro do verso, a sua monotonia, a similaridade de tons, a disposição das assonâncias, a evolução do — *nothing more — evermore — Nevermore...* E esse NEVERMORE é agora a fatalidade inexorável; sobe de instância em instância; cresce, infla, até suplantar completamente o ânimo na dor de desespero. Sobre o fundo tétrico daquela aliança de *amor e morte*, faz-se evolução mais essencial ainda, a do próprio símbolo, uma inteira transmutação de valores plásticos. Começa a marcha simbólica pelo cenário de solidão e silêncio, entre alfarrábios; define-se na plumagem fatídica, empoleirada no busto de Palas; com o seu grasnar alucinante, descai a visão, e o processo simbólico apodera-se agora do ouvido, na implacável repetição de *nevermore*. Já o entendimento pouco vale; as sílabas torturantes repercutem diretamente no coração desesperado; escurece todo pensamento; NEVERMORE é o que resta na consciência dessa melancolia agitada, apenas lúcida. É a simbólica final, em que se dissolveram todas as outras formas. A própria inteligência do poeta se dissolveu na insânia. A fria análise clínica reconhece, no *Corvo*, o começo dessa dissolução; à nossa análise só importa reconhecer que no poema de Poe se encontra a mais complexa e producente trama de simbolismo: os símbolos significativos de idéias; idéias com que se organizam plásticas; plásticas que evocam pensamentos; pensamentos que encerram toda uma vida de sentimentos... No mundo desses sentimentos, reforçados por todos aqueles requintes simbólicos, vive o drama de símbolos, em que o poeta quis condensar uma situação afetiva...

Nesse tipo de símbolos, o motivo que deve valer, o efeito a realizar, e que deve dominar, finalmente, na consciência, — esse é apresentado, sempre, de modo mediato, sob o véu das sugestões — imagens, estímulos e modelos de sentimentos... Acentua-se na consciência outros tantos focos, que sobre o mesmo ponto se refletem; em cada um deles, destaca-se um traço, e, no ajuste de tudo isto, revela-se o símbolo como o artista o ideou.

57. A SIMBÓLICA PERSONALIZADA

Os símbolos personalizados apresentam-se em três tipos, com todas as formas intermediárias: criaturas feitas para viver e realizar um qual sentimento, nos transes de uma crise específica; personagens simbolizando concepções de uma experiência pessoal limitada e insuficiente; tipos completos de humanidade, contendo o que se condensaria numa fórmula ideal, e que são definições vivas das categorias nas classificações de caracteres. Dos primeiros, já foi dito o bastante para a explicação psicológica da sua significação simbólica: *Otelo*, que vive a veemência, e as torturas, e os desvarios furiosos do ciúme; *Romeu*, que encarna e realiza o apelo do amor na juventude; *Fedra*, voltada à inclemência de uma paixão condenada; *Raskolnikov*, a consciência organizada para ceder a uma sugestão criminosa; *Ceci*, que deve existir num halo de dedicação exclusiva e terna... A esses, poderíamos juntar: *Werther* — o amor absorvente e tímido; *D'Artagnan* — o heroísmo cavalheiresco e rutilante; *Jó* — a consciência que, em sublime resignação, aceita o destino; o próprio *Hamlet* — a saudade em revolta e em delírio; *Matho* — o amor na fúria do bárbaro; *Salambo* — a mulher que apenas reflete o amor; *Nora* — ao declinar de uma consciência moral... E com esses, quase todas as intensas, ou bem caracterizadas, criaturas do teatro, porque, pela sua condição essencial, a cena tem de limitar-se às crises e situações capitais. Só por exceção pode o teatrista fazer viver, aos seus personagens, uma vida completa. Assim se explica que um Molière, tão humano, nos dê os seus Harpagon, Tartufo e Celimène... que são, apenas, silhuetas animadas, ou protótipos de caracteres humanos.

Já foi explicado como se caracterizam os símbolos em que se representam esses personagens insuficientes. São símbolos que correspondem, na literatura, aos esquemas, caricaturas, hieráticas... do desenho. Não haverá desconceito, nem injustiça, em ver nas pessoas da série principal de Machado de Assis, esquemas e silhuetas. O propósito explícito de acentuar determinado traço, aplicando-o, embora, a criaturas reais, levava o literato filósofo a esquematizar o resto da realidade, se não a exagerar aquilo a que dava relevo. Era assim no conjunto do caráter; era assim nas cenas que revelavam o caráter. Quem não guarda a imagem daquela cena em que Brás Cubas, adolescente ainda, deixa que a sordidez vença a gratidão para com o almocreve. É amorosamente combinada e conduzida para esse efeito; tem a limpidez da pura arte, e é, por isso mesmo, intensamente simbólica. Mas, em compensação, deixa na penumbra tudo mais na vida daquela quadra. Ora, tal adolescente não pode ser, apenas, sordidez. Com isto, o personagem se mutilou. Todo Anatole France é feito de criaturas assim. Aliás, é, esse, um literato cujos processos artísticos se aproximam muito dos de Machado. São desse valor, na grande literatura — Carmem, Des-Grieux, Taras-Bulba... Nos contos, apesar do abreviado enredo, Machado é mais descritivo e as suas criaturas têm mais realidade; a despreocupação de qualquer patente filosófica faz que essas pequenas novelas tenham mais humanidade. Em certos casos, esses personagens incompletos são ostensivamente puros esquemas ou protótipos: é *Levedo* (Herr Sauerteig) de Carlyle... é José Dias, de Machado. Por tudo isto, é falho e arriscado julgar-se de um mundo, ou uma civilização, pelos símbolos de uns tantos escritores. Quando ele tem a exuberância, o tom e o intuito de proselitismo desse mesmo Carlyle, ou de um Anatole France, patenteia-se a forte refração redutora com que se fazem as visões e os julgamentos: o leitor prevenido corrigirá o seu juízo. Mas, em Machado, há uma tal aparência de serenidade, tão ostensiva impassibilidade, que os seus conceitos, e principalmente os símbolos em que eles se impõem, vêm à consciência como emanação direta, apenas depurada, da própria vida.

Os tipos completos de humanidade são, geralmente, símbolos espontâneos, no sentido de que resultam de uma visão ou compreensão completa da vida. Raramente se notará neles o propósito explícito de fazer tal ou qual herói, de esculpir um determinado caráter, de dar o modelo de certo ideal humano. Quando, por exceção, se encontram dessas criaturas de ficção, almas completas, realizadas num propósito definido; quando tal se verifica, o valor do conjunto, em realidade, faz-nos esquecer a eiva essencial, e o personagem se torna um símbolo análogo aos que se fazem simplesmente, como transcrição fiel de um caso bem escolhido. Dr. Fausto, D. Quixote... são criações propostas para demonstração num símbolo; mas são caracteres tão completos, e tão plenamente realizam um destino humano, que, finalmente, já não consideramos neles a intenção com que foram compostos. A obra de pura idealização dá-nos a ilusão de uma realidade vívida, e assim a apreciamos. Todavia, os mais comoventes e sugestivos, nos símbolos da humanidade completa, são inegavelmente, os que resultam do simples intuito de apresentar — um tipo de realidade humana. Os símbolos propostos serão mais ricos, mais intensos e modelares, mais aparentemente lógicos e coerentes... não terão, contudo, tão legítimas tonalidades de vida como os que se reproduzem do natural. A *Comédia Humana* está cheia desses tipos, desde a avareza do *Père Grandet,* até o egoísmo ambicioso de *Rastignac*...Acrescentemos: Shilock, Peer Gynt, Ana Karenina, as criaturas de Gorki, grande parte dos personagens dos Goncourt, toda a série de Maupassant... Todavia, os personagens dos Goncourt são, sempre, um tanto abafadas, quer dizer, de uma realidade menos intensa, devido, talvez, ao sensível esforço dos autores em apresentarem-se votados a mostrar a verdade. Raul Pompéia, no *Ateneu,* nos dá uma coleção dessas criaturas, sobre as quais reina, simbolicamente, o símbolo completo — Aristarco.

A essa categoria se junta, naturalmente, a dos símbolos de pura invenção — completos, mas falsos, e, por conseguinte, incoerentes. É legítimo considerar-se *completo* um tipo humano fora da realidade, e, com isto, falso, incoerente?... Entendamo-nos: dizem-se *completos* tipos como *Robinson, René* (Chateaubriand), a maior parte dos realizados nos grandes românticos, inclusive Victor-Hugo; são completos, no sentido de que eles se apresentam em plenitude de vida e de ação;

esta vida é que é falsa, completa embora. A criatura não poderia estar fora da verdade, se a vida de que ela participa fosse a de realidade.

Entre essas três categorias de símbolos personalizados, há todas as gradações de transição, principalmente entre os da primeira e os da segunda. Muitas vezes, nem é possível discriminar, para dizer, por exemplo: *Nora* é um símbolo em tal ou tal gênero. Em verdade, ela é uma criatura em cuja consciência, aos nossos olhos, se faz uma evolução moral. É isto o que a caracteriza; é incompleta porque isto não basta para fazer a sua alma; mas, também, é um personagem votado à realização de uma crise. Essa crise, não tendo a intensidade da paixão, nem a exclusividade de atenção que têm os casos de *Otelo* e de *Raskolnikov*, não chega para fazer a plenitude duma vida, e deixa-nos perceber o vazio em torno do personagem. Em certos casos, a simbólica desses personagens se reduz de um modo bem interessante. Capitu não chega a ser um tipo de mulher; é o ângulo de um esquema de adúltera; mas os *olhos de ressaca* são símbolos desse ângulo de esquema, ou melhor: neles está o símbolo de uma cena nítida, numa tragédia que se passa na penumbra, ou para dentro dos bastidores. São olhos expressivos e empolgantes, sobretudo porque vivem demais para uma Capitu que apenas vive o bastante para dissimular o seu trivial adultério.

Ainda poderíamos considerar simbólicas as multidões de Zola. Este só sabia ver a humanidade e a vida nos movimentos de formigueiro. Isolados, os seus heróis, mesmo no *Germinal*, são simples engonços; em conjunto, porém, ascendem-se-lhes as almas e, de muitos dos seus livros, surgem portentosas sugestões, outros tantos símbolos de vida humana, porque são aspectos de realidade.

58. O RITMO E A ARTE NA POESIA

O poeta artista dispõe de outros recursos de sugestão, além das imagens explícitas. São os múltiplos efeitos de ritmo, sonoridades, entonações de frases, medida e desenvolvimento do verso. Como subsidiários, esses recursos trazem irresistíveis estímulos de movimentos íntimos, que se refletem nas formas de afeto, e até nas direções de pensamento. Nesses efeitos, concentra-se o que é especialmente técnica e arte, no verso. A poesia em métrica é uma música, sem dúvida; mas, apensa ao pensamento, devendo deixar à música exclusivamente sensorial, os grandes efeitos acústicos, ela é arte porque consegue transformar em energias de sentir e de pensar todas as estesias que obtém da física e da fisiologia da palavra. Esta fusão de todos os estímulos — sentimento, pensamento, sonoridade e métrica — em uma só realização de beleza, é o mérito do poeta artista. Consideremos, porém, que a consciência é uma só, por isso, o que se tem a definir, aí, como ésto[58] da emoção poética, é o pensamento, sentido, embora. Com esse fim, tudo deve convergir e prestar-se à sugestão. E tanto é assim, que em todas as literaturas encontramos, meticulosamente indicados, analisados e estimados, os maravilhosos requintes de sugestão, contidos na versificação dos seus grandes poetas. Tal estudo ainda não foi feito para o nosso inspirado lirismo; mas, ocasionalmente, têm sido notados desses efeitos, obtidos pelo ritmo e outros aspectos sonoros dos versos apreciados. O assunto é dos que se podem estender e longos desenvolvimentos. Por tudo isso, deixa-lo-íamos sem outra menção, se não tratasse de poderosos recursos sugestivos, por conseguinte, simbólicos. Será uma rápida referência, o bastante, apenas, para tirar de poetas nossos, exemplos típicos de como a pura estesia do verso pode ser símbolo de estados de consciência.

Em rigor, só nas modernas gerações — poetas rigorosamente artistas — encontramos desses efeitos modelares. Começam nitidamente em Gonçalves Dias. O apuro e a combinação dos seus ritmos, o variado jogo dos seus metros, o desenvolvimento íntimo dos seus versos, acode sempre aos motivos de sentimento e de idéia que ele pretende realizar. O tom geral da sua época e o seu temperamento dissimula, muitas vezes, tais efeitos num versejar de brandura; mas, se insistimos na análise, eles se patenteiam.

> Mas sabe que a formosura
> Pouco dura,
> Pouco dura, como a flor.
> Corre a vida pressurosa,
> Como a rosa.

Penetremo-nos destes versos e hemos de reconhecer que o movimento, neles, é o do perpassar sucessivo daquilo que *pouco dura*. Neste outro:

> Correr após um bem logo esquecido.

---

[58] N.E. Provavelmente o autor quer dizer estro, no sentido de imaginação criadora, inspiração, talento.

As sílabas fortes, do começo, em ritmo batido, sugerem admiravelmente o tom da corrida, que amolece e descai no *esquecimento*.

O mesmo efeito, mais acentuadamente, obtém Bilac nesse ritmar:

> Cheguei. Chegaste. Vinhas fatigada
> E triste, e triste e fatigado eu vinha...

A sucessão de fortes, no primeiro hemistíquio, é bem o ofego, do caminhante que dá o último esforço; e o ritmo se afrouxa, num distender de músculos cansados, ao cair do corpo que se entrega à fadiga e à tristeza. Na *Lira Quebrada*, ainda encontramos este exemplo, que lembra os mesmos intuitos:

> Se te amo, e como, e a quanto extremo chega
> Esta paixão voraz...

Principia o primeiro verso no articular entrecortado de anseios e anelos, ainda realçados, e logo se alarga no movimento de grande veemência, com que se domina a própria timidez. O poeta dos *Timbiras* era muito senhor desses movimentos largos, principalmente em branda ternura:

> Quero antes o colo da ema orgulhosa,
> Que pisa vaidosa...

A sucessão de articulações em *l, l, l,* de permeio com os *s, s* e o r brandos, convidam para a visão de flexuosidades e ondulados. São como que sugestões surdas, mas irresistíveis — essas produzidas pelos simples tons sensoriais da palavra, que, aliás, não só no verso se fazem notar. Já houve ocasião de assinalar, que certas palavras são menos convenientes quando, pela sua plástica, vem contrariar o valor da idéia. O inverso também se dá: vocábulos, ótimos na simbolização, porque, de certo modo, reforçam o valor da idéia. A palavra é, antes de tudo, conjunto sensorial; como pura sensação, ela tem as suas exigências fisiológicas, a sua estética, as suas possibilidades de beleza. Mas, na linguagem — regime de pensamento —, a palavra tem de valer, quaisquer que sejam os seus efeitos, em relação com a idéia, servindo-a. Em tal modo, o vocábulo será de fonética excelente, se contém sugestões no sentido da idéia que nele se simboliza, e dos sentimentos a exprimir; será impróprio, péssimo, se a sua sonoridade, de qualquer modo, contrasta com o estado de consciência a traduzir. *Truculento, magnífico, cruel, bombástico, crapuloso, hirto...* são epítetos que se reforçam na força dos respectivos fonemas, assim como *suave, meiguice, volúpia, doçura, gemido...* parecem mais expressivos pelo que se aproximam das tonalidades de consciência neles contidas. E serrar, roer, mergulhar, vibrar, estalar, tremer, romper, ruir, crepitar... sem serem verdadeiras onomatopéias, entram na frase com a virtude, evidente, de concorrer para dar maior intensidade à ação referida nesses mesmos verbos.

Na poesia, há o universal empenho de harmonia; mesmo os medíocres, todos os metrificadores falam ostensivamente da *música* dos seus versos. Sim: música e harmonia, e medida e ritmo, são indispensáveis, não só no verso, como na prosa. É preciso considerar, porém, que antes da harmonia íntima de fonemas e palavras no circuito da frase, de preferência ao puro ritmo de sílabas e acentos, exige-se o acordo das sonoridades e dos ritmos com a substância do pensamento. Só deste modo a frase dirá tudo que deve dizer, e o vocábulo-símbolo será para a idéia, ao mesmo tempo, evocador e estimulante, porque, assim, tudo que é estesia propriamente sensorial vale numa ação, apenas excitante, túmida e surda, como os acessórios no simbolismo do culto, e no comum dos símbolos afetivos. Se não, a estética das cadências e sonoridades terá efeito contraproducente — tanto mais nocivo ao conjunto da obra de arte, quanto mais acentuado for o destaque sensorial. Em qualquer caso, as palavras do poeta são *sinais* de idéias, quer dizer: símbolos que devem desempenhar a sua função modestamente, sem que lhes notemos especialmente a presença, sem que tenham poder próprio sobre a atenção. Será maravilhoso e ótimo que a decorrência verbal tenha virtudes excitantes sobre o trabalho dos conceitos, contanto que essa excitação não chegue a absorver a consciência, nem faça névoa sobre o que é propriamente mental. A palavra cuja estética sensorial se isole, sufoca a idéia: é antiestética para o efeito conjunto. O veículo — o *carro do triunfo* — deve ter beleza que concorra para exaltar a glória do triunfador; mas, se ele se torna o motivo principal do cortejo, está prejudicada a consagração do herói.

A esse propósito, a diferença da prosa para o verso é, apenas, de grau. Todavia, é sensível essa diferença. Harmonia e ritmo são condições absolutas para o poeta: alimentam a sua arte. Mas isto não significa admitir que, no verso, os efeitos sensoriais possam destacar-se para uma estesia exclusiva. Menos ainda, o pretender que os aspectos sensíveis e dinâmicos das estrofes estejam em desacordo com o desenvolver do pensamento. Pelo contrário: esse acordo é a essência mesma da poesia ritmada. Há, certamente, um pensamento poético: é o que, túrgido de sentimento, deve ser realizado em ritmo e harmonia, para ser completo. Neste considerar envolve-se a própria origem do verso; será preciso dar-lhe referência especial, para a conclusão desta análise. Agora, temos ainda de insistir, e mostrar que, pelas suas condições naturais, a métrica poética se molda mais explicitamente ao pensamento que a forma verbal comum. Por outro lado, havendo no desenvolver das representações mentais, valores de correspondência sensível com as formas apreciáveis no verso, os respectivos efeitos estéticos se dobram a essas necessidades da representação. Então, os poetas artistas, conscientes disto, procuram propositadamente, realizar esse acordo, que é subordinação decidida da forma ao pensamento. Mas devemos admitir que tal subordinação é anterior a qualquer intuito de apuro técnico. Nem outro juízo poderíamos fazer, quando verificamos que os nossos românticos, tão espontâneos, tão pouco absorvidos pelo que lhes parece pura técnica, ofereçam tantos exemplos de inflexão do verso, às formas do pensamento:

   Como varia o vento, o céu, o dia...

Quebrando assim o ritmo, nesta sucessão de vogais *variadas*, Álvares de Azevedo evoca vigorosamente as sucessivas mutações *do que varia*. Noutra paragem do mesmo poema:

   ... que viva o fumar que preludia
   ... ...
   Ó meu Deus! como é belo entre a fumaça
   No delicioso véu que as anuvia
   Ver as formas lascivas da donzela...
   Bailando nua, voluptuosa e bela!

A insistência nos *l, l* e *c, c* lembra, sem dúvida, as volutas de flexuosidades e requebros; o próprio ritmo, nos três últimos versos, sobretudo no derradeiro, reproduz um tanto os volteios da dança. Todavia, não há, na fatura, aquele tom de apuro que impõe a sugestão, como, para o mesmo movimento de curvas, podemos notar na *Espiral de Fumo*, de Alberto:

> Tênue, em tênue espiral, como uma ponta de asa,
> Por ele em fora romperei também
> E irei sonhar no lúcido regaço
> Do alto espaço
>   além...

No primeiro hemistíquio, o ritmo, com a repetição do termo, nos dá a curva miúda e firme da espiral a desprender-se; depois, vêm os versos que pelas vogais fracas se retardam, como se alargam as curvas que se dilatam; finalmente, amiudando-se o metro, temos o efeito da última volta de fumo a fragmentar-se e a diluir-se...

Quem tiver observado as guinadas e os balanços curtos de uma canoa, nas rugas rápidas de uma corrente, tem de reconhecê-los neste ritmo picado:

> Onde vai esta canoa?
> Vai tripulada ou perdida?
> Vai ao certo ou vai à toa?

O contraste de processos entre Castro Alves, e os grandes cinzeladores que se lhe seguiram, é muito acentuado; mas não podemos deixar de ver nesta seqüência de redondilhas, em tempo animado, o empenho de obter determinado efeito. J. Freire, superando a trivialidade e certas denguices da época, e como era sugestão de ritmos e de movimentos:

> A cada instante, o coração vencido
> Diminui um palpite; o sangue, o sangue
> Que nas artérias fervido corria
> Arroxa-se e congela.

De começo, o verso nos leva a uma queda de articulações, como no-lo exige a queda de energias, indicada no primeiro hemistíquio do segundo verso; e, para patentear, no ritmo, a gravidade do fato, vem esse final — *o sangue, o sangue...* que é o próprio pulsar da artéria, na pressão da corrente vigorosa, em articulações veementes — *fervida corria...*

Efeitos como este, de Gonçalves Crespo, são flagrantes de intenção, mas relativamente banais:

> Um rancho de negritos
> Luzidios e nus
> Enchendo o ar de estrepitantes gritos...

Há sugestão pela sonoridade, porque *luzidio* e *estrepitante* são vocábulos de certo modo impregnados, foneticamente, da própria significação. E é tudo; ao passo que, no versejar de um Bilac, encontramos dezenas e dezenas de portentosas sugestões, infundidas, por milagre de técnica, na estrutura própria do verso, ou no desenvolvimento da estrofe. Ele fala de um rio:

> ...crespo, a rolar, descendo veio...
> Cresceu. Atropeladas
> Soltas, grossas as ondas apressadas...

e temos a corrente que se forma, e se avoluma, assim como avança e descai. No abater de Cartago vencida, os seus alexandrinos trazem-nos ao ouvido o fragor e o despedaçar-se da espessa alvenaria:

> Ruído surdo da queda, — estrepitosamente
> Rui, desaba a muralha, e a pétrea mole roda,
> Rola, remoinha, e tomba, e se esfacela toda...

São empolgantes efeitos do ritmo, esbatendo-se nas consoantes rijas, até que se distende no *esfacela*, como braços que se largam e giram mortos. E ele os repete, sempre com propriedade:

> Tropeça, cai, soluça, arqueja e grita...
> ... ...
> E rola, e tomba, e se espedaça, e morre...

No célebre terceto da *Tentação de Xenócrates*, Bilac ostentou faustosamente a extensão dos seus recursos:

Tíbios flautins finíssimos gritavam;
E, as curvas harpas de ouro acompanhando,
Crótalos claros de metal cantavam...

É tal a força e a magia da sugestão sensorial, que, sem velar a inteligência da imagem, nos dispensa de compreendê-la. No retinir do primeiro verso, os *i, i, i* esfuziam e guincham, ferindo o ouvido, na penetração dos *f, f* e no sibilo dos *s,s*; e vem a cadência larga, ondulosa, pelas vogais surdas; lento harpejo de envolventes acordes, que expiram para o chocalhar dos sons fortes, *ó* e *a, a* do final.

São mais curtos os efeitos do terceto último do *Pesadelo*:

Batuques de capetas, rodopios
   De curupiras e sacis em festa,
   Em sinistros risinhos e assobios...

Mas, nos seus adeuses, dos *Sinos* e da *Sinfonia*, o poeta solta os seus vigorosos recursos:

Tangei! Torres da fé, vibrai os nossos brados!...

E os sons fortes derramam-se pelo espaço num ritmo de pausas duras, como as entrecortadas vozes do bronze.

Dos arcos, dos metais, das cordas, dos tambores...

É a disposição mesma dos grupos em orquestra... E tudo isto se resolve em beleza e estesia, sem, contudo, atingir a magnitude de sugestão a que a sua lira se eleva, quando ele entrelaça todos os recursos, dispondo os metros na gradação do pensamento:

Suceda a treva à luz!
Vele a noite de crepe a curva do horizonte;
Em véus de opala a madrugada aponte
Nos céus azuis,
E Vênus, como uma flor,

> Brilhe, a sorrir, do ocaso à porta;
> Brilhe à porta do oriente! A treva e a luz — que importa?
> Só nos importa o amor!

Aí, ritmos, e versos, e estrofe, convolvem num ajuste de movimentos, que são como as transfigurações da alma, a crescer e a gritar desejos.

Nesse jogo de metros, para o convergir de ritmos sugestivos, é suprema a técnica de Alberto de Oliveira. Nem outro exemplo seria preciso, além da *Espiral;* todavia, é difícil resistir a este apelo:

> Ó palmeira da serra,
> Quando repouso um dia
> Hás de ter nessa guerra
> Com a ventania?
> Ó palmeira da serra...
> Quando verei também findar esta agonia?

Ou a este outro:

> Acaba como uma pena
> Que do espaço onde subiu,
> Baixou em queda serena,
> E caiu!

Ali, o movimento conjunto da estrofe se faz para as vascas do capitel, nas garras do temporal, até que o sopro abranda, e as palmas se distendem no último lento balanço. Aqui, vemos o arminho leve a flutuar, numa queda que só se torna sensível no último momento. Não quer isto dizer que o poeta não tenha desses efeitos isolados de ritmos e articulações, como para a *Torrente*:

> Negra socava, tétrica, soturna,
> treme e retumba...

Ou:

> Fulva flameja fervida fornalha...
> ....
> Aceleradamente trabalhando,
> A máquina farfalha...

Deste bater miúdo de ferragem, bem podemos passar ao largo volteio, do verso que nos dá o zimbório augusto da *Árvore*:

> Ampli-ondeante a rainha o manto seu na altura
> Abria...

A fronde que assim se esboça, no tombar se despedaça em fragor que

Foi de ermo em ermo e foi de bosque em bosque ouvido...

ritmo de ecos que se encadeiam e se reproduzem.

Raimundo, alheio a visualizações, com a sua poesia toda em movimentos, nem deixa notar a multiplicidade destes sucessos de sugestões em ritmos e sonoridades. Vem, desde logo, aquele ritmo de eterna beleza e que, só por isso, pode resistir até à popularidade:

> Ruflando as asas, sacudindo as penas...

E, na seqüência dos poemas, são freqüentes:

> Estampidos, estrépitos, clangores...
> ....
> Ao ruflar de frenéticos tambores
> ....
> Faísque, abrase, torre...
> ....
> Coza, encoscore a adusta areia rubra;
> ....
> Troe e retroe a trompa
> Belicosa; num som ríspido e agudo,

>   As disparadas frechas assoviem...
>   O astro tambor em roncos rufos rompa...
>   ....
>   ......grosso a espumar
>   Contra a dura penedia,
>   Bate, arrebenta, assobia,
>   Retumba, estrondeia o mar.

Intenso, fremente, terso... Raimundo é fértil nos ritmos recortados em articulações duras, por sílabas fortes; mas, quando é a ocasião trazer o movimento em brandas inflexões, e lentos ondulados, o verso é igualmente sugestivo.

>   Tamborila a bater nos vidros da janela...
>   ....
>   ......uma estrela
>   Buliçosa reluz, lânguida oscila....

Num certo momento, vai buscar efeitos, não comuns, nos próprios ditongos:

>   ......grossos beiços frios,
>   Bocas cheias de beijos e de espuma...

versos cujas sonoridades se empastam e se abafam como o bajular do beiçame que neles se agita.

Não há realização estética mais exigente que a da poesia em verso. Seria a dificuldade suprema, se não fosse dom de privilegiados. De que serve o preceito — os tempos fortes do verso devem coincidir com os momentos vivos do pensamento? Isto se verifica, de fato, em todo poema de poeta, mas, pensará alguém que tanto se possa obter por simples esforço de técnica? Esse é um acordo que vem dos substratos do mentalismo poético. O verso tem a sua gênese na história natural das inteligências que existem para repercussão de uma sensibilidade, e que, no influxo direto da vida, só se podem realizar em ritmo, pois que toda vida é atividade em ritmo. Condição essencial do verso, o ritmo, a um tempo fisiológico e mental, tem o domínio da poesia; nele se absorvem os outros recursos, e com ele têm satisfação todas essas condições que, no subjetivo da consciência, apreciamos como beleza e perfeição. O verso é perfeição fisiológica — repouso e atividade na vocalização; é sucessão proporcionada dos valores mentais, para que possam luzir, em pleno efeito, os que devem ser dominantes. Uma necessidade se casa à outra, quando, no orgasmo de um pensamento próprio, a criatura tem, com o fulgor da idéia, um gozo real, no labor de realizá-la em formas bem condizentes com as condições essenciais da vida — alternâncias de atividade e repouso. Assim se explica o que Flaubert notava de si mesmo, quando a perguntar: *Pourquoi on arrive toujours à faire un vers quand on reserre un peu sa pensée?...* A poesia realiza um gozo intelectual, no bem-estar de satisfação fisiológica. Uma idéia é estética na medida em que a sua representação aproveita estímulos que concorram concomitantemente. Esse fato — a exaltação das idéias e imagens em virtude de excitações convergentes — foi longamente estudado por E. Tassy. Ele lhe deu a fórmula — *qualidades análogas*, em que tanto insiste. Daí se estende ao que chamou de heretismo das idéias, de que faz multiplicadas aplicações[59]. Podemos não as aceitar, mas o fato, em si mesmo, é irrecusável. A prova mais resistente, nós a temos, justamente, na poesia, onde vemos a estesia e a exaltação do ritmo, colhidas e utilizadas em motivos de beleza para o verso. E é por isso, ainda, que Guyau, aceitando a opinião de Spencer, não hesita em dar ao verso um caráter instintivo, quer dizer, uma origem inteiramente espontânea: "O verso tem uma origem na natureza mesma do homem... é a forma que tende a tomar todo pensamento comovido" [60].

Combarieu pretendeu ter razão contra Spencer e Guyau, com este argumento: "Em realidade, a emoção produz movimentos que são o contrário do ritmo: os acentos que ela faz nascer na linguagem são dispostos de um modo muito desigual. Quem diz emoção, diz abalo nervoso, surpresa e estremecimento do organismo: ora, tudo isto é o oposto da simetria e da regularidade... O ritmo poético é uma criação da razão." Combarieu não terá notícia, talvez, de que há uma poesia inteiramente espontânea; nunca se terá encontrado com legítimas trovas populares, nem terá visto o irresistível brotar de uma toada. Por isto, é levado a admitir que o verso e o respectivo ritmo são conquistas da sábia razão humana, realizadas

---

[59] Edme Tassy — Le Travad d'Idéation, p. 45.
[60] A poesia imita a própria voz da natureza nos seus momentos de emoção... são as palavras de Spencer — *Ensaios de Moral e de Estética*, Guyau — *Problemas da Estética Contemporânea*, p. 178.

nessa época em que, já podendo apreciar a sua situação na natureza e as possibilidades de gozo e expansão, o homem reconheceu que ainda lhe era necessária uma estética — a do verso: apelou para a inteligência racional e criou o ritmo. Erguido nesse filosofar, ele não teve ocasião de buscar a razão — porque foi tido o coração como centro do sentimento, e, ainda hoje, designamos como CORAÇÃO toda a vida de afetos. Teorista e lógico, ele nunca terá visto sequer uma pessoa *ofegante* de emoção, de coração *palpitante*. A emoção produz, algumas vezes, movimentos aparentemente desordenados, e produz, *sempre*, intensificação dos ritmos normais, impondo-os vivamente à consciência. E por isso — porque o palpitar forte da emoção repercute na consciência — parece *que no coração se fazem os afetos*. Há um ritmo respiratório, um ritmo circulatório... de que, em condições normais, apenas temos a latente indicação do subconsciente, como surdina de sensações que acompanham o ritmo fisiológico; no entanto, este fato tem importância capital, como base do sentimento geral que temos de que vivemos, e, sobretudo, da apreciação direta do tempo. Não há dúvida que temos percepções de tempo; ora, todo conhecimento ou distinção de tempo se faz com referência a um ritmo, e o que nos serve para base do conhecimento direto do tempo é o ritmo fisiológico. É uma indicação latente, sussurro de sensações; mas, desde que sobrevenha uma emoção, a excitação que a acompanha repercute sobre a atividade fisiológica; modifica, acelera, intensifica o mecanismo respiratório, e o circulatório, e imprime na consciência os respectivos ritmos. O que era surdina é, agora, intenso ofegar, célere palpitar... E foi a emoção que, assim, revelou o ritmo, e o revelou em condições tais que ele parece condição essencial no desenvolvimento de atos e no realizar de estados que dominam todo o resto da vida, e se tornam exclusivos para a consciência. Que num desses momentos de exaltada ternura, de vivo entusiasmo, ou medo esmagador... o indivíduo tenha de comunicar o que lhe vai na consciência: produzirá um falar acentuadamente ritmado porque o coração está a bater-lhe na consciência, e os pulmões prendem a voz às aspirações veementes do desejo, ou a arrastam no titubear da vergonha. É deste modo que, nas palavras do amante, palpita a paixão, como no vozear do colérico martelam as ameaças. De tudo isto, resulta que a emoção determina um falar explicitamente, nitidamente ritmado, e, assim, deu ao homem o verso, que terá começado, então, como a voz da paixão, em transe de dor, ou em exaltação de desejo e de amor. E a arte, que nasce justamente da exaltação no amor e no excesso de vida, que existe para nutrir o sentimento, a arte fez do ritmo um de seus recursos essenciais. Isto que, através de uma pobre análise, mal podemos explicar, está portentosamente resumido na fórmula de Pompéia: "O coração é o pêndulo universal dos ritmos". A intuição do poeta o levou diretamente à verdade. "O movimento isócrono do músculo é como o aferidor natural das vibrações harmoniosas, nervosas, luminosas e sonoras. Graduam-se pela mesma escala os sentimentos e as impressões do mundo". De fato, o ritmo fisiológico, base das primeiras apreciações do tempo, é, para o homem, o critério natural, irresistível, de ritmo e duração, para todas as referências no universo. E o coração, onde ostensivamente se bate esse ritmo, torna-se, no nosso subjetivismo, o pêndulo universal, onde contamos, no palpitar da vida, tudo que por ela conhecemos[61].

---

[61] Combarieu -- *Les rapports de la Musique et de la Poésie*, pag. 257.

Segunda Parte

CAPÍTULO I

O Símbolo na Linguagem
Condições de comunicação das consciências

1. O SEGREDO DA CONSCIÊNCIA; O SÍMBOLO DEVE SERVIR À EXPRESSÃO

Até aqui, temos considerado e analisado o símbolo na sua função intima de evocação, condensação e focalização dos valores mentais, como é necessário na própria elaboração silenciosa do pensamento. Agora, viemos encontrá-lo num outro papel, como que em nova função – o símbolo na comunicação. Devemos estudá-lo sob o novo aspecto, isto é, como sinal de linguagem para os fins explícitos de expressão e comunicação. Hemos de ver que, nesta função, não perde o símbolo o seu caráter essencial. Nem chega a haver desdobramento, se não uma simples extensão de função: pela sua própria natureza significativa com as suas virtudes evocativas, a simbólica determina o processo de comunicação entre as consciências humanas, e cria a linguagem natural do homem. Tal nos dirá uma análise psicológica mais completa. Antes disto, porém, para dar propriedade a essa análise, será preciso ver *como existem as consciências... como se pode fazer a comunicação entre elas..*

A consciência é um aspecto todo subjetivo, de certas formas de atividade; é, para cada um de nós, a representação de uma parte da sua existência. Só tem valor e só é apreciável pelo próprio indivíduo. Em cada consciência, há um mundo; mas esse mundo é absolutamente limitado e isolado, de tal sorte que, para a *pessoa*, só existe o que a respectiva consciência contém. A consciência se faz numa sucessão de estados, que indefinidamente perpassam, e que são objetivamente intangíveis e impenetráveis. Tudo que o estranho pode conhecer, ou lhe é dado por informação propositada, ou é inferido através de interpretações. Para a observação direta, realmente objetiva, ela não existe. É isto mesmo que William James exprime, no tom afirmativo da sua linguagem clara: "Cada consciência guarda para si os seus próprios estados: não há entre elas, nem dons, nem trocas. Nem mesmo a visão direta do pensamento de um eu pelo pensamento de outro eu... Parece que o fato psíquico elementar não é, nem o *pensamento*, nem este pensamento, nem aquele pensamento... mas, o meu pensamento, sendo cada pensamento uma propriedade pessoal, inalienável. Nem a simultaneidade, nem a proximidade espacial, nem a semelhança de qualidade, ou de conteúdo, poderiam levar a fundirem-se pensamentos isolados uns dos outros pelo muro intransponível da propriedade privada do eu: não há, na natureza, separação, mais radical do que essa" [62] (1). Apesar disto as consciências se comunicam, e, de um modo tão perfeito, que essas comunicações vêm a formar as únicas relações estritamente sociais entre os indivíduos, numa organização social complicadíssima como a da espécie humana.

Assim, existem as consciências... Não esqueçamos, porém, que, de fato, cada consciência funciona explicitamente nos respectivos símbolos; o símbolo é a representação sensorial em que se focalizam as idéias e todos os valores mentais ou objetos de pensamento; dada aos sentidos a imagem-símbolo, com a sua representação, evocam-se os estados de consciência correspondentes e os valores mentais que nele estão condensados; o pensamento humano é socializado tantos nas idéias, como nos processos; as idéias socializadas existem em símbolos também socializados; finalmente, as consciências são *análogas*, porque são correspondências subjetivas de organizações e atividades cerebrais também análogas. Nestas condições, desde que se exteriorizem os símbolos, em que se vem realizando uma consciência; desde que seja percebido e conhecido, na sua marcha natural, esse desenvolvimento simbólico, ele provocará um prosseguimento de evocações que serão, realmente, estados de consciência análogos aos da consciência que se exterioriza: uma consciência se produz na outra. Assim, no clarão dos símbolos, os espíritos se iluminam de uns para os outros, e conseguem conhecer, reciprocamente, os penetrais da consciência. Numa frase, num movimento de fisionomia, duas consciências se justapõem: não se identificam, mas estabelecem comunidade de excitações e de processos.

A exteriorização propositada dos símbolos, para a comunicação, é a própria linguagem; aí se realiza uma verdadeira transfusão de valores mentais com reprodução dos estados de consciência; mas, em verdade, essa transfusão ou comunicação resulta da mesma virtude condensadora e evocativa do símbolo; na elaboração íntima, ou na expressão do pensamento, a sua função essencial não se alte-

---

[62] W. James. *Text-Book of psychology*. cap. XI, 3.

ra. Daí resulta este fato, característico da natureza humana: assim como as consciências se realizam sob um nevoar de símbolos, a sociedade existe no entrelaçado de um complicadíssimo urdume de símbolos generalizados. Neles se condensam as relações sociais, ao mesmo tempo que por eles se fazem as comunicações das consciências. Desta sorte, para o bem compreender o mecanismo dessas comunicações, a simbólica na linguagem, é indispensável analisar e conhecer as condições intrínsecas da própria organização social.

2. A ORGANIZAÇÃO SOCIAL; SEUS NÚCLEOS DE ATIVIDADE; NATUREZA DAS RELAÇÕES SOCIAIS; SOLIDARIEDADE.

A sociedade, qualquer que seja a sua extensão, tem de ser considerada uma organização *sui generis*, cujos elementos vivos e tangíveis são seres livres (humanos), que dependem imediatamente do meio cósmico e dele tiram diretamente o que lhes é preciso para se conservarem. Esses elementos estão ligados entre si; mas tais ligações ou dependências são meramente psíquicas. Eles têm uma vida de consciência, correspondente às suas relações com o meio e às necessidades de adaptação; essa atividade de consciência (psiquismo) se condensa em símbolos, e é por meio deles que se faz a organização social. Este é o fato capital na vida da sociedade. Entre os elementos associados, livres como são, estabeleceu-se um sistema de transfusões psíquicas – de comunicações de consciências, por meio dos símbolos, transfusões que se tornam cada vez mais complexas, mais extensas e eficazes, e se resumem na transmissão consciente dos processos gerais de reação e de adaptação. Estas são as únicas relações entre as chamadas "células sociais". A circunstância da procriação não altera o aspecto geral das relações individuais, porque os laços e as dependências domésticas mais importantes são de ordem psíquica, como as que se fazem entre os demais indivíduos.

Agora, é de notar que, dependendo imediatamente, e de modo absoluto, do meio físico, os elementos sociais dirigem e realizam as suas relações conscientes com esse meio, sempre orientados pelos ensinamentos e as tradições, isto é, segundo as condições resultantes da atividade psíquica, no viver social. Por isso mesmo, as reações de adaptação se tornam solidárias e todo o trabalho consciente e humano se faz em coordenação. Os indivíduos sistematizam os seus atos em normas comuns, e combinam-se, cooperam e formam, por conseguinte, agrupamentos particulares – instituições, corporações, serviços, igrejas, associações, nacionalidades, partidos... instituições e agrupamentos que são na relatividade das coisas, outros tantos órgãos e aparelhos da vida social. Esses órgãos ou agrupamentos são constituídos, necessariamente, de elementos livres, virtualmente autônomos, organicamente independentes, donde resulta que tais órgãos e aparelhos são mal limitados, instáveis, continuamente reformados. As relações de uns com os outros e com as pessoas, individualmente, consistem também em transfusões psíquicas. O corpo social é formado, finalmente, pela reunião de todos esses agrupamentos, no regime das dependências que os unem, e vem confundir-se, realmente, com a espécie humana. A evolução das sociedades é, de certo modo, a própria evolução da espécie. E cada vez se confunde mais uma coisa com a outra, pois o característico dessa evolução está no alargamento constante, e no contínuo desenvolvimento dessas comunicações, transmissões e transfusões, que formam os laços e dependências interindividuais.

Destarte, a solidariedade que entre os elementos sociais existe é toda virtual, sem nenhuma expressão orgânica, direta. O destino orgânico, ou material, de cada elemento, é sem importância, quase, para a organização social. Há uma contínua renovação de elementos; e o que importa ao conjunto, na existência do indivíduo, é o seu valor psíquico – ação, moralidade, pensamento... O organismo propriamente dito, na vida individual, perde tanto de significação, que a sociedade vale, realmente, como uma associação de consciências, que se objetivam e prevalecem, umas em face das outras, em símbolos. Então, socialmente, podemos distinguir, desde já: símbolos imediatos – os da linguagem; símbolos mediatos, complexos – tudo em que se socializam as consciências, e que se incorpora em obras permanentes, como monumentos, obras de arte... Em verdade, a humanidade procede como vasto corpo, sempre a refazer-se, em múltiplos centros ou núcleos de atividade. Dir-se-ia uma generalizada organização viva, solidária nas suas partes, mas onde as relações e os liames se fazem por fora dos elementos vivos, de sorte que, livres, eles podem entrar e sair dela sem mais sensíveis perturbações. Essa organização se forma de organizações especiais, restritas, mas confundidas, e que se entrelaçam, e se superpõem, e se combinam – nações, corporações, igrejas, instituições, companhias, associações... Em cada uma delas, encontram-se motivos que fazem gravitar os espíritos para determinadas ordens de pensamentos, de sentimentos e de ações. De toda forma, as relações se fazem simplesmente entre as consciências.

No entanto, por serem meramente psíquicas as dependências sociais, não é menos eficaz a solidariedade dos elementos, nem menos formal a diferenciação dessas funções psíquicas, tanto mais quanto uma e outra coisa derivam de profundos instintos, fixados e reforçados por seleção, ao longo de toda a evolução da espécie. São os instintos sociais. Verifica-se, então, que há, na espécie humana, elementos e *órgãos* especializados na função de formular processos gerais de adaptação, e modos gerais de reação – conhecimentos, pensamentos, sistemas... arte, indústria... como nas sociedades biológicas dos insetos, há indivíduos conformados e especializados na função de procriar, ou de guerrear, com a diferença de que, nas sociedades humanas, sendo os laços simplesmente psíquicos, não há aquela fixidez dos caracteres somático-fisiológicos[63]. Vai a tal ponto, porém, a solidariedade virtual dentro da espécie, tanto se dilata a forma de comunicação, que, de fato, nenhum elemento social conseguiria formular um novo processo de adaptação que não aproveitasse aos outros do grupo, estendendo-se, finalmente, a toda a sociedade. O fato de serem puramente psíquicas as dependências sociais, não prejudica os interesses gerais; pelo contrário, disto resulta grande facilidade de progresso pelas infinitas possibilidades de reformas, e pela fácil e pronta aquisição dos novos processos criados e instituídos. De qualquer sorte, cada consciência individual pode condensar todos os progressos e reformas. Sucede, mesmo, que o progresso geral só é possível e só é garantido, quando os indivíduos ou elementos sociais são *livres* – para que, de acordo com a capacidade pessoal, procurem adquirir os conhecimentos e as formas de reação que parecem úteis, e possam, ao mesmo tempo, entrar com a sua iniciativa pessoal, como propaganda de novas idéias e possibilidades de ação. Assim, de acordo com a capacidade individual, em cada consciência, coordenam-se os meios de agir e os processos gerais de adaptação que se vão criando.

3. A TESSITURA DOS SÍMBOLOS

A sociedade compreende, pois, uma dupla existência: *agrupamento dos indivíduos, tessitura dos símbolos*, em que se realizam e se enfeixam as suas relações. Os

---

[63] Se aceitamos a definição psiquismo – variação das reações de adaptação... podemos distinguir duas formas de realização: psiquismo individual, em normas instintivas, hereditárias, e psiquismo socializado. Este, por sua vez, subdividindo-se em: socialização sobre a base de diferenciações somáticas e fisiológicas, como nas vespas, térmites, formigas... e socialização sobre a base da consciência refletida, no homem. Nos insetos, quando haja uma variação, ela se impõe a todos. No homem, o psiquismo é sempre em formas sociais, por aquisições individuais reformáveis, realizadas em colaboração.

indivíduos são, em consciência, atraídos uns para os outros pelas tendências essencialmente socializantes – a simpatia e a imitação; mas se coordenam formalmente no liame dos símbolos. Estes símbolos, que são produtos da atividade psíquica pessoal, comunicam-se de consciência a consciência, materializam-se, definem-se em formas sensíveis e, com isto, passam a ter existência própria, independente das existências pessoais, superior a elas. O corpo social constitui-se, de fato, como agrupamento de pessoas, contidas e enleadas na complexa tessitura dos símbolos – a trama das *tradições* e a urdidura do *pensamento*. Notemos, no entanto, que esta imagem é, apenas, grosseira aproximação; a disposição do conjunto social complica-se infinitamente. Esse redil simbólico tem vida própria, superior à contingência das vidas individuais; é essencialmente ativo, e constitui-se de elementos que, formulados nas consciências pessoais, ligam-se entre si, originam-se uns dos outros, e constantemente se refazem e se multiplicam. Mas, com isto, a tessitura dos símbolos só tem significação como fato de consciência. Ao mesmo tempo, sucede que os seus fios, os próprios símbolos, têm virtudes e capacidades muito diversas – uns de ação insignificante, numa vida efêmera, outros estendendo o seu valimento a toda a espécie, em valores definitivos e perpétuos. E como os símbolos são produtos da consciência pessoal, com eles os indivíduos realizam uma extrema diversidade de mérito, ao passo que, organicamente e como representação imediata, eles são equivalentes. Ou, mais explícita e concretamente: na atividade psicológica, e nas formas de percepção, há uma média de valor pessoal, com variações muito limitadas, tanto que as pessoas se podem considerar como análogas – *iguais*; mas, pelos símbolos que deixam, e pelo que concorram para a organização e a vida dos conjuntos, umas – a maioria – serão quase nulas. Outras, os gênios, atingirão um valor fora de toda comparação. Compreende-se facilmente a importância que tem esse aspecto de valores simbólicos, na apreciação das existências pessoais[64].

Esses mesmos símbolos, de que se fala o urdume social, é que servem como instrumentos ou valores de comunicação entre as consciências. São símbolos de idéias gerais, símbolos de sentimentos, símbolos de ações... De todo modo, desde que existam socializados, servindo em transfusões psíquicas, eles são condensações de estados de consciências, e são como símbolos de idéias, isto é, de valores

---

[64] Em virtude da simbolização, que torna possível destacar para muitas consciências, simultaneamente, o mesmo valor mental, o pensamento se constituirá como resultante de uma cooperação, e será, em grande número de casos, um produto social. Baldwin chegou a dizer: "o que faz a sociedade é a generalização dos valores e das concepções".

mentais. A trama das tradições diz, principalmente, com os estados afetivos; a urdidura do pensamento inclui explicitamente idéias; mas, realmente, não é pela natureza dos elementos componentes que esses liames sociais se distinguem, se não pela natureza das relações, a que eles correspondem, pelo fim a que servem, e pelo sentido em que se fazem. A tradição se fortalece nas energias da afetividade, mas define-se em idéias. Ela se constitui de processos de linguagem, religião, costumes, regime nacional, instituições políticas e civis... Tudo isto se faz num desenvolvimento linear, sucessivo, em séries paralelas, e, com elas, na sua orientação, realiza-se a vida imediata dos grupos ou núcleos de atividade social. Em tal modo, a tradição particulariza e distingue cada pessoa. Ao contrário disto, a urdidura do pensamento estende-se a toda a espécie, através de todas as tradições; é essencialmente generalizada e, de certo modo, superior ao próprio destino das tradições. No enlear-se em cada tradição, o pensamento adquire fisionomia – idiomatismos, gênio nacional – sem dissociar-se, no entanto, da urdidura geral. Os indivíduos são, sempre, necessariamente filiados a tradições, representantes diretos delas, e é através das suas tradições que cada um participa da vida do pensamento e se relaciona com os seus desenvolvimentos.

4. Destinos das tradições na evolução do pensamento

As tradições, nutridas principalmente no afeto, são orientadoras e determinadoras dos destinos sociais. Mas não existem isoladamente; bem longe disto; em cada caso, desde que o viver social se complica um tanto mais, as mesmas pessoas estão no fluxo de diversas tradições, pois que elas existem em simultaneidade, superpondo-se, confundindo as influências, quando não em formal oposição. O mesmo indivíduo pode participar de diferentes núcleos de atividade; pode, por conseguinte, ser levado por diversas tradições. No desenvolvimento social, a tradição corresponde ao que é a tendência na organização da personalidade: uma consciência é sempre o ponto de encontro de diversas tendências; numa tradição, há sempre a expressão implícita, ou explícita, de uma multiplicidade de tendências. A tendência é determinadora nas consciências; a tradição é determinadora nos conjuntos sociais. A analogia vai além: é na tessitura dos símbolos que vivem os núcleos sociais, é assim que eles se animam; daí resulta que essa tessitura está sobre o agrupamento dos indivíduos, como a atividade psíquica está sobre a vida fisiológica. Quem considera a vida do espírito como um superfenômeno, deve considerar as relações simbólicas como uma super sociedade ou – o espírito social.

O pensamento, – urdidura generalizadora e ilimitada, tem, na realização social, papel inteiramente diferente: é definidor ou esclarecedor; não determina o sentido em que se fará a organização social, mas é quem dá as possibilidades de realização – representa a realidade, nas idéias e nos conhecimentos; é quem define os motivos e as formas de ação. Tradição e pensamento funcionam socialmente em símbolos, que, nestas condições, têm uma repercussão evocadora bem diferente. Toda tradição existe formulada nuns tantos símbolos; e são esses mesmos que dizem, em cada consciência, o núcleo social a que ela pertence. O urdume ou arborização do pensamento especifica-se nos símbolos que condensam os conhecimentos socializados, e existe nas construções científicas, no desenvolvimento das idéias como puros valores mentais, em uso geral. Socialmente, a esse respeito, cada consciência é uma repercussão de tradições, representadas em símbolos, e é, ao mesmo tempo, um centro subjetivo para a atividade psíquica. Destarte, a consciência individual – a pessoa – está socializada exclusivamente em símbolos: os da tradição, que lhe servem de instrumento ou preparativo de ação. E a comunicação das consciências, que é a própria fórmula de socialização, se faz, então, como vimos, numa simples, exteriorização de símbolos. E projetando-se neles, e neles refletindo-se, que a consciência sai de si mesma.

Apesar de ter sido feita num tracejar rápido e sumaríssimo, esta indicação dos caracteres formais da organização social terá patenteado o quanto é complexa, e quão difícil se torna apreciar lucidamente cada um dos seus aspectos, para compreender o valor e a significação das suas manifestações. Organização feita em liames subjetivos, para o desenvolvimento de formas existentes, objetivas, ela se realiza em efeitos que se complicam e se entrelaçam, a ponto de que nenhum pormenor é explicado sem a compreensão do todo. Somos obrigados, por isso, a insistir nesta análise, porque só assim chegaremos a compreender a função do símbolo na linguagem. Não há, nas formas, animais, nem nas outras organizações naturais, nada que nos possa dar a imagem da organização social[65]. Figuremos os agrupamentos das vidas humanas, nas suas constantes relações

---

[65] Certos tecidos de natureza conjuntiva caracterizam-se no fato de que as respectivas células, relativamente livres, vivem num tramado de forma específica, fibras e fibrilas, que se produzem como exsudado desses mesmos elementos vivos; esse tramado ou substância intersticial é permanente, subsiste às células, que constantemente se renovam. Nas formas vivas, é o que nos dá uma imagem, se bem que grosseira e bem diversa, da dupla composição, na organização social. Entre os dois conjuntos, há a diferença que vai da fibra elástica à idéia simbolizada.

diretas e, tecendo-os em todos os sentidos, o filame vivo dos símbolos: os indivíduos são os seres que *se* socializam, os símbolos, os seres que *os* socializam. Consideremos, agora, que os indivíduos são realidades tangíveis, os símbolos são como emanações dos indivíduos, e só existem subjetivamente, como valores de consciência; no entanto, têm, assim, uma tal virtude, que formam os liames precisos, seguros, com força bastante para orientar, conter e definir a atividade individual. Tanto assim, que a direção dos núcleos sociais, mesmo os de caráter político, se vai, gradativamente, transformando, de força material em poder moral e livre de influência espiritual. Dá-se, mesmo, que esse é um dos aspectos mais interessantes na evolução social: os órgãos de coerção material sobre a energia bruta dos indivíduos, substituem-se, progressivamente, por sistemas simbólicos, que se incluem superiormente nos liames sociais, e agem como valores de consciência. A consciência disto é essa, já assinalada – a necessidade que têm os indivíduos de sentirem-se materialmente livres, a fim de agirem de acordo com os sistemas simbólicos, aceitos em consciência.

Em formas sensíveis, não podemos imaginar um tal sistema de relações, mas podemos bem distinguir e compreender a importância de um e de outro, desses dois conjuntos – pessoas e símbolos – quando pensamos *no* a que se reduziria a sociedade, se se dissipassem todas as suas dependências e relações simbólicas, isto é, tudo que é *pensamento* e *tradição*. É como se desaparecesse isto que consideramos como realização humana: seria uma humanidade a refazer-se. Imaginemos agora que todo esse mundo simbólico persiste, mas transmuta-se a organização dos indivíduos: seria, igualmente, o recomeçar da evolução, pois o desaparecimento dos modelos de consciências, onde tais símbolos tinham valor, significaria a destruição desses mesmos valores, que formam, aliás, o segundo aspecto da tessitura social. Então, podemos considerar a organização social feita com duas sortes de elementos: células sociais, vivas e conscientes – *os indivíduos* – e *símbolos*, individualizados como valores, mas indefinidos no espaço e mal limitados no tempo. Todavia, de tal modo se passam as coisas, tão importante é o valor dessas virtualidades simbólicas que, por vezes, nelas representamos a realidade dos agrupamentos. O corpo social – a humanidade – compreende, já o vimos, núcleos mais ou menos instáveis; ela, por si mesma, não cogita de morte ou desaparecimento; a vida do conjunto se faz com a vida desses núcleos; freqüentemente, registram-se casos de alguns deles que desaparecem, ou se refazem, enquanto outros núcleos surgem e se afirmam. Traduzimos o fenômeno como se, de fato, o agrupamento de organismos se tivesse reformado, ou fosse eliminado. Ora, realmente, o que desaparece, ou se refaz, na generalidade dos casos, são as tradições, suplantadas ou substituídas por outras. Nessas tradições se consagram e se definem, concretamente, as dependências morais e as realizações sociais. Quando, por qualquer motivo, elas se dissolvem, o fato se consigna, historicamente, como o *desaparecimento de um povo,* de *uma civilização.* Os núcleos ou agrupamentos nacionais são os centros efetivos de coordenação e de orientação; as tradições correspondem às fórmulas dessa orientação socializadora; quando a tradição é suplantada, já não podemos reconhecer o povo ou o núcleo que nela se representava. Imaginemos o indivíduo cujo caráter fosse substituído: ele não morreu organicamente; mas a pessoa moral desapareceu; em vez dela, há *outra...* Sabido que as formas sociais existem numa tessitura de símbolos, é fácil compreender não só o mecanismo das comunicações, como o de que depende, socialmente, o valor de cada consciência. Então, verifica-se que, se duas consciências se encontram num símbolo, está feita a comunicação entre elas; o poder de uma consciência cresce com a importância dos símbolos que nela repercutem, e que por ela se socializam.

5. O SUBJETIVO DA ESPÉCIE

De tudo isto resulta o reconhecer-se que o indivíduo consciente é o homem em função social. Tanto vale dizer para atingir, e compreender, o que é realmente humano no homem, devemos considerá-lo em continuação e em comunicação com os seus semelhantes. Wundt julgou bem a questão no que chamou *a interpretação subjetiva dos fenômenos do espírito e sua dependência do meio social espiritual,* que vem a ser isso mesmo, a que nos referimos como *tessitura dos símbolos.* Esta fórmula ou expressão parece a mais conveniente para o caso. Se não, vejamos: em que consiste explicitamente a socialização humana? No realizar, em símbolos, os instintos sociais; os sentimentos, em que naturalmente se expande o instinto de simpatia, cultivam-se e apuram-se em símbolos; e é na condensação simbólica que os novos modelos e processos adaptativos são sugeridos e propostos à imitação. A socialização de uma idéia se faz com a socialização do respectivo símbolo; as próprias aspirações e ideais humanos só agem sobre as consciências fulgurando em símbolos. Finalmente, nenhuma concepção, nenhum valor se socializa sem o simbolismo que o apresenta, e que, condensando-o para o pensamento, define-o para a sociedade.

Na livre associação dos indivíduos humanos, o organismo biológico representa um conjunto de relações interiores, em correspondência com relações exteriores, adaptativas; cada organismo se harmoniza no meio geral, segundo a dupla orientação – interesses pessoais e interesses da espécie. Mas há dois modos de apreciar e considerar as relações de adaptação do homem em sociedade: a apreciação absolutamente objetiva, num pensamento que não tivesse analogia com as consciências humanas; a apreciação que, dada a nossa consciência de humanos, podemos fazer. Sob o primeiro critério, a sociedade, na espécie humana, consiste numa livre associação de sistemas nervosos, de organização análoga, reagindo contra impressões análogas, através de sistematizações hereditárias comuns. Assim, *objetivamente*, na vida da espécie, não há nem símbolos, nem transfusões de consciências; há, de fato, transmissão de excitações, de indivíduo a indivíduo, por intermédio dos aparelhos sensoriais, e, com isto, reações coordenadas, em comum. Uma tal transmissão de excitação e a conseqüente coordenação das reações tornam-se possíveis e são condicionadas pela riqueza e a complexidade da organização cerebral na espécie. Biologicamente, é esta a superioridade do homem. Mas, esse modo de julgar, em absoluta objetivação, é irrealizável na nossa mentalidade: não podemos deixar de ser o que somos. Chegamos à capacidade de conhecer e julgar aplicando, ao que conhecemos, o que em nós encontramos e sentimos: a *ação* é, para nós, como a realizamos; o *poder* é esse de que nos sentimos possuídos. Podemos sublimar o animismo e dilatar o antropocentrismo; hemos, porém perpetuamente, de julgar e agir como humanos, animados em consciência. Pouco importa que o raciocínio nos diga: que *linhas* são apreciações subjetivas de tensões musculares, e *cores* são irritações excitantes na retina: para nós, o universo tem de existir em linhas e cores... e pesos, e resistências, e odores... outras tantas subjetivações da realidade.

Destarte, sendo impossível o objetivo absoluto, procedemos, mentalmente, por entre dois subjetivos: um nimiamente pessoal, como quando julgamos dos nossos afetos, em face dos que se manifestem nos outros homens; outro, que se estende a toda a espécie, e compreende os nossos julgamentos quando explicamos os fatos, segundo os distinguidos em valores mentais socializados. É um subjetivo-objetivo: nos dados de consciências, as relações da espécie com o meio têm significação subjetiva, ao passo que as relações sociais, dentro da espécie, têm significação subjetiva, ao passo que as relações sociais, dentro da espécie, têm significação objetiva. Consciência e símbolo são fórmulas subjetivas, segundo as quais a sociedade humana conhece a sua existência. E dizemos – é o símbolo que associa os homens, porque, subjetivamente, somos consciências. Na transposição de um critério para o outro, os símbolos são formas de excitações; há, porém, absoluta necessidade de estudar e compreender a vida humana nesse critério subjetivo; porque nele temos uma sorte de verificação e ampliação de valores: as distinções que poderíamos fazer nos objetos de conhecimento, considerando-os como simples excitações, seriam quase vazias de sentido, ao passo que, como representação-símbolo, temos uma tal multiplicidade de aspectos, tanto desenvolvimento de efeitos, que a matéria de conhecimento e comunicação nos aparece qual um mundo de categorias em evolução. Dessa forma, subjetivamente, a sociedade é uma organização baseada no fato *consciência refletida*, tramada e urdida nos nodos dos símbolos. Os seus elementos ou células vivas, os indivíduos, são personalidades que se fazem, psicologicamente, absorvendo e assimilando o meio social; e têm de característico que são nimiamente educáveis, reformáveis, ao mesmo tempo que são organicamente independentes. Como têm vida própria e existência limitada, cada um encerra em si mesmo os seus destinos e deve adquirir, como experiência pessoal, a fórmula de direção pessoal e de existência social, isto é, de *moralidade*. Tal fórmula é dada pela própria direção dos núcleos sociais. Notemos, no entanto, que a função de direção social se torna, cada vez mais, uma influência virtual, livre, agindo simplesmente por sugestão sobre as consciências. Como todas as funções sociais, a direção das consciências é sempre reformável e instável, e define-se, como o próprio pensamento, em símbolos de fórmulas gerais, fórmulas que cada consciência assimila, como assimila os outros processos de adaptação ao meio físico. Os órgãos diretores instituem-se livremente, espontaneamente; valem como órgãos pensantes, sem nenhum poder objetivo e efetivo sobre as pessoas, porque os atos, nas mentalidades constituídas, são coordenados no exclusivo pessoal da consciência, e só esta os pode modificar. A influência diretora, para ser benéfica e eficaz, tem de ser sugestiva, por efeito de transmissões simbólicas, como para todas as outras relações sociais. A direção se exerce imediata e concretamente sobre os núcleos de tradição e realiza um desenvolvimento simbólico, que acabará incorporando-se à respectiva tradição. Daí, resulta que as direções se aproximam e se confundem, como acontece com as próprias tramas de tradição, entrelaçadas no grupo total. Os sistemas diretores se instituem, apenas, como indicações gerais, que se aceitam na razão da correspondência que exista entre eles e as necessidades íntimas de socialização crescente e de solidariedade completa. Os interesses sociais, reconhecidos e sistematizados, realizam-se em serviços gerais, refletidamente organizados e incessantemente reformados e aperfeiçoados.

CAPÍTULO II

A Consciência Refletida

6. A personalidade e o EU que se comunica; a ilusão do poder pessoal

Qualquer que seja o grau de organização social, é na consciência que ela se faz: assim nos reconhecemos em sociedade, assim temos de julgar o seu modo de existência. Mas, convém não esquecer que nos tornamos cada vez mais conscientes, e que, finalmente, a consciência se desenvolve em dois graus: o primeiro, que é simples representação imediata das excitações cerebrais – a consciência que apenas *conhece* os objetos impressionantes; e o segundo, da consciência refletida – a consciência que *se conhece*. No primeiro grau, como acontece no animal e no alvorecer da mentalidade humana, o pensamento se faz, apenas, com os resíduos imediatos ou efeitos diretos das impressões: com os *receptos*, diz Romanes. No segundo grau, senhora de si mesma, a consciência se apropria do seu conteúdo, discrimina, explicitamente os aspectos das coisas, abstrai, generaliza; cria, assim, valores mentais em conceitos; simboliza-os e pensa com esses valores gerais e abstratos, pensa com idéias, em símbolos. É o pensamento simbólico característico e exclusivo do homem. No prosseguir desta análise, veremos que a consciência refletida, condição do pensamento humano, é também a condição essencial da comunicação das consciências, e, por conseguinte, da organização social: as pessoas se relacionam e se comunicam como seres distintos, e que assim se consideram. No esforço para conhecer o meio que o impressiona, o indivíduo intenta conhecer os outros indivíduos; volta-se para sua consciência e ali encontra a repercussão da atividade própria, e a imagem da atividade dos outros; faz-se necessariamente um cotejo, de que resulta reconhecer-se o indivíduo distinto, livre e semelhante aos outros. E é assim que cada um dos elementos sociais chega a ter consciência dos liames psíquicos que o associam ao todo. Mas, nessa mesma consciência, ele tem a representação da própria existência, organicamente independente, ao mesmo tempo em que se sente livre, e com as energias precisas para fazer uma vida própria e pessoal. Com isto, o indivíduo se torna, *ipso facto*, autônomo e senhor dos seus destinos; tem iniciativa e considera-se responsável pela própria existência orgânica, pois que, biologicamente, é um todo distinto, isolado e absolutamente limitado. As relações psíquicas, superpostas às condições orgânicas, a autonomia consciente, e a necessidade de iniciativa deram, então, à evolução geral da espécie o caráter humano que ela tem de livre coordenação. Nisto difere, essencialmente, a evolução social da evolução biológica. O progresso não está, não poderia estar, na formal centralização dos processos sociais, nem na subordinação dos indivíduos a um poder exterior às consciências. O ideal, como regime social (ideal que já se define), há de ser o de autoridade moral, cooperação voluntária e solidariedade afetiva. Por isso, só se realiza verdadeiro progresso quando, satisfazendo às tendências intimamente ligadas à organização nervosa cerebral, tem o indivíduo a possibilidade e liberdade para desenvolver a sua inteira atividade, donde surgirão iniciativas, formas novas de reação e de coordenação. O progresso se exprime, destarte, por um crescente poder de adaptação, poder que resulta da socialização cada vez mais perfeita, e da íntima solidariedade da espécie.

A consciência da sua existência pessoal e livre, a capacidade de vontade, isto é, de modificar e reformar as suas reações, deram ao indivíduo humano o sentimento das próprias energias e a representação subjetiva de ser um poder. É ilusão, se consideramos a vida humana no conjunto do universo; mas, se consideramos a consciência humana como necessariamente ela existe, reconhecemos que, para si mesmo, o indivíduo *tem poder*, pois é sob essa forma que ele se conhece. No compreender as relações humanas, temos de pensar da "ilusão subjetiva do poder", como de uma realidade, pois que, em toda circunstância, o indivíduo faz a sua vida moral e consciente como se fora, realmente, um poder. Devemos lembrar, ainda, que essa idéia de *poder* não é mais do que a extensão da capacidade que, desde a aurora da consciência refletida, o homem reconheceu em si — de variar os seus atos e de reformar as suas relações. Foi a isto que, primeiro, ele considerou e chamou de *poder*. Destarte, para a consciência humana, o poder essencial é este: *o poder de vontade*. Não somos um poder para criar energias, mas temos a representação de "poder", representação que se irradia e que, em símbolo, vai a outras consciências e dá origem a outras representações, como seja a idéia de *causa*, derivada, imediatamente, desse poder material, realizado no esforço muscular[66].

De tudo isto, resulta a conclusão, que é a própria fórmula da condição humana: sendo o homem um *poder* para si mesmo, sendo capaz de refletir e de contemplar-se, tem de ser livre, dentro do grupo social, a fim de poder adaptar-se eficazmente, e desenvolver a iniciativa pessoal, desde que a assimilação social se faz com a afirmação da existência individual. Daí, a circunstância de que não se pode bem socializar que não se julga como vontade livre. O que se socializa, pois, é a personalidade, esse EU da vontade, e que deriva das atividades de relação. Tais atividades, de adaptação consciente, unificadas e refletidas na consciência, valem como uma síntese, que é a *pessoa*, complexo concordante, pela atração dos componentes no interesse individual, e pela convergência dos efeitos numa só consciência. Aí está à unidade social, ao mesmo tempo entrelaçada no corpo social, e em relação direta com o meio cósmico. Nestas condições, o conjunto dos processos adaptativos se torna apreciável em cada indivíduo, e constitui um ser perfeitamente definível, o ser a que chamamos *espírito*, e que se forma à custa das aquisições diretas e das transmissões simbólicas (mais de transmissões simbólicas, talvez, do que de aquisições diretas). O espírito é, pois, uma realidade, na subjetividade do *agrupamento* social: é uma realidade de relações, resultado de transmissões psíquicas, produto da educação, orientada pelos instintos gerais da espécie. As próprias tendências naturais, hereditárias, só se revelam sob o influxo da sociedade, e exprimem-se pelos meios de ação que a educação fornece. A educação corresponde à assimilação do indivíduo na atividade social, e, por isso mesmo, corresponde à organização da consciência. E, agora, compreende-se que o bebê não seja uma pessoa social, e que a criança não pode ter uma consciência lúcida, refletida, moral, se não à proporção que vai assimilando a vida ambiente da sociedade.

7. A CONSCIÊNCIA QUE SE CONHECE

A consciência refletida não está em que o indivíduo se conhece, mas em reconhecer-se como unidade social; aliás, só desta sorte pode ela existir. A consciência começa conhecendo os outros; então, quando conhece a si mesma, e se reco-

---

[66] O esforço muscular produz determinado efeito: é o seu antecedente – eis a concepção de causa.

nhece análoga aos outros, isto é, como "*unidade* num todo", é consciência refletida. São, todos esses, aspectos distintos, e que se vão definindo sucessivamente. Uma coisa é ter consciência do que é externo ao pensamento; outra coisa é ter consciência de "ser pensante"; outra, finalmente, o reconhecer as relações entre o ser pensante e as coisas pensadas. Por outras palavras: bem diferente é *o perceber as relações* (e o animal as percebe), *do compreender que as relações são relações*. O animal é inapto a julgar em função de si mesmo; não é, realmente, um ser pensante, uma vez que não consegue apossar-se do pensamento como pensamento. O homem conhece e julga com a atitude explícita de quem pensa; tem consciência de que é um *eu*, julgando das coisas em grupo, que é um agrupamento de atividades, e que faz parte de um grupo de congêneres. Essa forma de superior pensamento só lhe é possível porque os grupos de relações, e os congêneres, e ele próprio, existem em símbolos. De sorte que o verdadeiro pensamento se faz na reflexão introspectiva — "como são as coisas... como estão dispostos os seres"... E a mente reconhece em juízos que são, explicitamente, predicações de umas coisas por outras, numa perfeita consecução de relações. Mas, não é por *predicar* que o pensamento humano se caracteriza, e sim porque escolhe entre as predicações, e se reconhece com a capacidade de fazer tal escolha. Nesta conjuntura, então, faz-se a real distinção entre sujeito e objeto.

Por esta análise se verifica que a consciência refletida começa com a possibilidade de haver diferentes reações para uma mesma impressão, e se torna possível com a existência de uma excitação percuciente, sem resposta imediata. De sorte que, subjetivamente, o seu efeito próximo é a verificação dos resultados da resposta escolhida ou adotada; e é com isto que ela se tornou, finalmente, capacidade de previsão. Objetivamente, essa excitação sem resposta imediata só é possível com a riquíssima organização cerebral, como se dá no homem, porque, na multiplicidade das sistematizações corticais, há uma equivalente multiplicidade de reações para as escolhas subjetivas. Assim entendido, podemos considerar a consciência refletida uma vasta repercussão sintetizadora de processos concomitantes. Os seus motivos íntimos estão, de fato, na oposição das tendências afetivas[67]. Se o homem fosse

---

[67] As tendências assim se desenvolvem até chegarem a essa nutrida e insistente oposição, devido ao excesso de cerebração, característico da espécie humana. É isto que, multiplicando os trâmites corticais, produz esse mentalismo que se deve normalizar na simplicidade dos símbolos; permite a consciência refletida antecedente e conseqüente da simbolização, e vem, finalmente, expandir-se, criando arte, ciência, filosofia...

somente egoísmo, ou simpatia, não teria ocasião, nem largueza, para refletir o próprio ser. A oposição das tendências, com a multiplicidade dos trâmites cerebrais, determina a inibição, que projeta a consciência para a reflexão; e esta se desenvolve, então, com a possibilidade que é dada ao espírito de ater-se aos símbolos e de guiar-se por eles. É a expansão do espírito, na posse de si mesmo, através do mundo ambiente. E, como a sociedade é a parte mais importante nesse ambiente, a consciência refletida vem a ser, realmente, a consciência na espécie. Poderíamos dizer: é a força do espírito circulando no corpo social, como o sangue nutriente por todo o desenvolvimento do organismo. Lembremo-nos que o homem não é organismo de adaptação somática, hereditariamente adaptado; é *cerebrado adaptável*, cuja adaptação só é possível por processos conscientes, mediante consciência refletida, realizada na vida social. Nesta conformidade, esse grau superior de consciência não poderia deixar de ser reflexo da vida da espécie.

Agora, torna-se fácil reconhecer como a simbolização concorre para esse refletir da atividade consciente. O uso dos símbolos, simplificando e abreviando os processos de pensamento, focalizando os valores mentais, definindo os conhecimentos e as relações, torna possível, à consciência, o distinguir o que lhe é próprio, e estabelecer a sua continuidade, ou a permanência do eu. O símbolo precede, prepara e alimenta a consciência refletida, a qual se realiza como ato de atender a uma evocação e esperar os seus efeitos. A sua forma mais explícita é essa mesma: apelar para um conhecimento e reconhecê-lo no respectivo símbolo. Para tanto, a simples imagem não bastaria; é uma pura fixação de efeitos, uma plástica inativa. Ao passo que a imagem-símbolo é um efeito de repercussão, estímulo da inteligência para prosseguir e pensar no que é mediato e subjacente. A consciência refletida é o evocar explícito de estados afetivos, e conceitos, e decisões, e atos... tudo, enfim, em que se organiza a experiência verificada, e que é evocado, cotejado e julgado, em símbolos.

8. Evolução da consciência refletida até a apreciação das analogias

Onde começa, quando começa a consciência em geral? Qual o mais simples dos animais conscientes? Quando começa a ser consciente o recém-nascido, ou mesmo o feto? Não pretendemos responder a tais questões, mas, tão somente, deixar assinalado que a consciência, como fato, tem uma origem indefinida; existe, ligada à vida, sem que se possa afirmar que seja propriedade de tudo que vive, sem que se possa dizer em que graduação de vida vem a manifestar-se. E, neste considerar nos detemos, porque, igualmente indefinida é a origem ou começo da consciência refletida. É o segundo grau de consciência; começa na consciência elementar ou primitiva, sem que nos seja dado determinar o momento preciso em que o indivíduo passa de não refletido a ser consciente refletido. Em verdade, não há, no caso, nenhum avatar, nenhuma metamorfose. Ao nascer, é o homem um organismo apenas consciente, numa consciência certamente difusa e rudimentar; aos dezoito meses, já é uma consciência inteligente, mas que apenas percebe, distingue entre os efeitos imediatos dessas percepções, e guarda os respectivos resíduos; é como qualquer um dos animais superiores, e mais os impulsos indefinidos dos instintos sociais; ao três, quatro anos, já se reconhece, como conhece os outros, e já aplica aos outros o que encontra em si, e já julga de si pelo que conhece nos outros. É uma consciência refletida, ainda que muito reduzida. Ora, todo esse manifestar de aptidões se fez num prosseguir nimiamente evolutivo, em gradações insensíveis, sem que seja possível determinar ou limitar as crises características de tão importante transmutar.

O característico da inteligência animal é fazer-se em puras imagens, associadas diretamente a estados orgânicos, e guardadas como simples lembranças; é o equivalente da criança quando tem consciência do que vê, mas não tem consciência de que vê. Então, ela, a criança, sente, mas não chega a conhecer o seu organismo que sente; fala de si na terceira pessoa e pensa em juízos exclusivamente sensoriais. Isto é assim, aproximadamente, até os dois anos; no entanto, é inegável que, nessa idade, a criança normal já manifesta uma atividade de consciência mais fecunda e lúcida que o que se pode apreciar nos animais superiores mais inteligentes. Desde os primeiros ensaios de linguagem consciente, começa a criança a distinguir-se nitidamente da pura animalidade. Baldwin admite que a consciência refletida existe, pouco mais ou menos, aos três anos de idade. É uma opinião aceitável, desde que nos resignemos a não ter, na natureza, nada de semelhante à inteligência e ao modo de ser da consciência infantil correspondente a esse período de um aos três anos de idade[68]. É nesse intervalo que se faz a passagem

---

[68] Baldwin, op. cit, p. 251. Este modo de pensar é mais ponderado, quando é certo que o ilustre professor de Princetown se baseia, principalmente, em observações pessoais sobre os próprios filhinhos. É assim que ele cita o caso da sua bebê que, aos três anos, já fazia alegações em que reconhecia que a mamãe estava contente, demonstrando, desse modo, que sabia reconhecer no outro o que sentia quando estava feliz. Romanes quer que a consciência refletida, com o pensamento conceitual mais elementar, começa aos 30 meses de idade.

evolutiva para a reflexão, passagem que consiste, explicitamente, em reconhecer-se, a criança, como *uma pessoa*, e, depois, como pessoa semelhante aos outros, por haver descoberto, em si mesma, em manifestações diversas e sucessivas, capacidades análogas às que tenha apreciado nos outros. Poderíamos dizer: este é o período correspondente ao surgir e ao afirmar explícito do eu. Max Muller, que realizou esse milagre — ter visão de filósofo e pensamento de sábio dentro da etimologia — provou, pela mesma etimologia, que, nas línguas de grande pensamento, o pessoal EU deriva do determinativo – *este aqui*, o que equivale a demonstrar que o EU tem uma origem ejetiva, isto é: nasce de uma conjuntura mental em que a consciência, reconhecendo-se, ainda pensa de si mesma como se fora um ser-objeto. Romanes insiste em repetir o discorrer de M. Muller e pretende, com isto, que essa é a gênese da própria consciência refletida. Para ele, a evolução que leva a esse grau superior de psiquismo consiste em dar aos processos interiores a mesma concentração de atenção que aos processos exteriores e físicos. Wundt já tinha deixado opinião corroborante, quando dizia: "Só depois que a criança distingue, por característicos definidos, sua própria personalidade da dos outros, faz ela um grande progresso, no reconhecer que as outras pessoas são seres em si mesmos, ou por si mesmos."

9. Valor social da analogia das consciências

O árduo e longo analisar das condições de socialização humana veio trazer-nos a esta verificação: que o indivíduo, em sociedade, é uma consciência refletida, cuja fórmula explícita está em reconhecer em si as qualidades e atividades que conhece nos outros. Ao mesmo tempo, verifica-se que esse grau de consciência tem como apanágio o pensamento conceitual simbólico, que é exclusivamente humano. Tudo isto, porém, não nos diz que a consciência refletida seja realmente uma utilidade na realização social, pois não nos explica qual seja o seu papel, ou a sua significação, no conjunto das condições de socialização. Insistamos, no entanto, e chegaremos a nova verificação, e que tem a importância capital de dar-nos a verdadeira chave da comunicação das pessoas, e de indicar-nos a função explícita e a utilidade da consciência, na ordem dos fatos naturais. Quando pensamos que em torno dessa questão — se é, ou não, útil a consciência — vêm bater sistemas e sistemas filosóficos, compreendemos que ela seja considerada de importância excepcional. E se, até hoje, nenhuma filosofia chegou a responder definitivamente a esse caso, foi somente porque filósofos e psicólogos pretendiam elucidá-lo, considerando o fato consciência com referência exclusiva ao indivíduo, sem procurar a sua razão nas necessidades sociais. Alguns deles, entre os quais se destaca Baldwin, chegaram a reconhecer que a consciência só existe em função social, mas não quiseram deter-se na consideração necessária de que, se ela assim existe, *deve ser uma função social*[69].

Em que consiste a função social da consciência refletida?

Em dar a possibilidade — a única possibilidade — de comunicação entre as pessoas. E como a realidade das comunicações é a essência mesma da socialização, a consciência vem a ser condição definitiva da organização social, como a possuímos. Se não, vejamos. Explicitamente, na reflexão das consciências, reconhecemo-nos semelhantes em propriedades, atividades e manifestações; verificamos que o mundo exterior dá lugar, nos outros, a manifestações análogas às que se produzem em nós mesmos, manifestações que se ligam a estados íntimos bem nítidos na consciência. Deste modo se faz a convicção absoluta dessa igualdade entre as pessoas. Com essa convicção, interpretamos, pelo que se passa em nós mesmos, o que nos é indicado ou sugerido nos símbolos que percebemos. Cada um dos nossos valores mentais está ligado a um símbolo, percebemos esse símbolo, temos como certo que na mente de quem o produz ocorre esse mesmo valor, essa mesma idéia. Destarte, consciências distintas encontram-se no mesmo símbolo, na mesma representação, e está realizada a comunicação. Mas tudo isto se faz, porque nelas havia a absoluta convicção de serem iguais, possuindo os mesmos sinais íntimos, reagindo nas mesmas formas. Ligar um símbolo a estados

---

[69] Já estava escrito este trabalho quando se publicou, em 1922, o livro de W. Malgaud, *Le problème logique de La Societè*. Malgaud não chega definir a função ou utilidade objetiva da consciência refletida; mas afirma explicitamente que a organização social assenta no fato de nos reconhecermos análogos aos outros: "Para agir, para entrar em sociedade com os outros seres, devemos prestar-lhes inteligência, querer comunicar com eles é admitir que eles responderão com um espírito idêntico ao nosso... Em verdade, nós os encontramos em nós mesmos, nas normas de nosso pensamento... Numa palavra, vemos os outros através de nós mesmos. Construímos a realidade social por uma projeção de personalidade." (p. 38). No entanto, Malgaud segue uma marcha inversa da que adaptamos nesta análise; ele segue o regime da pura dialética: para atingir a fórmula da existência social, ele examina a noção de idéia, no sentido de concepção; leva a sua análise à noção de função... função social... e postula como em pura lógica. Essa fórmula enunciada, para ele, é um postulado sociológico, nestes termos: concepção de um meio, permitindo à personalidade sair de si mesma, por uma extensão puramente lógica do seu campo: "as idéias se movem na sociedade au même titre que a nossa consciência".

introspectivos e a valores mentais é o primeiro passo, e é essencial, para a própria existência da consciência refletida. Desde que tais símbolos se generalizam, reconhecer que eles se generalizaram, e que as consciências, onde eles se generalizaram e se manifestam, são análogas, é, agora, a condição essencial para que se faça a comunicação entre elas. É a verdadeira condição da socialização. Os valores internos se tornam valores externos; perdem o caráter meramente subjetivo, adquirem objetividade de indivíduo para indivíduo, e, com isto, reforçam, em cada um, a confiança na própria consciência. Enquanto sou o único a sentir frio num ambiente, posso duvidar de que haja, realmente, uma queda de temperatura; mas, se vejo outros manifestarem o símbolo do frio, convenço-me... Por isso mesmo, cria-se um critério geral e objetivo de julgamento — a razão, com fórmulas de exatidão e de verdade, nas quais se baseia toda a construção científica. Dado esse critério, aceitas essas fórmulas, desde que se modifique o equilíbrio de uma consciência, e que ela não mais nos pareça inteiramente análoga; desde que não seja mais possível uma franca realização de comunicação, temo-la como decaída da situação de pessoa social. É o que acontece com as crianças e os loucos. Generalizados os símbolos, formando aquela tessitura em que se ligam os elementos vivos do corpo social, cada consciência se sente como sustentada e reforçada; a inteligência, apoiada na experiência da espécie, acumulada em *saber*, liberta-se das contingências imediatas, adquire novas virtudes de análise sobre si mesma, examina-se melhor, perscruta-se em todos os recantos, e aumenta, finalmente, a própria capacidade de reflexão. É uma verdade também que a consciência humana se torna cada vez mais refletida.

Com isto, fazem-se mais fortes e complicados os liames sociais. A consciência refletida vale como espelho, em que, na forma do símbolo, vemos o interior das outras consciências[70]. Com o poder da inteligência, esse espelho será, ao mesmo tempo, a lente, onde os valores mentais simbolizados se refratam, e se ampliam, e

---

[70] G. Saint-Paul considera a capacidade geral de consciência como uma função-espelho, mas não lhe atribui nenhuma significação, organização social: "Os atos psíquicos podem, pois, perceberem-se a si mesmo, mas somente pelo contra choque das modificações que determinam noutro territórios nervosos, e, somente, bem entendido, sob as únicas modalidades funcionais que esses outros territórios são suscetíveis de apresentar... Esta função-espelho... parece característica da espécie humana". Continuando, ele acentua todas as vantagens que ela traz à elaboração íntima do pensamento, mas não vislumbra nenhuma utilidade social. O seu conceito só tem de comum com o que, aqui, deixamos o nome —*função-espelho*. Um espelho de uso individual, para ele, um espelho onde se encontram as consciências, para nós.

se desdobram até. De todo modo, o essencial, no desenvolver desta análise, é que a comunicação socializante se realiza na convicção da igualdade das consciências socializadas. Daí, essas duas conseqüências, qual mais importante: a necessidade, para os indivíduos humanos, organizados em sociedade, de se considerarem iguais; o reconhecer-se que a consciência refletida tem uma significação objetiva e é útil à espécie, como condição essencial de socialização. Na primeira dessas verificações, nós temos, pela psicologia, a explicação dessa aspiração definida na evolução política dos povos, que por ela têm lutado, esforçadamente, até que a realizam no reconhecimento explícito da *igualdade*, para as pessoas sociais. O valor do indivíduo humano é todo de inteligência, moralidade, poder de vontade. Ora, nesses critérios, há diferenças incalculáveis entre os indivíduos: tal, que tanto bem espalhou sobre a terra, vale por milhares de gerações de egoístas; tal outro, que criou valores mentais eternos, que vêm vivificando as consciências desde os primeiros tempos, sobreleva em valor de inteligência o que se produz em sociedades inteiras; um outro condensa na sua força de vontade uma atividade de realização para as obras que todo um povo não conseguiria fazer. Contudo, por mais paradoxal que seja, superpondo-se à evidência dessa desigualdade efetiva entre os indivíduos, todas as sociedades procuram instituir-se num regime de confessada igualdade. É que a própria organização social se baseia na convicção tácita de que somos *iguais*. Tudo que possa contrariar uma tal convicção é implicitamente turbador das ligações sociais. O evoluir da inteligência se faz com a acentuação e o desenvolvimento da consciência refletida; e isto coincide, justificadamente, com a afirmação, cada vez mais explícita, da igualdade civil e política. É, esta, uma explicação, demonstrada, e que nos é fornecida pela psicologia, como aquela outra — a necessidade que têm os indivíduos humanos, associados, de sentirem-se livres em consciência. *Liberdade* e *igualdade*, reclamadas na política, explicam-se e justificam-se cabalmente pelas próprias condições do espírito humano. Em razão da efetiva diferença de valor individual, aceitam-se os órgãos de direção espiritual; instituem-se as elites de ação e organização; mas tudo isto se tem de fazer entre unidades livres e iguais.

A consciência é uma repercussão subjetiva; mas, nas relações inter-individuais, a consciência refletida tem efeitos de valor objetivo. Uma inteligência que existe fora da espécie humana, e assim a observasse e a conhecesse, não teria que se referir ao fato consciência refletida, que nem seria conhecido; mas não poderia deixar de considerar que os indivíduos vivem associados, sem que entre eles, organicamente, haja outras dependências além das da reprodução, que eles, no entanto, harmonizam a sua atividade, reagem em comum e produzem sinais com que se estabelece esta harmonia, e que são, por conseguinte, sinais servindo de comunicação e de liame entre eles. Tal inteligência julgaria de nós, como julgamos das formigas, quando dizem — mediante sinais com as antenas articuladas, estes insetos se comunicam... Mas nós nos conhecemos em consciência; não podemos sair da consciência. Verificamos, ao mesmo tempo, que, socialmente, só existimos pelo que somos como representação consciente; nos julgamentos que fazemos quanto às relações com o meio, não podemos deixar de reconhecer que a consciência refletida é uma utilidade efetiva para a espécie, pois é o que lhe permite socializar-se na forma em que ela existe. O observador estranho, em critério puramente objetivo, diria: a espécie humana, no viver socializado, realiza uma atividade de relação bem mais profícua que qualquer outra; os indivíduos socializam-se explicitamente mediante sinais e há, na sua atividade interna, qualquer coisa que lhes permite harmonizarem-se com estes sinais. Essa qualquer coisa é a consciência refletida; não podemos deixar de dar-lhe uma significação de utilidade natural, objetiva. Nem poderia ser de outro modo. Reconhecer a consciência refletida; verificar que ela se desenvolve com o evoluir do homem socializado, e admitir que seja uma mera repercussão, sem significação positiva, sem função natural, é o absurdo, em face do critério que as experiências naturais nos ditaram, e que a ciência aceitou com as doutrinas da evolução. "Existe o que deve existir; apuram-se, desenvolvem-se e reforçam-se os aspectos naturais que convêm." Existe a consciência refletida, existe em relação com o viver social? Desenvolve-se e acentua-se à medida que se acentuam e se desenvolvem os liames sociais? Então, é útil à organização social. Assim, digamos: a consciência refletida é o índice de aptidão social nos indivíduos. Não será a condição exclusiva, mas não deixa, por isso, de ser essencial. A vida é uma síntese; mas tem como condições essenciais: oxigênio, calor, alimento, umidade... A sociedade é também uma síntese, cujas condições essenciais se encontram nos instintos de simpatia e de imitação, na riqueza da cerebração, na consciência refletida... Para cada um, individualmente, esse espelho é uma necessidade, na medida em que a comunicação é indispensável.

CAPÍTULO III

Pensamento e Expressão

10. A linguagem como função de expressão

A lucidez de cada consciência forma o foco de uma nebulosa mental, que é o exclusivo pessoal do indivíduo, intraduzível em formas generalizadas e compreensíveis. No símbolo, respeitado esse exclusivo pessoal, a consciência se entrega e deixa de ser um mistério. Na realidade do viver humano, há o pensamento, que é íntimo, e a atividade social. O símbolo funde uma coisa na outra, e torna o que era interno em formas excitantes de outras mentalidades. É a comunicação das consciências para a realização do conhecimento mediato. Verdadeiramente, não há somente a transfusão de uma consciência noutra. Pela socialização dos valores e dos processos intelectuais, vivemos numa sorte de reservatório mental, comum; na generalidade dos casos mais importantes, a consciência comunicante transfunde-se aí, e é aí, nesse reservatório comum, que vamos buscar os conhecimentos mediatos. Disto resulta que, uma vez saindo da nebulosa pessoal, o indivíduo toma o caráter de uma consciência média, em função social. Então, o símbolo é o dissolvente, mediante o qual se faz, pela linguagem, a difusão do individual no social. A linguagem começa na assimilação e vai até a expressão: assimilação de conceitos sob a fórmula dos símbolos, aproximação dos valores pessoais aos conceitos assim absorvidos e assimilados, coordenação dos movimentos e recursos expressivos, interpretação comunicativa... É a consciência refletida a difundir-se em refrações de socialização. Essas imagens impõem-se na apreciação da linguagem, mas não chega a traduzir a totalidade dos fatos, em face dos quais devemos adotar a definição sintética: linguagem – a expressão consciente, propositada, compreensível, de estados de consciência concorrentes para reações em comum. Eis o duplo aspecto característico: *atividade* em *comum*.

Na linguagem, encontra-se a forma de realização mais completa para a consciência; há de tudo: sinais íntimos, com o valor de abreviaturas e de convenções; produção de movimentos e atos bem refletidos; aproveitamento e adaptação de reflexos a fins cuidados e meditados; enxertia de convenções sobre outras convenções; fusão de abreviaturas em abreviaturas... E tudo isto se faz numa maravilhosa convergência de efeitos para esse mesmo fim — confluência e coordenação de consciências para a ação em comum[71]. A linguagem teria tido origem emotiva, imediatamente individual; mas constituiu-se num processo nimiamente social para coordenação de atividade generalizada. Os seus recursos só se caracterizam em comunicação quando se conformam em símbolos socializados. É a realização do pensamento na espécie. Usamos da linguagem sem que a tenhamos inventado; mas usamo-la como se a tivéssemos instituído para esse fim especial. Pensamos, comunicamo-nos, agimos... pensamento, expressão, ação encontram-se na linguagem, como concomitantes de influência recíproca, indispensáveis no viver humano.

As relações da linguagem com o pensamento não podem ser bem compreendidas e apreciadas sem que se definam e apreciem as próprias condições de realização no pensamento. Todo psiquismo é forma ativa de adaptação; no homem, o pensamento corresponde, especialmente, a esse esforço de adaptação consciente, e é sempre trâmite ou premonitório de ação; mas, devemos lembrar-nos que a nossa adaptação consciente se faz, quase toda, em reações socializadas, e que o próprio pensamento humano é socializado nos materiais (idéias) e nos métodos. Sucede, então, que a nossa atividade consciente se realiza em atos imediatamente úteis, ou em atos de comunicação, para a coordenação das reações comuns: agimos para satisfação imediata das nossas necessidades individuais; agimos para relacionarmo-nos com os outros, em forma de linguagem. O pensamento acompanha as condições da atividade. No entanto, podemos distinguir mais uma conjuntura de pensamento: pensamos para organizar a ação pessoal direta; pensamos para *elucidar*, no nosso íntimo, situações quaisquer, isto é, para elucidar e formular nitidamente os nossos conhecimentos; e pensamos para o fim imediato da comunicação. Em qualquer caso, porém, desde que se formule nitidamente, o pensamento se faz em regime de linguagem, próprio para ser comunicado. Nem poderia ser de outra forma, porque a linguagem não chega a ser coisa distinta, nem existiria à parte do pensamento. Toda ela é um jogo de símbolos, e que são os

---

[71] "A série toda das funções que se agrupam em torno da linguagem constitui o fator mais importante do desenvolvimento pessoal; não porque elas ofereçam qualquer particularidade intrínseca, mas porque nelas se destacam bem os outros – o *socius*." (Baldwin, op. cit., p. 137).

mesmos símbolos do mentalismo íntimo, movidos nas mesmas normas desse mentalismo. E é por isso que tantas vezes surpreendemos as pessoas a balbuciar os seus pensamentos, quando intensamente lhes passam pela consciência; é por isso, ainda, que nos escapam tantas destas expressões: "...e eu disse para mim mesmo... reflito comigo mesmo...." São fórmulas que demonstram o como pensamentos íntimos se impõem à consciência sob forma de linguagem. Quer dizer: desde que a conjuntura de pensamento domine a atenção, há emergência explícita de símbolos na consciência, numa decorrência que é a da própria linguagem.

Toda essa parte, que diz com o próprio mecanismo do pensamento, será analisada mais tarde, em § especial; por enquanto, notemos, apenas, que, nos casos mais freqüentes de ação imediata e pessoal, em virtude das tendências abreviadoras do espírito, o pensamento se faz implicitamente, como que contido na ação, sem representação explícita na consciência. Estou a trabalhar, muito interessadamente, nisto que agora me ocupa; mas qualquer coisa me diz que é o tempo de suspender o trabalho e sair. Hesito, no entanto, atraído pelo desenvolvimento da obra em que estou... Finalmente deixo o trabalho: houve uma decisão, resultado de um encontro de pensamentos. Mas tudo isto se fez de um modo surdo e esquemático, abreviado e subconsciente. Um, ou outro, dos motivos da deliberação teriam emergido explicitamente na consciência, sem que houvesse uma seqüência completa e bem definida. Há um momento em que Bain afirma: "O pensamento é uma palavra, ou um ato". Ele tem razão, se consideramos os fins a que serve o mentalismo, se consideramos que muitos atos se fazem nesta forma, agora analisada; mas não o terá se nos referirmos ao pensamento explícito em consciência. Este é sempre um jogo de símbolos, com tendência a exprimir-se em palavras, ou em atos.

11. Tipos de linguagem

Convém distinguir *expressão* e *linguagem*. Expressão, em psicologia, é toda manifestação que permite conhecer os estados de consciência que lhe correspondem; linguagem é o conjunto de recursos, formulados no regime do pensamento, mediante os quais procuramos comunicar-nos com outras consciências. A expressão é sempre mais extensa que a linguagem, pois que toda linguagem inclui expressão; mas, nem toda expressão se liga à linguagem. Podemos, então, classificar, e distinguir EXPRESSÃO.

Espontânea – as manifestações emotivas – fisionomia, gestos instintivos, lágrimas, riso...

Propositada – em atos de utilidade imediata – comer, correr, cortar...
– em atos com o fim de comunicação, ou de *linguagem*.
Por sua vez, devemos distinguir:
linguagem *direta*, para a comunicação em símbolos naturais;
linguagem *simbólica*, para a comunicação imediata de idéias, com o uso de símbolos verbais, significativos, de valor convencional, ou outros símbolos significativos e convencionados[72].

Fora insensato negar que haja expressão nas manifestações emotivas. É uma expressão eloqüente, quanto à intensidade e a direção dos afetos, mas muito vaga, absolutamente insuficiente, quanto ao objeto desses mesmos afetos. É a *expressão do coração*, dizemos, para significar que ela é quase nula para o conhecimento propriamente dito. A própria fisionomia da atenção, tão expressiva para traduzir a intensidade, é vazia para indicar diretamente o assunto. Devemos considerar todas assas manifestações como símbolo, mas que não podem servir, na generalidade dos casos, à linguagem propriamente dita, pois que a maior parte deles, como a lágrima, são resultados de reflexos, superiores à vontade. Todavia, as manifestações emotivas suscetíveis de se produzirem propositadamente são aproveitadas e utilizadas como recurso de comunicação...

Distinguimos a linguagem em *direta* e *simbólica*. A primeira forma compreende os recursos de comunicação propositada, em símbolos naturais, quer sejam as manifestações emotivas já dominadas pela vontade (a que nos referimos agora mesmo), quer sejam símbolos imitativos, diretamente representativos. Os gestos comuns, independentes de convenções, os desenhos meramente representativos, certas onomatopéias... são recursos dessa linguagem, que merece bem o nome de natural, pois é acessível a toda inteligência humana. Os povos primitivos recorrem freqüentemente a esse modo de comunicação em símbolos naturais. É sabido, e muito repetido, que os índios, mesmo de tribos com idiomas diferentes e inacessíveis de uns para outros, entendem-se relativamente bem, por meios de gestos e sinais. Dizem, então, muitos observadores, que, aliás, não sabem observar: "Esses índios têm duas linguagens, uma verbal, conhecida somente pelos da mesma nação, e uma mímica, geral para os territórios por eles percorridos, e comunicam-se perfeitamente, somente por meio desses gestos". Não: essa capaci-

---

[72] M. Bomfim, op. cit, p. 192

dade de duas linguagens não é exclusiva dos primitivos. Todos a possuímos; mas, como eles pensam com idéias menos abstratas, por isso mais simbolizáveis em imagens diretas, é-lhes relativamente fácil exprimirem-se na linguagem natural. Nós outros, com um pensamento mais abstrato, encontramos natural dificuldade em manifestá-lo em gestos e figuras. Além disto, o conjunto da vida, e essa mesma facilidade, os levam a empregarem freqüentemente a linguagem dos gestos, e ela se torna, pelo hábito, cada vez mais fácil, como que de uso corrente, o que não acontece na grande vida culta. No entanto, sem que atendamos muito a isto, é certo que, na comunicação oral, tanto empregamos a linguagem simbólico-verbal, como a natural.

12. Subsidiários da linguagem

Tivemos de considerar os atos de utilidade imediata como tipo de expressão. Poderia não ser assim?! Todo ato consciente é uma súmula de pensamento, e é simbólico desse mesmo pensamento, e da decisão que se realiza; tal ato é expressão de estados de consciência. Vejo alguém correr para tomar o bonde e fico sabendo, como se me tivessem dito, que a pessoa tinha planejado fazer aquele trajeto, e que tinha pressa em o fazer. Há situações em que uma realização imediata diz muito mais que quaisquer palavras: F. devia dar-me certa resposta hoje; no entanto, observo que dobrou a esquina ao avistar-me... Tenho, no caso, a comunicação mais eloqüente que me poderiam fazer. Há toda uma arte, de recursos intensíssimos, feita principalmente com a expressão por meio de atos. É a do cinema. Na tela, a letra das legendas é desprezível, ou dispensável; o emotivo ou espontâneo da fisionomia, recurso secundário; o essencial para contar o drama e exprimir a vida em que vivem os heróis está no desenrolar das ações, aproveitadas nos mais insignificantes pormenores: o protagonista vai sair, mas volta, e examina, ainda, se fechou a janela. Isto nos diz, nitidamente, que ele tem especial interesse em que aquele interior não seja desvendado. Quem não terá notado que a mímica propriamente dita é contraproducente na representação cinematográfica? Por quê? Porque, na mímica, o indivíduo revela-se como se estivesse, apenas, a exprimir-se para a comunicação, como se estivesse apenas a falar, substituindo, porém, a voz pelo gesto. Ora, nas condições naturais, com a visão direta, a mímica já é insuficiente, e o é, ainda mais, na visão da tela. Por isso, nos países onde o teatro é excelente, o cinema ainda não pode realizar as condições perfeitas da sua estética. Confundem os seus efeitos com os dos bastidores, entregam-no, principalmente, a artistas de ribalta, e, com isto, prejudicam essencialmente os valores da tela. Teatro é uma arte que se faz em torno da expressão verbal; é ramo de literatura; fisionomia, e gestos, e atos (muito limitados e tolhidos, aliás, pelo artifício) são complementos, ainda que muito importantes. O cinema é arte fora de toda literatura e que realiza a sua *estética em ação*, indiferente à expressão verbal. Absorve, monopoliza a visão, para a percepção do movimento, e do que é documento imediato da vida; e, nesta exclusividade do sentido visual, permite perceber todas as particularidades, todos os efeitos expressivos da ação. Por isso mesmo, o espectador não pode desviar a atenção para nenhum outro sentido. A sua estesia deriva diretamente dessa expansão afetiva a que chamamos explicitamente *sentimento de vida*, e cuja satisfação encontramos na realização da ação humana, nas suas formas mais intensas, e perfeitas, e eficientes. O teatro aproveita um pouco essa estesia; exige-a, mesmo, tanto que certas obras prejudicam-se irremediavelmente pela *falta de ação*. Todavia, dado que é possível contar a ação em palavras, e descrever verbalmente caracteres e locais, o teatro, no convencional rígido da ribalta, volta-se principalmente para os efeitos literários, e deixa a representação direta da vida numa colaboração subsidiária. No cinema, essa representação direta, em ação, é o essencial. Daí, esse outro paradoxo: que as atores, italianos, tão expansivos e excessivos no gesticular, sejam de pouco efeito na tela, e tenham de *conter-se* para serem expressivos. É que os seus gestos são *para dizer*, no cortejo da expressão verbal, e o cinema exige os gestos de ação imediata *para fazer*. A constante expressão fisionômica, a mímica, o gesto complementar, reduzem a tela a um teatro mudo, o que é abominável. Seria interessante psicologia a fazer a do cinema. Ela nos levaria, contudo, a essa conclusão: que, na tela, os heróis devem revelar-se no que fazem, e que os principais símbolos, aí, são os atos e os documentos imediatos da vida e da natureza. Toda a arte está em aproveitar e coordenar, de tais símbolos, os que são mais expressivos, ou sugestivos. Há, mesmo, um gênero de cinematografia, delicioso, agradabilíssimo, um desencadear de atos e de movimentos, num fundo de absoluto absurdo, atos e movimentos que se desenvolvem como as linhas de um arabesco, agitação apenas lógica pela correspondência recíproca dos movimentos, que se fazem como as caprichosas linhas entrelaçadas.

Nas comunicações faladas, usamos, realmente, as duas linguagens, numa perfeita concomitância de efeitos. A substância do discurso, a parte exclusivamente mental, vai nas palavras; mas tudo que é comentário, tudo que é nuance de sentimento, tudo que pode ter expressão conveniente em símbolos naturais, possíveis e concorrentes com a palavra; toda essa parte se faz em linguagem direta. Entonação, gestos, ritmo da frase, inflexões de voz, mutações de fisionomia... são outros tantos símbolos a que recorre quem conversa ou discorre, para acudir às múltiplas necessidades da expressão completa. Resulta, daí, que o falar, ao mesmo tempo em que exige ser mais prolixo, permite ser mais restrito que a palavra escrita. No que é puramente pensamento, o escritor pode ser bem sucinto, lacônico e sintético: o leitor tem sempre possibilidade de suspender a leitura, e meditar, e repetir o trecho, até chegar à compreensão justa; ao passo que o ouvinte, se não compreendeu qualquer parte no desenvolvimento de idéias, está prejudicado para prosseguir e acompanhar a exposição, ou o raciocínio. Por isso, o orador tem dever de insistir e repetir, e procurar ser bem claro e explícito. Mas, quando se trate de indicar intensidades, afetos e nuances de idéias, ele, o orador, tem a vantagem de fazer valer os recursos da linguagem direta, e encurtar descrições, e poupar frases. Há vários modos de correr, de olhar, de advertir... Quem o diga por escrito, precisa indicar com justeza esse modo de agir, em qualquer das conjunturas; quem fala, precipita as sílabas, projeta o olhar, atira as mãos, no dizer *correr*... e, com isto, tem dado uma indicação completa da forma. Além disto, possuído do assunto, o orador, ou o dissertador, sente-se tomado de paixão correspondente, e, espontaneamente, ocorrem-lhe outros sucessos de expressão, desde franzir do sobrolho até o clamor da voz, ou mesmo a lágrima. A letra é morta, dizemos voz tem vida: ...É enfática, insinuante, vibrante, tímida, arrogante, súplice, provocadora, mordaz,... até cruel. A criança, no seu natural, é de uma eloqüência encantadora. Por quê? Vai com a absoluta naturalidade de expressão, e realiza, assim, uma maravilhosa convergência de tonalidades na linguagem. Em grandeza de efeitos, o orador de temperamento consegue o máximo sucesso, no discurso que eletriza, e empolga, ou arrasta. Dizemos, então, que ele é *comunicativo*. Realmente: há, no caso, a perfeita comunicação numa multiplicidade de recursos expressivos[73].

13. Mecanismo e conteúdo do pensamento

A linguagem nos dá o regime do pensamento; por sua vez, se atendemos ao pensamento íntimo, procurando surpreendê-lo, verificamos que os seus aspectos

---

[73] Ribot considera o gesto "substituto da linguagem falada". É mais próprio considerá-lo complemento da linguagem simbólica.

explícitos se fazem numa sorte de linguagem interior. Tem tal importância o fato, que a expressão se consagrou em ciência, admitindo-se que seja uma verdadeira função específica na elaboração mental essa linguagem íntima ou *palavra interior*. Binet, num resumo que fez, nos últimos anos da sua vida, quanto à questão do pensamento, é nítido a esse respeito: "A linguagem é uma parte essencial do pensamento... É isto uma verdade indiscutível" [74]. Tais fórmulas nos dizem, apenas, as dependências absolutas que existem entre os dois aspectos do mentalismo – pensamento e linguagem; mas não nos explicam o processo íntimo do pensamento; não nos mostram o seu conteúdo, não dizem, sequer, qual seja a sua condição. Nem mesmo se explica a natureza de tais dependências. Quando muito, infere-se que há uma identidade inicial, isto é, que o mentalismo, em essência, é um e único; se perfeito e lúcido, está no regime da linguagem, e pode ser imediatamente exteriorizado. O fundamental será sempre o pensamento. Por isso, para prosseguir nesta análise, temos de elucidar cada um desses aspectos.

Dois modos dinâmicos preparam e acompanham necessariamente o pensamento – a inibição e a atenção. A primeira, determinando a suspensão imediata da reação, permite o apelo à experiência adquirida, sob a forma de julgamentos; a segunda assegura a plenitude da consciência e das energias psíquicas para a própria elaboração do pensamento. São condições indispensáveis; todavia, não devemos considerá-las como essencialmente bastantes, quando reconhecemos que elas se realizam na atividade animal, sem outro prosseguimento de juízos. O tigre que, durante horas, fica no trilho espreitando a caça, está todo inibido, é intensamente atento, sem que haja nele esse premonitório de ação reformável, a que chamamos de pensamento humano. Fora daí, temos a capacidade de simbolização, com a qual se distinguem e limitam os efeitos da abstração generalizada, e que, por isso, pode ser considerada como a condição psíquica essencial do pensamento humano.

Não tentaremos fazer a teoria do pensamento; mas devemos analisar, ainda, quanto ao seu mecanismo íntimo e ao seu conteúdo. A essa teoria vêm ter, sem maiores resultados, todas as filosofias. Fase memorável, na tentativa de definir o processo do mentalismo, foi a que teve em Hume o grande iniciador, e estendeu-se até a análise de Taine, análise que se prejudicou, porque nela se confundiam coisas distintas — *como pensamos... com que pensamos*. Queriam a resposta de tudo, apreciando, apenas, o conteúdo da consciência. Voltavam-se para ela, detida para os efeitos

---

[74] A. Binet. Que é um ato intelectual? *L'Année Psychologique*, 1911, p. 3.

desse exame, e só encontravam aspectos sensoriais. Sem mais detença, concluíam: *O pensamento é imagem...* No esforço da análise, eles confundiam coisas distintas, já o dissemos. E como só viam o que pode ser visto — o que é plástico — viam uma coisa na outra. O pensamento, em que há, sempre, premonitório de ação, inclui efeitos, e assim nos aparece. Mas, quando procuramos analisá-lo explicitamente, o curso da consciência se suspende, e o que se apresenta, como conteúdo da mesma consciência, são os valores sensoriais, em que simbolicamente se focalizam os valores reais, ativos, e os processos íntimos do pensamento. Só encontramos, de nítido, a imagem, porque é estática, suscetível, por isso, de *permanecer* explícita em consciência, para o exame da introspecção. Não podemos deixar de reconhecer que a essência mesma do mentalismo está na mutação e no relacionamento dos estados de consciência, em que vem ocorrendo a experiência mental; mas a consciência não se deixa surpreender no que é essencialmente movimento ou mutação. Esse aspecto, que é o vivo do pensamento, será sempre inabordável pela introspecção. E porque o reconheceu de modo iniludível, em análise segura, W. James procurou responder à dificuldade, distinguindo duas sortes de estados de consciência: "Chamemos de *estados substantivos* aqueles que a consciência se detém, e *estados transitivos*, aqueles em que o pensamento voa... Vemos imediatamente que, desalojado de um estado substantivo, o pensamento tende sempre a um outro estado substantivo... A grande dificuldade, agora, é compreender, pela introspecção, a verdadeira natureza dos estados transitivos. O pensamento traz um tal ardor no seu surto que... se somos bastante vivos para detê-lo, ele cessa imediatamente de ser o que era: tentamos apanhar o cristal de neve a cair, e no cavo da mão encontramos uma gota d'água." Há uma imagem preferida por W. James, e que, um tanto modificada, corresponderá bem à atividade da consciência pensante. James vê a consciência como o *fluir de um rio,* "a corrente da consciência", a que freqüentemente se refere. No caso, ele se serve da figura considerando que tenham atirado ao rio *baldes e outros recipientes...* "esses baldes correspondem *às imagens sólidas*; por fora deles, corre a água livre, e será ela o próprio pensamento". Parece preferível, para ficar na forma geral do fenômeno, imaginar que a corrente do pensamento, como a massa líquida a fluir, tem o seu plano de tona: é a luz da consciência; aí são arrastadas as formas que o olhar pode fixar e distinguir, e que são os valores sensoriais; deles, uns têm significação própria e se definem por si mesmos — as imagens descritivas — outros estão intimamente presos, como *bóias luminosas*, a conjuntos que passam no escuro das águas subjacentes: são os puros símbolos. A imagem, nestes termos, tem a vantagem de indicar, desde logo, a grande importância do subjacente-inconsciente, na elaboração do pensamento. A realidade das suas energias está aí. Conhecemos o pensamento na luz dos símbolos flutuantes, mas o essencial do movimento se faz na treva das vagas que decorrem em profundidade. Na evidência do fato, St. Paul o registra com a afirmação: "Estas modalidades auto-perceptíveis da ideação não dão conta senão dos resultados... sem desvendar-nos os fenômenos essenciais da ideação, que são inconscientes." Binet, nesse mesmo resumo referido, é igualmente peremptório: "O conhecimento que temos dos nossos estados interiores é normalmente um conhecimento lacunar... Há grandes porções de nossa vida psíquica que, por sua natureza mesma, são inacessíveis à consciência" [75]. Tais lacunas não poderiam significar inexistência, mas simplesmente inconsciência; daí, que o pensamento nos pareça, muita vez, absolutamente espontâneo: a espontaneidade e a inspiração se ligam a essa elaboração inconsciente, de trâmites não conhecidos. Realmente, no que corresponde a tais lacunas, as coisas se passam como se houvera dentro de nós uma existência distinta, para fazer-nos o pensamento — um ser pensante. É um dos motivos porque certos gênios se consideram verdadeiros *inspirados*. Aliás, a psicologia atual conta explicitamente com essas porções de inconsciente. Já Hemholtz, na análise de algumas experiências de ótica, sentia a necessidade de fazer intervir constantemente raciocínios inconscientes, em conjunturas que, em linguagem comum, assim se apresentam: avistamos na planície um boi minúsculo, e temos a percepção imediata de uma grande distância; de fato, não percebemos a distância; o conhecimento que temos do caso resulta de um raciocínio inconsciente, cuja fórmula explícita seria "...um boi tem vulto bem maior, se o vemos assim, minúsculo, é porque o vemos num angulo pequeníssimo, devido à grande distância a que ele está." St. Paul insiste, noutra parte: "É preciso habituar-se a ver no pensamento o dinâmico inconsciente."

14. Os pensamentos como atitudes mentais

Toda essa parte, do *como pensamos*, é inacessível à introspecção. Na verificação dos efeitos, reconhecemos que a dinâmica do pensamento se faz numa aproximação de valores (representações), em que a consciência é levada pela virtude desses mesmos valores; mas o que se define são, apenas, os símbolos ou aspectos

---

[75] Saint-Paul, op. cit. p. 20; A. Binet. *L'Année Psychologique*. 1911, p 9.

sensoriais, porque somente o *sensível* e empolgado pela consciência. Daí, a grande importância da análise da linguagem, na perscruta psicológica do pensamento: fixando os símbolos, principalmente, a simbólica das relações e abstrações puras, ela deixa compreender lucidamente o essencial do que é dinâmico e móvel na consciência pensante. Neste sentido, poderíamos dizer que a linguagem se substitui ao pensamento, formando a parte tangível, como a consciência no-lo apresenta. Em certos casos, parece mesmo que só há linguagem: firme em dados e conhecimentos, sintetizados em idéias abstratas, armo com elas um raciocínio; no prosseguir do raciocínio, conduzo-me exclusivamente pelos respectivos símbolos, e, finalmente, ao chegar à conclusão, é como se ela resultasse simplesmente do desenvolvimento da linguagem, em que se moviam os símbolos. Se nos lembramos, porém, de que o símbolo é somente o índice dos valores complexos, que formam o subjacente do pensamento, se atendemos a isto, damos ao caso outra interpretação: o pensamento é o esboço da ação, que nele se organiza e se prepara. Em essência, como fim a que se destina, é movimento – movimento em simples atitudes íntimas, irrepresentáveis, nas formas plásticas de consciência. Na objetividade das coisas, a nossa vida de relação se reduz a *sensibilidade* e *movimento*; o pensamento corresponde, justamente, a esses momentos entre a impressão-sensibilidade e a reação-movimento. Como representação tangível na consciência, ele é ainda *sensação*-imagem; como desenvolvimento, já é *movimento*. Apesar do prestígio e da aparente solidez da análise Hume-Taine, desde A. Bain se faz uma forte reação contra esse amesquinhamento do processo mental no reduzi-lo a um simples cair de imagem. W. James, Royce, Baldwin, Bradley... reconhecem o que há de justo nas observações de Bain e consideram no pensamento, sobretudo, o aspecto movimento. Multiplicam-se as teorias, em torno desse critério, e chegamos à situação que Binet procura resumir na sua teoria, tirada principalmente de Marbe, do pensamento-atitude. "Uma atitude mental, diz ele, parece-me ser inteiramente análoga a uma atitude física; é um preparo para o ato, um esboço de ação, conhecida, apenas, pelas *sensações* subjetivas que a acompanhem." O termo *sensação* é sublinhado, aqui, propositadamente, para assinalar que, nesse modo de ver, o aspecto nítido de consciência é, ainda, o sensorial. Tudo mais, segundo essa *teoria das atitudes*, fica no domínio do inconsciente. Ribot, como Hoffding, limita-se a considerar os efeitos do pensamento, e tem como essencial, no seu mecanismo, esse *abstrair* e *generalizar*, que permite apreender, nos objetos apresentados em consciência, aspectos e relações a que atendemos especialmente. Contudo, ele reconhece que, sob a parte explícita da consciência, as palavras ou símbolos, "há um trabalho surdo e a evocação da experiência orgânica que o vivifica." É uma fórmula que está de acordo com a teoria das *atitudes*. Realmente, os símbolos, pela lei do hábito, despertam, evocam e restabelecem essas atitudes da disposição para ação.

O mecanismo do pensamento explica-se, em parte, pelo seu conteúdo... É verdade; mas não é menos verdade que no conteúdo do pensamento entram imagens diretas, descritivas, e imagens-símbolos de idéias, e que a idéia, em si mesma, como valor mental, é de natureza inteiramente diversa da imagem representativa. A idéia já resulta de uma elaboração de pensamento; é uma essência de puro mentalismo, guardada e organizada para mentalismos futuros; ao passo que a imagem é simples plástica, apenas enquadrada no dinamismo das idéias. Eis porque a psicologia pode afirmar que há pensamento sem imagens (imagens descritivas), "mas não há imagem, por mais completa, que permita representar tudo que é pensado; ela é incapaz disto, logo o pensamento ultrapassa a imagem" [76]. A idéia significa, ao mesmo tempo, conteúdo e dinamismo; vale como condensação de efeitos dinâmicos, para serem usados como conteúdos em novos dinamismos. O pensamento se faz como mecanismo complexo, pelo reajuste de mecanismos elementares. A atividade do espírito obedece, sempre, *à lei da economia*; e o giro das idéias é a expressão suprema dessa tendência de economia ou bom aproveitamento, pois é o aproveitamento, em condensações ou abreviaturas, não já de simples formas, mas da própria dinâmica ou força de pensamento. Por isso se diz que o pensamento é seleção: porque as coisas se passam como se o espírito escolhesse, em cada conjuntura, o que é absolutamente necessário para a realização do que deve ser pensado, e evitasse o ocupar-se de tudo que é estranho. Isto se dá, mesmo nos casos de pensamento em torno de conhecimentos perceptivos. Quanta vez vemos uma pessoa e não sabemos dizer, depois, como estava vestida?!... Pois que era dispensável a representação do vestuário, se nada a impôs, o curso do pensamento se faz sem que as energias se dispersem e se gastem nessa representação. Finalmente, a elaboração mental se figuraria numa rede conduzida e atraída por intuitos e necessidades gerais, e que são as próprias situações a que o *eu* tem de atender; mas, aí, nessa rede, as malhas, vivas, de vitalidade própria, são formadas

---

[76] Binet. *L'Année Psychologique*, 1911, p. 449

pelas idéias; projetado em determinado sentido o curso da consciência, a engrenagem ativa das idéias presentes vai engrenando novas idéias, até que se alcança o fim procurado.

15. A NATUREZA DA IDÉIA; SEU CARÁTER DINÂMICO

Em muitos aspectos se caracteriza o espírito humano; mas nenhum é tão significativo quanto à vida mental, como essa capacidade que temos de organizar a experiência em conhecimentos gerais, sintetizar tais conhecimentos em idéias, mover as idéias em símbolos, e, assim, na nitidez da idéia, com a lucidez dos símbolos, pôr em confronto os estados de consciência (consciência refletida), e, das relações conhecidas em tais confrontos, fazer outras tantas outras idéias. Esta observação patenteia a importância essencial do símbolo na mentalidade humana; e dá o papel capital, na elaboração do pensamento, à idéia[77]. Idéias, ou conceitos, como quer chamemos a esses valores mentais, eles se constituem, realmente, como núcleos irradiantes de vida e de energia pensante, e que, por isso, só existem e se definem no próprio ato do pensamento. A imagem, que se evoca por si mesma, pode isolar-se para ser limitada e fixada; a idéia é inteiramente refratária a esse domínio de consciência, tudo porque a imagem é simplesmente estado, ao passo que a idéia é ação, ou elemento de ação, e vale, de fato, como instância de pensamento. Pouco importa, muitas vezes, à idéia, a forma do símbolo em que existe; nota-se, no entanto, que as tão faladas *imagens compostas*, e que seriam como que transição entre as idéias e as imagens, foram de há muito abandonadas, porque entre a significação de uma e de outras há essa absoluta diferença. Por mais esquemática que seja a imagem, será sempre *imagem*, servirá de símbolo à idéia, mas não poderá substituí-la nas suas funções essenciais.

As idéias não correspondem imediatamente a coisas, são aspectos generalizados das coisas, fundidos na atividade do espírito, atividade que neles se infiltra, e que com eles se comunicará a outros espíritos. São valores essencialmente dinâ-

---

[77] Há casos, como para a mentalidade que começa a conhecer, em que a imagem tem como que a virtude condensada de idéia e símbolo. Tal acontece nos primeiros valores mentais da criança. Quando o bebê reconhece em todo adulto o papai, é porque na sua consciência age um valor sensorial com essa virtude de idéia. Na imagem do pai, ele, que ainda não discrimina, tem o símbolo para a afirmação do que há de comum entre os seres a que pertence o seu papai. Ele vê os homens como nós outros vemos os elementos de um rebanho, sem aptidão para distingui-los, ou como veríamos os botões de um mesmo modelo.

micos, agindo na consciência como potencial e direção de pensamento. Se tomamos em consideração essa teoria do pensamento-atitude, temos na idéia a indicação ou definição das sucessivas atitudes em que decorre o pensamento. Imaginemos uma vasta realização, constantemente refeita e reanimada, na concorrência incessante de mecanismos elementares e vivos, trazendo, na vida que lhes é própria, energias e mutações ao movimento geral, e teremos uma notação sugestiva da natureza e função da idéia. Há, mesmo, um grande número de idéias que só tem esse papel — de estimular e comutar o pensamento; são vazias de conteúdo substancial: *tanto, semelhante, inteiro...* são símbolos de instâncias de pensamento forçosamente transitórias; são valores insubsistentes em si mesmos; mas quando não se anima com eles *o pensamento cheio*, quando surge a situação mental em que as suas virtudes são oportunas, ou necessárias? Num mínimo de conhecimento positivo, tais idéias encerram um portentoso poder de ação. Se há critério para avaliar-se o valor mental de um povo, há de ser esse — o grau de energia que se condensa nas suas idéias dominantes, por conseguinte, da energia subjacente nos seus símbolos. E não há psicólogo de gênio, entre os modernos, que não tenha acentuado a qualidade de ação na idéia, e o aspecto motor do pensamento. Foi isto o que fez decair, tão de pronto, a concepção Hume-Berkeley-Taine. O próprio Hoffding, para quem a análise de Hume-Berkeley tem sempre valor, não esconde a sua tendência a dar uma nova significação à função da idéia. Não chega a distinguir movimento no pensamento, quanto ao conteúdo; mas reconhece que, "se Berkeley pôs o dedo no ponto decisivo", não chegou a resolver a questão, e que "ainda é preciso perguntar qual a operação psicológica mediante a qual ocorrem as idéias?" [78]. Ele, Hoffding, não leva a sua análise ao ponto de definir exaustivamente o valor da idéia, como instrumento de pensamento; mas diz-nos o bastante para mostrar que ela é um recurso de mecanismo: "A idéia não significa mais que a aptidão que temos de servir-nos dela como exemplo ou substituto de representações particulares... Temos idéias individuais e gerais, somente no sentido de que podemos escolher exemplos ou substitutos para todo um grupo de percepções, e que somos capazes de concentrar a atenção sobre certas partes ou propriedades determinadas". Note-se, porém, que, para ele, atenção é capacidade de movimento; e "a arte de abstrair é a de concentrar a atenção no modo já indicado." Em

---

[78] Hoffding, op. cit. V.B. 9 b.

tudo, a idéia é, aí, virtualidade de aplicação do pensamento... Tal, de fato, é a essência da idéia. Temos a idéia de *cor*... De fato, não pensamos em nada de definido; mas o espírito se pôs em movimento na atitude de atender a esse aspecto, qualquer que seja o tom, em que os objetos apareçam. Max Muller, com a sua autoridade especial de lingüista, já trazia aos psicólogos uma sugestão, que eles não deviam desprezar: "Quando usamos a palavra *cão*, árvore, ou cadeira... não temos realmente a imagem dos objetos... mas simplesmente transferimos uma idéia geral, aplicamo-la a qualquer objeto particular." Esse é o modo de compreender de Hoffding, e é o que se repete, mal, em Dugas, quando, deturpando pensamentos claros, vem dizer que *realmente não pensamos com a idéia*.

A idéia é a força íntima, o fator necessário no mentalismo humano. O pensamento se faz em vagas, que são arrastadas pelas idéias. Por isso, toda a sua elaboração se desenvolve como qualquer coisa de superior à vontade: as idéias conduzem-se, colhidas nas tendências de pensamento; formulam-se os juízos, impõem-se as conclusões, sobre a própria consciência que as formulou, como sobre o animal se impõe os efeitos diretos e imediatos da impressão. A significação explícita da vontade está, somente, no esforço para manter a atenção sobre o assunto que interessa, permitindo que se refaça a elaboração, tanto quanto for preciso, para que se definam, na relação conveniente, as idéias que mais convenham às necessidades intrínsecas do pensamento. Guardemos esta fórmula porque teremos de dar ao seu desenvolvimento parágrafo especial. Quanto ao relacionamento próprio das idéias, o querer não tem valia; tudo se faz por um movimento *necessário*, numa marcha de *lógica*, inteiramente independente da vontade. O conceito que ocorre numa conjuntura mental significa necessidade de julgar e inclui a capacidade de formular o julgamento. E como as idéias são limitadas nos símbolos, levado por eles, o pensamento faz um caminho determinado e seguro. Atendendo-se a isto, já não parecerá estranho que haja idéias com o valor, apenas, de direção, como acontece à generalidade das idéias de relações.

Em toda idéia há resíduos imediatos, ou mediatos, de sensações; mas as sensações correspondem, objetivamente, a excitações; com a abstração, elimina-se das idéias o que é exclusivamente plástico, e fica a própria essência da excitação, que será o estímulo de direção e movimento. Assim se explica que, dos múltiplos aspectos com que se nos apresenta a realidade concreta, sejam escolhidos para incluir na idéia os aspectos vivos e animados. Quando, de redução em redução, os lingüistas chegaram a fixar as cento e poucas raízes, que se expandem no léxico das línguas arianas, verificaram que esses elementos radicais, e essenciais, correspondiam todos a idéias de ação. Uma apreciação superficial julgaria estranho, mesmo, que, idéias e categorias como *tempo, lugar*... ou órgãos imperativos no conhecimento, como *olhos*... aí não figurem. Foi de um exame assim superficial que resultou a descoberta pueril de que o vocabulário deriva de adjetivos. Não há dúvida que o *cavalo* era o veloz... o sol, o que brilha... isto porque, no conhecimento imediato de tais realidades, eram esses os mais importantes e impositivos atributos, como manifestação de ação. E a essência desse idiomatismo nos ficou, em todas as descendências. Por que chamaram, os latinos, rio de *flumem?* O rio corre, é verdade, mas a sua imagem se faz de muitos outros atributos, além da fluência (fluere). Nós mesmos, que preferimos a expressão *rio* à de corrente, ou fluxo, já não pensamos nesse atributo *escorrer*, que é a significação da raiz donde trouxemos o termo. Em verdade, esses primeiros termos não eram *adjetivos*, nem *substantivos*, nem *verbos*... Eram simples símbolos verbais; posteriormente, o pensamento se complicou; diferenciaram-se as funções da idéia, e, com isto, definiram-se categorias verbais. Quando, tocando o leite os lábios, grita o bebê – QUENTE! QUENTE! só um gramático seria capaz de reconhecer neste exprimir um adjetivo, ou substantivo, ou... quer que seja. O que há, realmente, aí, é o grito simbólico de um estado de consciência, onde dominou a desagradável sensação de *quente*...[79] De tudo isto, poderíamos tirar a conclusão de que esse idiomatismo, que molda diretamente a linguagem nas qualidades motoras do pensamento, dando maior ductilidade ao mentalismo, destacando, nas idéias, as suas virtudes de ação e direção, fizeram das respectivas linguagens magníficos instrumentos de abstração e generalização, e, daí, a sua incontestável superioridade. Nessa qualidade está a essência, o que se poderia chamar *o gênio do arianismo*. Foi o que M. Bréal bem julgou, quando diz, de tais raízes: "têm com as palavras sânscritas, gregas e latinas, quase as mesmas relações que as idéias de Platão com os objetos do mundo real."

Compreende-se facilmente que, numa língua já orientada para predicar pelas qualidades de ação, o pensamento mais prontamente se eleva para atingir as fórmulas de pura abstração, características da mentalidade ocidental. Não foi a língua que deu a esse mundo — europeu — o tom de mentalismo abstrato e filosófi-

---

[79] *Rivus*, donde derivar – vir, ou decorrer de determinado ponto; rival – o que decorre para determinado objetivo, em concorrência com outro.

co, que lhe é próprio; mas, não se pode negar que, uma vez atingido por essa linguagem, o mundo europeu achou-a tão de feição, que a adotou, quase universalmente. E, por sua vez, afeito o pensamento ocidental a esse regime idiomático, mais se desenvolveram as qualidades que lhe são próprias. Tudo se resumirá com o reconhecer que foi a linguagem ariana a que mais facilitou a simbólica para a abstração. Por isso, lhe foi dado prevalecer, determinando que se considere o seu regime como o mais perfeito: é o que dá mais possibilidades e mais assegura o poder das idéias.[80] Um produto de genuína ideação, significa sempre, na atividade mental, um valor dinâmico diferenciado, e de inesgotável utilidade, para a indefinida sucessão dos pensamentos. Daí, o fato de tão grande repercussão na vida social, que uma tendência objetivada numa idéia, focalizada em símbolo bem expressivo, é uma força formidável no conjunto das energias humanas. Desde que a tendência, pela idéia, lucidamente se afirma na consciência, vale como um ato de fé: terá, realmente, esse poder que S. Paulo lhe atribui. As abstrações, que nelas se definem, esfuziam a princípio, na forma de centelhas, que, em vez de extinguirem-se, vão condensar-se, para luz definitiva, de que as consciências se embebem, e por onde se conduzem. Uma vez que o símbolo de uma idéia agitou a corrente do pensamento, os seus efeitos hão de produzir-se; nada os detêm. Assim, também, não há idéias que se percam de todo, desde que tenham entrado na tessitura geral dos valores humanos.

---

[80] M. Muller considera que todos os termos raízes valeram, primitivamente, como frases.

CAPÍTULO IV

O Símbolo Verbal

16- As imagens puras no pensamento

Desde que houve referência ao mecanismo do pensamento, ficou assinalado (§13, 2ª Parte) que a imagem é um valor estático, em contraste com a idéia, que é essencialmente dinâmica. Essa qualidade, interpretada nos fatos observados, leva-nos às seguintes verificações positivas:

a imagem ainda é efeito da excitação sensível, ao passo que, na idéia, já há projeção do espírito para o movimento;

a imagem corresponde à própria realidade, na consciência; a idéia é extrato da realidade, para generalizações de pensamento; é *definição* e não representação da realidade;

como valor sensorial que é, a imagem pode manter-se na consciência, quando o curso do pensamento se suspende para a introspecção; tem a significação de sedimento mental, e a ela se apega a consciência;

a idéia encerra a própria dinâmica do pensamento, que é, sempre, premonitório de ação, donde resulta que a idéia se realiza como instância no transitório do pensamento;

na idéia está o modo de pensar, ao passo que a imagem só pode ser referida como conteúdo de pensamento;

no mentalismo, a imagem pode valer por si mesma – imagem pura – transcrição direta, ou imaginada, da realidade; ou valerá como símbolo de idéia.

De tais verificações resulta que o pensamento pode ser feito somente em idéias, ou pode conter imagens; mas nunca se fará somente em imagens. Descartes já distinguia pensamento puro e pensamento com imagens. Binet, acentuando a função restrita da imagem, conclui: "...o pensamento é distinto dos elementos sensoriais que nele se incluem." E, insistindo, comenta: *"... on pense bien au delà de l'image: avec une pensée de cent mille francs, on a des images de quatre sous"*[81]. De todo modo, desde que haja imagem, é ela que se fixa na consciência introspectiva; então, quem tenha o pensamento sempre feito com cortejo de imagens, examinando-se, tem a tendência a confundir *conteúdo* com *processo*, e vê, nas imagens que se associam às idéias, a essência mesma do pensamento. É isto o que ressalta, bem claro, das auto-análises de certos *visuais*, ao descreverem, para St. Paul, o que encontram na introspecção do pensamento. Hoffding já nos disse, com toda a propriedade, que o jogo das idéias se faz por uma sorte de substituição delas à realidade, isto é, a conjuntos de imagens. Em muitos casos, porém, as imagens continuam a flutuar sobre o curso do pensamento, chegando, mesmo, a servir como símbolos. Nem sempre se passam as coisas como o pretende Moncalm: "O homem, que tem palavra para os objetos, pensa os objetos em palavras, pensa as relações em palavras..." Sim: esta é fórmula comum, mas não absoluta; a palavra é o símbolo normal, mais freqüente, sem ser exclusivo. Casos como o de Hellen Keller e outros cegos-surdos, mostram peremptoriamente que até as sensações táteis, na ausência da visão e audição, podem servir de simbólica para as idéias, em graus de abstração bem elevados. Não pareça que há contradição entre o que agora se afirma, quanto ao valor mental da imagem pura, e o que ficou dito quanto à função dos símbolos poéticos, no rejuvenescimento das idéias. Uma coisa é o reconhecer que uma linguagem rica em imagens sugestivas das realidades destaca e reanima o valor das respectivas idéias, e, com isto, vivifica o pensamento; outra coisa é o pretender que a pura representação plástica constitui o mecanismo essencial do pensamento, que só disto seria feito. Atribuindo aquela função à linguagem da poesia, continuamos a considerar a imagem instrumento e conteúdo do pensamento e não o seu elemento dinâmico essencial[82].

Um lingüista não compreenderá os fatos com essa extensão; será por isso que o próprio Max Muller, apesar da segurança do ajuizar, nos afirma: "Não há pensa-

---

[81] A. Binet. *L'Année Psychologique*, 1911, p. 10. Noutro lugar, Binet faz, a esse propósito, distinção de muito alcance: "A imagem, como a sensação, é o que reflete melhor o mundo exterior; a linguagem reflete melhor a lógica do pensamento, e, penso, seria útil fazer essa distinção quando se estuda o papel da palavra no pensamento". (Nota, à p. 105, de *L'Etude Expérimentale de l'Intelligence*).

[82] Leroy (*Le Langage*, p. 102), citando Berger, lembra que os ideogramas chineses representam as coisas, não diretamente, mas nas formas que elas revestem na linguagem... o que prova que elas são pensadas em palavras.

mento sem palavra nem palavra sem pensamento." Se damos à *palavra* a significação geral de *símbolo*, ele tem razão; isto, porém, seria trazer confusão. Mais vale dizê-lo explicitamente: não há pensamento sem símbolo. Aliás, é este o valor de afirmativas como a de Hegel – "Pensamos nas palavras". Da mesma sorte que certos visuais, ao introspeccionar o pensamento, só encontram as puras imagens, certos dissertadores (com motivos mais fortes) só encontram a palavra. E porque não distinguem outro símbolo, para eles, toda linguagem se reduz à verbal. Nessa redução de conceitos, um Dugas afirma: "A linguagem é necessária para pensar". O próprio Romanes, aceitando a fórmula nominalista de Mills, diz – "Pensando em conceitos, pensamos com os nomes de classes." Digamos *pensamos com símbolos* e tudo será muito exato. Em verdade, a idéia dá função à palavra, e só não depende do verbalismo quando motivos especiais a prendem a outro sinal. Mas, sendo a linguagem verbal o regime comum, é nesse regime que se faz explícito, em geral, o mentalismo consciente. Ninguém compreendeu melhor esse aspecto da inteligência do que Ribot: "Não pensamos com palavras no sentido estrito de *flatus vocis*; mas com sinais"[83]. Na forma normal de realização e aquisição dos conhecimentos, é de toda vantagem fazer valer, desde logo, o símbolo verbal, porque em torno dele se reúnem todos os outros recursos de simbólica e de expressão; assimilamos a experiência acumulada — conhecimentos e métodos — em termos verbais, pois que não poderíamos impedir que a criança aprenda a pensar e a falar ao mesmo tempo, no mesmo esforço. Nestas condições, verificamos quanta razão têm os lingüistas psicólogos, em acentuar a influência que, por sua vez, tem a linguagem sobre a capacidade de pensamento. Já Abellardo notava que: "A palavra é gerada pelo intelecto e gera o intelecto". Max Muller nos dá uma imagem muito expressiva para comentar e fazer compreender essa influência: "Linguagem e pensamento se desenvolvem

---

[83] T. Ribot. *Evolution des Idées Générales*. p. 150.

[84] Bechterew, apesar do seu objetivismo em psicologia, dá ao símbolo verbal especial importância: "Os complexos abstratos, que apresentam o produto de uma síntese, como animal, ou nutrição, não se podem formular sem a simbólica verbal... Está geralmente reconhecido que a simbólica verbal é por muito no curso e no desenvolvimento dos processos cerebrais, que se designa sob o nome de pensamento" (op. cit. pp. 389 e 431). Ossip-Laurié admite: "A idéia pode existir sem a palavra, *seulement, elle demeure dans l'espirit, a l'état subjecti*", isto é, num símbolo pessoal. (*Le Langage et la Verbomanie*, p. 47). Contrariando tais pensares, temos Croce a julgar que a palavra não é necessária "porque os surdos-mudos pensam e não falam..." Mas simbolizam...!

como crescem os ramos de coral no estendal dos polipeiros, onde cada ramo é produto e base de novos produtos"[84]. É nestas condições que a linguagem aparece como *o grande meio de introspecção* (Avenarius). Mais do que isto: quem não tenha vigor próprio de pensamento, há de fazer a sua vida mental apoiando-se imediatamente na linguagem; tal é a fórmula da generalidade, que, no remoer os pensamentos difundidos, já sem paternidade reconhecível, deles se serve sob a forma da fraseologia comum.

Não há, de fato, maior inconveniente em atribuir à palavra, especialmente, as virtudes que são do símbolo em geral, contanto que se não esqueça que a palavra vale como símbolo, isto é, que ela deve, sempre, significar alguma coisa, e que nela se tem de incluir um conhecimento. E é por isso que a criança, ou o homem do povo, ao ouvir um termo novo, não resiste à tentação de perguntar – *Que é?* A linguagem verbal nos serve como forma de lembrança dos conhecimentos que, assim, foram adquiridos; por isso, se nos falta a palavra para qualquer deles, dificilmente podemos usá-lo como base de ulteriores pensamentos. Se a idéia tem por sinal a palavra, só na palavra podemos contemplá-la, e sentir-lhe explicitamente o valor. O juízo é bem esse ato mental em que reconhecemos no símbolo o valor da idéia. Desta sorte, se há uma ciência da linguagem, sem que a reduzam a puro fonetismo, ela tem de fazer-se em torno do símbolo, expressão da identidade, pensamento-palavra.

17. A LINGUAGEM INTERIOR

Um dia, propôs Michel Bréal a questão: "É a linguagem um auxiliar ou um obstáculo ao pensamento?" De fato, o que nesses termos se apresenta é, principalmente, a insuficiência de compreensão do assunto, num puro lingüista. Considerada na sua essência e origem, isto é, na função de simbolização, a linguagem é condição própria do pensamento, pois que a palavra é o signo normal e corrente para as idéias. O símbolo chega a ser o selo do pensamento: pensamos em símbolo, e, por isso mesmo, pensamos geralmente em palavras. "Sob as palavras, que são a parte clara, existe o trabalho surdo e a evocação vaga da experiência organizada que as vivifica...", nesta fórmula, Ribot assinala a constância do verbalismo, na elaboração mental, e indica a sua verdadeira função sobre essa parte *surda*, e mais importante, na organização do pensamento. Esse fato, universalmente verificado, firmou a noção da *linguagem interior*, e determinou a respectiva expressão, hoje corrente em ciência. Aliás, não chega a haver novidade nessa concepção: a linguagem interior é o próprio *verbum mentale* dos escolásticos, e será esse *falar no estômago*, segundo o modo de dizer dos polinésios[85]. A diversidade de origem, nestas citações, servirá para dar-lhes o valor de testemunhos, que nos vêm de toda parte, demonstrando como o fato se impõe à generalidade das consciências. Hoffding é mais explícito: "Em certas pessoas, o pensamento é a tal ponto uma linguagem interior, que na meditação eles se exaltam. É por isso que se diz do pensamento – *É um processo verbal imperceptível, tendo lugar nas partes centrais*, e que é, para a linguagem, o que a vontade é para o movimento real." E, grifando o texto, o psicólogo de Copenhague acrescenta: "É somente graças à palavra que podemos escapar à confusão". St. Paul, no seu longo estudo, com o pretender dar-lhe um caráter rigorosamente científico, sentiu-se obrigado a pedir ao grego um nome, com as aparências de genuinamente técnico, e chamou o *verbum mentale* de *endofasia*, função *endofásica*.

A psiquiatria, mal interpretando certas lesões e perturbações cerebrais, tem fornecido uma objeção, aparentemente séria e positiva, à teoria da fórmula endofásica do pensamento. Tal acontece na explicação das chamadas *afasias*, e *parafasias*, e *amnésias*... segundo o critério de alguns clínicos e anatomistas. O caso tem importância para merecer exame especial. Antes disto, porém, acentuemos que a linguagem interior se faz, geralmente, sob a forma de palavra em *som*. Só por exceção, poderá ocorrer a forma gráfica. De todo modo, nos visuais, há sempre um forte cortejo de imagens diretas. Assim, também haverá, para a linguagem interior, quem seja exclusivamente auditivo, ou motor, mas não poderia haver quem fosse exclusivamente visual.

18. AFASIAS, ALEXIAS, PARAFASIAS, ANARTRIAS, AGRAFIAS...

Como sintomas de lesões cerebrais, manifestam-se, muitas vezes, perturbações na função da linguagem: incapacidade, ou insuficiência, de percepção da palavra; incapacidade de organização da palavra em relação com as necessidades de pensamento; disjunção entre palavra e a idéia, isto é, perda dos conhecimentos condensados nos símbolos verbais; incapacidade de coordenação dos movimen-

---

[85] Moncalm. *L'Origine de la Pensée et de la Parole*. p. 139: "Os naturais da Polinésia têm uma intuição mais justa da linguagem que os sábios a que me refiro, pois que, para eles, pensar é falar no estômago, isto é... é esse falar silencioso, que se considera como pensamento sem palavras, porque se perde de vista que noção e nome são duas palavras para uma mesma coisa".

tos de articulação e de emissão da palavra. Por seu lado, cada uma dessas categorias funcionais se desdobra em sintomas específicos: incapacidade de perceber as palavras ouvidas, isto é, de reconhecê-las pela audição – *surdez verbal*; incapacidades de reconhecê-las na escrita – *cegueira verbal*... Por vezes, a incapacidade, ou perda da palavra, é completa – *afasia*; outras vezes, parcial – *parafasia*. Tomando em consideração, sobretudo, a percepção e a emissão da palavra, os clínicos proclamaram a existência de afasias e parafasias *sensoriais*, afasias e parafasias *motoras*. Nas primeiras, separam, por exemplo, cegueira física verbal (alexia) de afasia óptica ou incapacidade de achar o nome de objetos percebidos pela vista. Nas segundas, distinguem *agrafia, afasia motora – afasia* de Broca, *parafasia* motora ou de Wernicke, anartria... Clinicamente[86], "a afasia de Wernicke caracteriza-se pelo fato de que os doentes podem falar, às vezes, falam muito, mas falam mal; compreendem mal o que se lhes diz, por efeito de uma decadência intelectual; pelo mesmo motivo, não podem mais ler, nem escrever. Na afasia de Broca, os doentes não podem ler nem escrever, compreendem mal o que se lhes diz; mas — diferença capital — eles não podem mais falar. A afasia de Broca é a de Wernicke, com a palavra de menos" [87]. A anartria consiste, realmente e apenas, no esquecimento ou perda dos movimentos de articulação da palavra, com integridade da inteligência, e conservação das imagens verbais, auditivas ou visuais. Todo esse arremedo de erudição tem por fim, apenas, mostrar a multiplicidade de aspectos com que se apresentam as perturbações da linguagem. Atenda-se, ainda, que, além de ser a linguagem uma função complexa, os seus modos íntimos, mesmo no estado de saúde, variam de uns indivíduos para outros: uns exclusivamente auditivos, quanto à evocação das palavras, outros visuais, outros motores... Em tais condições, dada a lesão, ainda que materialmente seja a mesma, ela se acusará em manifestações diferentes, segundo o tipo de imagens predominantes. Podemos, sobretudo, que a realização da linguagem diz com toda a atividade psíquica, desde a receptividade senhorial, passando pela elaboração íntima do pensamento

---

[86] Não quero esquecer que não escrevo especialmente para médicos; devo ser acessível a todo leitor; mas é impossível evitar a notação técnica do nome, que distingue a lesão ou sintoma. A clareza e acessibilidade estão em apresentar os fatos em forma compreensível, qualquer que seja o leitor.

[87] F.Bernheim. L'Evolution du probléme des Aphasies. *L'Année Psychologique*, 1967, p. 359.

com os símbolos verbais, até a exteriorização em movimentos, de escrita, ou articulação. De tudo isto resulta, necessariamente, que as perturbações da palavra se traduzem numa extrema diversidade de modos, a que mal correspondem todos esses *grecismos*, de que os clínicos e anatomistas tanto abusam. Acrescentemos a essa consideração a circunstância de que, em muitos casos, a turbação de linguagem é caracterizadamente uma perda de memória, uma *amnésia*, isto é, ela se mostra num aspecto que a complica ainda mais.

Ao mesmo tempo, ocorre que certas lesões funcionais são manifestações constantes de lesões orgânicas: a afasia de Broca tem esse nome porque é concomitante das lesões dessa zona cortical, a que se deu o nome de Zona de Broca; a de Wernicke é acompanhamento da lesão do território do mesmo nome. Há nesses casos, uma localização precisa da lesão, em correspondência com a turbação específica. Em face disto, clínicos e anatomistas generalizaram o resultado das verificações, e formularam uma teoria da localização dos atos da linguagem, teoria que se tornou clássica, e que se resume em considerar a linguagem como a soma de atividades distintas, discerníveis em imagens, ora de recepção, ora de movimento, atos e imagens que se realizam em centros específicos — a cada imagem um centro, com as respectivas fibras ou vias de comunicação; as perturbações significam, singelamente, lesão no centro correspondente, ou nas suas vias de comunicação. Como conseqüência desse modo de compreender, admite-se que a palavra pode desaparecer, em qualquer das suas fases, e continuar relativamente intacto o pensamento. É essa objeção que, dissemos, a psiquiatria oferecia à teoria da palavra interior, como acompanhamento necessário do pensamento.

Por muito tempo, foi soberana a teoria das localizações, ou melhor, a teoria do parcelamento da linguagem em atos independentes, localizados. Modernamente, veio dar-lhe vigor especial a ciência anatômica de Dejerine, com toda a autoridade dos seus afiados escapelos[88] de neurologista. Por toda parte, porém, desde algum tempo, fazem-se objeções à estreiteza das *localizações*. Bernheim e, sobretudo, P. Marie, em França, ergueram-se vigorosamente contra a pretensão da teoria clássica, e o fizeram numa demonstração tão valiosa que pareceu ter feito ruir a própria concepção das localizações cerebrais, em geral. Não será esse o resultado dos trabalhos de P. Marie; mas é inegável que ele patenteia a sem razão de admitir-se que possa haver afasias sensoriais, e mesmo certas afasias motoras ou

---

[88] N.E. O autor provavelmente quis dizer escalpelos.

de emissão, com integridade do intelecto. É esse o ponto que especialmente nos interessa. Se tal integridade pudesse subsistir, quando suspensa, ou profundamente alterada a função verbal, não se poderia admitir que a linguagem interior fosse uma necessidade do próprio pensamento. A teoria clássica, retomada por Dejerine, pretende, muito singelamente, que cada um desses aspectos da linguagem verbal se liga, como que exclusivamente, à atividade de um centro específico; lesado qualquer um destes centros, está prejudicado o uso da palavra no que concerne à função, daquela parte, continuando o resto da linguagem e o intelecto a funcionar, apesar de tudo St. Paul, com todo o seu entusiasmo pelo balizamento das localizações da linguagem, e as respectivas afasias, é obrigado a reconhecer que os "casos (em que se baseiam os localizadores) não são sempre de uma nitidez absoluta"[89].

O estreito *localizamento*, que pretende cortar e repartir o complexo da linguagem, isolando em funções independentes cada um dos seus aspectos, é a expressão imediata de um *anatomismo*, que trata funções de conjunto como se foram simples somas de estruturas, destrinçáveis nas respectivas parcelas. Muitos dos casos observados e apontados pelos localizadores, quando razoavelmente interpretados, demonstraram justamente o contrário do que eles pretendem. Tal acontece na amnésia verbal — incapacidade de evocar as palavras, com possibilidade de reconhecer a significação delas ao ouvi-las. Em tal caso, é impossível negar que o próprio pensamento se perturba, na medida em que faltam os símbolos verbais, pois que faltam as respectivas idéias. Em face de tais verificações. Bernheim *nega que haja centros verbais*. Será exagero; as partes funcionais ligadas a realizações periféricas — percepções e organizações de movimentos e articulações — essas se fazem em centros determinados, cuja lesão se acompanha de perturbações da palavra. Ao lado disto, porém, há perturbações correspondentes à organização da palavra como relação simbólica com o pensamento, perturbações que resultam de lesões funcionais extensas, e que não se podem isolar em determinado centro. Foi por isso que P. Marie

---

[89] St. Paul. op. cit. p. 97. Em verdade, a boa argumentação a favor da função íntima da linguagem tem sido feita pela ciência da medicina. Egger, na sua obra consagrada, *As Perturbações da Palavra*, foi o primeiro a admitir a linguagem interior. A objeção dos psiquiatras só teve um efeito patente — dar ocasião para fazer-se a documentação clínica da função endofásica. Moutier, um dos que têm defendido animadamente a teoria de P. Marie, tem a concepção justa do caso: "A idéia pode existir sem palavra, mas não sem nenhum sinal" (*L'Aphasie de Broca*, tese). Ossip-Laurie (op. cit. p. 17) tenta replicar a Moutier, nesta parte, e apela para a música, cuja elaboração se faz sem nenhuma linguagem interior. Se a música fosse pensamento...

chegou a esta conclusão: não há perda da palavra sem perturbação profunda da inteligência. Ao mesmo tempo, ele afirma nunca ter observado surdez verbal pura; isto é, contesta que seja possível encontrar a surdez verbal em doentes que tenham conservado a capacidade normal de leitura e escrita, com perfeita audição. E, completando o pensamento, chega à conclusão de que o caso das afasias resulta, realmente, de uma diminuição geral da inteligência, tanto assim que *nenhum afásico é capaz de fazer compreender, por gestos, qual a sua profissão*. Ora, se a capacidade intelectual do doente se tivesse conservado, aproximadamente, no que era, faltando a palavra, ele recorreria irresistivelmente à linguagem dos gestos, como acontece, aliás, nos casos de pura dificuldade da articulação, coincidindo com a integridade do pensamento. Nesse caso, a perturbação da palavra refere-se apenas, à coordenação dos movimentos, e não prejudica a palavra interior, que subsiste, na função que lhe cabe. Bernheim chega a dizer: "O cérebro faz a palavra interna; a articulação — a coordenação motora se faz na medula"[90]. Registram-se, até, casos de indivíduos que voluntária e obstinadamente se apegaram a um regime de rigoroso silêncio: o intelecto não sofreu aparentes turbações, mas perderam a lembrança da coordenação nos movimentos de articulação, e quando resolveram voltar a falar, encontraram-se mudos[91].

---

[90] Bernheim, op. cit, p. 360.

[91] Há, na história do Brasil, este caso: Entre os revolucionários pernambucanos de 1817, encontrava-se Gervasio Pires Ferreira, homem de grande caráter, e que, preso, sob o terrível regime de Luiz do Rego, submetido a freqüentes e terríveis interrogatórios, cujo intuito principal era descobrir conjurados que ainda não estivessem presos, ou acentuar e comprovar acusações – assim interrogado, para que não viesse a fazer qualquer declaração inconveniente aos outros, resolveu, de modo absoluto, não falar, e se fechou num mutismo propositado, para tudo, para todos. Esteve preso durante anos, sempre de lábios cerrados. Quando, solto, quis articular as primeiras palavras, verificou que não sabia mais falar. Tanto assim que, feita a independência, nomeado para a junta governativa de Pernambuco, só se entendia com os companheiros por meio da escrita. Quem conta o caso é Vasconcelos de Drumond, enviado por José Bonifácio para aplainar dificuldades políticas no Recife; assistiu a sessões da Junta e, muitas vezes, viu Gervasio escrever na sua ardósia o que queria dizer. Esse afásico de emissão conservou a plenitude de sua inteligência; apenas esqueceu a coordenação dos movimentos de articulação verbal. Caso idêntico, pelos mesmos motivos, deu-se com o niilista russo, Stanilas Zwick, que conheci em Paris, em 1910. Preso, sob o desumano regime da polícia czarista, ele, para não se trair, resolveu emudecer. É ele mesmo quem tudo relata, na brochura que publicou em Paris, 1908. Foi condenado a degredo na Sibéria. "Desde esse dia, pus uma resistência morna em não proferir uma só sílaba. Mais que nunca, estava decidido a não pronunciar uma palavra... Coisa curiosa: nenhum esforço me era necessário para observar o mutismo a que me tinha condenado". Verificado o seu obstinado silêncio, decidiram — guardas e autoridades — fazê-lo falar;

Na Alemanha, teve a teoria das localizações numerosos e esforçados propugnadores, alinhados com Sachs e Wernicke. É esse um modo de compreender e explicar muito no gosto mental dos germânicos; no seu discorrer, a linguagem se multiplica em centros, cada centro muito bem titulado. Claparède, resumindo as mais retumbantes das teorias alemãs a esse respeito – de *cegueira psíquica, agnósia* e *simbólica*... chega a uma verificação, no entanto, que reforça a teoria da linguagem interior: "A linguagem pode mascarar até um certo ponto as lacunas das memórias sensoriais; em certos casos, quando a memória visual está apenas enfraquecida ou sonolenta, a palavra pode bastar para despertá-la, e se torna, assim, a condição mesma da compreensão." Por outras palavras: subsiste a linguagem interior, subsiste o pensamento, mesmo na ausência de outras imagens. Bastian (inglês), que é, sobretudo, clínico, admite todas essas distinções e modalidades nas afasias, as que dizem com a percepção e a articulação, mas é categórico quanto ao mentalismo superior, intimamente ligado à linguagem, e diz: "não há centros para os conceitos, *distinto e separado*, o conceito corresponde ao funcionamento simultâneo de todos os centros perceptivos e os da linguagem". Como que prevendo essa questão — se o pensamento é ou não, independente da linguagem — ele é lucidamente afirmativo: "Certas idéias podem ser pensadas por meio de

---

não lhe pouparam torturas; até médicos concorreram para o seu martírio, declarando simulado o seu mutismo, aplicando à sua laringe fortes correntes elétricas. A sua vontade foi superior a tudo. Persistindo Zwick no seu mutismo, submeteram-no a novas aplicações elétricas sobre a laringe. "Durante dez minutos eu me debati, com o peito e a garganta calcinados pela terrível corrente elétrica. Não podia mais: aqueles homens, eu o sentia, haviam vencido a minha obstinação. Bastava-me pronunciar uma palavra para que eles cessassem de fazer-me sofrer... Abri a boca para gritar a palavra de todos os filhos, o desesperado apelo de todos os mártires, o nome, enfim, do ser que amamos sobre todos os seres: — Mamãe! Era tarde demais. Um estertor rompeu-me a garganta. Desta vez, sim: estava realmente mudo!" Assim, definitivamente mudo, o mártir consegue chegar até a família. Guardava, talvez, a esperança de que, fora dos transes da prisão, na alegria viva de estar livre e cair nos braços dos pais, lhe voltasse a palavra. E o encontro se deu: "Abri a boca... Ai de mim! Saiu da garganta um grito inarticulado... Ah! meus caros pais, nunca sofri tanto como nesse minuto, em que procurei em vão dizer-lhes os bons-dias!" Zwick veio a Paris, e aí esteve na clinica de Babinsky e de Motz... "trataram-me pacientemente, e, pouco a pouco, cheguei a pronunciar algumas palavras. Hoje, gaguejo fortemente... a minha conversação é sempre muito penosa a seguir; mas consegui, mal, mal, o fazer-me compreender". (Stanilas Zwick. *La Voix qui s'étrangle*, Paris, 1909). Certa vez, na redação de *L'Humanité*, pedi que me mostrassem Zwick. Não tentei falar-lhe, pois me seria impossível manter uma conversação.

outros símbolos-imagens; ao passo outras, mais abstratas, só podem ser por meio de palavras." Finalmente, tudo se passa de tal forma que, se se pudesse reduzir a consciência a um completo silêncio de símbolos, estaria o indivíduo reduzido a não pensar[92].

19. LOGOS

Estamos em face de um fato irrecusável — a linguagem interior — que procede destas duas condições essenciais na mentalidade humana: a consciência só se define explicitamente e só se fixa para a introspecção nos valores sensoriais, que são estáticos; o pensamento é necessariamente dinâmico e exige a intervenção de idéias, que são os próprios elementos da dinâmica mental. Daí resulta, desde logo, que o valor-idéia tem de girar sob a plástica de um símbolo, que o mantém na lucidez da discriminação consciente. Destarte, o pensamento se realiza num mover de símbolo e imagens, que é o próprio fluir da consciência. De fato, como representação imediata, as idéias não correspondem a coisas, mas a atitudes e direções. No subjetivo da consciência, esse decorrer mental é como uma linguagem interior. Assim entendida, tal linguagem deixa de ser um *flatus vocis* e tem a significação do próprio pensamento, ou, mais explicitamente, o ato no qual reconhecemos a nossa atividade mental. Nem de outro modo poderíamos compreender a fórmula de Virchow: "Só depois que as sensações se fixaram em palavras é que as possuímos realmente". E aí se acha a justificação de que a maioria dos filósofos e psicólogos venha ter, finalmente, ao *nominalismo*, se consideramos um nominalismo onde se substitua o *nome* por *símbolo*. No conceito comum prevaleceu *nome*, porque é o sinal mais freqüente, e, então, nome ou palavra se tornou a constante de pensamento. Na realidade das coisas, só recebemos uma idéia como tal quando a encontramos no símbolo verbal. A palavra forma o sensível e acessível do pensamento. Bastian chega a considerá-la um *ato puramente automático*, isto é, qualquer coisa que não pode deixar de existir, uma vez que exista pensamento. Nesta forma, chegamos a reconhecer identidade de ser nos dois aspectos de existência — a realização do *pensamento*, no *símbolo* que o condensa e exprime. Com isto, admite-se que na evocação do símbolo está a essência mesma do pensamento, e que no palpitar lúcido da palavra se realiza o conhecimento. Chegamos, assim, a uma concepção da função verbal como o entendiam os gre-

---

[92] Claparède. *L'Année Psychologique*. T.VI, p 110.

gos, para quem o *logos*, em que se exprime o espírito, e em que se derramam as luzes de consciência, é o mesmo *logos* atividade essencial de pensamento, com o infinito poder, que é o do espírito pensante — poder divino. E LOGOS chegou a ser o próprio Deus. De fato, para cada um de nós, que encontra o seu pensamento nas cintilações do símbolo, e assim o sente agitar-se e viver, essa energia, em lucidez pensante, será como emanação divina, que nos possui e que em nós se realiza. Podemos projetar sobre outros os efeitos desse fulgor íntimo, mas também reconhecemos que só o podemos fazer realizando esses mesmos símbolos, em que o pensamento se define para o íntimo da consciência. Pensamento, ou expressão, logos é sempre a lucidez do espírito que se conhece e se expande.

Em si mesmo, o vocábulo logos pertence à extensa e fertilíssima derivação da raiz ariana *leg* — ligar, ajuntar, combinar... discriminar pelas ligações naturais. Dessa origem, encontram-se centenas e centenas de termos substanciosos nas línguas arianas – *lei, religião, eleger, inteligência...* derivações que fazem bem compreender o multíplice aspecto em que o conceito concorria para o pensamento. Ele valia, sobretudo, no sentido em que explicitamente encontramos a idéia contida em *logos*. De fato, o espírito é rigorosamente inclusão do social no individual[93]; em consciência não o sentimos, mas, pela análise, francamente o reconhecemos; *logos* corresponde a essa inclusão, e vem satisfazer as realizações dela. Por uma natural diferenciação no progredir do espírito, chegamos a distinguir os dois aspectos do símbolo verbal; mas é de necessidade que eles se tenham confundido, na lucidez mental dos que primeiro refletiram a respeito da existência do pensamento. *Logos* é pensamento e comunicação — esta é a função integral do símbolo; logos será o símbolo ideal e definitivo, a consciência do pensamento comunicável. Não esqueçamos que, em todas as fórmulas e situações do espírito, encontramos esse duplo aspecto: consciência — representação individual do que é social; o próprio espírito — síntese pessoal do viver social; pensamento — elaboração individual, com valo-

---

[93] Dugas, no estudo já citado: "O progresso da reflexão estende cada dia o domínio do comunicável, mas recua os limites, sem os poder atingir. O logos é apenas uma parte do pensamento, a saber, o pensamento comunicável (o sublinhado é de D.)". Josiah Royce, o acreditado psicólogo inglês, num artigo, "O Mundo Exterior e a Consciência Social", encontra-se com esta opinião: "Na comunidade social estão as diferenciais do nosso mundo exterior, e a criança não tem fé no mundo objetivo antes de ter adquirido a consciência social". Em tal caso, logos seria a expressão da consciência social. (Dugas, op. cit. p. 48; Royce. *Philosophical Review*).

res socializados, em processos socializados; idéias — valores socializados, em tonalidades pessoais; atividade humana consciente — realização pessoal em forma socializada, como organização, coordenação e fins. A concepção do *logos* tem uma razão profundamente filosófica, e que é a própria condição do viver humano, consciente, com a absoluta necessidade de comunicação ou transfusão das consciências. É da existência em sociedade que lhe vem o motivo íntimo, e a sua energia de ser. Daí, aquela condição precisa, como figuradamente se formula no Evangelho: "Aparecerei (o Espírito Santo, ou essência do espírito) quando estiverem reunidos". É como se fosse dito: *Quando estiverem em sociedade, haverá as condições essenciais para que o espírito se realize completamente*. No léxico grego, para significar a idéia, havia, ainda, *mito*, que era, apenas, distinto de *logos*: é a palavra espiritual, indiferente à comunicação, mas com valor intelectual, independente do fato fisiológico da vocalização. Seria, puramente, o *verbum mentale* dos escolásticos.

Tudo isto tem uma significação muito poderosa, mas que seria secundária, por limitada, se esse valor de *logos* fosse exclusivo do idiomatismo e do pensamento grego. Não há tal. O duplo valor, no jogo da idéia, nós o encontramos na origem das origens do idiomatismo ariano. Essa raiz *nã*, donde procede explicitamente *nomem, nome*, é a mesma que deu *cognoscere*, conhecer... cognatos... natos[94]. Há uma certa conjuntura de idéias, em que vemos bem apartados, mas presos à mesma origem, dois termos correspondendo aos extremos dessas acepções, fundidas em *logos: nomem* aut *numem... nome*, pura etiqueta sonora, para índice de idéia... *nume* — poder divino, essência sobrenatural, gênio protetor, inspiração de pensamento superior... Como poderiam partir de um mesmo tronco essas duas idéias se o valor de origem não fosse *o que pensa, conhece e exprime*, donde vêm as idéias?!... O nome, como pura vocalização, pode ser indiferente ao pensamento; mas, nome, sinal de valores mentais, é essencial para o espírito, na organização do conhecimento. Julgam mal, levianamente, os que transitam no pensamento com o preconceito de que *os nomes não mudam as coisas...* Se com eles mudam as próprias concepções! "Les mots sont des choses..." Com isto, Hugo quis mostrar, no seu dizer de poeta, que nas palavras estão os seres e os motivos de pensamento; nelas estão as coisas com que pensamos e de que pensamos. Logos: palavra, símbolo, razão, idéia, ciência, força de pensamento, essência de socialização, forma de

---

[94] Moncalm, op. cit. p. 32.

comunicação... não há nisto contradição de idéias, se não facetas de um mesmo motivo íntimo.

20. As vozes como símbolos verbais

Na evolução do espírito com o desenvolvimento social, a palavra foi o símbolo preferido para o pensamento: por quê?... De ora em diante, teremos de ocuparnos especialmente da linguagem verbal; será conveniente analisar, antes disto, os motivos dessa preferência. No homem, como vertebrados superiores, a tendência natural é para a exteriorização em gestos e em sons: por que prevalece, como linguagem propriamente dita, o grito ou o som? "Por muitas razões: 1ª — há uma tendência irresistível a fazer acompanhar os estados emotivos, e as próprias representações mentais, de movimentos vocais, tanto assim que os surdos-mudos, sem nenhuma noção de valor sonoro das vozes, acompanham sempre os seus gestos com gritos; 2ª — os gritos são mais facilmente e mais francamente perceptíveis do que os gestos — quem vê, deve ouvir; mas quem ouve, pode não ver[95]; 3ª — os gritos e sons se caracterizam melhor como sinais diferentes e distintos, quer dizer, numa série de sons consecutivos, é mais fácil distinguir cada um dos sinais, do que numa série de gestos; 4ª — os sons podem combinar-se de diferentes modos e podem formar um número muito maior de sinais especiais do que os gestos; 5ª — os sons se isolam e se distinguem mais facilmente dos movimentos imediatamente úteis; são, por isso, mais próprios para a linguagem, porque permitem ao indivíduo *exprimir-se* e, ao mesmo tempo, *realizar atos produtivos*; 6ª — finalmente, os sons são mais próprios para simbolizar as representações abstratas, porque se constituem em sinais puros, exclusivamente simbólicos" [96].

Todos esses *itens* devem ser considerados em referência à dupla função da palavra — como simbólica íntima, como recurso de comunicação. Em qualquer dos casos, é incontestável a sua superioridade (para a linguagem do pensamento), nestes dois aspectos: a) a palavra pode realizar uma evolução completa, até se tornar em símbolo significativo puro, como é conveniente para as abstrações superiores; outras imagens, inclusive imagens motoras, podem servir; mas, no indiví-

---

[95] Convém não esquecer que, nesses dias, quando se normalizou a linguagem, o homem tinha de viver grande parte do tempo nas trevas, e, na escuridão, a comunicação por vozes é sempre possível, ao passo que, só em tateios, e mal, se poderia fazer uma comunicação em gestos.

[96] M. Bomfim, op. cit. p. 203.

duo normal, capaz de utilizar as vozes, essas, como símbolos puros, têm a vantagem de deixar à idéia a sua plena função, no desenvolvimento do pensamento, ao passo que outras imagens podem suscitar outras associações; b) a palavra, como símbolo puro, pode subsistir acompanhada de símbolos acessórios, que, em muitas conjunturas, são úteis para a elaboração interna. Quanto à comunicação oral, especialmente, a palavra tem incontestável vantagem de poder acompanhar-se dos próprios gestos e de todos esses recursos de linguagem direta, a que nos referimos. Além de tudo isto, há a circunstância de que o homem pensa para agir imediatamente, e para comunicar-se; e como o uso das mãos serve especialmente para a ação imediata, fica livre a fonação, que serve naturalmente para comunicação. É sempre possível *agir* e *comunicar*, ao mesmo tempo, pela palavra; mas é muito difícil agir e, concomitantemente, comunicar por meio de gestos. No curso da civilização, vemos serem eliminados os sinais ideográficos, substituídos pelas letras simplesmente fonemas. Foi uma eliminação natural, e, como as eliminações que desse jeito se fazem, ela demonstra a definitiva superioridade do ser ou do fenômeno que vem substituir, e que, finalmente, prevalece. O que faz prevalecer a *letra de som* sobre a letra ideográfica, é o mesmo que fez do sinal verbal o símbolo preferido para a evocação e a comunicação.

O gesto e a fisionomia têm uma irresistível intensidade expressiva; isto, porém, para a linguagem simbólica, intencional, longe de ser vantagem, é desvantagem. A linguagem intencional, de pensamento abstrato, deve ser absolutamente consciente, lúcida, inteligente, refletida; em vista dos fins correspondentes, ela tem de realizar-se no domínio, sempre, da vontade. Ora, geralmente dominamos muito mais a palavra do que o gesto, que é, muitas vezes, inteiramente inconsciente, superior à fórmula do querer. O gesto pode ser convencional, refletido... mas, nesse caso, ele perde as suas características de comunicação — a espontaneidade e a realidade de expressão imediata. Como acompanhamento ou acessório do discurso oral, é o gesto precioso para simbolizar certos predicados circunstanciais; mas, como recurso simbólico exclusivo, qual a linguagem mímica, ele é fastidioso e fatigante, porque produz desvio de atenção e exige constantes interpretações. Além disto, a mímica é, necessariamente, muito pessoal; o gesto não poderia ser usado e repetido com rigor objetivo, como acontece com os vocábulos. Cada pessoa, mesmo quando se trata de empregar gestos generalizados, tem a sua mímica, isto é, deforma a gesticulação, segundo o seu modo de ser. No vocábulo, há dois aspectos de forma — um substancial, que é o dos fonemas, e um adjetivo, que é a inflexão; desta sorte, o subjetivo do falar se reflete, apenas, na inflexão, ao passo que, no gesticular, não só variam as tonalidades intensivas, segundo as pessoas, como se deformam e modificam as próprias formas substanciais e distintivas de cada gesto. Tudo resumindo, o gesto é sempre um esquema, ou uma alegoria; não pode deixar de ter uma acentuação pessoal muito pronunciada. Por isso é universal, mas, também, de valor apenas aproximado.

CAPÍTULO V

O LABOR MENTAL

21. TIPOS DE PENSAMENTO

A análise da atividade intelectual permitiu-nos verificar que uma parte do pensamento, a mais importante, talvez, se faz em trâmites profundos, inconscientes. No primeiro momento, em face deste enunciado, hesitamos em aceitá-lo. Em muitas conjunturas, é tão patente o esforço mental, tão intensamente fulguram na consciência os objetos pensados, que a fórmula — pensamento inconsciente — nos parece insensata. Essa aparência resulta de que a estrutura funcional do pensamento se distribui em diferentes estratificações, como que zonas ativas, superpostas: da realidade imposta ao espírito, à idéia; da idéia ao símbolo; e, muitas vezes, do símbolo atual à expressão verbal. Quando se diz que parte do pensamento se faz inconscientemente, não é para significar que haja períodos de inteligência consciente e períodos inconscientes; mas, para indicar que nessa elaboração assim estratificada, as zonas inferiores, profundas, decorrem na treva da inconsciência, ao passo que a superfície da *simbólica* é a das radiações de consciência. Dá-se, então, que, em certas instâncias mentais, a luz da consciência penetra um tanto mais a massa do pensamento, e podemos seguir o trabalho mediante o qual a *realidade se ajusta às idéias*, com que se faz o pensamento. De todo modo, a parte importante, no mentalismo, é esse ajuste da realidade às idéias que possuímos; e é aí que o grau de consciência varia. Tal acontece em situações diferentes ao clínico... Um dia, terá lido no seu jornal: "A anafilaxia nos explica perfeitamente por que razão o doente sucumbiu à segunda injeção do soro..." Na rápida leitura, ele fez o conveniente juízo, bem lúcido e completo, em torno da idéia *anafilaxia*. No entanto, trata-se de um valor mental que inclui muitíssimos outros; quer dizer, é uma idéia que resulta de conhecimentos muito complexos, aliados em raciocínios de longos desenvolvimentos. Apesar disto, tal idéia deu a sua assistência, o seu valor inteiro, num instante de consciência, o bastante, apenas, para que fosse percebido o respectivo símbolo. Agora, se esse mesmo clínico se encontra à cabeceira de um enfermo, e, após a aplicação de uma vacina, vê sobrevirem manifestações um tanto anormais, ei-lo que entra a pensar intensamente no caso, procurando explicá-lo pela noção da *anafilaxia*. Neste caso, o pensamento consiste, principalmente, em apreciar e examinar essa idéia, em todos os conhecimentos e valores que nela se incluem e que para ela concorrem, para verificar, se por um qualquer desses aspectos apreciados, é possível explicar a realidade, qual ali se apresenta. Noutra conjuntura de análise mais acessível: Tenho notícia de que tal empregado, em função necessária, foi dispensado; e penso, num juízo rápido e nítido – "Ele *procedeu* mal..." Essa idéia – *proceder* – emergiu na luz do respectivo símbolo, apenas; o seu conteúdo é vasto, entrelaçadamente irradiando por toda a vida moral; mas, em verdade, todo esse valor ficou subjacente no rápido formular do juízo. Se, porém, no prosseguir desta análise, chego ao momento em que tenho de apreciar e explicar o modo de ser do espírito, ao pensar a respeito das realidades que se lhe apresentam, várias idéias são atraídas à minha mente, segundo as suas relações com as anteriores; tais idéias, em virtude do seu conteúdo, correspondem, mais ou menos, às necessidades do meu pensamento, na conjuntura atual, e a minha elaboração mental, bem explícita, é justamente esta: examinar, analisar, apreciar... todo o valor de cada uma delas, para reconhecer a que melhor se ajusta a essas mesmas necessidades mentais, neste momento de inteligência. E retenho na consciência as idéias de agir, desenvolver-se, manifestar-se, proceder... São outros tantos modos de ser ativo o espírito. Finalmente, o meu ajuizar se completa na idéia de *proceder*, e chego ao pensamento definitivo: "A inteligência *procede* ajustando-se às condições da realidade a que tem de atender, e esse ajuste se realiza com o evocar, na consciência, das idéias que correspondem melhor a essas mesmas condições de realidade; nisto consiste a elaboração do pensamento". As outras idéias – *manifestar-se, agir, desenvolver-se...* foram como que rejeitadas, em proveito de *proceder*, porque, de fato, o valor essencial desta idéia é o de modo de ser ativo, em face de realidades e situações eventuais.

22. Pensar para decidir

Chegamos, destarte, a uma verificação que convém reter — a elaboração do pensamento consiste, sobretudo, num ajuste de idéias às condições da realidade. Entre o influxo da realidade e o ajuizamento consciente, há zonas ou estratificações inconscientes. Em muitos casos, esse ajuste se faz inconscientemente, e quando vem a representação nítida, já o pensamento está completo, nas idéias mais convenientes. Tal é o caso das produções que nos parecem *inspiradas*; tal sucede na realização mental de um Beaunis, como ele a descreve (prefácio). Isto depende, em grande parte, dos fins a que deve corresponder o pensamento, e das necessidades que o solicitam. Já o reconhecemos: pensamos para *agir* imediatamente, diretamente; pensamos para *harmonizarmo-nos* com o mundo social a que pertencemos. É, este, o pensamento comunicável. Então, a colaboração apresenta-se, freqüentemente, como pronunciado lavor intelectual. É nestes casos que ela vale exclusivamente como pensamento, na lucidez da consciência. Para a ação direta e imediata, o pensamento se define explicitamente na representação da própria ação[97]. Não será ocioso, contudo, analisar o valor dessa representação. De fato, quando temos de agir, a consciência é, ao mesmo tempo, pensamento e resolução. Nos casos mais simples, em ocorrências triviais, desenha-se na consciência o excitante-determinante, com o valor de um símbolo de ação, e a ele corresponde, imediatamente, uma forma de agir, ditada por uma norma de proceder; quase não há pensamento, nem verdadeiro trabalho de resolução. Noutros casos, é manifesto o labor de resolver; mas, ainda aqui, há diversidade de conjunturas. Ora, o objetivo da resolução é decidir qual a tendência, o interesse, ou desejo, que será finalmente atendido; ora, verificar a oportunidade de um ato; ora, determinar e fixar a forma de uma reação. No primeiro caso, que inclui as situações em que se manifesta o verdadeiro poder da vontade, a supremacia de consciência é dada aos valores

---

[97] É por isso mesmo que a ação possui a capacidade de expressão, a que tivemos de dar referência especial. E o fato tem tal importância que, reagindo contra a tendência a deixar a psicologia confinada na introspecção subjetiva, os Americanos dirigiram as suas vistas, especialmente, para a ação, em que a personalidade se revela – o comportamento (behaviour). Como sempre acontece, em torno do termo, os secundários têm feito forte celeuma, como se, em vez de reforma de métodos, isto significasse mudança de objeto, e, de tal sorte, prejudica-se uma orientação, que poderia ser utilíssima. Em verdade, behaviour é, geralmente, a novidade, a que se acolhem os que não podem elucidar as verdadeiras dificuldades da psicologia humana. É assim que os behavioristas dizem-se inspirados na psicologia objetiva de Bechterew; pretendem fazer-se na escola da realidade (J. B. Watson, da Hopkins University. *Psychology from the standpoint of a behaviorist*, p. 419), e limitam-se a estudar os aspectos fisiológicos, que diretamente interessam à psicologia. Bechterew muda-lhes os nomes — Esfera social da personalidade... Influência das associações cerebrais sobre os reflexos pessoais... mas aborda os grandes problemas; eles, os behavioristas, passam-lhes ao lado, para irem estudar: *Behaviour of butterflies... Common roach...*, isto é: "A psicologia do comportamento das borboletas, e baratas, e corvos e porcos..." como se, não havendo para tais seres, nem introspecção, nem vida subjetiva, a sua psicologia, em método behaviorista, pudesse diferir da que havia antes.

afetivos; trata-se de resolver em que sentido se fará a reação, em vista de determinada excitação: ouvi a voz de pessoa amiga — abandono o meu dever, e vou encontrá-la... ou domino o impulso, e continuo no cumprimento de minha função?... Muitas vezes, nessas conjunturas, a atividade do espírito é principalmente um conflito de consciência, característico da vida moral. A inteligência intervém, sempre, num apelo formal do espírito a toda a experiência constituída, com a intervenção de todas as energias pensantes, sob a forma de lembranças de efeitos, imaginar de conseqüências, raciocínios em que se aproveitem lembranças e imaginações. Será intensíssimo o pensar, muitas vezes; em todo caso, o domínio da consciência pertence aos estados afetivos. Felizes os que não se perturbam pela paixão e guardam a necessária calma para a intervenção lúcida da experiência mental no trabalho da resolução. De todo modo, a decisão adotada representa, sempre, a vitória de uma tendência ou interesse. O trabalho de pensamento propriamente dito é, apenas, subsidiário; são os interesses que solicitam as idéias, e o seu vigor de consciência pode ser maior, ou menor. Não é raro que, em situação moral excepcionalmente importante, o indivíduo, premido no conflito de consciência, desista de refletir, e de *pensar*, em lúcido pensamento, todos os motivos — *prós* e *contras*, entregando-se, diz ele, de boa fé, ao destino; tal destino será, apenas, o inconsciente, onde se fará um pensamento deliberativo análogo ao que se faria em vigília, e ao termo do qual, a decisão se apresentará à consciência, como *inspiração* moral. Nem outra razão tem o repetido prolóquio — A noite é boa conselheira. O segundo caso consiste em que, aceito de modo absoluto um determinado ato, resta à pessoa decidir qual o momento mais *oportuno*, a fim de tirar o máximo de efeitos. Então, o trabalho de decisão é, sobretudo, um discernir mental, verdadeiro labor de pensamento para uso próprio. A última conjuntura é a de quem, resolvido a agir, precisa, ainda, decidir que forma dará ao ato. Em tal caso, o que se reflete na consciência é um verdadeiro labor de pensamento, análogo ao que ocorre em qualquer das elaborações para achar e definir uma forma mental. Napoleão dizia de si, como guerreiro: *"Je m'engage, et, puis, je vois..."*. Isto é, decidia desde logo a oportunidade, que era, no caso, o mais premente, e procurava, depois, as formas... Verificamos, assim, que em todas as circunstâncias o desenvolvimento da elaboração consciente e aturada se faz com vistas a um determinado objetivo — a resolver, a elucidar, a decidir, a compor, a conhecer...

Há, em todos esses casos de pensamento em curso de deliberações, um aspecto comum: neles concorrem os valores mentais de significação pessoal; haverá, sempre, um predomínio de símbolos verbais; mas, entrelaçados a estes, ocorrerão, em abundância, símbolos plásticos, nimiamente pessoais. Nos casos em que há escolha entre interesses, a consciência será repetidamente ocupada por símbolos afetivos. Além disto, os processos mentais propriamente ditos se farão, geralmente, de modo muito abreviado. É assim que, muitas vezes, a pessoa não pode, sequer, acompanhar os trâmites de pensamento, de onde lhe saiu uma determinada resolução. Nestas condições, os indivíduos nos parecem nimiamente distraídos, não sabendo, mesmo, explicar os atos que praticam.

Quando, por um motivo qualquer, há necessidade de comunicar um pensamento destes, surgem dificuldades especiais e que serão indicadas e apreciadas em § próprio.

23. O ajuste das idéias às necessidades do pensamento; plasticidade das idéias

O pensamento converge necessariamente para a ação imediata, ou remota e socializada. O objetivo geral é sempre o mesmo. Essa diferença no desenvolvimento dos trâmites não atinge a essência do mecanismo mental, que se realiza, formalmente, num ajuste de idéias, condensadas, evocadas e focalizadas em símbolos. A estrutura do pensamento é a própria estrutura da linguagem, qualquer que seja a necessidade mental, e, desta sorte, em toda propriedade, dizemos: pensar é falar para si. Nesta fórmula se resumem todas as condições de consciência; para ela propendem todas as observações nos fatos da linguagem, estudados na história, na psicologia, na clínica e, mesmo, no que se convencionou chamar lingüística. Aceitamos, pois, esse modo de compreender, o caráter da linguagem: é o próprio jogo dos símbolos significativos, num dinamismo que, em essência, não se altera ao passar da elaboração íntima para a comunicação. No entanto, mesmo assim, quando já chegamos a essa conclusão, os fatos de consciência, no pensamento comunicável, parecem oferecer matéria para objeções. Nos casos de pensar para agir, o trabalho mental, por mais aturado que seja, de tal modo se inclui no próprio labor da deliberação, que não distinguimos, quase, o trabalho especial de pensamento. Nos outros casos, porém, há freqüentemente acentuado esforço de produção, esforço que se exerce, explicitamente, sobre os símbolos, pois que no pensamento há sempre *jogo de símbolos*. E como se trata de pensamento comunicável, o símbolo é a palavra. Então, atendendo apenas à função expressiva da verbalização, pretendem os especialistas da linguagem que esse esforço de produção consiste principalmente numa rebusca de forma — o labor para achar a conveniente *expressão do pensamento*. Ora, em tal modo de entender, há um grave erro de interpretação, erro funesto como alcance prático[98]. No trabalho explícito de pensamento, há sempre ajuste de idéias, que acodem, naturalmente, nos respectivos símbolos, para os efeitos da escolha e do ajuste; e como os símbolos normais são palavras, parece que se trata de uma escolha de termos, ou de ensaios para a aplicação e ordenação de palavras. Lembremo-nos, porém, que o vocábulo, em pura sonoridade, nada é para o pensamento. Todo o seu valor resulta da associação exclusiva entre ele e uma idéia, de tal sorte que, nele, valendo como símbolo, é evocada a idéia. Assim, o jogo de palavras é o jogo de símbolos, é o jogo de idéias. O esforço de pensamento se faz, em consciência, como manejo de termos; mas, realmente, o jogo é ajuste de idéias às necessidades mentais do momento.

Agora, é preciso considerar nos princípios seguintes, que se confirmarão no curso desta análise:

todo pensamento comunicável tem de realizar-se em idéias – valores mentais socializados; essa é a qualidade mesma de comunicação;

a idéia, generalização de realidades, existe para o conhecimento, que é explicação das realidades, que sucessivamente nos interessam;

mas, ao passo que as realidades são infinitas, as idéias são limitadas, em número e em valor;

daí resulta que as relações entre a idéia e a realidade são amplas, e, relativamente, indefinidas; uma mesma idéia tem de servir a realidades diferentes, assim como uma mesma realidade pode relacionar-se a diferentes idéias;

toda idéia, como unidade de pensamento, existe num símbolo, e a relação do símbolo à idéia é restrita, absolutamente íntima e exclusiva, capaz de determinar a exclusividade de evocação;

daí resulta que o valor do símbolo é nítido e absoluto, em contraste com o valor da idéia, que, na maior parte dos casos, é relativamente vago, ou flutuante.

Apreciemos, agora, o que é nítido, nessas proposições.

As idéias, para que sejam idéias, no seu papel de sistematizar em categorias a multiplicidade dos nossos conhecimentos, têm que ser limitadas. Se o espírito mo-

---

[98] Desta falsa compreensão, resulta a absurda e monstruosa pedagogia da linguagem, cultivada como pura capacidade de expressão, independente da cultura do pensamento. Fazem-se exercícios de redação com vistas, apenas, à forma e à gramática; exercícios de que os alunos nada aproveitam, e que se reduzem a insossas composições, para redizer, mal, coisas cediças.

dela desta sorte a experiência mental, e assim a distribui, é para fugir à confusão, qual seria, se a mentalidade existisse, apenas, como amontoado de conhecimentos diretos. A idéia é *ordem nos conhecimentos*, pela sua classificação em valores limitados. Temos um número relativamente definido de idéias socializadas, e cada uma delas inclui um conteúdo, um certo valor ou significação. Tais valores são como que pontos de referência na nossa experiência mental e, ao mesmo tempo, luz íntima com que vamos elucidando as sucessivas conjunturas, em que a realidade nos impressiona e interessa. Destarte, no ato de conhecer e pensar, temos de, necessariamente, aplicar idéias, que são conhecimentos sintéticos e sistematizados, a novas condições de realidade. Que seja num caso simples, como este: "Parece que vai chover..." O aspecto do horizonte, qualquer coisa nas condições do ambiente, em relação com os meus interesses, levam-me para aí o pensamento, e incitam-me a julgar da situação. Tenho que o fazer valendo-me das idéias que na minha experiência se relacionam com o caso, e são, por isso, atraídas, num como que palpitar de consciência. O juízo ainda poderia ser: "Tudo indica que teremos tempestade... Creio que choverá... O tempo está para chuva..." Mas, na minha mente, o julgamento definitivo foi aquele, porque, das idéias relacionadas com a realidade atual, eram aquelas as que se ajustavam mais perfeitamente a essa mesma realidade. *Parece...* penso assim, pois que, de fato, tenho apenas indicações e não motivos para uma crença; se é assim que o pensamento se formula para mim mesmo, assim o exprimo, para que o estado de consciência provocado pelas minhas palavras corresponda à realidade. Ora, se não fossem *amplas,* as relações entre as realidades e as idéias que a elas se referem, não me seria possível fazer as diferentes aproximações, que finalmente me conduziram a um pensamento definitivo. Em verdade, a realidade não se definiu em uma idéia, somente, mas numa coordenação de idéias, que foi o próprio juízo, e que adquiriram um valor bem preciso, por esse mesmo ato de coordenação. É esse complexo mental que corresponde à realidade. Por isso, com um número limitado de idéias, dadas as infinitas combinações de julgamento, poderemos, sempre, pensar das infinitas realidades que nos interessem. Então, podemos (e devemos) recorrer às mesmas idéias para sucessivas e diferentes realidades. Tudo resumindo: o pensamento, na decorrência formal e necessária dos juízos, é uma infindável construção, ou estrutura ativa de idéias, em que vamos encaixando as realidades; a parte essencial nessa construção vem a ser, por conseguinte, proceder a esse ajuste das idéias às necessidades e condições da mesma construção.

24. IDÉIAS RÍGIDAS, IDÉIAS INSTÁVEIS, EM EVOLUÇÃO

O ajuste das idéias às contingências de pensamento tem, mesmo, uma extensão bem maior do que se poderia julgar em vista do enunciado. Compreende-se bem que o resultado é tanto mais perfeito, quanto mais plástico e maleável for aquilo que pretendemos ajustar: um casaco de tricô, um saco de borracha, ajustam-se sempre às formas a que se aplicam. Se as idéias fossem, todas, de valor definitivo e fixado, à moda de caixas de aço, muito limitados seriam os efeitos a obter nesse esforço. Ocorre, porém, que a grande maioria das idéias são valores mentais em plena evolução, de certo modo instáveis ou variáveis, e, por isso mesmo, muitos propícios às instâncias do espírito, no realizar do pensamento. Há, é certo, idéias nítidas, definitivas, igualmente precisas e rígidas: *mais, negro, igual, lua, quente*... São idéias correspondentes a relações muito simples, e que desde cedo se definiram, ou a seres concretos, facilmente distinguíveis. Ao lado dessas, que são, aliás, em pequeno número, há o mundo das idéias de valor um tanto vago, ou frustro, instável e reformável. Umas correspondem a relações de ordem moral, mal definidas, diversamente interpretadas; tal acontece com as idéias de justiça, nacionalidade, civilização, poder, religião, moral... e quase todos os abstratos puros. Com elas se formam desses pensamentos em que podemos ler o que quisermos, com o sentido que mais convém à paixão de cada um. E vemos, então, dois interessados, agarrados ao mesmo termo, matando-se, supondo que há no caso *uma mesma* idéia, quando cada um fez do valor indefinido uma idéia própria, bem diferente da outra. É nestes casos que a *justiça* do juiz leva ao patíbulo o apóstolo da *justiça*. Daí, a necessidade de distinguir e, sobretudo, de opor o espírito à letra das legislações. Há, também, as idéias que se referem a fenômenos ou seres incompletamente conhecidos, e que, por isso, variam e reformam o valor, como varia e evolui o respectivo conhecimento. É o caso da idéia de *vida, natureza, infecção*... Todos admitimos que o evoluir da ciência propriamente dita, o progresso moral, as concepções filosóficas, a influência indireta dos novos conhecimentos... têm o poder de modificar o valor de certas idéias, no sentido de maior generalização e mais subida abstração. E, com isto, as concepções se tornam cada vez mais imprecisas e oscilantes. Emanação e essência da realidade, a idéia se dilata e perde os contornos, à medida que se eleva e se sublima. Tal o conceito de *deus* através do progresso humano, do *totem* selvagem, ao deus em que as últimas filosofias espiritualistas concentram a sua concepção do universo. Nem será preciso estender o olhar para tais extremos: para apreciar a evolução dessa idéia, bastará comparar o *Deus* da beata de Junqueira Freire, ao *Deus* de Wells; são valores tão diversos que se opõem. Ao tempo de Platão, já era tão sensível a modificação na idéia do que fosse o *deus*, que o filósofo não queria empregar a designação comum, e falava do *divino*. Isto mesmo se dá com a generalidade dos conceitos superiores[99].

Nesses imprecisos valores, encontramos, justamente, as possibilidades de dar os aspectos pessoais do nosso mentalismo. Adotamos idéias — *mais ou menos* — certos de que os antecedentes e conseqüentes as ajustarão no conjunto, e lhe darão o valor definitivo. O pensamento geral projeta-se num certo sentido e vai levando consigo as idéias frustras e maleáveis. Só deste modo se explicam os subtendidos da leitura, e que possamos dar o sentido justo às palavras mal percebidas. Em vista desses fatos, Wittney chegou à conclusão de que as nossas palavras são sinais de *generalizações vagas, precipitadas, indefinidas, indefiníveis...* concepção que se acorda com a de Darmstader: que a chamada *vida das palavras* corresponde ao valor que o espírito vai dando às idéias. Tal valor, oscilante, finalmente se tornou preciso em dois, três, quatro sentidos, se bem que sob o mesmo símbolo — *função, graça, dom, propriedade...* Michel Bréal, lingüista, entrou com seu contingente, e criou o termo: *polissemia* — muitos sentidos, para o mesmo vocábulo...

De todo modo, o símbolo dessas idéias socializadas é um valor sensorial, uma forma nítida, especialmente própria para ser referida, reconhecida e usada. Se nas idéias houvera essa mesma nitidez, e fixidez, e constância, tudo iria muito bem. Mas, sob a fixação sensível das palavras, transmutam-se os valores mentais; as idéias evoluem, porque são resumos de qualidades, e vivem, e vão com todas as vicissitudes do intelecto... Então, o símbolo não será mais aquela imagem, onde se encontram e se comunicam as consciências, se não, muitas vezes, um motivo de dúvidas, uma necessidade de interpretação, por meio de outros símbolos. A evocação produzida pelos sinais continua a ser exclusiva e pronta, mas, para a idéia isolada, o valor do *evocado* é apenas uma aproximação. Nem poderia ser de outra forma. E insistimos: os símbolos socializados existem objetivamente, materi-

---

[99] A análise de Bergson registra o fato nestes termos: "As nossas percepções, sensações e idéias apresentam-se sob um duplo aspecto; um nítido, preciso, mas impessoal; outro confuso, infinitamente móvel e inexprimível, porque a linguagem não o pode apreender, sem lhe fixar a mobilidade."

almente, fixados como palavras ou valores vocais, ao passo que a idéia efetiva só existe subjetivamente, como valor de consciência, tanto assim que, se se calassem todas as consciências, no olvido de tudo que foi anteriormente conhecido e pensado, ao fulgirem de novo as inteligências, as palavras, como sonoridade, continuariam a existir, mas as idéias teriam desaparecido com a anterior consciência, sepultada na amnésia. Embora ligada ao símbolo, a idéia, que vive e varia, tem destino independente dele. Sob o luzir dos signos sensíveis, relativamente estáveis, perpassam valores que os tempos vão mudando, e que, dentro da mesma época, divergem de consciência. Já tivemos ocasião de notar que as idéias gerais adquirem um tom pessoal, no subjetivismo de cada mentalidade.

Um outro aspecto a considerar nessa relativa instabilidade das idéias são as suas aproximações e semelhanças, tão sensíveis que a consciência facilmente desliza de umas para outras. Tais aproximações resultam, ou das qualidades objetivas reconhecidas na realidade, ou dos efeitos afetivos sobre nós: coluna e tronco (de árvore), tronco (de árvore) e tronco (no vertebrado)... aspereza de voz, aspereza numa superfície, aspereza de modos... Nas notações superficiais, considerando apenas o uso dos termos, dizem os gramáticos: se há vocábulos diferentes para a mesma idéia, são sinônimos; se é um mesmo termo servindo para diferentes idéias, a palavra tem diversas acepções. Estas fórmulas nada explicam, nem facilitam a direção do pensamento, quando é preciso conduzi-lo por entre idéias que assim se apresentem. Na lógica, encontramos uma explicação mais real e útil: são *variantes* de uma idéia essencial, ou geral. De fato, se não esquecemos que em cada idéia há um valor dinâmico, isto é, a atividade de um valor mental, que vive e tende a expandir-se, compreendemos facilmente que esse poder de vida não seja apenas evoluir e reformar de valor, mas uma verdadeira expansão — a idéia que se desdobra, e se multiplica, ramificando-se em novos valores e novas idéias. Esse é o fato que se consagra, praticamente, na *derivação* de vocábulos, e que, finalmente, tem a sua demonstração definitiva na riqueza de termos derivados daquelas 123 raízes do ária primitivo. Nem é isso o que pretendemos explicar, se não que, nesse desdobrar da idéia, há um estágio em que ela — a idéia nova —, tendo já bastante valor para ser uma unidade própria no pensamento, ainda não está inteiramente distinta, ou independente em símbolo. Por vezes, ao produzir-se nova idéia, há uma antecedente que perde de valor, como referência e explicação da realidade; então, o símbolo desliza de uma para outra, para outra... É assim que *explorare*, de idéia em idéia, vem corresponder a um valor mental em oposição ao que primitivamente animava o símbolo. Um § especial, dedicado à etimologia, mostrará, justamente, a pouca importância dessas pesquisas para determinar o valor da idéia que no respectivo termo se simboliza. Por hora, temos que prosseguir na análise da instabilidade das idéias. Ela já nos fez reconhecer que o esforço real, na organização do pensamento, é o de achar o bom ajuste das idéias. Ela nos mostrará, ainda, que a maior parte dessas idéias imprecisas e plásticas são valores de múltiplos aspectos, de sorte que podemos sempre utilizá-las, em cada conjuntura de pensamento, segundo o intuito, acentuado no momento. Agora mesmo, no desenvolver destas apreciações, pois que a idéia de vida tem o caráter essencial de atividade, temos recorrido a ela, sempre que foi preciso caracterizar a instância de pensamento num valor que seja o de uma atividade que de si mesmo se renova e se refaz. Noutras circunstâncias, teremos apelado para a idéia de *vida*, quanto ao aspecto existência precária, transitória... Verifica-se, em vista disto, que, segundo as necessidades correntes do pensamento, se tais idéias não correspondem bem de um autor para outro, é que este as procurará por um motivo e com um propósito, que não serão os do outro.

Se nos voltamos agora para o que já foi verificado como qualidade essencial da idéia — o ser o próprio elemento dinâmico do pensamento, funcionando, ao mesmo tempo, como dado ou substância de pensamento e como agente diretor; se pensamos nisto, temos de reconhecer que, para realizar essa dupla função, as idéias devem ser, assim, valores um tanto imprecisos e plásticos. As poucas idéias de puras relações que, de fato, têm o papel exclusivo de guiar ou dar a direção mental, podem ser rígidas e precisas — *mais, menos, igual*... aquelas, porém, que valem por si mesmas, e contêm a substância, só serão válidas em atividade e direção se, plásticas e maleáveis, podem adaptar-se a diversas conjunturas de pensamento. De modo geral, as desinências, os signos flexionais, os prefixos... são símbolos de idéias de direção, que se opõem a idéias substanciais como suplemento de plasticidade. Devemos assinalar, ainda que essas propriedades de imprecisão e plasticidade resultam da evolução que se faz nas idéias; e é por isso mesmo que tais qualidades são notáveis, sobretudo, naquelas que se apresentam num maior número de variantes. Ora, o labor de pensamento tem sobre elas, justamente, o efeito de acentuar e destacar, cada vez mais, as variantes, até que estas se constituam em valores bem distintos, com existência em caráter próprio. Muitas vezes, para tal resultado, basta que uma variante seja escolhida para idéia central num grande pensamento. Assim aconteceu com a idéia de seleção, variante de *eleição, escolha*... A sua incorporação nas concepções *evolucionistas* deu-lhe uma tal importância, de tal modo lhe multiplicou as referências, que o novo valor passou a ser um motivo especial como convergência de pensamento.

Destarte, somos forçados a pensar com idéias indistintas, flutuantes, imprecisas... isto, porém, em vez de ser um mal, é, como vimos agora mesmo, uma grande vantagem para o mentalismo, porque deste esforço de ajuste é que resulta o destacar dos novos valores de inteligência. Vimos, também, que no crescente movimento de abstração-generalização, muitas idéias se tornam cada vez mais indistintas e ilimitadas, e só não se disseminam completamente graças ao símbolo, isto é, à atração que a evocação simbólica exerce nos abstratos, que formam o conteúdo do conceito. Na sua linguagem de filósofo eivado de psicologia, Bergson nos fala de uns *esquemas dinâmicos*... São essas idéias vagas, mal definidas, incompletas, e, por isso, tão propícias para o ajuste de pensamento. Na atualidade de cada pensamento, elas valem como quadros extensivos, onde se encaixam outros valores, para um conjunto que será significativo e expressivo como conjunto. Que representação se contém, por exemplo, na idéia de cor, forma, altura, distância...? Correspondem, é certo, a necessidades absolutas do nosso mentalismo, mas precisam, de modo também absoluto, ser completadas; à sua evocação, a consciência está num momento de suspensão, projetada para conhecer a referência cuja indicação apenas se iniciou, em qualquer das idéias mencionadas[100].

25. Em que consiste a rebusca mental para a comunicação

À semelhança de Max Muller, Darmstader, filólogo também, porque compreende a linguagem na sua função essencial como regime de pensamento, tinha, no caso, julgamento de filósofo, e insistia em que: "é da idéia, e não da palavra, que parte o espírito no exprimir-se." Com esta fórmula, ele queria acentuar justamente isto: que o labor do pensamento comunicável não é uma simples rebusca de termos e de formas, se não o esforço essencial para organizar idéias em pensamento. No realizar *o que queremos dizer*, sobretudo se escrevemos, o esforço de atualização parece-nos, comumente, um repetir de tentativas para achar a expressão, que não acode, ou que se não define... tudo isto quando o pensamento já nos

---

[100] Ribot os chama de "conceitos relativamente vazios... produtos de generalização descontínua, que não permite descer sem interrupção, nem omissão até o concreto" (*Evolution des idées Générales*, p. 253).

intumesce a subjacência da consciência. Sentimos que temos o que dizer, e não o podemos fazer... Sucede, então, que o esforço se dirige à palavra; e vem daí a ilusão de que é isto *o que nos falia*... Lembremo-nos, porém, que a palavra é a lucidez e o sinal preciso da idéia; se a esta buscamos, temos que a evocar e apreciar, e ajustar, sob a forma em que ela se torna sensível e manejável no respectivo símbolo. Na realização do pensamento comunicável, há labor intenso e penoso, às vezes; tanto quanto é preciso para satisfazer com as idéias correntes, aspectos e necessidades de um mentalismo bem pessoal; há labor, há pressão íntima, porque o pensamento é nosso, e, se o queremos dizer, é por sentir essa profunda e iniludível solicitação do eu que precisa existir, e afirmar-se, e expandir-se. Será no formular de simples encadeamentos de juízos; será na verdadeira criação de novas verdades em ciência, sistemas definidores do homem e do universo, obra de arte, que alimentem as sensibilidades... Pouco importa o tema e o mérito do pensamento que procura comunicar-se: a solicitação íntima e o esforço de expressão só se pronunciam quando há um aspecto especial (ou que assim se afigura) a apresentar. Organizar este *especial* em idéias vulgarizadas e acessíveis, eis o problema a resolver. É bem de ver que só se considera, aqui, o caso normal da consciência sincera, que intenta dizer porque acredita ter o que dizer; e, não, o daquelas inteligências que se têm como engenhos de fazer estilo sem pensamento, ou com pensamentos cediços, por ajustes banais, e que nem chegam a dar aspecto pessoal às idéias adaptadas. Esse tipo de mentalismo, em que se degrada a inteligência, tem, pela própria degradação, importância para merecer menção especial, a propósito da caracterização do estilo. Ele existe para o desprezo do criador de pensamento: *"L'ouvrage accompli est celui où il n'y a aucune arrière pensée littéraire, ou l'on ne peut soupçonner que l'auteur écrit pour écrire."* Antes de Renan, Schopenhauer havia feito essa mesma distinção: os que escrevem porque têm o que dizer... e os que *escrevem para escrever*, porque têm nisto um interesse... São, para ele, os mercenários... De todo modo, nos sinceros, o labor mental não é o de um pensamento que já existe explicitamente, e para qual só é preciso uma forma verbal, mas o de realizar em tipo comunicável, com valores socializados, um pensamento capaz de satisfazer e corresponder aos estímulos íntimos, que levaram a pensar. Tais estímulos íntimos se resolvem, subjetivamente, no que chamamos de *plano* de idéias, *assunto* mental, *questão* a elucidar, *concepção* geral, *direção* de pensamento... segundo a conjuntura de realidades que se nos impõe à consciência. Plano ou assunto... agem, explicitamente, como energia mobilizadora das idéias, motivo de atração geral delas para a consciência; e, também, como necessidade íntima a satisfazer. *Em que consiste o labor mental?...* eis o assunto, a concepção, que, monopolizando agora as minhas energias intelectuais, produz uma qual seleção de idéias, em que se desenvolve o pensamento, para satisfazer às exigências desse mesmo assunto-concepção, até que na consciência se defina o estado de realização lógica, a elucidação completa, a solução da questão, como o dizemos na linguagem subjetiva. Se, no escrever, a elaboração é especialmente difícil, isto resulta daquelas condições mesmas em que se faz a comunicação escrita, sem os recursos da linguagem direta, que são apanágios da verbalização oral. Tudo que o gesto, a inflexão, a entonação simbolizam, na escrita, tem de ser reduzido a idéia gerais.

Não pareça desprezível a diferença entre procurar a expressão verbal para um pensamento que já existe, e o *apreciar idéias*, procurando o modo de bem combiná-las, para a realização de um pensamento que se tem de elaborar. São coisas distintas, e que correspondem a condições bem diversas. A segunda fórmula consiste numa sorte de *versão íntima*, nos casos em que as idéias e os outros estados de consciência se simbolizam em valores sensoriais que não os símbolos verbais. Afora essas conjunturas, e o que resulta das exigências especiais da poesia em verso, o esforço para procurar explicitamente a forma verbal de um pensamento já feito, significa insuficiência e degradação mental, com ausência de pensamento original. A produção mental se deturpa e perde extraordinariamente de valor desde que a consciência se absorve no propósito exclusivo de procurar termos e puros arranjos de forma verbal. É possível proceder desta sorte, mas, de fato, isto equivale a desprezar a própria substância do pensamento, e este se amesquinha e se anula, como tudo que é desprezado. No entanto, a inversa não ocorreria: não é possível atender às necessidades do pensamento comunicável, e elaborá-lo convenientemente, sem que ele se constitua na forma verbal conveniente. Podemos frasear por sobre um mentalismo insignificante e insistir nesse esforço verbal, sem que o pensamento aproveite desse esforço; mas não poderíamos insistir em apurar a substância de um pensamento comunicável, sem que todo esse labor se reflita no mérito da forma. Aplico-me a observar que é que em meu espírito se passa quando dois alvitres se me apresentam e reconheço que *hesito, mas não fico imóvel; vou de um para outro, como que, ao mesmo tempo, atraído por forças opostas...* Ora, se quero chegar à fórmula de consciência bem nítida, rebusco entre as idéias e, finalmente, ajusto e sintetizo toda essa situação mental na idéia

OSCILAR... "Entre alvitres... hesito, *oscilo* de um para outro..." Na atividade mental, o fundo não se pode destacar da forma; o pensamento se prepara, justamente, num regime de linguagem, em correspondência imediata com o seu escoamento simbólico.

Nestas condições, quando há sensível esforço intelectual, o importante nele está no refazer da própria elaboração. De outro modo, teríamos de admitir que, em si mesmo, o pensamento é sempre, e desde logo, perfeito. Ora, todos que nos entregamos ao labor de inteligência, bem sabemos quão rebelde é o pensamento ao esforço da consciência que o quer conduzir e apurar. Numa produção sempre precária, muitas e muitas vezes, temos que aceitar os trechos de pensamento a título provisório, para conseguir um desenvolvimento de idéias que nos permita voltar à obra já realizada, e refazê-la, no grau de racionalidade e de lucidez que deve corresponder a essas íntimas solicitações, prementes sobre a consciência, mas que só definem nitidamente mediante o labor de apuro e reforma. Em alguns casos, quando a produção se faz, digamos, como por efeito de inspiração, o pensamento será, desde logo, perfeito, ou aceitável, independente de esforço aparente; isto significa ter havido uma elaboração surda, inconsciente; *é o caso das frases que surgem completas dos limbos onde se elaboram as frases...* diz Remy de Gourmont. Na generalidade da vida mental, a atualização do pensamento é a consciência de uma conquista penosa. Há, de início, aquela necessidade que se incorpora, como dissemos, no *plano, assunto, concepção, tema...* E o assunto vale por uma vista em perspectiva, como referência a um ponto explícito — o que tem de der demonstrado, a conclusão a que devemos chegar, a fórmula a estabelecer... O labor de inteligência é um pensamento que sobre essa perspectiva se faz, levado pelas idéias que se agitam, na atração do assunto geral, colhidas umas pelas outras. Nesta forma, o desenvolver de idéias vai numa direção determinada, em movimento convergente sobre o ponto explícito e que é o próprio encontro de todas as convergências. Nele, temos o objeto a conquistar, a mira dos esforços formais de pensamento. Nesse prosseguir de realização, haverá deficiência; serão, sobretudo, deficiências de ideação, e não de linguagem. Se a expressão, em si mesma, parece falha, será porque a idéia nela simbolizada é insuficiente ou imprópria, ou se apresenta numa ordem oposta ao prosseguimento natural e lógico do pensamento. Em verdade, a *boa forma* só existe quando não sentimos a expressão despegar-se dos conceitos, e a linguagem se faz como transparência de idéias em movimento. No produzir, teremos, muitas vezes, de substituir o enunciado por um outro, tão próximo em valor, que consideramos o caso simples *substituição de termos*. Teríamos dito: "A exposição de... vale pelos juízos sinceros..." Mas preferimos esta: "A exposição... vale pela sinceridade dos juízos..." Tal transposição significa, realmente, o destacar a idéia de uma qualidade, que é motivo capital no pensamento. Fora insensato considerá-la mera variação de forma. É nestas aparentes variações de expressão que os juízos se apuram e se completam. Carlyle, pensamento em estilo luminoso e forte, aconselhava a Miss Welse que, para formar o seu pensamento nos assuntos históricos a que se aplicava, escrevesse um ensaio sobre cada acontecimento interessante, e um soneto sobre cada herói. É o que cada um de nós tem a fazer, se quer chegar à nitidez do julgamento. *"Avant donc, que d'écrire, apprenez à penser..."* Nesta fórmula, Despreaux tem razão com o acentuar que, *bem escrever significa pensar bem*. Como conselho, porém, o aviso de Carlyle é preferível, e mais eficaz, porque o escrever torna mais explícita a necessidade de refazer e apurar o pensamento, até a lucidez perfeita.

Não há dúvida, portanto, que, para bem expor um assunto qualquer, o essencial está em possuí-lo bem, mediante repetidos pensamentos, e aturadas reflexões. Quintiliano, mesmo naquele fastígio da pura retórica, já preceituava: "O melhor método oratório consiste em estudar bem a causa, e conhecer em pormenores tudo que se lhe refere." De fato, basta-nos, em condições comuns, ter a idéia bem nítida do que devemos expor, para que, no refazer o respectivo pensamento, imediatamente, espontaneamente, nos acuda a boa forma verbal, com o cortejo das entonações e das fisionomias convenientes e necessárias; tudo isto nas mais puras fórmulas sintáticas, se realmente possuímos a cultura de pensamento racial e lúcido. Já reconhecemos, mais de uma vez, que esse ajuste de idéias, em pensamentos lúcidos, pode fazer-se até no subconsciente. O *demônio* de Sócrates, o gênio inspirador de muitos escritores, residem, realmente, nesse inconsciente ativo e organizador. Mesmo no caso da palavra: Carré de Montgéron constata que "muitos oradores só têm a consciência do que lhes acode dizer nas próprias palavras em que o dizem"; são como *inteligências que se ouvem a si mesmas*. Umas das condições para chegar a essa espontaneidade de produção é a paixão pelo assunto. Aliás, o fato é de observação vulgar: se, algumas vezes, a paixão, inibindo o pensamento, faz emudecer, e dá lugar ao que a gíria chama de *caroço*; na generalidade dos casos, ela torna eloqüente, dessa eloqüência comunicativa, porque é profundamente espontânea, como fluência de um pensamento que deve ecoar-se. A cólera, sobretudo tem esse poder de dar abundância e intensidade de expressão.

Tudo resumindo: o verdadeiro trabalho do escritor, e de todo realizador mental, é um trabalho de pensamento, e que consiste, essencialmente, em acomodar os núcleos de idéias comuns às necessidades pessoais, de sorte a construir, com esses valores generalizados, uma obra que lhe seja própria. Numa longa produção, quando muitos desenvolvimentos lógicos já orientaram a mentalidade do leitor em sucessivas sugestões, nem há necessidade de fundir o pensamento em fórmulas pesadas e rígidas; muitas vezes, convém deixar a exposição nesse meio indefinido, que permite ao estranho entrar com um contingente próprio, e convida o leitor a meditar, e sugerir a si mesmo, como complemento da leitura. É uma justa homenagem, de quem escreve, à inteligência do seu público. Se há, na obra, verdadeiro mérito, ela nada perderá com isto. Esse mérito será, sempre, a substância de um pensamento original, uma contribuição pessoal. Daí o excelente conselho — o melhor, a quem, sentindo-se com a vocação e o talento, quer fazer literatura —: que se dissuada de tentar afirma-se com os efeitos de pura verbalização; que a tentativa seja, antes de tudo, impregnar-se profundamente da vida, apurar a visão, entregar a sensibilidade diretamente às influências que despertam estímulos... Visão, emoção, estímulos para idéias, motivos de pensamento... e a obra literária se elaborará, como necessidade irresistível.

CAPÍTULO VI
O Pensamento na Expressão

26. Coordenação dos movimentos conscientes, disposição das atitudes mentais

Esta segunda série de análises nos mostrou: a) que a parte mais profunda e, por conseguinte, essencial, na elaboração do pensamento se faz inconscientemente; só se definem lucidamente na consciência os processos que se suspendem aos símbolos; b) que o labor mental explícito consiste num ajuste de idéias correntes às necessidades atuais do pensamento, em cada mentalidade; c) que a linguagem verbal é o próprio regime do mentalismo humano, e daí resulta que, no elaborar-se, o pensamento vem, desde logo, na forma própria e necessária para a expressão e comunicação. Em muitas conjunturas da nossa vida psíquica, apresentam-se-nos os resultados de pensamentos cuja elaboração escapa à consciência; mas, nas situações mentais que nos parecem típicas e mais importantes, o pensamento toma o aspecto de esforço, essencialmente e intensamente consciente; custa muito admitir, por conseguinte, que uma parte desse labor se faça na treva da inconsciência, fora da ação direta dos nossos esforços de direção e produção[101]. Para bem compreender a realidade desses processos intensamente conscientes, incluindo fases inconscientes, bastará considerar no que se passa com a coordenação dos movimentos voluntários, nos casos de trabalhos e atos medidos, e meticulosamen-

---

[101] Muito do proclamado automatismo psicológico, de P. Janet, é pensamento nesse grau de inconsciente, e que, por isso mesmo, lhe parece automático. Não só o professor do College de France, como outros psicólogos referem-se especialmente a um automatismo da linguagem. Tal manifestação só é possível porque as fases inconscientes do pensamento se dilatam, e o abrangem completamente, de sorte que só há consciência quando o regime verbal se torna sensível. Messer, cit. por Th. Ribot (*La vie Inconsciente et les Mouvements*, p. 38) é categórico: "Admito que os processos psíquicos subjacentes a um pensamento explicitamente formulado podem seguir o seu curso por todas as sortes de formas abreviadas, telescopando uns sobre os outros, fazendo muitos apelos à energia acumulada".

te regulados, para determinados efeitos. Tal coordenação se faz na plena luz da consciência, sob a forma de sucessivos ensaios. Parece-nos que a atenção, isto é, a consciência perfeita e intensa, domina todo o processo, e conduz todo o esforço da contração muscular, tanto em grau, como em forma. Engano: a parte mais importante nessa elaboração de movimentos é inteiramente ignorada da consciência, que, realmente, nem *sabe* que músculos entram em função. Toda a representação mental do caso consiste em uma idéia antecipada do ato a realizar e dos efeitos a produzir, conhecimento do segmento do corpo que se moveu, a imagem geral do movimento realizado, com um cortejo ou conglomerado de sensações musculares distintas, isto é, sensações que, resultando da contração de diferentes músculos, fundem-se na consciência, e formam um conjunto, onde não se distingue o trabalho especial de nenhum dos órgãos musculares que concorreram. Desta sorte, o estudo objetivo dos movimentos voluntários mostra-nos que eles resultam sempre da atividade em muitos grupos de músculos, quase sempre *antagonistas* ou *compensadores*, podendo, num mesmo ato, para um mesmo movimento, concorrerem dezenas de músculos. Que seja o movimento de flexão do antebraço sobre o braço: entra em ação toda musculatura do membro, principalmente os flexores e os extensores (que são os antagonistas ou opositores dos flexores). Então, o movimento positivo, percebido, se faz como a resultante das forças correspondentes à contração de cada um dos músculos que se estimularam. Se não fora assim, os movimentos não poderiam ter a ductilidade, destreza e segurança que têm, nem poderiam ser governados como são, e tudo se passaria como no autômato, movido por molas. Há, por conseguinte, uma perfeita coordenação de atividades, entrando cada músculo com a dose necessária de contração, na rapidez conveniente, para produzir uma determinada *resultante*. O movimento é bem consciente, sim, mas apenas como representação do todo, do resultado realizado. Figuremos uma produção concreta: intento raspar, cuidadosamente, levemente, o traço superior de um *d*; essa imagem-projeto é como um molde, que se entrega ao inconsciente; e aí se graduam e se harmonizam os estímulos correspondentes a cada um dos músculos, cuja ação é necessária à resultante que se quer obter. Na realização do movimento, há uma sensação conjunta da atividade muscular — é a própria consciência do movimento, sem nenhuma discriminação definida dos músculos, nem sequer dos grupos que dele participaram. Como se vê, em tal realização, o mais importante é essa mesma coordenação íntima dos estímulos motores — o ajuste da atividade dos diferentes músculos, e isto se faz fora da consciência.

À parte a origem da excitação, tudo se passa como no reflexo consciente: há uma qual excitação, de que temos consciência sob a forma de náusea, e sobrevém o movimento do vômito; ora, tal movimento é o resultado da atividade coordenada de centenas de músculos, todos do tronco, os ombros, a laringe, a faringe... no entanto, para a consciência, é como se tratasse de um só músculo, tão inconsciente e tão perfeita é essa coordenação, em tempo e em gradação de esforços. No movimento voluntário, a excitação se liga à imagem premonitória; o resto se faz no molde do reflexo.

Não pareça que nesta aproximação — elaboração de pensamento e coordenação de movimentos[102] — haja uma simples comparação, que nada explica: *comparaison n'est pas raison*... Não; aqui, os fatos se aproximam pela sua própria natureza: aproximam-se para serem explicados uns pelos outros. O pensamento é sempre um premonitório de atividade; não podendo ser explicado simplesmente como sensação ou imagem, ele é assimilado ao movimento, e é considerado como movimento íntimo, disposição do espírito em *atitudes motoras*. Desta sorte, compreende-se bem que a parte essencialmente dinâmica do pensamento, e que é essa mesma disposição íntima do espírito em atitudes, seja tão inconsciente como o é a parte essencial do psiquismo na organização do movimento propriamente dito — a organização e distribuição dos estímulos motores. No movimento, o espírito projeta-se para a atividade e verifica os seus resultados, à medida que se realizam; no pensamento, o espírito projeta-se para a ideação, toma como objeto um assunto e vai conhecendo a lucidez do pensamento, à medida que vai decorrendo a marcha dos respectivos símbolos. No movimento, a realização corresponde a determinadas necessidades, condensadas numa idéia-imagem premonitória; no pensamento, a realização deve corresponder a necessidades condensadas num determinado assunto, plano, ou esboço... Por isso, quando chegamos a esse momento, em que é preciso levar a análise até reconhecer a natureza íntima do

---

[102] "Ninguém contestará que o progresso mais importante, nestes últimos anos, quantos à psicologia teórica, é o valor, cada vez maior, atribuído ao movimento na explicação dos processos mentais". (Pillsbury, *On the place of movement in consciousness*). Pelo seu lado, Munsterberg e Gogfernaux vêem, em toda associação, uma associação de movimentos. O assunto é dos mais interessantes, mas tem um caráter muito técnico. Aqueles que desejarem exposição mais completa, encontrarão no trabalho de Titchener, *On the experimental Psychology of the thought processes*, onde há uma vasta recapitulação de pesquisas alemãs, ou a publicação dedicada ao prof. Garman, *Studies in Phylosophy and Psychology*, e, na obra de Stand, *Analytic Psychology*.

pensamento — sensação, ou movimento — temos de considerar que se trata de uma decorrência, e que toda decorrência é movimento, mesmo quando só a reconhecemos em consciência, como nas seqüências lógicas dos conceitos. Aliás, foi deste modo que o pragmatismo resolveu a questão[103].

27. O APURO DE PENSAMENTO TRAZ A BOA EXPRESSÃO

O caso de pensamento que especialmente nos interessa agora é esse que se realiza em plena consciência, com um acentuado labor mental. É um mentalismo que se faz, rigorosamente, como pensamento comunicável, no regime verbal. Nos casos comuns, o esforço de que se ressente a consciência corresponde aos ensaios necessários para ajustar as idéias correntes, os valores mentais socializados, indefinidos como são, às condições do pensamento atual, para a elucidação do assunto a que nos dedicamos. Há uma *necessidade de conhecer*: a ela satisfazemos e chegamos ao conhecimento, pensando lucidamente quanto ao objeto que devemos *conhecer*. Ora, na realidade, *conhecer*, mesmo no caso do conhecimento perceptivo, consiste em explicar uma situação à luz dos conhecimentos e idéias que já temos. Daí, esta segunda necessidade de rebuscar e escolher entre as idéias para achar a que convém, a que melhor explica a situação. Nos casos de complexos conhecimentos racionais, tal elucidação será um longo estudo, seqüências de pensamentos, que levarão à fórmula final. De todo modo, a condição íntima é a mesma: uma concepção geral agindo como excitante, e atraindo as idéias nos respectivos símbolos. Mas, ainda insistimos, pensando, não vamos bem nitidamente de idéia em idéia... se não tateando, num acentuado esforço de atenção, pois que a atenção é, justamente, essa capacidade mental de ficar ativamente num círculo de pensamento, a ensaiar atitudes, até que se definam convenientemente as idéias. O pensamento aturado se faz, muitas vezes, como esboços que se vão completando e corrigindo, até que todas as formas e tons se afirmam de modo completo, no quadro definitivo. É essa uma comparação muito repetida, porque é

---

[103] Toda idéia implica um ato, uma atitude, uma tendência à ação: eis uma das asserções capitais de C. Peirce, apóstolo definidor do pragmatismo (*"How to make our ideas clear?"* artigo do *Popular Science Monthly*). "A ação, considerada na sua acepção mais geral, é a fonte do pensamento, no sentido de que ela realiza as condições de sua eclosão... Graças à ação, o pensamento não é uma essência isolada, sem contato com a vida; pelo contrário, nasce e se desenvolve em resposta às situações necessárias, criadas pela atividade social" (W. Malgaud. op. cit., p. 33).

muito justa. Neste refazer do trabalho mental, a consciência aplica-se explicitamente às palavras, como símbolos significativos e condutores que são; por isso, a ilusão do esforço verbal. Agora mesmo: assunto difícil (que chama para a consciência um mundo de idéias), ao pensar na dinâmica do pensamento, para chegar a julgamento lúcido e preciso, tenho de rebuscar penosamente, entre essas idéias todas que se me oferecem, as que bem correspondem aos meus objetivos. Hesito, tateio, renovo as expressões, que outro meio não tenho de renovar ou substituir a idéia insuficiente, ou imprópria às necessidades do meu pensamento. Em verdade, não são as expressões que me faltam, mas os conceitos justos, de valor preciso para a construção mental que pretendo realizar. Quando, por esse labor, o pensamento se concentra num conceito lúcido e exato, está, *ipso-facto*, na forma de expressão apropriada. De outro modo, todas as falhas e defeitos de elaboração aí estarão, na forma verbal: a insuficiente atenção, nas repetições descabidas; as incoerências e confusões nos inúteis abstratos[104]; a ausência de reflexão, nos desenvolvimentos desproporcionados, ou ilógicos; a falta de íntima coesão mental, nas ligações forçadas, aparentes — *os portanto, pois que, por conseguinte, entretanto...* e, sobretudo, o pueril ENTÃO. Pensar utilmente, e com propriedade, para, com propriedade dizer, significa sobrepor-se à banalidade dos juízos vulgares, despoldados na ruminação universal, amesquinhados em *lugares comuns – hackeyd phrases*; significa lutar contra os *quase,* os *pouco mais ou menos...* e atingir a justeza da forma, pela nitidez dos conceitos, concertados em julgamentos de sincera energia e relativa originalidade. Pouca precisão, flacidez de expressão, redundâncias insossas... tudo isto é preguiça, desamor ao próprio pensamento, a ponto de fugir ao esforço necessário para obter da idéia o máximo que ela pode dar. Escrever mal... dizer mal... pensar mal... são condições que decorrem nesta mesma ordem de conseqüências. Quando não por simples preguiça, os defeitos e vícios de linguagem resultam de insuficiência intelectual. Todos esses que falam apenas com a língua, sem a consciência real dos valores mentais de que se servem, dão palavras por idéias, enleados no que julgam ser prestígio retórico dos termos. Por causa deles, já dizia Montaigne: *"J'aimerais mieux que mon fils apprinst aux tavernes a parler qu'aux escholes de la parlerie"...* Vem daí o tradicional bacharel, livresco para exibição, sem cultura científica nem critério filo-

---

[104] A. Binet assinala esse abuso de abstrações como preguiça de precisar...

sófico, sem autonomia mental, a confundir leitura com pensamento, e que... *a lu jusqu'à s'abêtir...* Tal bacharelaço, que se derrama pela sociologia, a discorrer e a teorizar, será sempre um verbocinante, cujo cérebro se afrouxou, distendido em saco, para o recheio das citações descabidas, ou indigestas. O professor de literatices aparvoadas, lembrado pelo boêmio irreverente, é o subverbocinante: mete-se a julgar de obras de pensamento, ele, cujas míseras circunvoluções jamais vibraram num pensar pessoal; e explica preferências estéticas, com estesia de patchuli, em derriços alambicados, para plásticas de gesso dourado e modelagens de alfenins...

28. Propriedade e pureza de forma

Para escrever bem, o essencial será, sempre, pensar com clareza e energia. Tudo mais é acessório. Parecerá simples... Que o julguem quantos intentam chegar a uma elucidação racional, animada, potente sobre as consciências, e são exigentes consigo mesmo!... Produzir mentalmente é sempre fácil e simples, para os que pretendem haver modéstia em contentar-se com banalidades e conceitos cediços. Mesmo os pobres de espírito, que aspiram a farandolagem das frases rebuscadas e das metáforas poluídas no domínio comum; mesmo esses, têm que dar esforço para ajustar o verbalismo pretensioso às futilidades do pensamento. Esse esforço para fugir à trivialidade da expressão vem da instintiva necessidade de ser original, para ser de qualquer forma, afirmativo. Mas, o que vale, no caso, é a originalidade do pensamento; a *verbalização preciosa, o frasear rebuscado,* na pulhice das idéias, são de efeito contraproducente. Se a banalidade da forma desclassifica o escritor, é porque inclui banalidade de conceito, pela incapacidade para esgotar as associações comuns de uma idéia, e chegar a aspectos novos, a um novo ajuste mental. É fato que as longas meditações facilitam a exposição e podem levar a um produzir tão pronto e lúcido que mereça destacar-se como inspiração[105]. É verdade, e o fato explica-se facilmente: na repetida contemplação íntima do assunto, progressivamente se faz, pela subconsciência, essa mesma rebusca de idéias, que, em geral, obtemos de um esforço de atenção, muitas vezes bem

---

[105] Pierce (*An appeal from prevalent doctrine of detached subconsciousness*) sustenta que todas essas "réplicas espirituosas na conversação, frases inesperadas, e uma infinidade de experiências diárias, provam a abundância da atividade verbal trabalhando algures, fora dos limites da consciência..." E acrescenta: "O que temos a explicar, não são apenas as inspirações do gênio, mas todos os afluxos e as criações felizes, que vêm ter à consciência".

penoso. E quanto mais se nos esquivam os pensamentos, mais acentuado e insistente é o labor. Como em toda produção onde procuramos a perfeição, os últimos toques de apuro e ajuste são os mais difíceis. Conquistamos as idéias gerais em que se desenvolverão os juízos; mas falta-nos ensaiá-las, nas gradativas variantes em que todas elas existem. É essa parte da elaboração que, aos superficiais, parece escolha de termos ou rebusca de pura forma verbal. Há, certamente, uma questão verbal: não a fútil escolha de vocábulos, mas uma racional e vigorosa disposição de partes e de conceitos, para que se canalizem e definam as variantes, de tal modo que, na expressão, cada termo diga, com justeza e precisão, aquilo que deve dizer, e que a idéia enunciada seja a que mais convém ao pensamento esboçado[106]. Apegamo-nos às palavras como símbolos porque, nos símbolos, dispomos das idéias; a estas, sim, procuramos aturadamente. Que vem a ser um termo apropriado?... uma palavra expressiva e bem empregada?... O puro índice de uma idéia, em que se focaliza um pensamento. Não é a palavra – *bem no seu lugar* – que se nos impõe à consciência, mas o nítido valor da idéia que nela se simboliza, e que ali funciona em perfeito destaque, de relação racional. Examine-se a expressão, em qualquer dos verdadeiros grandes estilistas, e verificar-se-á que todo o carinhoso e porfiado labor de composição consiste em achar as variantes que fazem o cortejo das idéias essenciais. A lógica, a proporção do desenvolvimento, o próprio ritmo, instituem-se facilmente, quando se realizam essas condições primeiras. Com elas, asseguram-se as qualidades principais em toda linguagem: clareza, precisão, vigor e elegância. Não será preciso insistir para demonstrar que só a nitidez das idéias pode fazer preciso e justo o estilo, e que a clareza da expressão resulta, necessariamente, da harmonia e lógica dos conceitos. Pureza...? Elegância...? Se a idéia é mais conveniente, ela terá funcionado no respectivo símbolo, que será, nesse caso, o termo mais próprio, mais puro, por conseguinte, à parte as fúteis objeções dos estéreis *puristas*. De elegância, na linguagem, digamos que, como a elegância natural, é feita de espontaneidade, singeleza de propósitos, propriedade de movimentos. Há movimento das idéias: há necessidade de justa relação entre as idéias que se movem. Admitimos situações em que a elegância da forma esteja,

---

[106] Não há símbolos verbais para todas as nuances de idéias, mas somente para as instâncias características, nas idéias principais; as variantes se simbolizam e se exprimem por aproximações, combinações que restringem, ou inclinam, o sentido; e, na palavra falada, pelas entonações, etc.

de fato, em parecer menos formal e preciso, em estimular, apenas, o leitor, e projetar-lhe o pensamento em efeitos de pura sugestão, deixando-lhe a possibilidade de julgar por si mesmo e elevar a mente, até a beleza, até verdade, apenas entrevista, se ele é capaz de tanto. Noutras conjunturas, será elegância repetir a expressão, passar e repassar o símbolo, para haurir toda a virtude da idéia, se ela é poderosa e rica, se em muitos aspectos podemos apreciá-la. Insistir num símbolo só é repetição condenável quando significa pobreza mental — o pensamento que se repete, como se repetem os gestos em quem não sabe *que fazer*... Mas, se é preciso manter na consciência a mesma idéia, no mesmo valor, por todo o curso de um pensamento, hemos de repeti-la, e a repetição significa poder e propriedade de expressão. Repetir o símbolo nem sempre quer dizer repetir o pensamento. Há idéias de tal virtude, tão excitantes do entendimento, que têm de voltar em vários conceitos, para manter, no desenvolvimento deles, a tonalidade de demonstração, ou de afetos. Por isso mesmo, quem pretende *pensar e dizer*, deve conhecer bem a esses difíceis instrumentos do seu mister; difíceis porque são essências vivas do espírito, e, com isto, esquivas, indomáveis... Ora, potentes de mais para as proporções do juízo para onde as trazemos; ora, fluídas ou evanescentes, na construção onde as empregamos. A possibilidade de usá-las bem eficazmente está em analisá-las demoradamente, com vistas aos recursos especiais que nelas procuramos. Quem analisa a idéia, se pode resumir lucidamente a análise, tem, com isto, maior poder sobre ela. É o que acontece com os escritores conscienciosos, de quem dizemos que conhecem bem o seu vocabulário, e são senhores dele.

29. Conversão da simbólica pessoal em valores socializados

Não era preciso, tão longa análise para reconhecer que o trabalho do pensamento é difícil, bem penoso, às vezes. Como toda produção reformável, ele tem as suas exigências de perfeição. Em si mesmo, já o vimos, tudo consiste em realizar o que é pessoal numa mentalidade, com valores gerais e consagrados — as idéias. Isto exige ajuste, rebusca, apuro... Há que fazer, refazer, insistir... porque, de fato, não há idéias para todas as nossas atualidades mentais, e temos que arranjar valores *ad hoc*, combinando os valores correntes, como quem, de maquinismos usuais, faz novos aparelhos. É quando *criamos* expressões. Isto é sempre possível porque as idéias válidas representam núcleos de coesão mental, com múltiplas irradiações e possibilidades; o seu valor efetivo só se define no conjunto do pensamento; o juízo, que a prende e domina, é que lhe determina a realidade de efeito representativo. Mil variantes que tenha a idéia, uma vez engrenada numa atualidade de conceitos, ela valerá como afirmação mental nítida, inconfundível, desde que esteja a serviço de uma inteligência capaz de julgar num critério próprio, e de afirmar o que julga e conhece. Por isso, admitimos que, na pena dos grandes escritores, os termos sobem de força e ganham em significação. Dinamismos elementares, agindo sempre em mecanismos complexos, as idéias agem, praticamente, como parte do complexo onde funcionam. Neste caso, com a expressão: "... autônomos e ativos, no eterno mistério que nos envolve..." No vazio da citação isolada, o enunciado não chega a ter sentido; mas, no texto donde vieram, esses termos dizem, com sentida eloqüência, em toda a justeza, a situação da consciência moral, que tem de conduzir os seus destinos, quando reconhece a atividade pessoal enleada na trama infinita do universo. Quem é capaz de sentir a suma gravidade desse lance em que o homem apodera-se de si mesmo e aceita a condição humana; quem tem o espírito para entendimento, formula o conceito, na expressão concisa e justa; tomamos conhecimento dela e, antes de meditar o pensamento, estamos colhidos pela forma. Parece-nos, então, que o mérito é todo da expressão. Pudéssemos apreciar a íntima direção de esforços na mente onde luziram estes símbolos, e verificamos que o trabalho foi essencialmente de pensamento. Só pelo condensar de conceitos, infundindo idéias umas nas outras, para uma concentração de efeitos, só assim é possível chegar a definir, mentalmente, a angustiosa condição em que nos encontramos, quando nos sentimos atraídos pelas mil energias do universo, cada uma delas como veemente estímulo de ação, e aspiramos conhecer, julgar e dar a um objeto explícito a plenitude da ação transbordante... Mas, nem o pensamento consegue distinguir bem, e limitar as fontes de energia em que se anima, nem o sentimento pode ter a expansão lúcida, para a moralidade que aspira realizar. É a angústia sem dor, que tão bem se apresenta na fórmula *o eterno mistério...*

A julgar singelamente, tudo se resume em que: se a elaboração mental é suscetível de perfeição e apuro, inclui uma estética, e tem o seu lado artístico — a arte de pensar, arte que pede exercício, e exige labor, porque há resistências a vencer e conquistas a realizar — a da lucidez e da verdade. Para aí se dirigem os esforços e as rebuscas. Quando temos compreendido o valor destas conclusões, reconhecemos a propriedade do conselho: "Não escrevas antes que o teu pensamento tenha amadurecido; retém a pena e compreende o que é a meditação."

Analisamos a elaboração do pensamento comunicável e tivemos de concluir: o trabalho de dizer é o próprio esforço de pensar, ajustando às necessidades atuais, do mentalismo pessoal, as idéias gerais. Esta é a fórmula de realização, fórmula que não tem exceções, mas que apresenta casos especiais; num desenvolvimento mais complexo. Apreciemos agora esses casos especiais.

Há conjunturas mentais em que, perfeitamente definidos os valores de consciência, nitidamente lúcido e feito o pensamento, ainda assim, não o podemos exprimir sem um labor específico, de verbalização aparente, e que é uma como *versão íntima* de valores pessoais em idéias comuns, de simbólica socializada. Para bem compreender esta parte de elucidação, temos de atender a que, além das idéias gerais, do patrimônio comum, ocorrem nos nossos pensamentos, como outros tantos motivos: todos aqueles valores subjetivos indicados e apreciados, e mais as decisões formuladas e atos ou movimentos em que as consagramos, os nossos estados afetivos, as imagens propriamente ditas, quer resultem de percepções, quer resultem da elaboração imaginativa. Daí, estes quatro casos especiais na elaboração do pensamento comunicável: pensamentos de *ação* ou de *decisão*; pensamentos em motivos de *afetos*; pensamentos picturais ou *descritivos*; pensamentos com valores *subjetivos*, e que são os de caráter verdadeiramente original.

30. Expressão do pensamento em vontade e ação

Na análise oportuna, vimos que o desenvolvimento do ato de vontade corresponde a um pensamento, e este pode ser perfeitamente justo, absolutamente lógico, mas tão condensado e esquemático que a consciência dele se resume na representação de ação decidida, formulada nas imagens imediatas de movimento e resultados. Em tais condições, se há necessidade de comunicar ou exprimir o ato de vontade, torna-se preciso, conforme o fim a obter, ou refazer todo o trabalho da resolução, dando, em idéias gerais, os motivos que influíram sobre a vontade, ou descrever a forma do ato decidido. De todo modo, há, sempre, a necessidade de *verter as formas de vontade*, que são nimiamente subjetivas, em valores mentais relativamente objetivos, acessíveis às outras consciências. O trabalho real consiste numa rebusca de idéias, mas que se faz como esforço de verbalização, porque as idéias procuradas, agora, são as de uso social, simbolizadas em palavras. Se se trata apenas de indicar o ato, objeto da decisão, não haverá maior dificuldade, porque esse aspecto final da volição desenha-se, sempre, bem nitidamente na consciência: uma simples notação de movimentos, e outras condições objetivas em que se resume a ação, ou, quando muito, uma rápida descrição, se o objeto da resolução for um ato um tanto mais complicado. Caso, porém, seja intuito comunicar os motivos e os trâmites da resolução, o problema da versão íntima é de grande dificuldade. O desenvolvimento de um ato de vontade se faz por entre solicitações de interesses, tendências, desejos... sob acentuada pressão de afetos, examinados e comparados à luz de conhecimentos. E quanto mais acentuados são os afetos, menos nitidez deixam eles à representação; há surdos debates íntimos, ou verdadeiros conflitos de consciência, muitas vezes. A comunicação dos trâmites da vontade, nesses casos, significa apresentar, não só o que é pensamento propriamente dito, como descrever e representar, em notações de idéias, todo esse subjetivo de sentimentos, interesses, tendências, desejos... e, com isto, indicar a natureza e o objeto deles, ao mesmo tempo em que se faz sentir o vigor e a insistência de cada um desses interesses e desejos. A expressão verbal dos sentimentos, com a tradução dos estados afetivos em pensamentos, será objeto de outras referências, ainda. Por agora, pretendemos, apenas, assinalar uma das importantes dificuldades, no dizer os pensamentos de ação. E como tudo se reduz a dar valor objetivo e social ao que é nimiamente subjetivo, a dificuldade do caso é tanto mais acentuada, quanto mais recônditos e subjetivos são os trâmites e processos de vontade. Em si mesma, a ação é sempre expressiva, eloqüentíssima; mas os *ativos* apresentam sensíveis diferenças, como capacidade de comunicação, ou eloqüência, segundo o seu temperamento mental. Nuns, os valores pessoais simbolizam-se em formas e sinais correntes, aproximadamente socializados, e, então, a expressão reflete diretamente todos os tons vigorosos da ação; a linguagem deles é excepcionalmente precisa, incisiva, sobriamente eloqüente. Tal se notava em Bonaparte, tal se encontra nas fórmulas laminares — *Alea jacta est... Veni, vidi, vinci...* São bem de um grande ativo. Noutros, o subjetivo é um como impenetrável segredo, um personalismo muito intenso e somente lúcido para a própria pessoa. Converter tais valores pessoais em idéias gerais, mudar a simbólica íntima, pessoal, em formas acessíveis a outras consciências, exige um labor a que eles não se submetem. E temos, então, o homem de ação avesso à palavra, impotente para a comunicação. São os Cromwell, Feijó... *"Poor Cromwell, — great Cromwell! The inarticulate Prophet; Prophet who could not SPEAK, Rude, confused, struggling to utter himself, with his savage depth, wild sincerity..."* E Carlyle comenta adiante: *"I explain to myself Cromwell's reputed confusion of speech. To himself the internal meaning was sun-clear..."* Feijó, lúcido e decidido, pronto, intrépido e vigoroso, era, na tribuna, um gago de pensamento, à mercê da verbiagem dos Andradas, retóricos e declamadores. E tão individual era o desenvolvimento de ação que o padre sentia necessidade de dar uma forma tangível e fixada àqueles dos seus motivos, e às resoluções que podiam interessar os outros. Assim se explica o seu pacto escrito, ao aceitar a função de ministro da Regência, ou a adoção de uma ortografia pessoal.

31. Expressão verbal dos estados afetivos

Acabamos de verificar que a grande dificuldade para dizer os motivos de vontade está em que o mais importante neles são os estados afetivos. Sentimentos e paixões exteriorizam-se prontamente, com toda a intensidade, nas suas formas espontâneas e naturais — inflexões, e gestos, e tons de fisionomia. Por isso mesmo, na comunicação falada, bastam, geralmente, esses acessórios expressivos, para dar a tonalidade dos afetos que acompanham o pensamento; mas, se é preciso indicar a própria natureza dos estados afetivos, e todas as outras condições do seu desenvolvimento, principalmente na exposição escrita, então o labor é especialmente difícil. Para realizar a comunicação, é indispensável que o indivíduo seja capaz de analisar o próprio sentir, saiba reconhecer como se comove, que é que o comove, e até que ponto se comove. E é preciso mais: que ele conserve o tônus afetivo e o túrgido do sentir, quando a inteligência já está absorvida na atenção de análise, na intensa elaboração do pensamento representativo desses movimentos afetivos. Há um meio de chegar a um resultado aproximado, evitando maiores dificuldades: é representar em idéias, não o íntimo da emoção, mas os seus efeitos sensíveis, ou mais facilmente apreciáveis: "Ela contava, a sua história, e as *lágrimas me corriam*, sem que eu pudesse achar uma palavra de consolação... Ouvi o insulto, e *fiquei cego*..." Finalmente, o externar da consciência afetiva, em idéias faladas, equivale a uma descrição, excepcionalmente árdua, porque exige, já o mostramos, que a pessoa, ainda sentindo, seja capaz de realizar a análise íntima, indispensável a toda descrição, ou que, já passada a crise afetiva, seja capaz de reconstituí-la para os fins dessa análise. *Sentir* é partilha de toda humanidade, é a propriedade essencial na vida animada; mas, fazer das vibrações sentidas representações de pensamento comunicável, é *versão de consciência*, que só os privilegiados da arte literária conseguem realizar. Nós outros temos que nos resignar ao trivial e mesquinho *Não tenho expressões para dizer o que sinto...*

32. A descrição

A transposição das imagens propriamente ditas, isto é, das representações plásticas em idéias, para pensamento comunicável, corresponde à verdadeira descrição. É de necessidade freqüente. A vida objetiva, na sua realidade sensível, vale para a consciência em imagens imperiosas e freqüentes, e o pensamento usual é sempre uma referência de tais imagens a idéias. Se temos de comunicar-nos, devemos apresentá-las sob a forma de descrições. Nas comunicações faladas, essas descrições usuais e necessárias se fazem, em grande parte, com o recurso de gestos e movimentos; na escrita, o caso tem de resolver bem explicitamente assim: a imagem, levada ao grau de nitidez necessário, e analisada, para que se lhe reconheçam os traços e atributos característicos, e, em seqüência a essa análise, tais atributos e traços são apresentados em idéias: de formas concretas, passam a termos e símbolos de abstrações. O que há, nesta conjuntura, convém insistir, não é, propriamente, uma escolha de forma, mas a conversão íntima, toda em puro mentalismo, das representações plásticas em valores abstratos. Com isto, enunciam-se as abstrações nos respectivos símbolos verbais. A palavra é o sinal corrente e normal das idéias; a ela temos de recorrer para comunicar assim, explicitamente, tudo que é plástico e concreto nos motivos de pensamento. Diretamente, a consciência é inacessível; a imagem que ali se desenha só se pode externar em movimentos e sinais picturais, ou em idéias de simbólica socializada. O recurso é sempre este: decompor a imagem nos respectivos atributos e enunciar, numa metódica enumeração, como outras tantas idéias, todos os traços característicos, e as respectivas relações, de tal sorte que o leitor, ou o ouvinte, percebendo as palavras, possa, por sua vez, na evocação produzida por elas, reconstituir em imaginação esses mesmos valores plásticos. Os poetas e mais artistas do pensamento verbalizado, nos seus dons de sensibilidade estética, têm a faculdade de perceber as formas em apuro de perfeição e beleza; vislumbram relações e associações que escapam a nossa trivial estesia; a elaboração do pensamento se lhe faz no regime da proporção e da harmonia. De tudo isto, resulta que as suas imagens são modelos de plástica. Convertidas em termos de pensamento, a enunciação delas tem poder evocativo especial: faz produzirem-se, na consciência, formas mais sugestivas e belas que as havidas da percepção direta. Leia-se uma qualquer descrição de bom poeta: esse mesmo, portentoso no imaginar de plásticas. Ele vê AFRODITE, ao nascer das ondas; contempla o conjunto da sua visão íntima, decompõe-na e, magnificamente, vai dando ao leitor, um a um, os traços característicos, os movimentos e atributos essenciais de uma imagem de pura beleza:

....
O mar, — turquesa enorme, iluminada,
....
Rompeu no Oriente o pálio da alvorada.

As estrelas clarearam repentinas,
E logo as vagas são no verde plano
Tocadas de ouro e irradiações divinas;

O oceano estremece, abrem-se as brumas,
E ela aparece nua, à flor do oceano,
Coroada de um círculo de espumas.

Cabelo errante e louro, a pedraria
Do olhar faiscando, o mármore luzindo
Alvi-róseo do seio, nua e fria,
Ela é a filha do mar, que vem sorrindo.
....

 Cada um desses traços e movimentos se transmite à consciência do leitor com o valor de uma idéia: é um *atributo*; mas trazem uma tal força, justeza e exatidão todos esses atributos; em tal ordem são apresentados, que na consciência se combinam maravilhosamente, e assim se reconstitui uma imagem, como não a formaria, por si só, o leitor. A descrição de formas simbólicas, ou de estados afetivos, é domínio da arte: é a linguagem sugestiva, para efeitos de estesia. Há uma descrição em termos rigorosos: a técnica ou científica. Tem o caráter nítido de notação de formas e energias. Mas, nem sempre é fácil, dadas as formas que a observação científica distingue em face dos fatos apreciados e medidos, dar, em idéia nítida, cada um dos fatos apreciados e dos seus característicos. Muitos sábios se conhecem, tartamudos, hesitantes, no formular o pensamento conclusivo, tartamudos no expor o que conheceram e verificaram. Todavia, se os juízos foram bem conduzidos, em formas e valores bem definidos, o sábio chegará, sem maiores embaraços, a idéias que podem corresponder aos atributos das imagens e dos fatos que tenha conhecido e observado.

33. A PRESSÃO DO PENSAMENTO ORIGINAL

Bem mais árduo é o trabalho mental do sábio, ou o do filósofo, no produzir pensamento comunicável, em idéias gerais, normalmente simbolizadas, quando na sua mente existem, como matriz, ou parte essencial, idéias subjetivas, em símbolos de valor pessoal, em relação com um pensamento original. Muitas vezes, a elaboração tem de multiplicar-se em dois, três... desenvolvimentos de esforços: atingir a plenitude e lucidez do pensamento, cuja substância ainda são esses valores pessoais; rebuscar no acervo das idéias universalizadas os correspondentes mentais desses mesmos valores; e, finalmente, fazer a didática daquelas idéias, um tanto novas, ou que tenham sido utilizadas numa função menos corrente. É essa a conjuntura em que as palavras parecem, realmente, vazias e inanes... Os mais perfeitos e límpidos em estilo, se são realizadores de um pensamento pessoal, hão de conhecer a agrura e ânsia desse esforço, como no-lo pinta Bilac: "*Inania verba...*"

> Ah! Quem há de exprimir, alma impotente e escrava,
> O que a boca não diz, o que a mão não escreve?
> - Ardes, sangras, pregada à tua cruz...
> ....
> O pensamento ferve, e é um turbilhão de lava:
> A forma fria é espessa, é um sepulcro de neve...
> E a Palavra pesada abafa a Idéia leve,
> Que, perfume e clarão, refulgia e voava.

Quem o molde achará para a expressão de tudo? [107].

Sim: é tortura, penar de fúria e desespero, o da consciência onde novos valores mentais se criaram, por termo de aturadas elocubrações e, já limitados e definidos em símbolos, tais valores não se produzem para além, em outras consciências, porque os símbolos em que eles fulguram são sinais puramente subjetivos, resu-

---

[107] Egger admite que haja intelectos com um pensamento bem limitado e lúcido, mas sem expressão verbal. Pelo que ele faz notar, é bem o caso do mentalismo em símbolos subjetivos, abreviados e pessoais. Há, também, os casos de abortos de pensamento, de que fala Binet (op. cit. p. 139), em que o intuito ou plano ultrapassa a capacidade de uma determinada inteligência. S. Prudhomme deixou um testemunho no célebre verso: *Mes vrais vers ne seront pas lus.*

mos de dilatadas associações e desenvolvidos pensamentos, exclusivos dessa mesma consciência, em ânsia de produção. A pessoa construiu um mundo na sua inteligência; mas como esse mundo é de concepções novas, está fechado às outras consciências. Um *mundo*, dizemos... De fato, em tal conjuntura, parece-nos, sempre, que o pensamento, cujo labor assim se desdobra, e é um turbilhão de idéias, porque lhe medimos a extensão, e lhe apreciamos a importância, na proporção da intensidade de consciência em que ele se faz, e do interesse com que o acompanhamos. Por sua vez, esse interesse é definitivo e máximo, e, por isso, consideramos tal pensamento e as respectivas idéias como produtos originais do nosso espírito. O NOSSO é sempre muito, para nós. O sentimento de que se acompanha essa íntima convicção de haver chegado a uma criação mental, age como excitante específico da atividade intelectual e, finalmente, toda a energia psíquica será para esse labor de pensamento. Faz-se a absorção absoluta da consciência pensante nesse trabalho; mas não bastará, muitas vezes. A conversão das idéias *singulares* e valores socializados e da simbólica pessoal em puros sinais universalizados, é realização nimiamente difícil. É a mais difícil entre as *conversões íntimas*, necessárias para tornar comunicável o pensamento. A imagem propriamente dita consiste numa plástica definida e completa por si mesma; nada mais simples, relativamente, do que analisá-la e decompô-la, para a descrição. A mesma coisa podemos dizer da ação, que finalmente se focaliza numa forma ou imagem. Os próprios afetos são bem acessíveis nos seus tipos normais, com intensidades comuns; é sempre possível fazer compreender, aproximadamente, a natureza da emoção sentida e o seu grau de desenvolvimento. Mas, uma idéia sem equivalente no mundo vulgarizado das idéias, simbolizada num esquema pessoal, essa exige, para ser levada a outras consciências, que a apresentamos num verdadeiro trabalho de dissertação, e que corresponde, de modo explícito, à própria elaboração do conceito. Convém acompanhar a dissertação de uma como que descrição da simbólica pessoal porque essa descrição ajuda a apreender o valor da idéia nova. Tomar de um termo e dar-lhe, arbitrariamente, significação diversa do uso geral; forjicar, sem mais explicações, um símbolo verbal novo, e nele lançar uma idéia insuficientemente apresentada, são expedientes fáceis demais para tão acentuada dificuldade. O melhor processo será sempre o dos verdadeiros gênios criadores de idéias: expor, em valores de idéias comuns, todo o pensamento mediante o qual conquistou o novo conceito, e simbolizá-lo numa simples perífrase, ou numa fórmula analítica. Assim fez Newton – *atração universal*... Darwin – *origem das espécies*... Faraday –

linhas de forças... Fora daí, todo esforço é inútil: "Tudo que não se pode representar em sinais móveis, fica inexprimível", acentua J. Bahnsen.

34. Retóricos e palradores

Há um caso especial, de realização mental, em que o esforço de produção deixa de ser o ajuste de idéias às necessidades atuais do pensamento, para fazer-se, bem explicitamente, como a rebusca de termos ou pura forma verbal. Sempre que isto se dá, o fato resulta, não da necessidade mental propriamente dita, mas da orientação com que o indivíduo se empenha no exibir o que considera o seu valor intelectual. São estilistas sem chama de idéias, nem originalidade de conceitos. Neles, não há necessidades mentais em veemência de realização; são auditivos, sem penetração das realidades. Pensam os refeitos pensamentos de toda gente, e se possuem esse dom – as facilidades inferiores da verbalização, sem critério de beleza mental, pretendem fazer da verbiagem vazia um toque de gênio. Crescem na retórica, até descambar na gramática e no purismo, sempre altíssonos verbocinantes, com o mérito exclusivo de fazer sumir-se o trivial pensamento no derrame espesso e baforento dos vernaculismos e peregrinismos. Fazem estilo a quilômetros, aquele *estilo engomado*, sobre o qual Schopenhauer despeja o seu desprezo; e estiram-se por entre flatulências, preciosidades e velharias de forma, para velharias de idéias. Valem como professores de *não-pensar*, tais cultores de formas vazias, dissimulando o arcaísmo do pensamento no faustoso e ostensivo classicismo de frase. Puros fraseólogos, foi a eles que Carlyle lançou a apóstrofe: "So many beautiful styles and books, with *nothing* in them..." E conclui: "Um homem é um malfeitor público se escreve coisas tais! Neles está o gênero a evitar!" Destituídos de senso crítico, sem vibração de estesia, esvaziam-se pela língua, profusos, ocos e sonoros, envaidados na farandolagem dos amaneiramentos, incapazes de incorporar idéias, para multiplicá-las em novos valores e novas concepções. Sem dúvida, admite-se um Antônio Vieira; o seu frasear, catado, em requintes e artifícios, continha sempre reais valores de conceitos; artista a seu modo, foi um escravo da estética do momento. Lamenta-se que a riqueza e o fulgor de fortes idéias tenham de diminuir-se na puerilidade daqueles malabarismos, e no empastamento de aparatosos preciosismos. E o aceitamos e admiramos, apesar de tudo, porque o pensamento o redime. Mas, aos posteriores Vieiras, sem vigor mental, nem originalidade de idéias, estes são os carbônicos da inteligência, sem a virtude, sequer do protóxido. Estilos de feira, *maquilagens* de eloqüência, eles merecem o posto que têm — de pontífices, para todos os secundários palradores, em banalidades rebuscadas, a roerem a ossaria retórica, poluída por dezenas de outros palradores. São esses mesmos que têm como fórmula de inteligência o vazio de pensamento, numa língua de chavões pretensiosos[108]. Na realidade, eles vivem em duas línguas: uma pública, oficial, enfática, com limitado de modelos *nobres* e de epítetos necessários; a outra, comum, se não sincera, pelo menos natural, e, com isto, incorreta, grosseira, vilã... No enfático oficial, para eles, o patriotismo é, infalivelmente, o *mais acendrado*... todo descortino – *superior*... os interesses – *vitais*... Como Pistol, não admitem falar no regime natural, mesmo porque, no instinto, reconhecem que se disserem isso mesmo que pensam, dirão cediças banalidades. Embriagados na verbiagem, nem sabem se são fúteis; andam com o mísero intelecto, de frase em frase, catando aquelas que, na consagração do uso, tenham feito careira. Também há quem procure amores onde já se fez uma consagração pública, e há renome para ostentação. Esse tipo de verbalização é o característico das gentes políticas, que, em mais de um aspecto, se aproximam das que vivem no uso público. Saltimbancos em tudo quanto poderiam ser homens, eles vestem o intelecto na roupagem poluída do saltimbanco: linguagem poluída, idéias poluídas, metáfora poluídas, roupagens poluídas... Com todo esse adubo, formou-se o tipo característico da linguagem parlamentar... Poderíamos defini-la pelo *servilismo* às fórmulas, se a condição servil não incluísse a idéia de uma qual fidelidade, que já é superior ao que tais espíritos podem dar.

Nesses mínimos, se houvera uma inteligência de plena atividade, a língua seria menos que escrava, pura transparência de idéias em movimento. Eles, porém, são estéreis mentais e, por isso, escravos de um frasear que lhes não pertence. Não têm inteligência, sequer, para compreender que a linguagem serve ao pensamento, na medida, justamente, em que as idéias vêm construí-lo, e que, se retiramos à palavra o tom natural da espontaneidade, privamo-la, com isto, do seu mais poderoso efeito sobre os espíritos. O que neles se passa não pode ser considerado como regime normal de mentalismo e, sim, como degradação de mecanismo intelectual, deturpação e degradação das energias pensantes. Não podem ser naturais, nem singelos, porque a singeleza e a simplicidade valem como nudez do pensamento para o realce da sua beleza, se há beleza. Também, na plástica, só se desnudam as formas perfeitas...

---

[108] A frase consagrada e banalizada é o clichê; o conceito repetido e trivial é lugar-comum.

CAPÍTULO VII

Caracterização da Linguagem

35. O estilo – donde deriva

O pensamento se faz em regime de linguagem; se há, na inteligência, energias para a criação dos novos valores mentais, isto se reflete necessariamente na expressão verbal: é uma fisionomia especifica de pensamento — é um *estilo* de expressão. E tudo não passa das duas faces de uma mesma realidade. Assim se explica que só haja possibilidade de estilo, quando a elaboração mental tem caráter próprio, pessoal, que se manifeste numa simbólica refeita em acordes evocativos e novas fórmulas de significação. Teria sido ênfase banal, o texto que tanto se repete: *Le style c'est l'homme...* Não; Buffon penetrou a verdade, e o seu discernir foi completo: *Le style c'est l'homme même...* Tanto vale dizer: o estilo é a projeção do que há de próprio e pessoal em cada inteligência — *é o próprio homem*. O inconfundível do indivíduo está na fisionomia, no caráter e no estilo. A fisionomia, composição de traços e movimentos tangíveis, existe por si mesma; o caráter, resultante do modo de ser e de reagir, tem de existir também, pois que todo indivíduo é um ser ativo; mas terá uma acentuação maior, ou menor, segundo a segurança de ação e a capacidade de afirmação; e tantas gradações há na acentuação do caráter, que, em muitas pessoas, parece não existir o que mereça tal nome. O estilo — fisionomia própria na diferenciação do pensamento — só existe quando há um pensamento diferenciado[109].

No entanto, há muitos que, aspirando a glória do talento, só tratam do estilo como regime de atavios, que o indivíduo organizará para ostentação de puras formas, como para complemento de vida — compõe o vestuário, arrúa o seu jardim, ou dispõe a galeria de *pastéis* e *sangüíneas*... É, ainda, aquela insensata e

---

[109] Schopenhauer diz: "O estilo é a fisionomia do espírito, donde resulta confundir estilo e caráter".

funesta pretensão de procurar, em labor especial, a pura expressão verbal para um pensamento que já exista. Isolar-se-iam, assim, os efeitos de linguagem, da elaboração mental, quando, para boa realização de ambas, tudo se tem de fazer no mesmo esforço, numa absoluta identificação, pois que na consciência, para a elaboração e o apuro, o pensamento é linguagem. Só é possível o labor especial de pura expressão, quando, na ausência de qualquer originalidade de idéia, sem necessidade específica de pensamento novo, quer o indivíduo dar caráter aos mentalismos triviais e batidos, com o apresentá-los numa forma refeita, propositadamente lavrada, de qualquer modo ornamentada e luzente. Ora, deste esforço pueril e malsão sairão revesos e destaques de forma, mas, um estilo, na fórmula de Buffon? Nunca. Pode o indivíduo ajustar as suas atitudes naturais para apresentar-se convenientemente; pode atender cuidadosamente aos seus modos de proceder para corrigir e apurar, do seu caráter, tudo que for suscetível de correção e apuro, nunca, porém, poderá compor, ao natural, uma fisionomia, como lhe pareça melhor, nem instituir um caráter em determinado modelo. Igualmente impossível será obter um estilo próprio, em expressão, quando não tenha pensamento próprio. Então, se é o *homem* mesmo, realizado o pensamento, nele se revelarão as qualidades do homem, os seus defeitos de entendimento. "O estilo é um produto fisiológico... é sentir, ver, pensar, e nada mais", afirma fortemente Remy de Gourmont, que era, aliás, um estilista[110]. Por isso, A. Binet, referindo-se às puerilidades do *mestre* de estilo — Albalat — conclui: "O estilo parece-nos uma conseqüência dos pensamentos que temos e, à parte essa insignificante cozinha da língua, a beleza do estilo resulta essencialmente de sua conformidade com um pensamento de valor". Noutra parte, estudando a mentalidade de Hervieu, Binet insiste, ainda: "O vocabulário de um autor, a sua gramática e sintaxe forneceriam muitos detalhes quanto ao modo de pensar dele." Se reconhecesse necessidade de demonstrar o valor dessa verdade, bastaria que o psicólogo se convertesse em crítico, e *estilizasse* um autor qualquer – fizesse a análise do seu estilo: teríamos uma análise de pensamento, a menos que ele não tivesse o mau gosto de apegar-se a nugas e futilidades de gramática, exterior à estrutura da obra intelectual.

---

[110] *Le Probleme du Style*, pp. 19 e 32. É aí mesmo, que ele mostra "que o estilo só pode ser da conta dos gramáticos, se estes se quiserem apoiar em sólidas noções psico-fisiológicas...." e confirma, assim, Schopenhauer, quando diz: "Os pensamentos de um homem são sempre semelhantes, se ele pensa, porque são feitos com a mesma pasta, quaisquer que sejam". (*Escritores e Estilo*, trad. francesa, p. 47)

Inegavelmente, na obra literária, há valor de estilo – expressão que seduz, ilumina, e, vencendo antipatias e outras resistências íntimas, acaba cativando a razão, ou conquistando o coração e o senso estético. Mas, apreciemos detidamente um estilo assim: hemos de encontrá-lo — festim de idéias, jardim de imagem... onde a vida intelectual se desdobra e reanima. Não há produção de beleza, em literatura, que não esteja substancialmente na idéia. Ninguém teve razão contra o bom pessimista quando afirmava: "O estilo recebe do pensamento toda beleza." De fato, esse esforço à d'Annunzio, para fazer beleza com a plástica puramente verbal, é o esforço de quem pretendesse estesia numa paisagem nula para os olhos, feita somente, em brisas e olores. Basta-nos um capítulo para gerar o longo tédio perfumado, das páginas sonoramente lentas e vazias. O próprio ritmo, bem o vimos, tem de ser, antes de tudo, proporção e cadência de pensamento. O mérito de estilo se mede, principalmente, na originalidade de concepção, a propriedade e energia das idéias, a lucidez e lógica dos desenvolvimentos. Pensamento nítido, vigoroso, rico... produz-se, necessariamente, em frase robusta, elegante, correta e sóbria. Donde a fórmula justa: "Para ser profundo, é indispensável ser claro." Há, sem dúvida, esforço de estilo, mas é esse mesmo labor de inteligência, para obter o melhor ajuste de idéias, conforme as necessidades do pensamento; e o estilo se faz com o realizar a boa elaboração mental. Em que consiste essa elaboração? Num encadeamento de juízos e conceitos, cujos liames essenciais estão no próprio contexto dos juízos. Daí este resultado: é excelente o estilo, onde não se notam, quase, as formas aparentes de lógica, e que são os liames explícitos – *então, logo, desde que, tanto que, como, visto que...* É no pensamento diluído, frouxo, sem coesão íntima, que se sente esta necessidade de cordame conjuntivo, para que tenha a aparência de conseqüente e lógico. Por sua vez, a falta de gosto, na forma, é pobreza de ideação. Pois não vimos que o repetir só traduz defeito quando significa insuficiência mental para fazer valer a idéia, na variante que convém? E é por tudo isto que o conselho mais profícuo a quem deseja conquistar um estilo é o de ser *sincero*: concentrar a consciência no que lhe é essencial, para destacar o que tem vida, e deixar que se faça, na expressão, o traslado da mesma consciência. Se ela vale por qualquer forma, este valor se encontrará no estilo. Era o que Lamartine realizava quando explicava: "Eu não penso, são as minhas idéias que pensam em mim. Deixo os objetos agirem sobre mim; depois, observo-os em ação e apresso-me de dar com fidelidade o que se passa." *Modo de ser* de um pensamento — é, assim, o estilo, absolutamente espontâneo e necessário; donde o preceito, do mesmo Gourmont: "Um escritor não deve cuidar, quando escreve, nem dos mestres, nem do próprio estilo." Tem de entregar-se francamente ao seu temperamento. E, daí, que não se imita um estilo: arremeda-se, para ridículo, principalmente, de quem arremeda. Podia Edgar Poe, aconselhar: para cada obra, um estilo; com isto, ele queria apenas mostrar a necessidade de dobrar o pensamento à natureza do assunto. Mas, por si, o seu estilo foi sempre o estilo de Poe, através de todas as vicissitudes por que passou o poeta. Ninguém demonstrou mais claramente que os melhores efeitos de estilo, em literatura, obtêm-se na própria criação da obra. Por quê? Porque esse criar consiste em tirar do limbo a concepção e dar-lhe o nítido desenvolvimento de idéias. Então, na realidade, o labor de estilo se faz como acentuação de valores, definir de formas, do vago e confuso subconsciente à plenitude de representação mental. Sim, há beleza de estilo; mas todos os grandes estilistas valem pela transparência de idéias, seja a lucidez insinuante de Renan, a fluência embriagante de Rousseau, ou a mágica energia de Carlyle...

36. Os fatores do estilo

Em cada estilo há um caráter: quais são os fatores essenciais nessa caracterização do estilo? O tipo sensorial do escritor, a sua capacidade de abstração e as condições de formação do seu espírito... Veio, aqui, o nome de Renan: todos os críticos aceitam que, mesmo no opor-se às fórmulas doutrinárias em que se lhe educara a inteligência, o historiador filósofo deixava sentir o antigo seminarista. Estes fatores primários dão a fórmula mental do indivíduo e se refletem, de modo constante e inconfundível, nos processos de inteligência e discriminação da simbólica pessoal. Ora, na prática, o mais exigente labor de estilo, e onde mais se define o que é pessoal no escritor, é a tradução, em valores correntes, socializados, de toda aquela simbólica pessoal, focalizante das idéias subjetivas. Melhor faremos compreender se considerarmos alguns espécimes de estilo: "*Viver em espírito*, é simplesmente deixar que a consciência se realize para todas as solicitações que a atingem: ora, sentir, ora, pensar, ora expandir-se, no que sentiu, no que pensou..." O que há de expressivo, aqui, é essa transparência de pensamento, graças à qual podemos surpreender as formas em que o escritor discrimina a atividade que pretende indicar. "A alma que sofreu, volta incessantemente à própria dor..." Encontramo-nos com o conceito, e dizemo-lo *uma jóia de estilo*: por quê? Porque aí se condensam, como deduções implícitas, pensamentos bem mais vastos. O que nos fez sofrer é forçosamente qualquer coisa de muito interesse para nós; voltamos insistentes a tais motivos, e aí nos encontramos com o que foi objeto da dor. Noutras expressões felizes: *Comovido, sem ser abalado... Na doçura pérfida daquelas horas...* Em tais paragens, a beleza de estilo, o valor expressivo, não resultam propriamente do arranjo de termos, mas, bem nitidamente, do efeito das idéias entre si, do que haja de especialmente raro, e profundamente humano, em horas que, sendo pérfidas, são agradáveis e doces... que só são pérfidas porque são doces... Ou: uma sugestão, em si mesma, tão forte que comove... um ânimo tão forte que, mesmo comovido, não se deixa abalar... Já tivemos ocasião de o assinalar: muitas das conjunturas de pensamento só se podem realizar nessas combinações de idéias gerais, e que, assim aproximadas, no efeito da ação recíproca, vêm constituir como que um valor mental novo (idéias compostas). Muitas vezes as idéias assim aproximadas e combinadas são de um conteúdo contrastante — *comovido* e *não abalado...* Então, o novo valor parece mais claro e mais belo. Freqüentemente, citam os franceses esta jóia: *Cette obscure clarté qui tombe des étoiles...* É, realmente, um instante de puro gozo para o espírito esse em que nos encontramos com um tal primor de estilo, cuja beleza parece estar na aproximação dos termos em antagonismo – escura – claridade ... Se assim fosse, e tudo resultasse do simples jogo de palavras, nada mais fácil do que fazer grande estilo; e toda vez que, cultivando a insensatez, disséssemos a *rasa profundidade,* o *obtuso afilamento*, teríamos criado uma jóia de estilo... Não, o raro valor da expressão está em que, nesse aparente contra-senso, pelo efeito mesmo do contraste notado nas idéias, vem descrito, em maravilhoso recurso de condensação, um dos grandes aspectos do universo — o céu infinito, na pura luz da estrelas. De fato, no espaço, assim, que é que vemos? A escuridão sem fim, e, dentro dela, o como que gotejar de luz, que nem chega a lutar com a treva; há luz, e nós a vemos; mas o espaço continua em negror, apesar das cintilações... Em tais condições, na combinação das essências contrastantes, temos a condensação perfeita da realidade – *a obscura claridade...* Quando Shakespeare faz exclamar — *Out, damned spot, I say!* Temos um outro caso de obra-prima de expressão. No entanto, é quase uma vociferação de grosseira ralé; mas, nela, como simples imprecação, o poeta conseguiu incluir toda a veemência da alucinação torturante — Vai-te! Mancha infernal!...

37. Tipos de estilo

Consideremos agora alguns dos casos em que uma insignificante mutação, ou supressão de termos, sem aparente alteração substancial, traz um decisivo efeito de estilo. Teríamos dito: "Caminhamos durante dias e dias... O silêncio é completo... Não haja mais protesto..." Corrigindo, grifamos *durante... é... haja...* A expressão ganhou em vigor não porque a frase esteja mais sonora, mas porque os valores, importantes ao pensamento, vieram ficar exclusivos na consciência: "Caminhamos dias e dias... Não mais protestos!..."

Levemos a nossa análise a trechos de maior desenvolvimento.

O novelista quer dar-nos uma visão da tapera, no sertão: "A mataria invade as mansões destruídas. Ao sol que magnificamente resplende ou nas longas noites perfumadas e tépidas, árvores e raízes avançam, lutam, firmam-se no solo conquistado, apagam vestígio do homem. Flores olentes crescem à sombra das paredes arruinadas; pelas vigas apodrecidas enroscam-se trepadeiras virentes; colméias regurgitam de abelhas de ouro; borboletas volitam mutlicolorindo a paisagem viva; há colibris através das frondes, circulando troncos, vibrando por entre o epinício luminoso das cigarras; onde palpitaram humanos corações, pássaros aninham; e a verdura atenua com seu úmido relevo luxuriante, sob os reflexos do céu, a ausência das almas que se foram. O homem passa; a vida, panteisticamente afirmada do colorido opulento das pétalas, no fremir leve das asas, no balbucio das auras mansas, no fagulhar dos feixes de luz sobre os arvoredos enseivados, no espasmo da natureza em fogo, a arder, a chispear, a fulgurar. Não mais lágrimas, risos, brados de vitória, imprecações sentidas; mas ao braço que vessava a terra e as selvas, sucedeu o tatalar das aves módulas; aos gemidos e aos brados, aos suspiros e às juras, o sussurro da mata..."

Noutras páginas, através de outro temperamento, a paisagem se desenha neste estilo: "...sempre igual o aspecto do caminho, em compensação mui variadas se mostram as paisagens em torno. Ora é a perspectiva dos cerrados, não desses cerrados de árvores raquíticas, enfezadas e retorcidas de S. Paulo e Minas Gerais, mas de garbosos e elevados madeiros que, se bem não tomem todo o corpo de que são capazes à beira das águas correntes ou regados pela linfa dos córregos, contudo ensombram com folhuda rama o terreno que lhes fica em derredor, e mostram, na casca lisa, a força da seiva que os alimenta; ora são campos a perder vista, cobertos, de macega alta e alourada, ou de virilente e mimosa grama, toda salpicada de silvestres flores; ora sucessões de luxuriantes capões, tão regulares e simétricos em sua disposição que surpreendem e embelezam os olhos; ora, enfim, charnecas meio apauladas, meio secas, onde cresce o altivo buriti e o gravatá entrança o seu tapume espinhoso."

Do simples pitoresco, passemos aos estilos de abstrações e transcendências: "Duas são as representações elementares do agradável realizado: nutrição e amor. Os animais inferiores, não favorecidos por um razoável coeficiente de progresso, produzem secularmente a condição da inferioridade: olham, tocam, farejam, ouvem, não provam com demasiado escrúpulo e devoram grosseiramente para depois amar, como sempre fizeram. O homem, por desejo de nutrição e de amor, produziu a evolução histórica da humanidade. A nutrição reclamou a caçada fácil — inventaram-se as armas; o amor pediu um abrigo — ergueram-se as cabanas. A digestão tranqüila e a perfilhação sem sobressaltos precisaram de proteção contra os elementos, contra os malfeitores; os homens tacitamente se contrataram para o seguro mútuo, pela força maior da união: nasceu a sociedade, nasceu a linguagem, nasceu a primeira paz e a primeira contemplação. E os pastores viram pela primeira vez que havia no céu a estrela Vésper, expandida e pálida como o suspiro."

A essa filosofia da estética, contrapõe-se naturalmente, essa outra: "Os estudos antropológicos seguramente farão conhecer a alma do homem antigo, tão bem como já lhe conhecemos a exterioridade. Não sei por que motivo a emoção do arqueólogo, quando profunda e recalcada, deixará de ter uma expressão no mundo externo da poesia, uma manifestação estética tão legítima como é legítima a que resulta da contemplação da vida moderna. Se é verdade que nas artes tudo é relativo, e elas se modificam à proporção que o eixo das nossas idéias se desloca, ou que o ponto de vista se transforma; se é verdade que no modo mesmo de enxergar o tempo presente vemos enormes divergências de dia para dia, de indivíduo para indivíduo, qual a razão por que a lembrança e a saudade desse antigo, que os críticos têm se aprazido chamar mania medieval, hão de afastar as vocações verdadeiras do ponto de vista crítico e científico, dos novos processos artísticos com que se reconstitui a vida do passado?"

Nestes espécimes podemos bem apreciar como o tipo sensorial e o temperamento mental do escritor se impõem para caracterização do seu estilo. Alcides Maya, intensamente sensível aos movimentos, faz a sua paisagem animar-se e viver, ora em vibrações íntimas, ora em agitação tangível, ainda que, com isto, não tenha a vista onde pousar, não haja um desenho que na retina se conserve... Os seus conceitos predicam-se, todos, explicitamente, em ação — *invade, resplende, avançam, lutam, firmam-se, apagam, conquistado, crescem, enroscam-se...* e tanto que ele não resiste à íntima necessidade de dar a forma com que, na sua consciência, se define a natureza: *borboletas volitam multicolorindo a paisagem viva...* Nada há, nesse ambiente, que não seja em vibração e movimento; a idéia *paisagem* torna-se obrigada, mas uma *paisagem* é essencialmente estética para os olhos e ele quebra-lhe esse valor com o atributo VIVA... Nesse temperamento, instintivamente motor, a imagem de um corvo pousado, absolutamente *imóvel*, define-se, contudo, por movimentos: "como se ali o tivessem *pregado*..." Taunay, mais visual, vai pelos efeitos de exterior, define para os olhos, e nos dá um desenvolvimento de perspectivas. Há, nestes modelos apreciados, muitas outras diferenças, que dizem com as qualidades de talento próprio, e com o modo de formação de dois espíritos; nenhuma delas, porém, é mais acentuada do que essa, resultante do tipo sensorial. Nos escritores de abstrações, temos Pompéia, levantando as suas generalizações em fórmulas de plástica eloqüente, onde elas se vivificam, ao cálido influxo da realidade; Araripe Junior, desenvolvendo conceitos transcendentes em puras abstrações, onde já não sentimos nenhum palpitar direto de vida, nenhum ressaibo de sensibilidade. Não é um caso de pura linguagem: nem a Pompéia faltam os termos de puros abstratos — *representação, coeficiente, inferioridade*... nem Araripe Junior se exime das fórmulas espessamente concretas: o *eixo* das idéias, *pontos* de vista, *enxergar* o tempo... Mas, em Pompéia, o sublime da abstração vem na essência verbal, e cada termo abstrato tem a função necessária de trazer uma vastíssima generalização, na pura luz de uma idéia, sobre o rendado das sugestivas imagens metafóricas; seu estilo é um perfeito equilíbrio de abstrações e de plásticas. Em Araripe, as formas concretas são *aparências mortas*; em verdade, elas significam o nu de abstrações ressequidas, e só lhe ocorrem na frase como locuções feitas, metáforas ossificadas em lugares comuns, tanto que não deixem perceber o horrível da respectiva concretização, se as reduzíssemos a plásticas: o ponto que transforma... ver divergências de dia para dia... Num e noutro, com todas as diferenças dos respectivos temperamentos e talentos, o estilo resulta imediatamente desse labor incessante para dar, em valores generalizados, socializados, o subjetivo das suas necessidades mentais, o tom pessoal das suas simbólicas. Um é o poeta, em alto pensamento; o outro, o filósofo, trabalhando com abstrações mal depuradas.

Além de tudo isto, concorrem, explicitamente, para diferenciar os estilos: a época, o tirocínio de formação mental e, posteriormente, o gênero de elaboração intelectual a que o indivíduo se entrega. Por estes motivos, formam-se gêneros de estilo: o dos românticos, o dos naturalistas (em literatura)... o dos metafísicos... positivistas... médicos, juristas... Então, far-se-iam classificações de estilos, como as fazemos para os caracteres, que tudo é caracterização.

38. O Idiomatismo

O homem vive necessariamente em sociedade, com um regime de organização cujos laços são exclusivamente psíquicos. Por isso, no apreciar o viver humano, temos de considerar o indivíduo e a coletividade. O indivíduo realiza-se como consciência; a coletividade, como a tradição. E tanto se distinguem e se caracterizam os indivíduos, como se caracterizam e se diferenciam as tradições. Falamos de *povo* como conjunto de indivíduos naturalmente agregados; mas, em verdade, um povo é uma tradição. A fisionomia, o temperamento, o caráter e o estilo distinguem os indivíduos; a raça, a organização política, a nacionalidade, o idiomatismo caracterizam e distinguem as tradições. Noutra fórmula: o estilo está para as consciências individuais, como o idiomatismo para as tradições. É tão necessário, constante e expressivo um estilo, em quem tem pensamento próprio, como o idiomatismo num povo cuja tradição se distingue. Devemos continuar esta análise até que bem se acentue a importância da diferenciação idiomática, e se definam os seus fatores. Antes, porém, é preciso definir, de modo bem claro, o próprio fenômeno *idiomatismo*, em cotejo com as idéias mais aproximadas, e que poderiam produzir confusões.

Idioma... *língua* (como regime de expressão)... Consideram-se, geralmente, como termos sinônimos, palavras para a mesma idéia. De fato, há uma distinção mínima a fazer: *idioma* é uma língua em uso corrente; e, por este motivo, parece descabida a expressão *idiomas mortos*, quando é corrente e correta a expressão *línguas mortas*. Então, se definíssemos idiomatismo como o caráter ou a fisionomia da língua, seríamos, não inexatos, mas incompletos. Idiomatismo é o que vive numa língua e a distingue, de uma tradição para outra. Neste sentido, o fenômeno corresponde, realmente, ao que é o estilo para a personalidade, pois que o estilo — fisionomia sensível do pensamento – vive, também, na consciência, a própria vida do pensamento, e o acompanha através de todas as vicissitudes e contingências; forma-se com ele, e com ele evolui. Assim entendido, idiomatismo parece confundir-se com *vernaculismo* e *gênio da língua*... Confusão de aparências. Devemos considerar que nos achamos diante de simples designações, sem nenhum valor de tecnologia científica. Em verdade, aqueles termos se referem a fatos ainda mal sistematizados e a impertinentes pretensões de efêmeros teoristas. Está universalmente reconhecido que, no uso de cada coletividade, a língua se distingue e evolui, numa mesma fórmula de vida, isto é, cada idioma se desenvolve segundo traços que traz das suas origens, em função do movimento e do progresso geral dos espíritos. A língua evolui acentuando as linhas das suas características. Esse fato, o mais importante para o caso, constitui a essência mesma do idiomatismo. Mas os teoristas dos cacareos lingüísticos, ao tratar dos aspectos em que se entendem, decretam o *vernaculismo* e dão por si o *gênio da língua*. Não sabendo esconder o que é evidente, eles se compenetram das características do idioma nas formas verificadas; não chegam a perceber e compreender o movimento íntimo na estrutura idiomática, e, com isto, consideram as formas verificadas como definitivas e absolutas. Forçados a reconhecer os novos termos ou símbolos verbais para as novas idéias (que não vêm deles, porque daí não poderiam sair), tais puristas a isto reduzem toda evolução. Ao mesmo tempo, exigem uma formação rigorosamente feita no regime verificado, a que pomposamente chamam o gênio da língua. Para eles, não há necessidades de pensamento, nem a linguagem é uma função mental. Senão, o vernaculismo seria o perfeito regime com vistas ao pensamento, e o *gênio da língua*, a fórmula racional da sua evolução, na tradição mental que nela se consagra. Uma coisa e outra se definiriam como inferências do idiomatismo. Mas, como não é o que se dá, visto que nesses termos se designam valores incompletos, falhos e arbitrários, deixemo-los nas elucubrações para que foram instituídos, acentuando apenas as relações em que se acham para com o fenômeno do idiomatismo, que é essencialmente psicológico.

Se assim consideramos o idiomatismo é porque, em toda tradição de linguagem, há, inegavelmente, qualquer coisa de mais estruturalmente íntimo que a simples sintaxe e a organização do léxico. Todos que temos necessidade de andar por outros idiomas, além do que nos é natural, sentimo-lo muito bem quando, inteirados daquilo que a gramática e o dicionário podem dar, encontramos desses textos, cujos valores reais nos são inacessíveis. Não é na apreciação do nosso vernáculo que podemos compreender em que consiste o idiomatismo, e qual a sua importância; assim, estamos dentro de nós mesmos, falta-nos o motivo de confronto. Desde, porém, que pretendemos apropriar-nos do pensamento elaborado num outro regime de linguagem, sobretudo quando intentamos servir-nos de outro idioma para a expressão, sentimo-nos *estranhos*, ou desapercebidos de qualquer coisa ainda indispensável, para refazer em consciência o justo valor da nova linguagem; falta-nos o respectivo idiomatismo.

Praticamente, chegamos a adquiri-lo quando adquirimos a própria capacidade de pensar no idioma cujo uso desejamos. Isto demonstra, então, praticamente, que não há pensamento comunicável, completo, senão em regime verbal: somos idiomáticos quando assimilamos a tradição de pensamento, cujo regime nesse idioma se faz. Concretamente, o mais corrente é que os termos não se correspondem, e isto se dá porque, em cada idiomatismo, as idéias gerais são consideradas de ângulos diferentes, e não são valores absolutamente ajustáveis. Mesmo no caso de uma idéia tão nítida, e banal, na freqüência do pensamento, como a de CASA — em português, francês e inglês: *maison, house, casa*... não são idéias equivalentes para toda tradução[111]. No apreciar dos estilos verificamos que, muita vez, um escritor nos parece inacessível, fechado no seu estilo, e só conseguimos compreendê-lo quando, por uma verdadeira *exegese*, chegamos a refazer os seus valores mentais, nos trâmites em que ele os fez. O idiomatismo, análogo do estilo, dá lugar a uma análoga inacessibilidade. Tudo isto demonstra a soberania do pensamento sobre as fórmulas de expressão e, ao mesmo tempo, patenteia a importância do fator *tradição*, na diferenciação idiomática. Na península latina existia, em tempos históricos, um povo, com vigor e valor social bastantes para impor-se à civilização romana — o etrusco; as condições ambientes eram as mesmas que as das populações vizinhas; no entanto, da sua tradição ele trazia um tão diverso idioma que, apesar de todas as inscrições conservadas, ainda hoje não foi conhecida a sua estrutura: o etrusco conserva o seu segredo. Roquete Pinto, o consciencioso e eloqüente naturalista da *Missão Rondon*, assinala, acentuando a importância do caso, a grande diferença de idioma entre os Parecis e os Nhambiquaras, tribos, entretanto, bem vizinhas.

São daí os motivos por que resultam estéreis todas as tentativas para um idioma universal: seria um idioma sem idiomatismo, quando o pensamento continua a guardar fisionomia específica em cada tradição. Universalizem completamente o regime mental, se é possível, eliminem-se as tradições intelectuais e chegaremos à língua universal. Fora daí, o desidiomatismo será utopia, desinteressante, aliás. Outro seria o caso, se *pensar e simbolizar* fossem operações distintas isoladas, separáveis: cada um de nós, no íntimo do seu gabinete de trabalho, seria árabe, ou japonês, segundo as suas simpatias, como vestisse, a si mesmo e ao pensamento, do albornol, ou do kimono. Outro aspecto nessa demonstração: este-

---

[111] "Não assimilamos uma língua estrangeira senão quando estamos em estado de traduzir, não livros, mas a nós mesmos para essa língua", é o parecer de Schopenhauer, que era senhor de diversos falares. E acrescenta que cada um pense na língua estrangeira e empregue a idéia como o estrangeiro a emprega, e empregue a palavra, sem se preocupar dos puristas pedantescos (op. cit., p. 88).

jam, em face, duas pessoas, que correntemente falem duas mesmas línguas: parece que a elocução será mais fácil se elas se servirem, ao mesmo tempo, dos dois idiomas, passando de um para o outro, segundo seja mais conveniente em cada instante. No entanto, ninguém o faz porque, na realização, é sempre falha e penosa essa passagem de uns meios para outros. Verifica-se que, iniciado o movimento mental num regime idiomático, é, geralmente, mais fácil e pronto o vencer as dificuldades correntes nesse mesmo regime do que tentar ou adotar regime diferente, porque isto obriga a refazer toda a fórmula de pensamento, tanto é certo que a elaboração dos conceitos não se isola da forma verbal. Vem daí a verdade do *traduttore... traditore*: como poderia o tradutor realizar a absoluta fidelidade nos textos e expressões que traz do outro idioma, se, através dos respectivos idiomatismos, não há correspondência de valores verbais, nem de modelos sintáxicos? Na realidade, os idiomas são tão fechados entre si como as próprias consciências; num e noutro caso, apenas, podemos reconhecer equivalências de pensamento e suscitar o desenvolvimento de estados de consciência análogos, tendentes ao mesmo resultado. A tradução mais perfeita será sempre uma interpretação: bem possuindo o idiomatismo de texto a traduzir, para que nenhuma nuance de pensamento possa escapar, o tradutor deve refazer, em novo regime verbal, os pensamentos que absorveu. E ele não traduzirá palavras, nem mesmo frases, se não textos completos em sentido, porque verificará que umas e outras só têm valor na estrutura formal do texto.

39. Idiomatismos estrangeiros

São esses esforços para penetrar um pensamento construído em regime verbal estranho que nos fazem bem sentir a significação, o valor e a importância do idiomatismo, esse resistente imponderável de toda língua naturalmente instituída. Dissemos *sentir...* porque, mesmo no caso de penetrar um idiomatismo estrangeiro, raramente chegamos a compreender o motivo das suas particularidades e características. *Je lui tremblai un remerciement...* compreendemos, talvez, o pitoresco da expressão, porque nós dizemos, num pitoresco ainda mais desviado dos primitivos intuitos: *Pátria estremecida... estremecem o seu país...* Mas não achamos explicação para esses conceitos que os franceses fazem em torno do verbo *ser*, e que não podem ter correspondente verbal no nosso regime idiomático: *Elle ne s'était jamais aperçue que... Loti est venu ce soir... On s'était grisé, et dans la lutte, il s'était joulé un pied...* Não o compreendemos porque julgamos do caso nessa atitude falsa de quem quer ensaiar num pensamento explicitamente feito e moldado, a fórmula verbal do pensamento análogo noutra língua. Ora, isto só seria logicamente possível se o processo da verbalização fosse distinto e isolado da elaboração. Mesmo num caso como este : *L'autre est venu lui faire des excuses; mais il lui en veut tout de même...* Nós também usamos a idéia *querer* num valor afetivo: *Ele te quer bem... ou mal...* Contudo, e apesar da extrema facilidade que há no penetrar a estrutura de um tal pensamento, ele é imediatamente intraduzível; nesse empenho que estivéssemos, deveremos reduzi-lo a notas, e, com as indicações, realizar um outro pensamento. Consideremos agora que, nesse caso, há inteira reciprocidade: também os outros não podem achar a razão do nosso idiomatismo, como o desdobrar do verbo substantivo em *ser* e *estar*. No entanto, em nossas consciências, sentimos esse uso como coisa tão essencial às necessidades do pensamento, como nos parece malfeito, ou incompleto, não julgar preciso distinguir: *Ele é doente... de — ele está doente.*

Tal se impõe o idiomatismo.

Num regime verbal mais diferente ainda, melhor apreendemos esses aspectos. O inglês, quebrando muitas das normas correntes do flexionalismo ariano (nesse que nos é mais usual), trouxe o seu idioma para acompanhar imediatamente a ação e as condições externas do pensamento: *I am going home... How can you say that...* E é por isso mesmo que, atendendo à expressão direta das conjunturas mentais, ele predica imediatamente com substantivos: *The crystal palace... Salvation army... A village doctor...* Quer dizer: as idéias são mais vagas e livres para os ajustes do pensamento do que no nosso latinismo. Então, desde que seja preciso ao juízo, eis o mesmo valor em função de substantivo, de verbo, ou de simples atributo: *I man* (guarneço de homens...) *to book* (inscrever no livro...) Livres assim, simples núcleos mentais, as idéias ajustam-se mais desembaraçadamente às primeiras solicitações do pensamento, e esse toma o feito explícito e analítico, tão característico do idiomatismo inglês: "*I am told...* eu estou dito... *I was shown everything...* fui mostrado de tudo..." Deste modo pensa e, por isso, o diz, o anglo-saxônico. A sua pessoa, em quem se formulam os juízos, aparece desde logo, e, a si, ele os refere constantemente. Esse mesmo caráter explícito e necessário determina que, nos casos convenientes, a idéia contida no verbo se destaque de modo ostensivo; daí, o uso freqüente dessas formas verbais em substantivos, como idiomatismo, muitas vezes intraduzível: *...he seems to have succeeded in attracting and combining, in his own person... All our process* *of perception and of reasoning... It is by not thinking that we cease...* Livres, e, por isso vagas, à mercê dos ajustes, as idéias substanciais servem geralmente na restrição de partículas, que, explícita e analiticamente, as acomodam à função que lhes é pedida: *back, out, off...* De fato, essas partículas restrições ocorrem em cada emergência, como em nosso idiomatismo ocorrem as prefixações transitórias: *to go on... prosseguir...*

Como resultado geral desse idiomatismo, a sintaxe se banalizou, a gramática perdeu de importância: o inglês atende imediatamente à situação mental, e conforma, em pensamentos límpidos na consciência, as conjunturas através das quais vai passando. Há qualquer coisa de análogo no idiomatismo português: a utilidade que tiramos das idéias de ação contidas nos verbos, nominalizando-os: *Foi com o afirmar as suas opiniões, que ele pode vencer... Ao ouvir as imprecações...* São, evidentemente, correspondências daquelas formas verbais do inglês.

Não será preciso insistir para deixar assinalado que não há, nesse rápido indicar de idiomatismos, a pretensão de fazer estudo especial do assunto, se não a simples menção dos exemplos indispensáveis, para deixar patente o aspecto psicológico do fenômeno, em cotejo com o fato do estilo. O estilo é a individualização do pensamento; o idiomatismo, a particularização tradicional nas formas mentais. Mas não devemos esquecer que as particularizações têm, sempre, traços comuns, graças aos quais podemos formar com elas grupos mais largos... Cada idiomatismo nacional está, necessariamente, contido numa fórmula de linguagem mais geral: o latinismo tem aspectos comuns com os outros idiomatismos que formam o arianismo, que, por sua vez, se compõe dos caracteres generalizados em todos os idiomas que dele partiram. Entre os idiomatismos originários do latinismo, temos o ibérico, incluindo castelhano, galego, português. E, como pela colônia lusitana, no Brasil, aqui se fez uma tradição à parte, nova, dentro do português mesmo, há os dois idiomatismos: o lusitano-europeu, do Portugal de hoje, e o idiomatismo *brasileiro*. Esse é fato irrecusável, ainda que o ignorem e, por isso, o contrariem, os receios gramáticos, de fossilizantes vernaculistas. A tradição brasileira se fez, é uma realidade; nela há de haver pensamento, e esse, na medida das suas energias, afirmará um caráter — terá o seu idiomatismo. Voltam-se para Coimbra, pedem formulários aos da outra banda, esses mesmos que em nada concorreram, e nunca concorrerão para nosso idiomatismo. Um idílio de Alencar, uma estrofe de Castro Alves têm, infinitamente, mais importância para decidir do caso que todo o dissertar desse vernaculismo, mestre *no que não se deve dizer*.

O idiomatismo, como caráter vivo numa tradição mental e numa língua em uso, evolui enquanto vive, e, com isto, tende a acentuar os seus traços, a divergir cada vez mais do tronco donde vem, e a afastar-se dos seus congêneres, como acontece em tudo que se expande e ramifica. Assim se explica que, apesar do quanto praticamos no francês corrente, o idiomatismo de *Bossuet* nos seja bem mais acessível que o dos contemporâneos escritores de França.

"L'abondance, ennemie du travail, incapable de se contraindre, et par conséquent toujours emportée dans la recherche des voluptés, corromprait tous les esprits, et amollirait tous les courages par le luxe, par l'orgueil, par l'oisivité. Ainsi les arts seraient négligés, la terre peu cultivé; les ouvrages laborieux, par lesquels le genre humain se conserve, entièrement délaissés; et cette ville pompeuse, sans avoir besoin d'autres ennemis, tomberait enfin par elle-même, ruinée par son opulence". (*sur l'Impénitence Finale – ler, point*).

"Vif, adroit, rapide, conscient, pour ainsi dire, le sous-marin piqua devant lui. D'abort à la surface; ensuite mû par un ressort qui ne se déclanchait qu'au bout d'un certain temps, ne montrant plus qu'un petit miroir, le regard espioneur qu'il maintenait au dessus des ondes. Puis il remonta, puis replongea de lui-même, agile e souple." (Pierre Mille, romancista e cronista, consagrado entre os contemporâneos).

CAPÍTULO VIII

O LÉXICO

40. RELAÇÕES DOS VOCÁBULOS E AS IDÉIAS[112]

As palavras ou valores verbais são símbolos significativos, de uso geral, para a evocação das idéias socializadas. Existem para esse fim, mas não deixam de ter um aspecto próprio, e isto exige que as consideremos de modo distinto, em relação com a função. Tal é o objeto deste capítulo: estudada a psicologia da simbolização, apreciar as condições de existência do vocabulário, no que interessa à realização da linguagem.

A esse propósito, dois fatos se destacam e devem ser desde logo considerados: a) cada vocábulo do léxico é o signo de uma idéia socializada, mas há um número bem maior de idéias assim — socializadas — do que de palavras; b) a palavra, símbolo da idéia, tem a sua existência distinta, evoca-a, deixando-a, contudo, livre para realizar a sua carreira de um modo distinto. Para demonstrar que o número de idéias ao serviço do pensamento comunicável é bem maior que o dos termos em uso, basta lembrar que, na sua maior parte, esses termos têm diversos *sentidos*, isto é, mais de uma acepção, e isto significa, realmente, que a estas acepções correspondem idéias distintas, se bem que correlatas. É o que acontece com a palavra *termo*: os dicionários lhe dão para mais de *vinte* valores, bem nitidamente diversos, ainda que relacionados. Temos, aí, outras tantas idéias simbolizadas no mesmo vocábulo. Ainda no caso de termos técnicos, como *prisma*: simboliza a idéia de correspondente à definição técnica, mas tem *sentido figurado*, e que é o desta idéia — *o que leva a desviar o juízo*. Além das idéias agrupadas em torno de cada termo, há muitas que se simbolizam e se exprimem por locuções

---

[112] Sem tirocínio especial destes assuntos, tive de valer-me dos trabalhos clássicos de Max Muller, Darmstader, Sayce, Renan, M, Bréal, A. Lefèvre... aceitando muito de perto a inspiração de Moncalm.

consagradas: *peso atômico, livre docente, juiz de direto, água de colônia*... A essas, juntam-se naturalmente muitas idéias gerais, que ocorrem freqüentemente na restrição de um predicado, e que já têm, assim, existência distinta: pressão arterial, câmara fotográfica, dinheiro a juros, imposto de consumo, folha de papel, depois de amanhã... Evidentemente, em todas estas freqüentes locuções temos denominações explícitas, analíticas, para *um* determinado valor; pouco importa que a vocalização se faça em duas ou três palavras: a simbólica é *uma* — o conjunto sonoro — e o pensamento vai diretamente à idéia específica a que corresponde a locução; tanto assim que, segundo a tendência abreviadora, essencial nos processos simbolistas, muitas vezes a locução se reduz, limitando-se a um só termo, ou vem formar, finalmente, uma palavra composta, como acontece em *vapor* (navio a vapor), *adjunto* (professor adjunto), *couraçado* (navio couraçado...) *chapéu-de-sol, vice-diretor*... Há, ainda, muitos valores mentais socializados, de uso constante, mas que se simbolizam em formas de acaso, como as próprias idéias subjetivas, e se exprimem em locuções também de acaso: *funções públicas*, ou cargos oficiais, ou empregos do Estado... *casas de negócio*, ou casas comerciais... *riscos marítimos*, perigos de naufrágio ... Em qualquer destes casos, quando ocorre a necessidade de ajuizar com tais valores, o pensamento vai direto à idéia, como a uma unidade mental, sem que se faça representação especial e distinta de cada uma das designações verbais. Quem julga que é preciso estar atento às *peripécias da vida*... não pensa especialmente em *peripécias*, ou ocorrências, ou vicissitudes, ou casos... como não pensa distintamente em *vida*, nem destino. Na consciência, atuou bem nitidamente *uma* idéia, um todo, pouco importando o nome perifrásico que lhe demos.

O outro fato indicado traduz o essencial no idiomatismo ariano — a relativa liberdade que é dada às idéias para evoluírem e expandirem-se sob o símbolo verbal a que são ligadas. Vem daí essa pouca importância que tem a etimologia, quanto à significação das palavras. O movimento do vocabulário, a sua disposição e formação, se fazem, principalmente, pelo jogo dos afixos. O radical vale como sugestão nas aplicações iniciais, mas perde, pouco a pouco, em denotação. Instituído o termo, por baixo dele continua a vida da idéia, que infla, ou diminui de valor, e se multiplica, ou sai do uso, sem que, por isso, desapareça o vocábulo, insensivelmente aproveitado para outro valor mental, em analogia com o primeiro: *pensum, i* — o peso de lã para fiar... tarefa; *penso, as... pensare* — pesar, pagar... pois que os primeiros pagamentos se faziam pesando a moeda; *pondero, as... ponderare* — pesar, num ato bem cuidadoso, e, daí – pensar, ponderar... quando a ação de pesar os pagamentos perdeu de importância; *dispendere* — pagar de um lado e do outro, *dispendium* — despesa, *compendium* — o contrário de *dispendium*: economia, poupança... caminho que abrevia a marcha e poupa esforços... livro que abrevia o estudo... Ainda hoje dizemos: "Pese bem o que vai fazer... *Turba, ae* — perturbação, multidão perturbada... *turbineus, a, um* — o que turba... o que gira rapidamente, até perturbar...máquina giratória. É por desvios tais que os nossos vernáculos *marcar, marchar, martelar* se ligam à mesma raiz, ainda que pelo germânico *mark*, o francês *marche*, o latim *martullus*. Noutro movimentar de símbolos: *anima, ae*, (*as, asu*, em origens remotas) — sopro, sopro de vida... o que anima, alma... E, uma vez destacada a idéia, ei-la a impor-se nas consciências, subindo sempre em valor abstrato, sem se desviar, no entanto, da significação primitiva. A mesma coisa se deu na tão citada raiz *dyu.... div* — brilhar... *deva* – o que brilha, o céu brilhante... *dyaus, deus, theos*... Segundo Sayce, para o ária primitivo, que contava apenas *um, dois, três,* significava o que vai além... isto é, vai além e é mais de dois. É desse maravilhoso impulso da idéia, amparada num símbolo que a mantém pronta para o uso (mas a deixa livre de evoluir), que resulta o encontrarmos, no vocabulário, parentescos deste: mato, do gótico *maitan*; de mato, matuto... matutar (pensar), que se vem encontrar com *matuta*, em latim, *matina, mane, maturus* (pronto); no sânscrito primitivo, tudo isto se liga à raiz essencial MAN, donde saíram os radicais que, em diversos idiomas, deram: *man, mento, mind, mendax, mentir, manar*... Em tão vasto expandir, multiplicam-se os desvios, principalmente quando de um idioma para outro: *potus... potio, onis* — bebida... (*poculum* – copo), poção (remédio para beber), *poison* (francês) remédio venenoso... veneno.

Quando assim se movem os termos sobre as idéias, não parecerá estranho que a mesma idéia, em idiomas irmãos, tenha para símbolos vocábulos diferentes, trazidos de origens diversas: *mouchoir, faccioletto, lenço... janela, ventana, fenêtre...* No caso de *lenço*, há um desvio que, ao simples exame, parece contrasenso: lenço é o *linteum*, cujo diminutivo latino, *lentiolus*, é o nosso *lençol*...

41. MOBILIDADE DOS SÍMBOLOS VERBAIS

Não menos interessante é o caso do símbolo que, com insignificante divergência de forma, parte em diferentes direções, acompanhando idéias diferentes em cada uma delas: hotel... hospital... hospício (inóspito)... Com um pouco mais de aprofundar, chegaríamos ao termo fundamental, a raiz que deu, também, *hostis*, o estrangeiro, o que precisa de hospedagem... Mas, como o estrangeiro é muitas vezes o inimigo, da palavra donde saiu hospedagem, saiu hostilidade... Mais ricos em divergências são os radicais *caput* (com derivados em ceps-cipis) e *artus*: cabeça, capital, capitel, bíceps, cabelo, capítulo, precipício... artigo, articular, artelho... O essencial, no segundo caso, é o elemento radical AR, que tem o valor inicial de *juntar, ajustar, adaptar*... e que deu o lugar, por isso, às três raízes: *artus* — junta, articulação... *ars* — arte, e *armus*, donde vem, no latim, *arma*, e no germânico, *arm*, braço... Aliás, não é preciso um tão longo remontar, nem tão desenvolvidos trajetos, para verificar esses acentuados desvios de sentido. Mesmo nos limites do vernáculo, símbolos irmãos se tornam antagônicos, disparates, insensatos, relativamente às origens. Pois não dizemos *chumbar* o dente a ouro... ou *ferrar* o cavalo com *ferradura* de marfim, ou de borracha?... Chumbar e ferrar, através do uso habitual, adquiriram, respectivamente, a significação de obturar, guarnecer de um rebordo resistente... Por um caminho semelhante, vemos as idéias de *repulsa* e *proteção*, muito logicamente, sob o mesmo símbolo — defender; e dizemos: Censurar é defeso, ou repelido e proibido. No francês, ainda mais fortemente: *C'est défendu*... Estranharemos menos se nos lembramos que quem defende está a repelir tudo que ataca ao defendido. Tempo — idéia que nos parece contemporânea de toda a mentalidade humana, essencial em qualquer conhecimento — parece estar no lugar em que sempre esteve... Mas, apesar dessa nitidez de valor, em *tempo*, devemos notar a coincidência *temperatura, tempero, obtemperar, intempestivo*... assim como a expressão *bom-tempo, mal-tempo*... Tempo, que era *calor*, apreciado no espaço sensível, veio apegar-se à idéia de duração.

Seria pretensioso e ridículo que estivéssemos a fingir erudição de lingüista, pelo simples prazer de parecer aquilo que menos desejávamos. Se tanto insistimos nesta parte da análise, é somente para deixar bem notado o quanto é móvel e ativo o jogo da simbólica verbal nestes idiomatismos a que pertencemos. O vocábulo é instituído pela sugestão do radical; mas, uma vez ligado à idéia, vai com ela, por qualquer das múltiplas associações, até perder toda relação direta com o sentido primitivo. Como lembrar em *cogito*, desde Descartes, o *co-agito* (agir com), se bem que sejam essencialmente, e literalmente, o mesmo vocábulo? E o substancial parentesco dele com *exíguo, navegar*...? Mesmo no idiomatismo atual; normalizado o uso, o termo-radical fica sem importância. *Alfaiate* é, certamente, mais expressivo que *costureiro*... Refaça-se à vontade a história da palavra *sertão* (desertão); continuaremos a dizer *um sertão povoadíssimo*. Finalmente, o que importa aí é a fortuna da idéia a que se aplica o vocábulo. A insignificância da gramática pretende ter dado uma explicação no dizer: *o termo mudou de sentido*, como se os termos fossem locatários a ensaiar vivendas. E, no caso do *aspirar*, com a idéia de desejar vivamente? Não houve nenhuma mudança de significação, se não que, sendo todo desejo veemente acompanhado de uma inspiração em plena dilatação do tórax, o ato fisiológico foi adotado como sugestivo da própria intensidade do anelo. Com isto, vemos suceder qualquer coisa de semelhante ao que já verificamos em *matutar*: depois de um desvio, as simbólicas vêm encontrar-se, pois que *spiro* é, radicalmente, *sopro*; desta idéia, partiram as duas ordens de formações — respirar, inspirar, suspirar, expirar... e *spirito*, com os seus derivados; depois, inspirar, aspirar, conspirar, suspirar... em vista dos mesmos movimentos orgânicos ou físicos, estenderam-se as idéias de movimentos da alma ou espírito, sem que, por isso, espírito deixe de ser um forte sopro.

Todas essas verificações resultariam em estéreis genealogias de dicionário se não pudéssemos ver, nelas, como se desenvolve a própria ideação, e como se faz a marcha do espírito na conquista das abstrações. E, com isto, verificamos em que consiste a decisiva superioridade do idiomatismo ariano, em cortejo com os outros regimes, verbais, mesmo o flexionalismo semita[113]: nos idiomas daquele regime, que é o vitorioso, as raízes são livres, podem seguir o evoluir da inteligência, em todos os seus progressos, com absoluta propriedade, pois que os símbolos, uma vez em função, adquirem necessariamente o caráter puramente significativo, inteiramente indiferentes ao primitivo valor. Tal não acontece no semitismo, onde o radical é definitivo como valor permanente; o influxo dos sufixos é sempre transitório, sem poder maior sobre a significação inicial. Romeiro, que vai em procura de Roma... E Roma é esquecida, a ponto de podermos dizer *os romeiros de Meca*. E agora, compreendemos bem como esse verbalizar, onde todos os vocabulários se prendem

---

[113] Schopenhauer, que se tinha por versado nestas coisas, dá arm como "derivado do grego *eremus*, em italiano *ermo*, porque *arm* significa onde não há nada, isto é, vazio". Ele mesmo faz próximos parentes colibri e *couleuvre*, e deriva azeite de *acetum*... O caso não é de estranhar quando vemos o psicanalista White transcrever, muito sério, para as suas interpretações simbólicas, a etimologia que Stanley Redgrove fez para *pigeon*: "O Espírito Santo é simbolizado por um Pombo e, para os hebreus, pombo é *jonah*. *The jon of jonah reappears in the English and French pigeon, a word resolving into pi ja on, the Father of the Everlasting One*". (W. A. White. *Mecanisms of Character Formation: an Introducion to Psychoanalysis*. p. 79). Ora, todos sabemos que *pigeon* vem do latim *pipio*, corrompido em *pibio... pibjon*, como *couleuvre* vem de colubra, e azeite do árabe *az-zeit*. No entanto, só entendidos, poderão dizer se o substantivo é palavra diferente do qualitativo *arm* – pobre, indigente.

a 123 raízes, conquistou a civilização por toda parte onde passou. Tais raízes são de *ações* e, com isto, na virtude própria da atividade, têm de desdobrar-se em novos atos, ao mesmo tempo em que, combinando-se entre si, vêm formar novos valores; algumas delas passam a servir normalmente de modificadoras: são raízes desinências. Nisto se concretiza a reconhecida superioridade do arianismo: facilidades para a abstração, destaque dos aspectos próprios no pensamento, donde o movimento individualista da personalidade. Em vista de tudo isto, já não parecerá estranho que esse léxico inicial não tenha vocábulo para olhos, ouvidos, boca, nariz, tato... mas os há para ver, entender ou ouvir, tocar, comer e mastigar, farejar... São esses aspectos que informam e se tornam interessantes em pesquisas tais; não o saber que o verbo se origina de um epíteto, modificado por um pronome. Tanto mais quanto, em tais inícios, não havia diferenciações na frase que permitam reconhecer, nas raízes, valores análogos aos das nossas categorias gramaticais. Havia espíritos que se impressionavam, principalmente, pelo que era ativo, no ambiente onde viviam; que formavam, sobretudo, representações de tais atividades e as simbolizavam. Quando o bebê gesticula e grita para o brinquedo que o tenta: *Ne-nê*... este nenê é um símbolo de qualquer coisa, que lhe enche a consciência, mas, a não ser um gramático, quem poderia ver neste vozear adjetivo, ou verbo, ou substantivo? Contudo, ainda que por fora das categorias, as mães bem os entendem e com eles conversam. Tais vozes são equivalentes dos gritos interjetivos, equivalentes das vozes de que saíram as primeiras palavras, essas em que queremos ver *raízes*. De fato, não eram *palavras* análogas a estas em que, analiticamente, damos cada um dos aspectos nos nossos estados de consciência; eram afirmações expressivas, contendo, inteiro, o estado de consciência. Tornaram-se simbólicas desses mesmos estados, reduzindo-se, finalmente, a evocar o que havia de característico em cada um deles. O bebê diz *ten-ten*... quando sente que o leite está quente... Se houvera a língua a refazer, *ten-ten* simbolizaria *quente*, incluindo uma frase.

42. As metáforas no vocabulário [114]

O trecho de análise de onde viemos serve explicitamente para deixar patente que os termos usuais nos nossos conceitos abstratos têm uma origem bem modes-

---

[114] "O mais importante é ser metafórico, porque é a única coisa que não se pode tirar do outro por empréstimo, e é o sinal de um bom espírito. Sair-se bem da metáfora é ver a semelhança." (Aristóteles. *Poética*. XXII – 12).

ta, em realizações tangíveis e concretas. Na maioria dos casos, esse concreto é acentuado, intenso e vívido, no sabor de metáforas. Por toda parte, no mundo civilizado, há, quando não a realidade, pelo menos a ficção da *soberania popular*, democrática; as fórmulas políticas, legais, são oriundas dessa soberania, fora de qualquer imposição; no entanto, as contribuições para o dinheiro do Estado são chamadas *impostos, taxas, tributos...* Nestas expressões, devemos ver as rápidas metáforas, necessárias para indicar o que há de necessário e, certamente, de penoso, em tais contribuições. Insistindo na apreciação, poderíamos identificar o fundo metafórico na maior parte dos valores verbais em uso para as nossas generalizações. Foi Locke, talvez, quem primeiro mostrou que todas essas raízes, em cujos derivados se sublima o pensamento abstrato, eram, essencialmente, humildes concretizações, aproveitadas em expressões metafóricas, como o já citado *deva*, ou *spiritus*, ou *matéria*... *Heredium* era a propriedade que se divide naturalmente pelos filhos; quando a idéia foi tomada, em relação com as qualidades morais que os filhos recebem dos pais, houve uma metáfora, como quando se aplicou aos que dirigem o Estado o nome de governo — *guberno* — piloto, ou quando chamamos de *grave* a um assunto, que nos *pesa* no espírito, ou de *doninha,* o pequeno carnívoro, que nos parece uma pequena senhora. Há, no vocabulário, muitas outras dessas curtas metáforas: músculo – *ratinho*, cabra – *cabrito*, muleta – *mulinha*; *cão* e *gatilho* de espingarda, *lunático*... Foram esses fatos que levaram Remy de Gourmont a afirmar que "no estado atual dos idiomas europeus, quase todas as palavras são metáforas", se bem que tenham geralmente perdido esse caráter, tornando-se puros símbolos. E continuamos a formar metáforas, pois que aí se encontra um dos processos normais para a evolução das idéias e a expansão do vocabulário: Um dito *salgado*... *despedaça-me* o coração... modos *irritantes*... um olhar *penetrante*... coração *empedernido*... opinião *corrente*... Há, mesmo, vastos desenvolvimentos de idéias e teorias científicas, realizados principalmente em metáforas, que tornam mais sugestivos os símbolos, e mais animado e penetrante o pensamento. Que são, realmente, as hostes de fagócitos, empenhados na defesa do organismo, como o descreve Metchnikof, se não metáforas? Quando o sábio nos fala, agora, em *coloideclasia*, choque ou ruptura de colóides, temos de receber a expressão como *metafórica*, para a lógica dessa outra denominação: *osteoclasia*, operação que consiste em produzir a fratura do osso. Aliás, é de sempre essa tendência do pensamento científico a conformar-se em metáforas, para ser bem acessível: "Os corpos pesados *procuram* os seus lugares... A natureza *tem horror* ao vazio...A natureza não *dá saltos*..." são metáforas da velha ciência, levada pelos mesmos motivos que nos obrigam, hoje, a falar em *self-control* e *limiar* de consciência ... Vamos, com o nosso pensamento, por entre as realidades; nova conjuntura se apresenta em tal particularidade de aspectos, que já não é possível a ela ajustar as idéias comuns e dar regime comunicável, se não procuramos um modo mediato — figurado e metafórico — de aproveitar os valores mentais socializados. Dar-se-á caso, até, de armarem-se metáforas para a visão: os desenhos didáticos, em que Croft pretende tornar sensível a teoria dos elétrons, devem ser considerados *metáforas em traços*. Uma completa psicologia do pensamento teria como capítulo dos mais interessantes o de *tropos* e *metáforas*. Se, no puro exterior da linguagem, encontramo-la sempre na etimologia dos vocábulos, é justamente porque, na intimidade da elaboração mental ela, a metáfora, é o caminho para o destaque dos aspectos que formarão a abstração; é o caminho para o simbolismo das idéias. Então, como vimos, a marcha da respectiva evocação é irresistível sugestão na metáfora, imposição do símbolo, com a perda gradativa dos seus valores intrínsecos, até o desnudar definitivo, que o converte em simples sinal. E no cemitério dos dicionários desaparecem elas, banalizadas, fossilizadas... Mas, uma análise, ao mesmo tempo piedosa e científica, pode sempre reconstituir-lhes o valor, reconhecendo-lhes o tom penetrante que tiveram, nesses dias em que eram para o pensamento objetos túrgidos de sensibilidade, em que ele se definia e se concretizava. Correspondiam tais dias ao período de análise das percepções, ainda confusas, e sempre comovidas. E as noções que daí resultavam eram necessariamente, vagas, incompletas. Aristóteles fala de *três* cores: verde, amarelo e vermelho; Xenofonte descreve o arco-íris: uma nuvem púrpura, vermelha e amarela... O romano, ao chamar *caesius* o azul cinzento, tinha em vista as carnes tumefeitas, ou apodrecidas, com o colorido característico — azul cianótico: *caesius* é o radical *caedo, caesum, caedere* — cortar, retalhar, macerar... mas, certamente, ele as via com uma retina menos educada e sensível às nuances de que a nossa.

43. Evolução das metáforas; os mitos

A metáfora, frescor de pensamento, tem intervenção necessária, e bem nítida, em toda evolução da inteligência, ao definir-se humanamente; é partilha de todos os trechos de humanidade. Sob a forma de metáforas se faz aquela indispensável intervenção da poesia, para reviver as idéias e rejuvenescer o entendimento, ao influxo da realidade. Duráveis ou passageiras, as metáforas obedecem a um conjunto de leis, reconhecidas nos traços que este simbolismo vai deixando na linguagem literária. Ela mesma — a imagem metafórica — tem a sua evolução. "*Como* um leão faminto, que encontrando... atira-se aos veadinhos, assim o orgulhoso Agamenon se lança aos jovens príncipes... *Como* o incêndio devasta a floresta Agamenon, em furor, rugindo *como* o leão... *Como* o raivoso javali... Heitor, *como* o vendaval, atirava tudo por terra..." E todo o Homero é assim: em imaginações explícitas, multiplicadas em *comos* e comparações. Mas a arte literária, arte sobretudo de pensamento, apurou a forma, intensificando o conceito, com o condensar os termos da comparação numa só imagem: "Auras que te embalsamarão o caminho, contigo irão as minhas esperanças e saudades..." Deste modo, eliminaram-se os *como, tal que, tal como, assim*... E hoje consideramo-los desgraciosos, descabidos, no sugestivo leve da verdadeira metáfora. Em tal forma, a realidade se inclui mais intimamente no pensamento. A criança, quando ainda não conhece as coisas através das intrincadas abstrações acumuladas em saber, ao ver a gota de orvalho, exclamará: "Olha, uma lágrima da folha!" ou, da borboleta: "Lá vai uma flor voando!..." Fez metáforas, dizemos... Sim: porque o pensamento lhe vem na primeira semelhança, apanhada pela sua livre e pura sensibilidade; o poeta faz metáforas porque a força e a exigência da sensibilidade são tais, que o levam a sair da trilhagem das abstrações consagradas, para ajustar o pensamento diretamente à realidade. Então, quando ele consegue incorporar em palavras uma fugitiva sensação, a imagem nos fica para ânimo do entendimento durante séculos.

Inevitável na história do desenvolvimento mental, a metáfora deixa vestígios bem diferentes, segundo a fisionomia do mentalismo, principalmente quando se apreciam as diferenças entre o idiomatismo semítico e o ariano. Este, maravilhosamente propício à evolução das idéias no sentido das generalizações, favorecerá a construção de portentosas e iluminadas metáforas, donde se irradiarão as idéias, para o surto abstrato, levando consigo os termos em que se vestia a imagem, e que, dentro em pouco, terão perdido as relações imediatas com a realidade plástica, e serão puros sinais de idéias. *O fogo do seu olhar...* é um tropo que guarda, ainda, o valor direto de figura de expressão; mas, se ouvimos o clínico falar em dores *terebrantes*... já não sentimos o valor de imagem, tanto o termo *terebrante* perdeu de uso, no sentido de perfurante. Destarte, no arianismo, a metáfora é, necessariamente, um valor mais ou menos efêmero. Tal não pode acontecer no semitismo. "O traço distintivo das línguas semíticas é que, nelas, os elementos significativos destinados a formar os apelativos das coisas, uma vez incorporados como raízes nas palavras, não sofrem modificações, nem se perde de vista o sentido original. Assim, todos os nomes semitas de *aurora, sol, céu, chuva* e outros fenômenos naturais, conservando o caráter apelativo, não se podem aplicar a outros objetos; nunca servirão para exprimir uma idéia abstrata, como a de divindade. Os seus dicionários são propriamente falando, dicionários de raízes... Em tais línguas, não há equivoco possível e nada se presta ao mito. "O caráter das línguas arianas é todo outro; aqui, as raízes são aptas a se reabsorverem tão completamente nos elementos derivativos, prefixos e sufixos, que, muitas vezes, um substantivo, apenas formado, cessa quase de ser um apelativo, e se torna um nome próprio, ou outro nome comum. Foi o que permitiu aos hindus criarem nomes como Dyaus, Aditi, Varuna, Indra... designando diferentes aspectos da natureza, e de os aplicar, tais quais, a diferentes aspectos da divindade." Isto significa e denota um tal poder de imaginação contido na metáfora, que ela tem de perdurar, agora, num outro valor, incorporando-se em mitos. Moncalm, que os estuda especialmente, no regime do arianismo, onde se encontram os mais interessantes e opulentos, deixa-nos a lúcida convicção de que outra não podia ser a origem dessas criações: são metáforas, de cujos termos verbais foi esquecido o sentido primitivo. "Nós outros modernos, quando falamos das últimas horas do dia, fazemo-lo em termos precisos, e que nos parecem exatos; dizemos: *é tarde* ... *o sol se põe*... *a lua sai*... *faz noite*... Os nossos avós tinham, também, de mencionar os mesmos fatos; mas, como não se referiam aos fenômenos naturais sem pôr neles alguma coisa das suas próprias pessoas, comprasiam-se em dizer *A aurora foge diante do sol*... *O sol ama, persegue, mata a aurora*... *ela morre nos braços do sol*... *O sol envelhece, deperece, morre*... Além destas locuções gerais, eles tinham outras, de caráter mais especial, e que lhes eram impostas pela natureza mesma da linguagem... Diziam *O chovente* chove... *o trovejador* troveja... como o inglês antigo dizia, *ele* chove, *ele* troveja"[115].

Para completa demonstração, Moncalm lembra o que se deu com fr. Boaventura: O companheiro, fr. Thomaz, perguntou-lhe como podia ele dar aos seus discursos a energia e conveniente persuasão, que os tornavam irresistíveis. Apontando para um crucifixo, Boaventura, respondeu: *É ele que me dita tudo que tenho a dizer*... O santo pregador procurara sentido figurado para indicar que se entregava à inspiração divina; mas as suas palavras metafóricas foram tomadas ao pé da letra, e assim se criou a conhecida lenda de que S. Boaventura tivera um crucifixo que lhe

---

[115] Moncalm, op. cit. pp. 239 e 102.

falava... No caso, é preciso considerar essas duas propriedades do idiomatismo ariano: facilidade de formação de novos termos, pelo que, por desvios diversos, um mesmo fenômeno vinha a ter diferentes símbolos verbais; possibilidade de perder-se a significação inicial do vocábulo. Junte-se a isto a circunstância do antropomorfismo em que se inspiravam os espíritos e teremos a explicação completa dos símbolos mitológicos. Tal não podia acontecer ao semitismo. As metáforas eram tão necessárias aos seus pensamentos como as próprias idéias, e lhes davam todo viço da realidade ao despontar.

44. Degradação das metáforas

Por isso mesmo nos parece belo e irresistível o estilo que assim se faz. E quantos aspiram valer pelo estilo, querem dar-lhe a beleza das metáforas. Mas, para que elas se gerem e se imponham à consciência, é indispensável uma criação em pensamento, uma instância de originalidade, em tais condições que só assim, na construção de uma imagem, possam servir as idéias comuns. Mesquinhos pensadores, em deficiência de inspiração, não saberíamos dar, em metáforas, novas verdades; e uns, prosseguimos resignados, a pensar e a dizer singelamente, como podemos; outros, insistem após o estilo ornamentado e pomposo, e plaqueiam sobre a banalidade do mentalismo em penúria de conceitos, o brilho cansado das metáforas entanguidas ou mortas, esgotadas de sugestão. Vale, para eles, apenas o verbalismo que supõem escolhido, porque é guindado, propositadamente, para os efeitos de teatração mental. Um breve formulário daria os primores de que se faz a estética em que eles gozam: "*Minam* o edifício dos princípios sociais... *Sabem sacudir* o jugo de vãos preconceitos... Sente-se que o brio que é *cimentado* na honra de um nome impoluto... Com o *integrar-se* a Nação na posse de si mesma... A gangrena moral que se *apoderou* dos espíritos... A anarquia mental que vemos *reinar*... O espírito demagógico que *ameaça solapar* as instituições... Homens de princípios *alicerçados* no critério das realizações... Uma concepção política *argamassada* no regime das convicções..." Esses cadáveres de eloqüência passam desacompanhados de qualquer representação plástica, e, por isso, produzem-se daquelas imagens monstruosas a que já nos referimos, ou estas outras: *"A lavoura a lutar com a falta de braços... espíritos feitos desta têmpera... restaurados os pontos de vista...* O boêmio irreverente responde-lhes com esta outra metáfora: "Aqui, a chateza atingiu o seu ponto culminante..." Em literatura também se encontram desses mentalismos; são os poetas de *vergéis floridos... surgir das manhãs serenas... prados de mil matizes... encanto das melancolias crepusculares...*

Por esse caminho, chegam tais faladores ao verbalismo puro – *psitacismo* de Dugas, exclusivo, sem realidade de pensamento, nem substância de conceitos. Começam, geralmente, seduzidos pelos efeitos externos das palavras — sonoridade, pompa de atitudes, raridade da expressão... e chegam, finalmente, à decorrência de termos vazios e ainda pesados. O resultado geral é o mesmo: *nulidade da produção*. Mas a origem pode ser diversa. Uns, ordinariamente profissionais da política e outros misteres que têm de explorar a elocução, uns cultivam o vazio por necessidade da própria função, em discursos ocos; falam e escrevem para nada dizer, porque nada têm a dizer. Evidentemente, quando o tipo comum do parlamentar fala em *interesses primordiais da Nação... o amor à pátria... nossas responsabilidades... a liberdade irmanada com a justiça...* na sua mente, não há nenhuma idéia, de coisa nenhuma. Tais chavões estão, desde há muito, estereotipados nos seus mecanismos de linguagem; chegou o momento em que é preciso dizer qualquer coisa, neste, ou naquele sentido, e ele o diz como, no salão, qualquer um de nós sorri, gesticula e acena, em demonstrações afetuosas, sem que haja na consciência nenhum afeto real. Um pouco mais, e eles discorreriam como o *cicerone*, ou o *porta-bazar*, que despeja as suas tiradas em seqüências automáticas, sem mais elaboração mental efetiva. Outros são indivíduos que, tendo vislumbres de noções, geralmente falhas apoderam-se dos respectivos termos e fórmulas, que lhes parecem especialmente prestigiados, aristocráticos, e vão fazendo, com eles, um verbalismo de generalizações nulas, em palavras retumbantes e enfáticas, para repetidos conceitos e remontadas abstrações. Enleados no verbalismo a que se entregam, eles se exprimem numa sorte de ruminação verbal e desconhecem a maior parte dos termos escolhidos que empregam. Analisados miudamente, deixam verificar que muitas das suas associações vêm por simples sonoridade. É o começo de sintoma numa qual perturbação mental. Acentuada, os clínicos lhe dão o nome *ecolalia* — associação pela simples rima ou assonância.

45. Significação da etimologia[116]

O verbalismo, que se patenteia como indiferença pelo valor mental do discurso, inclui sempre uma certa dose de degradação psíquica ou perversão mental;

---

[116] O admirável, quando nos voltamos para a etimologia, não é que todos os dicionários do mundo civilizado ariano venham de 123 raízes irredutíveis; mas que todo o pensamento em que vivemos – arte, ciência, filosofia, utilidades — seja a expansão natural desses 123 conceitos primitivos.

mesmo no caso desses profissionais, exploradores da verbiagem, há uma sorte de deficiência moral que finalmente repercute sobre a atividade intelectual, diminuindo-lhes a eficiência: tais criaturas, uma vez pervertidas nesse parolismo, jamais serão intensos intelectuais, capazes do apuro e da sinceridade que a produção de pensamento exige. Estão, para o pensamento, como o causídico está para a verdadeira justiça, e o gramático para a linguagem completa. Em tipos normais, essa indiferença não se explicaria porque, pela própria psicologia da linguagem, como derivado necessário da simbolização, o uso do vocabulário é automático em seqüência espontânea de efeitos. Noutros idiomatismos haverá, talvez, para os cultores do pensamento, a necessidade de uma aquisição sistemática dos símbolos verbais, no regime dos nossos idiomas, tal não é necessário, pois que o valor dos termos resulta do próprio uso, sob o influxo do movimento nas idéias. E é por isso que o estudo da etimologia se converte numa puerilidade de erudição fácil, desde que não o aproveitem como subsídio para a história do próprio pensamento, ou das relações entre os povos, quando a linguagem os mostra aproximados. Para a prática inteligente do vernáculo, a etimologia não é uma possibilidade, sequer, pois que a significação das palavras é, geralmente, indiferente às origens. Na sua mistura com a fonética, ela dá pasto às pretensões dos gramáticos, numa ilusória ciência de *créses, síncopes e metaplasmos...* bastante, apenas, para pobres espíritos, que podem ser indiferentes aos motejos. Para o critério inteligente, será sempre pobre a *ciência onde as vogais nada fazem, e as consoantes muito pouco...* Max Muller, que, aliás, soube trazer da etimologia resultados de grande repercussão no pensamento, tinha, no caso, opinião definitiva: "Uma língua é constituída, não pelas suas raízes, mas pelas flexões, as suas sonoridades, e mais a sintaxe", e a tradição de pensamento... Então, verificamos que, em regra, as palavras têm, sempre, mais extensão e compreensão do que o indicaria a respectiva etimologia, tanto assim que, para bem levar o pensamento nos trâmites verbais, quem o saiba, deve esquecer o valor etimológico dos termos. Em face do trabalho realizado, as curiosidades na viagem do vocábulo, em cotejo com a sua situação atual, serão fútil recreio, mesmo nos casos em que o trajeto pode ser rigorosamente medido. Na idéia de vasos *liberiamos*, o que tem menos importância é esse latim, donde foi tirado o epíteto. Dizemos: saber de cor... *decorar...* a que vem aí, o... *cor, cordis?... Taberna... caverna... cavername* de navio... quem tenha o necessário traquejo de realidades e bons conhecimentos, saberá passar por tabernas e cavernames com toda decência e propriedade, sem nenhuma luz da etimologia.

Contar histórias... *contar* com os dedos... a identidade de origem, na identidade de forma, em nada perturba a boa expressão, no duplo sentido; o francês chegou a um duplo *conter* e *compter* sem maior vantagem de elocução. *Chorar, explorar... gritar, inquirir, to cry* (chorar)... *querer, querela...* eis um trecho de vocabulário todo misturado, ligado a etimologias diversas. Que importa, a quem quer dar propriedade à expressão, que gritar seja *quiritare* latino, e que este venha do *quirites* – civil romano, com qualidade para exigir direitos, e cuja etimologia ainda se discute? Gritar será o *to cry*, inglês, que significa, para eles, chorar; o nosso *chorar* é o *plorare* latino, primitivamente *apresentar queixa em justiça*... querer, querela, querulo... são do *querere* latino, na mesma raiz de *quirites*?... Que é que a etimologia pode fazer de bem, nesse tal entrevero de termos e significações, a quem pretende ser senhor do seu pensamento? Dizemos *credo*, eu creio, no mesmo valor, na mesma forma, em que o ária primitivo dizia *craddha*; o latinismo nos dá *credere* como de duas raízes: uma, onde haveria *coração*, inteligência... outra, *dar; credere* — dar o seu coração ou intelecto. Tal formação seria anterior à *dispersão*; no entanto, guardamos, não só o sentido, como a pronuncia *creddhitam-crédito*... Em que isto influi no ânimo do guarda-livros, ao escriturar e avaliar os seus créditos?.. Lord era o distribuidor de pão... é Senhor, é Deus, por ser senhor... Compota será *composta*; timbre, um duplo de tambor... *kind* (menino), gênero, gentil, engenho (de açúcar)... virão do mesmo *gan* — natureza, trazer ao mundo... Isto é tão indiferente à vocabulização atual, como saber que o *ticket* de cinema é a mesma etiqueta-etiquete, que aproveitamos, principalmente, para a idéia de cerimonial mundano. Mesmo quando a formação é atual, e o sentimos na sonoridade, sentindo, ao mesmo tempo, a disparidade de significação, mesmo assim, a etimologia é desprezível para o uso comum: *caracolar* vem de caracol: o andar do pobre caramujo e o caracolar de potros... *Manifestar* — a etimologia exige que seja *expressão pelas mãos*... É manifesta a origem, como também é a de intervalo (inter-vallum); mas, se fôssemos a pensar nisto, estaríamos embarados[117] no uso de duas indispensáveis idéias. *Homem, moon* (lua), *manar*... têm a mesma origem, sim. Então, digamos: *o luar* foi sempre para *o homem um manancial* de lirismo... Que intervenção poderia ter aí a etimologia?

---

[117] O autor provavelmente quis dizer embaraçados.

Quando, saída das imagens ativas, sob a curiosidade das percepções, a experiência mental se organiza em idéias, rotulada nos respectivos símbolos, ela é a senhora do regime de pensamento; é quem dita leis à linguagem. Resulta ser de toda conveniência para a expansão e boa utilização da experiência que os vocábulos possam estar sempre na atualidade da idéia, que é viva e ativa; e assim acontece. Não cabe a Calino, mas a qualquer inteligência, em pleno vigor, qualificar os seus eucaliptos, apenas de dez anos, como *seculares*... O pobre Aulette revela-se mesquinho gramático quando impede que falemos de *aurora dourada*... Então, nunca poderíamos ir a um *espetáculo de música*, nem os fotógrafos poderiam indicar os seus *filmes velados*, pois que, etimologicamente, filme é o mesmo *velum*. Como estrutura, o vocabulário nos aparece em *radical* e *desinência*; mas, uma vez formado o termo, ele é um todo, com vistas, exclusivamente, ao uso corrente. *Apontar* é uma derivação dentro, já, do nosso vernáculo: haverá alguém que, no servir-se da palavra, o faça pelo que lhe é sugerido por *ponta*? Frugal vem de *fruto*, sim; mas tem toda propriedade a expressão, se chamamos de *frugal* o almoço de pão e leite. Aliás, a verdadeira antinomia estaria mais além: *fruto*, etimologicamente, *o que é para ser gozado*; por isso, dizemos fruir, desfrutar... Donde o disparate etimológico: um fruto amargo *para ser gozado*, e que não é gozo. Este seria o resultado a que chegaria quem quisesse ajustar a sua língua pela etimologia. Esta, realmente, embaraça sempre a simbolização, que tende, essencialmente, para abreviar e facilitar a evocação. Pensemos que as couraças dos *dreadnoughts* podem variar na liga, mas nunca foram de couro.

Nem por isso deixa de ter supremo interesse a pesquisa etimológica, desde que não seja para a prática da língua, nem orientação do idiomatismo. Velhas palavras, numa história bem acidentada, são preciosos documentos onde encontramos, como que tangível, a marcha do espírito humano, na sua realização socializada. Em certos trechos, esse estudo afigura-se-nos uma paleontologia de idéias; noutras circunstâncias, é um flagrante de desenvolvimento atual no mundo do pensamento. Quem quisesse fazer útil e racional psicologia da evolução de um léxico, teria assunto riquíssimo e encantador no apreciar e ajustar as origens do largo vocabulário em uso na cinematografia e na aviação. Trata-se de coisas que empolgaram todos os espíritos e valem mais do que simples técnicas; o seu dicionário, felizmente, ainda está quase indene da intervenção erudita; tudo se tem feito, nesse particular, em plena evolução natural, como o permite a espontaneidade do idiomatismo. O próprio nome *cinematógrafo* foi corrigido para cinema, franco a todo mundo, por mais afastado que seja de helenismo.

46. A DEMOCRACIA NA VOCABULARIZAÇÃO

Com absoluta indiferença pela etimologia, vemos formar-se, freqüentemente, um excelente vocabulário, no mecanismo da verbalização popular, já por importação, já por espontânea derivação, ou simplesmente por onomatopéias. Na vida moderna, o fenômeno social das greves é de excepcional interesse; o francês adotou o primeiro símbolo verbal, naturalmente relacionado com o fato do local onde se faziam as reuniões dos operários em ação; e a maior parte dos outros povos ocidentais aceitaram a denominação. É, para nós, um vocábulo excelente, pela razão primeira, e essencial, de que está universalmente aceito, numa correspondência absoluta com a idéia, e, também, porque tem excelências de sonoridade: é rimável, quer dizer, está no regime fonético da língua: breve, escreve... A palavra é sinal de idéia; quando o conceito já é corrente em outros povos, e viemos a possuí-lo por importação, o mais simples, e fácil, e racional é que o importemos no respectivo sinal. O grande senhor, soberano definitivo, se bem que anônimo, o povo, assim procede; por isso, todos os idiomas, ainda os mais intelectuais, reservam-se o direito de ter estrangeirismo no seu vocabulário, sem que disto se ressinta o verdadeiro idiomatismo. Excetuam-se os casos em que o termo importado tem correspondente exato no léxico idiomático, ou quando a sua fonética contraria formalmente o regime do glossário corrente. Por isso mesmo, não é preciso ser purista, para repelir o *bridge,* dos que, além de enfeitar as maxilas com o trecho de dentuça, querem, assim, enfeitar a linguagem. Simplicidade, relativa fixidez, fácil pronúncia... eis o que se pede à palavra importada: *greve* corresponde a todos estes predicados.

Não pareça de menos importância este caso. Sonoridades são coisas secundárias, sim; mas não podemos esquecer que a sorte de uma idéia depende muito da respectiva verbalização. Há palavras felizes, expressões insinuantes... há termos antipáticos, vocábulos pesados ou flácidos, verbalizações pedantescas, repelidas antes mesmo de serem compreendidas. A gramática, recesso do mau gosto, está inçada desses termos inflados, mal sonoros, pedantes na própria fonética: metaplasmos, copulativas, anacolutia... Bem pouco resta, hoje, desse lombrosismo que, há trinta e cinco anos, sobrenadava por toda a moral e o direito; quanto não concorreu para isto, o que há de claro, e simples e expressivo na denominação criminoso nato? Para o povo, é absolutamente indiferente que o termo seja estrangeiro: se tem a idéia ligada a ele, mesmo quando a pronuncia é rebarbativa, acaba moldando-a às suas condições de garganta. Atualmente, por esse Brasil todo, onde chegou o *association*, é tão corrente o respectivo vocabulário, como o das coisas triviais; e não há rapazola que não fale de *gol, futebol e chute*, como da suas calças e camisas. Com o tempo, far-se-á uma necessária seleção, e serão abandonados os *half-times e referees...* por excessivos, não por serem estrangeiros. Temos telégrafo — erudito, telefone — galicismo, importado; no entanto, este é melhor, mais popular, mais realmente idiomático, mais acessível à fácil pronúncia. E foi por isso que o povo abandonou o *fonógrafo* pelo *gramofone*. Esse mesmo povo nunca adotou inteiramente o *vagon,* porque *trem* e *carro* lhe bastam para as necessidades; mas fez a denominação excelente para a novidade dos *tramways* — o bonde, emprestado pelos bilhetes que sobre tais carros se emitiram, e que tanto popularizaram as respectivas companhias.

Pode-se julgar bem o caso, e das reais preferências, com o que se deu, no nosso idiomatismo, há uns trinta e seis anos. Conhecido e reputado vernaculista, ferido nos seus zelos de purista, em face aos galicismos comuns – *menu, abatjour, pince-nez* — foi ao gênio da língua e trouxe de lá o que achou de melhor; retalhou, emendou, ajustou erudição sobre erudição, e deu o sortimento completo – *lucivelo, cardápio, nasóculos...* A reportagem da época ficou estatelada em face de tanto vernaculismo e, convencida, entusiasmada, resolveu adotar e impor o eruditismo purificante: os jornais só imprimiam nasóculos e lucivelos... Parecia triunfante a regeneração do nosso vocabulário. Contudo, e apesar de tudo isto, quem lia os jornais continuava a usar *pince-nez* e a pedir o *menu...* E os jornais tiveram de voltar a estes, para estar na língua realmente idiomática. No entanto, *abajur,* tal o diz o povo, tem o seu defeito, que será cessado, quando escrevermos e dissermos abajôr, pouco importando a origem. Assim faz o soberano da língua. Há o *serre-joint, sergent* francês; o nosso paginador, que dele se serve, chama-o idiomaticamente *sargento,* como o trabalhador no leito da estrada de ferro chama o *sleeper* de chulipa, como o jardineiro diz *palmerão*, para designar a bela Paul Neron. Então, poderia ter significação e importância para o usufrutuário da língua, que petróleo contenha a origem desse gordurento? Para ele, o bom termo será sempre *querosene*; a erudição ele deixa para os eruditos; dirá hipopótamo, porque não tem à mão outra expressão; mas se o consultassem, ele adotaria infalivelmente o nome que o cafre lhe dá, tão excelente, certamente, como zebra e girafa. Outras razões teria havido para que se firmasse o nome que nos intumesce o coração; temos de reconhecer, contudo, que nenhuma mais forte que esta bela sonoridade: BRAZIL. Havia o nome oficial, pretensioso, inexpressivo, pesado, como a própria cruz, e, ao lado, o povo fez a sua intervenção eficaz, absoluta: a terra do pau-brazil... a terra do brazil... os brazis... os brazileiros — que produzem o pau brazil... o Brazil. Nas leis da simbólica, fez-se o nome realmente *próprio* para uma nação, numa bela palavra, que retine, em efeito penetrante e singelo. Mas, como, cedo ou tarde, a erudição, devia trazer a sua influência deturpadora, ei-la a propor que se altere a fisionomia visual deste belo nome, que assim se formou; o nome com que se fez toda nossa história, e que em duas constituições se firmou; o nome gravado em todos os cunhos, moedas e medalhas: *Brazil...* Substitua-se o *z* por um *s*, porque brazil vem de brasa... E todo um mundo, oficialmente letrado, aceitou a estultice, porque quando Cretino quer ser erudito, não se detém diante de nenhum motivo racional. Esperemos o dia em que esse mundo de subletrados venha também escrever – carta, caráter, escola... Mas confiemos que surjam *brazileiros*, amando o seu *Brazil* até na visão deste nome, e que mandem queimar tudo isto que foi poluído pela etimologia de *brasa*.

CAPÍTULO IX
O PURITISMO GRAMATICAL

47. A EXPANSÃO DO VOCABULÁRIO

Para acompanhar o desenvolvimento das idéias, o vocabulário tem de multiplicar-se e transformar-se incessantemente. Vimos que, no nosso regime idiomático, os termos deslizam insensivelmente sobre os conceitos, servindo prontamente a qualquer novo valor que se acentue. Considerando o fato quanto ao léxico propriamente dito, verificamos que este se modifica por: a) desaparecimento e formação de vocábulos; b) alteração fonética e da significação das palavras. Esse movimento se faz, quase todo, por motivos de ordem psíquica. O desaparecimento de termos é relativamente raro. Se as línguas fossem mecanismos de uma lógica medida e rígida, como o supõem os gramáticos, a cada idéia devia corresponder um vocábulo, e quando declinasse e desaparecesse ela, devia desaparecer o respectivo símbolo. Mas, já o vimos, não é assim que as coisas se passam: há muitos e muitos vocábulos servindo para mais de uma idéia, mesmo sem duplicidade de forma e, na generalidade dos casos, abandonada e desusada a idéia, o termo que a simbolizava, levado por uma associação qualquer, passa a uma idéia vizinha. Só quando se trata de nominações muito precisas, dar-se-á o fato de morrer o termo com a idéia — almocreve, selamin, maquiar, rabadão, pavez... saíram do vocabulário pelo abandono em que ficaram as noções correspondentes. Tudo isto é do domínio da psicologia[118].

Em verdade, o argumento do léxico se faz, não só por formação idiomática de novos termos, como por adoção de vocábulos estrangeiros, que simbolizam idéias

---
[118] É justiça reconhecer que João Ribeiro, sem indicar explicitamente a fórmula do fator psíquico, admite a sua intervenção, no caso da fonética, e lhe dá grande importância: "...coexistiram no conflito um momento fisiológico e outro psicológico... observa-se o princípio do menor esforço, mas do menor esforço espiritual, se podemos chamar-lhe assim." (*Gramática Portuguesa, curso superior*, p. 287).

importadas, no necessário movimento mental de todo o mundo. A formação idiomática será, segundo as banais distinções, por derivação comum, composição, ou criação erudita, do latim ou do grego. Esta possibilidade, por conta exclusiva dos pretensos sabedores especialistas, tem, geralmente, sobre o idiomatismo o mau efeito das intervenções artificiais em regime de organização natural, como é a linguagem. Por isso, merece menção especial. Quanto à importação de termos, já ficou acentuada, nas páginas anteriores, a sua necessidade, e a legitimidade dos estrangeirismos, adaptados às condições do idiomatismo. De modo geral, desde que aceitamos uma idéia e a incorporamos ao nosso pensamento, o mais lógico e mais fácil é que a empreguemos no símbolo de origem. Servimo-nos freqüentemente das idéias *clichê, pivô, garage...* por que não as diremos nestas palavras?... Será o processo mais razoável para uma perfeita evocação. No entanto, há restrições indispensáveis: se o vernáculo já nos oferece um termo similar, se a derivação idiomática permite formar um neologismo equivalente, bem apropriado à evocação, ou se o vocábulo, pela sua fonética, nega-se formalmente a ser incorporado ao léxico idiomático. *Pince-nez* é condenável, por supérfluo; desde que se divulgaram os aparelhos de vista, com o dispositivo de prenderem-se ao nariz, o povo os chamou de *lunetas*, reservando o nome de *óculos* para a antiga forma, de alças para as orelhas, assim como *binóculo* e *óculo de alcance* para os tipos armados em tubo. E é o bastante. Além disto, o termo composto francês tem a desvantagem de uma fonética avessa ao nosso vozear, tanto assim que lhe deturpamos a pronúncia. Para que usar o *warrant* e os seus horríveis derivados? Por que não proceder como os próprios ingleses, ao criarem a instituição comercial a que deram tal nome? Instituíram-na como analogia a essa idéia — *warrant* — e assim a denominaram. Ora, este vocábulo é inacessível ao nosso fonetismo; a idéia serve num mundo restrito, e se todos chamassem, pura e simplesmente, de *garantia* ou *garante...* como acepção especial, os poucos interessados aceitariam o novo instituto comercial, e o compreenderiam perfeitamente. Pois não foi o que se fez com os *seguros*? De todo modo, o mais sensato é ir na esteira das fórmulas populares; aí se manifesta o verdadeiro gênio da língua. Todo francesismo que se assimila a nossa desinência *agem* é facilmente adotado: chantagem, camuflagem, maquiagem, garagem... como vantagem... É preferível isto a criar-se na língua uma oposição, como entre *toillete* e toucador.

Em todo este caso de expressão do léxico, o grande perturbador é o eruditismo purista. Pobres de espírito, sempre alheios às condições de realidade onde se exigem tais neologismos, os puristas intervêm no seu caráter de aristocratas da linguagem, estatuindo termos e ditando formas que, na generalidade dos casos, não correspondem às verdadeiras necessidades, pois se geraram fora da realidade. De fato, tudo que conseguem é colar com mau grude, sobre uma idéia ainda confusa ou pouco difundida, uma etiqueta falsa, de empréstimo, e que, em vez de ser símbolo evocador, será um desses espelhos em negrume, onde nada se vê, ou onde cada qual vê o que quer. Mesmo quando se limita às pretensões de pureza vernácula, o purismo teórico e erudito é nocivo e anticientífico, pois que resulta ser anti-idiomático. É geral o emprego do termo *conduta*, como o empregam os franceses. Será influência da muita leitura nessa língua; mas, se isto é inevitável, inevitável será o reflexo de tais leituras no nosso idiomatismo. No entanto, o fato não se liga, apenas, a essa causa. A substituição da idéia de *proceder* pela de *conduzir-se* é tão necessária ao espírito francês como ao nosso; ela corresponde à evolução natural, nos correspondentes valores morais; *conduzir-se* contém mais que a simples idéia de *proceder*: é o proceder de quem é autônomo e por si se dirige. Os puristas ignoram tais coisas e decidem no caso por este motivo, que é quase uma insensatez: é galicismo; os clássicos só empregavam proceder... Mas se eles falavam quando os homens ainda não pretendiam conduzir-se? Toda relação real entre o absoluto do termo e o instável ou relativo da idéia lhes escapa. Isto se nota, sobretudo, bem nitidamente, nas formações eruditas, indicadas ou presididas por eles, e que resultam, geralmente, em ilogismos e pedantismos de significação, por sobre dificuldades e horrores de sons e de articulações.

48. Os termos técnicos e eruditos

Imagine-se que os lazeres mal empregados de um vernaculista o levassem a querer dotar-nos dos termos *doutos* para o colorido dos pelágios cavalinos — zaino, russo, alazão, pedrez, melado, tordilho... Seria qualquer coisa comparável a esse abominável *piroscafo*, com que os sabichões italianos dizem *navio a vapor*. Mais felizes nós ficamos com a dádiva popular *vapor*. É curto, sonoro, expressivo e nada prejudica aos outros usos do termo, ao passo que piroscafo, como o nosso cinematógrafo, é árduo em fonética, e contraproducente, e insensato como significação. Toda a psicologia da linguagem nos conduz a este conceito, de valor absoluto: a palavra é sinal para uma pronta e indiscutível evocação, independente de qualquer exame, anterior a qualquer interpretação; quando ela não satisfaz a estas condições, é um mau símbolo. A palavra não pode, por conseguinte, pretender fazer-se definição da idéia simbolizada. E é isso o que parece ideal aos fabricantes de tecnologias eruditas e científicas, sobretudo em biologia. Retalharam a seu talante os vocabulários clássicos e, com isto, fizeram um recheio indigesto, abundantíssimo para a ciência, como elas entendem. Se tudo se passasse muito sabiamente, teríamos chegado a esse regime de linguagem *trop parlant*, (imprópria, por isso, a que se refere Dugas); imprópria porque, na fórmula normal, o símbolo tem de ser um valor mudo, apenas sinal, surdamente estimulante, se possível. É o que R. de Gourmont entende quando recomenda: a linguagem deve sugerir, nunca definir. No entanto, os neologismos eruditos, para o uso das técnicas, procede sempre a contra-senso, em detrimento de todas as leis psicológicas. Cada termo criado vale por uma notação sintética: profilaxia, hematemese, gimnosperma... E estes são para fatos triviais. Mesmo assim, não considerando o que há de pedantismo, dissimulação e falta de senso crítico, essa simbolização científica é defeituosa, sempre, como subsídio mental na disseminação das idéias. Teria feito deliciosos volumes quem quisesse explorar, para o riso, os helenismos forjicados por tais sábios, que pensam ter resolvido um problema científico, quando atiram para o armazém das tecnologias um novo produto desse grego espúrio. Falam por entre *epispáticos, raquialgias, idiosincrasias, disodmias...* "– Que é isto? – Oh! Nada: uma rinoragia..." Quando conseguem substituir, no dizer *a operação cesariana*, por uma *histeromotocia*, acreditam ter revelado um mundo. A natureza será pitoresca e expressiva para outros, que a vêm nas emas, e jacarés, e onças, e rosas... para eles, é um simples estendal de erudição: rinocerontes, cinocéfalos, brádipos, heliantos... Nem a *jóia viva*, o mágico beija-flor, escapou: é o *ortorrinco*. Houve um, em psicologia, que lembrando o caso de projetar o indivíduo os seus sentimentos noutra pessoa, logo consagrou a lembrança em teoria, com o termo *intropatia*, grego-latim, que tanto pode ser isto, como *sentir para dentro*, ou *sofrer do interior*... Alexis Pieron, que sabe grego e latim, chama tais verbalizações de "porcarias lexicográficas". A *intropatia* é pior que a *pedofilia* para significar a perversão pelas crianças. Muitas dessas formações eruditas são tão absurdas na língua de origem como no vernáculo: hialógrafo – instrumento para desenhar perspectivas (*hualos*-vidro); hidatismo – ruído do movimento do pus, num absesso (*hudatos*- bexiga); hidrocefalia, fantasmasia, filocracia, angiologia... Por que dizer-se função clorofiliana? Temos, acaso, uma função *maltasiana, ou lipasiana*? Esse *klores*, em clorofila, clorose, clorofânio, clorótico... diz alguma coisa útil? E, se não é para uma indicação explícita, pelo radical, justifica-se entupir-se a linguagem com tal sonoridade arrevesada? E há pior, ou menos justificável: formações queratinosas... hipnófono... agorafobia... hipostenia... ictiófilo... hemoptise... flebotomia... flegmasia... flebectasia... criptograma... cistirréia... por: formação córnea... que fala dormindo... medo das praças... fraqueza... amante de peixe... escarro de sangue... sangria... inflamação... dilatação das veias... escrita secreta... catarro da bexiga... São monstruosos para o ouvido, os olhos, e, sobretudo, para a inteligência. Pior do que isto, só a tecnologia da gramática, com seus homorgânicos, proparoxítonos, assíndetos, próteses, aféreses... Seria um livro fácil, útil e interessantíssimo, esse que nos substituísse, por expressões de língua corrente, toda essa tecnologia fofa e pedante, onde se aninha a insuficiência dos *técnicos*. Microscópio... telescópio... O povo diz, com absoluta propriedade, *óculo de aumento... óculo de alcance*, como noutra parte diz o técnico: navio a vapor, estrada de ferro, cimento armado...[119] Mas, quanto não decairia o astrônomo e o bacteriologista, se tivessem de ver as suas maravilhas através de simples óculos?!... Os seus prestígios se fazem tanto pela sonoridade velante da microscopia e telescopia, como pelas vibrionices e nebulosas que eles vêm.

49. IMPROPRIEDADE DOS VOCÁBULOS DEFINIDORES

Os termos técnicos e científicos, abstratos, secos e sintéticos são muito cômodos, para o teorista, dissertador em generalizações, como são árduos e rebarbativos para quem, no vulgo, os quer compreender. Para reconhecê-lo, que se leia uma exposição, dessa coisa relativamente simples, enfaticamente chamada de cariocinese; leia-se a descrição num autor enfartado de tecnologia grega e um que suprima os *monasters* e *diasters*, e diga as coisas como as coisas são, em formas comuns. Infelizmente, os técnicos são senhores nas suas casas, e todas as suas mortificantes inovações se implantam e se perpetuam no vocabulário. Como tratar de preparo médico, ou distinguir em botânica, sem as noções de *propedêutico* ou *monocotiledôneo*? São as tais, de que R. de Gourmont diz: "palavras que repudio como escritor, mas sem as quais não posso pensar..." As mais interessantes dessas expressões científicas são as de simples nomenclaturas em classificação, e que se fazem como batismos pitorescos, fórmulas metafóricas – *ch'amidophorus*

---

[119] De todos os técnicos, são os engenheiros os que menos abusam do grego e do latim; o idioma lhes deve excelentes inovações de vocabulário; estradas de rodagem, macadame, cubagem... Não foram eles, certamente, que se lembraram de opor manufatura a fábrica.

truncatus, myrmecophagus jubatus, gynaecophorus hematobius, anthophyllites, hyalosiderites... Aí, esse luxo de erudição não tem maior inconveniente; tais não chegam a ser propriamente palavras, nem funcionam no vocabulário comum; são realmente fórmulas ou condensações de caracteres. Mas, para as idéias correntes, é absolutamente necessário que o termo perca esse caráter definidor e não forme valor mental distinto, porque, sempre, o símbolo e a idéia se têm de fundir num mesmo instante mental. De outro modo, prejudica-se a inteligência da linguagem.

Todo o mal dessa linguagem muito falante vem da irresistível tendência, nos sábios secundários, a fazerem as suas dissertações como glosas de símbolos, em que incorporam suas pretensas descobertas. Desde que a inteligência se apega especialmente a um valor, ele cresce na medida da importância com que é considerado. Conta W. James que, certo dia, "achou que a neve tinha um aspecto esquisito, diferente um tanto da neve ordinária. Aplicou-lhe, ali mesmo, o epíteto de *micácea*, e pareceu-lhe, imediatamente, que a diferença se tornava cada vez mais distinta e mais fixada."[120] O caso não teve maior repercussão, por que James não era um meteorologista e possuía seguro critério científico; se não, teríamos metade, ou mais, das variações atmosféricas explicadas pela neve micácea. A *prelógica*, de Lévy-Brull, o *eretismo* de Tassy, a censura de Freud, o *behaviour* dos psicólogos norte-americanas, são outras neves micáceas. O fato já tem sido comentado, muitas vezes, mas não perde de sabor, sobretudo, porque a noção que dele deriva continua em circulação, como se tivesse toda propriedade: Viajantes portugueses, que mal observavam e contavam no regime de Fernão Mendes, trouxeram à França a notícia de que os pobres pretos africanos adoravam feitiços; foi o bastante para que sabichões franceses construíssem toda essa parte da sociologia deles, com efeitos de psicologia e de religião: o decantado *fetichismo* das raças inferiores, em que veio firmar-se a célebre *lei dos três estados*. Observações seguras, realmente científicas, verificam que não há nenhuma religião que mereça tal nome; mas, numa tão definitiva simbólica, o fetichismo tem de perpetuar-se.

50. O IDIOMATISMO E A ESTRUTURA DA FRASE; O PURISMO NA SINTAXE

O pensamento se faz como ajuste de idéias correntes, num verdadeiro labor de atualização desses valores mentais vagos, relativamente indeterminados, e que só

---

[120] *The Principles of Psychology*. p. 512

se definem nitidamente quando combinados segundo as necessidades de uma conjuntura mental. Por isto, só a frase dá sentido definitivo aos termos: a sua estrutura é um valor funcional e expressivo. Em vez de placa, onde se prega o pensamento, hemos de considerá-la canal por onde ele passa, tomando a conformação conveniente. As palavras são símbolos de idéias; mas, destas, muitas não têm simbólica imediata e sintética; representam-se, na atualidade do pensamento, pela aposição de duas ou três idéias gerais, e que, assim combinadas, se justificam, num valor mental próprio. Estes fatos dão lugar à formula simplificada: as palavras têm o seu verdadeiro sentido pela frase. De tudo isto, resulta que o arranjo e a forma de desenvolvimento, no ajuste das idéias, tem tanta importância para a organização e elaboração do pensamento, como as próprias idéias. Compreende-se bem que essa *forma* depende de vários fatores: da qualidade dos valores, das necessidades do pensamento, das normas essenciais ou leis da inteligência, da tradição de pensamento ou idiomatismo, e do temperamento mental do indivíduo. As leis do espírito são as mesmas para a universalidade das gentes; os valores mentais têm, também, a significação de generalidades; o idiomatismo é o mesmo para cada tradição; mas as necessidades mentais, como o temperamento, variam de uma inteligência para outra. Além disto, as próprias condições gerais gradualmente se modificam, na evolução necessária de tudo que vive e se desenvolve. Há, certamente, na organização explícita da linguagem verbal, uns tantos aspectos definidos e relativamente estáveis — normas explícitas de forma — como há uma significação média reconhecida para os termos. De outro modo, não seria possível a comunicação-compreensão. Esses aspectos gerais, estáveis, em normas apreciáveis e definíveis, constituem a chamada *sintaxe*.

Destarte, cada língua é formada por vocabulário e sintaxe. Mas, como as línguas existem em uso, na particularização de cada pensamento, na tradição de cada grupo social, ainda distinguimos: entre os indivíduos, o estilo; entre os grupos, o idiomatismo. Para que não pareça possível confundir sintaxe e idiomatismo, atenda-se a que uma frase, todo um período, podem ser perfeitos quanto à sintaxe e inaceitáveis como idiomatismo. É o que nos acontece, geralmente, quando recheados do saber gramatical de um idioma, pretendemos usá-lo, e *vertemos* para ele o nosso falar. É por isso, ainda, que, na sua generalidade, as frases dos manuais de conversação, em apurada sintaxe, são, no entanto, monstruosas ou ridículas como idiomatismo: "Perguntas que ninguém faz... respostas que ninguém dá..." graceja um humorista, ao consultá-los. Racionalmente, a sintaxe corresponde às necessidades gerais na realização e no desenvolvimento do pensamento, dentro de um regime verbal; e, como dessas necessidades, a primordial e principal é a lógica, a sintaxe se resume em expressão de lógica. Mas, quando se considera a linguagem existência distinta, ostensiva exteriorização refeita do pensamento, independente dele, a sintaxe apresenta-se como o *código*, segundo o qual se devem organizar e compor as formas de linguagem, como, pelo codex, se compõem e se enrolam as pílulas. A sintaxe pode ser apreciada de modo distinto, mas não é possível aceitá-la como regime independente da própria elaboração mental. Em condições de boa realização intelectual, ela deve ser uma simples resultante dessa mesma elaboração. Na linguagem produzida haverá erros; mas as infrações realmente condenáveis, os defeitos substanciais, vêm no próprio pensamento; o meio de corrigi-los e de dar à expressão verbal a necessária sintaxe será sempre fazer a cultura do espírito, apurando a educação intelectual, até que o indivíduo chegue a pensar convenientemente; e ele conquistará, com isto, a conveniente sintaxe. Fora daí, apuro de sintaxe para sintaxe é superfetação, por eruditismo gramatical, sem maior interesse para a verdadeira obra de pensamento, pois que tudo se resume num destrinçar de futilidades, onde a razão se substitui pelo discritério do classicismo, e toda a ciência se reduz ao repetir de textos, que já não dizem com a mentalidade de hoje.

O código de sintaxe deve existir como documento, que nos mostra uma estratificação. Quem pretende praticar a língua com autoridade, deve conhecê-lo, se tiver o critério justo para julgar da validade desse código, se possuir a precisa resistência orgânico-mental, para garantir-se da contaminação gramatical, com compreensão superior, para dar às pretensões da disciplina sintáxica o justo valor. Há pessoas que andam com as boas maneiras do *dont*, como outras intentam dar segurança ao raciocínio com o formulário dos silogismos. Delas terá dito Berkeley – que *são incapazes de levantar a cortina das palavras*, para ver a realidade. No caso, as palavras *disciplina da língua, correção de sintaxe...* significam, apenas, que, sendo a linguagem regime lúcido de pensamento, ao exteriorizar-se, deve guardar todas as qualidades do pensamento lúcido, mesmo porque, só assim terá servido realmente à comunicação. Mas, por ser um regime, não se segue que deva *ser fixo* e rígido em banalidades. Muito outro é o critério que se tira da ciência, da lógica e da história. Em toda linguagem há norma, sim; mas também é normal que, no desenvolvimento social, há momentos em que a linha geral dos pensamentos se modifica, alteram-se as normas, e somem-se, até, as tradições. Isto repercute sobre os símbolos e, mesmo, sobre a sintaxe. Por que se tornaram analíticas as línguas latinas? Porque as inteligências precisavam de mais facilidades para discriminar e atender especialmente às simples relações[121]. A sintaxe deve ser o registro da evolução no regime de pensamento. *"Il faudrait être insensé pour vouloir dicter des lois à une langue vivante"*[122]

A mentalidade feita na erudição gramatical não julga assim. Para ela, o labor de pensamento consiste, justamente, em verificar e justificar fórmulas sintáticas, para o encadeamento explícito de idéias quaisquer. São espíritos que realizam o pensamento de fora para dentro: têm modelos, que recebem as idéias a modo de recheio. Nunca compreenderão que os gregos pudessem ter produzido definitivas belezas de estilo e de idéia, quando ainda não distinguiam *substantivos*. Tentam levantar-se na inteligência, manejando as asas de papelão que tiram ao classicismo, e não compreendem, então, que classicismo, sem o talento que consagrou os clássicos, é uma peia, em vez de ser um estímulo. E por que dar importância ao que é assim, estéril? Porque a perspectiva do purismo sintático é um inibitório do pensamento. Há muito quem não ouse tirar do intelecto o que este lhe pode dar, tolhido no pavor da gramática.

51. O INIBITÓRIO GRAMATICAL

Para compreender toda a monstruosidade da fixidez sintática, basta pensar no seguinte: a evolução afetiva e moral é mais lenta que a da inteligência, tanto que o *Corpus-juris* ainda é atual. No entanto, admite-se e pratica-se a repetida reforma de leis e códigos, onde se normalizam os princípios de moral e de justiça, ao passo que um purista pretende que a sintaxe fique nos moldes camonianos, ou da Nova Floresta. Por isso, quem pensa e tem de servir-se do vernáculo, deve tomar o seu partido, e procurar com toda a inteligência, as boas qualidades de linguagem que resultam do bom pensamento. Se este é nutrido de reais conhecimentos,

---

[121] A flexão de caso seria concordante com a lei das abreviaturas simbólicas; mas contraria a marcha evolutiva do espírito em se tornar cada vez mais explícito, na especificação das relações. Por isso, a flexão é uma vantagem sobre a simples aglutinação, e o regime analítico preferível ao sintetismo da sintaxe latina. Em verdade, o pensamento moderno é mais complexo que os clássicos; mas, por isso mesmo, as relações devem ser mais lucidamente indicadas e limitadas, mais formalmente apresentadas. Foi assim que os demonstrativos vieram a constituir-se.

[122] *Observations de L'Académie Française, sur les remarques de Vaugellas.*

desenvolvendo-se logicamente no critério da razão, há de realizar-se em forma concisa, clara, correta, eloqüente mesmo. Uma injeção explícita de sintaxe não lhe trará nenhuma qualidade essencial ou importante. E o que seja preciso, dessa cozinha da língua, como Binet desdenhosamente a chama, isto pode ser dado por qualquer lustrador gramatical[123]. Aos vernaculistas de classicismo e eruditismo ficará o papel de pontificarem nessa lustração, sem direito, todavia, de intervirem no verdadeiro movimento idiomático, em que se realiza a evolução da língua. Esta é a parte importante, e que pertence absolutamente ao anonimato democrático, sob a inspiração implícita dos que pensam e criam os valores mentais. A língua pertence ao povo; esta é a propriedade que se deve defender e não a suposta pureza vernácula, fórmula insensata de resistência ao progresso e enriquecimento da língua no desdobrar das suas energias idiomáticas. A ascendência das doutrinas *puristas* seria a estagnação do regime vernáculo. Fora aceitável? Seria, se fosse possível suster a marcha do entendimento humano. Hoje, a vida do espírito é muito mais intensa e acelerada que nos períodos de dois ou três séculos antes; e isto faz que as idéias se precipitem numa evolução que é, aos nossos olhos, um transmutar incessante de valores. Tal doutrina repercutiu por todas as filosofias, infundiu-se em todo pensamento, e, cinqüenta anos depois, está soterrada na construção de outra, igualmente extensa e poderosa; em dezenas de fórmulas, a ciência multiplica os assuntos de pensamento e dá motivos para novas estruturas mentais; dezenas e dezenas de técnicas vêm à linguagem com seus conceitos práticos. Num século: vapor, eletricidade industrial, vias férreas, telegrafia, telefonia, microbiologia, radiografia, cinema, aviação... mudaram a face do mundo, enquanto, na verdadeira ciência, a filosofia se retemperava e se refazia. E tanto, em tudo isto, que fora milagre reter a mente no pensar do século XV e do XVI, em Portugal. Mas o vernaculismo erudito quer que tenhamos o pensamento acorrentado ao regime verbal já desnaturado, e falseado pelos funestos eruditos lusitanos que,

---

[123] O grande matemático Poincaré revelou, um dia: "Sou absolutamente incapaz de fazer uma adição sem erros". Nos seus cálculos, a que a ciência tanto deve, a exatidão matemática é dada por ajudantes. Escritor, ele poderia proceder da mesma sorte, quanto à correção gramatical, indispensável aos puristas. Anatole France defende o direito de ortografar errado. E é preciso um tal direito, quando vemos que lá o certo é: *Pourquoi bois tu? Par ce que j'ai soif...* aqui: Por que bebes tu? Porque tenho sede. São absolutamente as mesmas expressões, na mesma conjuntura mental; é um caso que nada tem que ver com idiomatismo, pois que o regime mental é o mesmo. A diferença única é o critério que se faz no espírito dos gramáticos.

insensatamente contrariaram a evolução do idiomatismo português, peando-o ao latinismo, de sintaxe circundante, rígida, difícil, sintética, quando as inteligências pendiam para a maleabilidade, a presteza e a facilidade do ajuizar analítico.

Uma língua não poderia ser feita de fórmulas definitivas; é uma tradição, sim, em pleno crescimento. E vive, e floresce. Se nela se faz pensamento, enquanto pode desdobrar-se, segundo as incessantes necessidades desse pensamento, e evoluir com ele, na alma do povo que nela vai vivendo. Se o gramaticante, o fossilizante, é bastante forte, em face de um mentalismo sem energias, e consegue fazer dos seus registros de formas um código efetivo para fixação da suposta pureza, formam-se as duas camadas: uma casca morta, de puristas, com as formas fixadas, num estúpido aristocratismo, e, no seio da vida real, a massa anônima, organizando em plena espontaneidade um novo regime verbal, consoante às necessidades atuais da inteligência, e, com isto, potente, vivaz, sentido, excitante. A casca será para o futuro língua morta, pasto para o classicismo, enquanto se criam as línguas vivas[124]. Assim morreram, na disciplina dos rétores e gramáticos, as línguas em que fulgurou o gênio da Hélade, e em que Roma dirigiu o mundo. Quando pensamos nisto, não resistimos, em desejar bem e ventura aos que têm coragem de fazer viver o seu pensamento e levá-lo a outras consciências, no tom de quem deseja prosseguir, indiferente aos preceitos e zelos dos imotos vernaculistas. Se há novidade no pensamento, ela se manifestará por exigências especiais, no ajuste mental. Neste labor, em que as formas consagradas se têm quebrado muitas vezes; neste labor está a pena e a glória de quantos escrevem porque pensaram, e não se limitam a repetir, em efeitos cediços, um pensamento esgotado, mil vezes refeito. *Deforma-se a língua...* protestam os que só a podem conhecer e compreender em formas definitivas. Que eles fiquem onde estão, e quem tem o que dizer, que o diga. Em tais casos, deformar a língua significa apossar-se dela, dominá-la, por uma completa assimilação de novos valores na corrente do mentalismo socializado, pela contribuição de um pensamento pessoal para a riqueza comum.

A linguagem, como toda organização onde há formas definidas, tende a fixar-se pela preguiça de muitos, pesando sobre todos. Os seus modelos feitos compri-

---

[124] "As línguas cultas, como as plantas de estufa, morrem estioladas pelas mãos inábeis de jardineiros cegos, que pretendem cuidar delas". (R. de Gourmont, *Esthétique de la Langue Française*).

mem e sufocam os legítimos surtos das idéias que se renovam; e toda ousadia ou arbitrariedade contra essas pretensões de fixidez é um ato de libertação do pensamento. Se não é possível, a quem pensa, outro meio de liberdade, que erre. O dever supremo de toda consciência que sentiu o acender de uma idéia, é lançá-la nas vagas da mentalidade geral: é dizê-la, em toda a sinceridade. A perfeita realização está em ser compreendido. Dar o seu pensamento, torná-lo patente nas outras consciências resumem as condições em que se caracteriza um criador de valores para o espírito. Quebrem-se os moldes simbólicos, que já não podem conter o que é realmente novo: pouco importa. Multipliquem-se os reputados erros: pouco importa, ainda, se quem assim o faz tem a íntima necessidade ser novo, e, com isto, o direito de errar. A idéia é a energia suprema, em franco movimento; a sintaxe erudita é o passado, é simples anotação de um estado, numa consagração que traduz extenuação. Só podemos pensar, realmente, se nos fazemos movimento, energia em ação, porque o pensamento é o sublime da ação. E a sintaxe virá ao pensamento, e o novo regime assim criado será sintaxe, se nele houver valores para o prosseguir da inteligência. Há, ainda, as exigências do temperamento, em cada mentalidade... Se consideramos em tudo isto, vem o ímpeto de gritar aos que conduzem o pensamento: Errem, contanto que, nesses erros, o entendimento se refaça; contanto que, por eles, novas sugestões venham estimular as consciências; errem propositadamente, contanto que o façam com a convicção de contribuir para a obra do pensamento[125].

---

[125] "Puis, qu'est-ce que fait une répétition ou une négligence de syntaxe, si la création est neuve, si la conception est originale, s'il y a, ici et là, une épithète ou un tour de phrase, qui vaille à lui seul, cent pages d'une prose impeccable, qualité ordinaire." (Journal des Goncourt, T. 6, p. 33).

Conclusão

Que aconteceria a uma consciência humana, formada nas trevas, e que fosse repentinamente atirada ao espetáculo do universo, em plena luz? Não há quem não julgue do caso, como já o julgava Platão, quando deu, nessa hipótese, a prova do influxo divino, na alma humana. Ele condensou o seu imaginar na ficção de um homem que houvesse crescido e vivido em qualquer escuridão absoluta; então, um dia, ao raiar do sol, trazem-no para o alto, onde ele possa ver, em toda grandeza, o desabrochar do universo nas formas iluminadas... Por si mesmo maravilhado, o filósofo deixa entrever a surpresa feita em admiração, o espanto desdobrando-se em deslumbramento, até o êxtase da alma virgem e completa, para quem aquela primeira visão é uma revelação de tudo, do próprio Deus, na magnificência da Natureza acendida e animada.

Pois bem: não há nada disto. O caso já se tem realizado, e o cego de nascença, a quem, adulto, se dá a vista, nas formas fulgurantes e coloridas só vê, no primeiro momento, confusão inexpressiva e fatigante, *monótona e desagradável*[126]. Mas, foi quase por acaso que chegamos a fazer, pessoalmente, a verificação. Ele tinha sido operado na antevéspera. Era bem inteligente, nos seus dezoito anos, e havia recebido a melhor educação que um *Instituto de Cegos* pode realizar. Reconhecia, pelo tato, uma modelagem de *folha em gesso*, e distinguia umas das outras tais modelagens; mas, se se lhe apresentava, à vista, o gesso inteiro de uma anatomia humana, não a reconhecia. Foi nessa conjuntura, que nos ocorreu perguntar: — Que impressão lhe causa tudo isto que vê? — Muito monótono... Desagradável!... Nem podia ser de outra forma. No entanto, o preconceito, nascido de um gratuito imaginar, tem como definitivo que a consciência, libertada das trevas, ficará deslumbrada no que a vista lhe dê... E essa idéia, apesar de ser gratuito preconceito,

---

[126] Em 1905, o prof. Dr. Fernandes Figueira teve ocasião de trazer ao laboratório de psicologia um seu cliente, operado nas vésperas de uma catarata dupla. A enfermidade se manifestara desde a primeira infância; era, praticamente, um cego de nascença. Tivemos ocasião de fazer observações interessantes, como o caso prometia.

desassistido de qualquer experiência, persiste e deforma todos os julgamentos a esse respeito. Mas o natural e verídico está no testemunho deste *primeiro olhar*... Na visão, não podemos gozar sem conhecer, e temos de compreender para admirar. A vista é essencialmente inteligente; no ouvido há estesia isolada do conhecimento, pois que há sonoridades puramente sensoriais, musicais; mas, para os olhos, todos os valores são motivos mentais: todo iluminado tem a sua forma, toda cor se limita, toda forma é conhecimento e deixa uma imagem de que o entendimento se servirá. Nas próprias fulgurações do céu em luz, a beleza se impõe à vista como gradações de fogos coloridos, sobre extensão de horizontes... E tudo isto inclui uma visão de formas. Os olhos que subitamente se abrem só vêm o *desconhecido*; vendo, para nada conhecer, a consciência não pode admirar, nem apreciar como gozo as mil impressões que fatigam e nada exprimem, ainda. Faça-se abstração da sonoridade musical, e imagine-se o caso do surdo, a quem déssemos ouças[127]: tudo lhe parecerá *vozerio desagradável,* e monótono, uma vez que, nas vozes, ele nada conhece, e nada distingue.

Se tanto vale a idéia vã, sem base de experiência, como não valerão as que resultaram de uma razoável apreciação das coisas? Os valores mentais nunca poderiam ser absolutos. Mais do que nunca, vive a nossa inteligência na relatividade das idéias, à custa das quais faz a sua marcha definitiva. E tanto as cria e produz, como as consome, e esgota, ou dissolve, de tal sorte que, se houvéramos de comparar, uma a uma, as substâncias de pensamento em que os gregos fizeram a sua filosofia, com os correspondentes valores atuais, verificaríamos que nenhum poderia ser considerado idêntico, através desses 23 séculos. Mesmo no caso de idéias constantes, no primeiro plano das realidades: *terra, sol, homem, vida, luz, planta, dor...* cada uma dessas tem, para nós, uma significação bem diferente daquela em que servia, no decorrer de então. Assim o exige o progressivo desenvolvimento do espírito. Mas, no considerar esse aspecto da existência humana, temos de atender aos dois fatos: 1°) as idéias existem, praticamente, nas *formas* dos seus símbolos e se movem sob a intrincada tessitura por eles formada; 2°) as condições naturais da nossa inteligência tornam necessária essa constante reforma de valores mentais, mas as idéias, sobretudo as de acentuada repercussão no pensamento, tendem a conservar-se, a persistir, como acontece a tudo que existe. E como o

---

[127] N.E: No original, oiças, isto é, capacidade de audição.

sensível, na idéia, é a forma-sinal, todo o esforço de conservação se realiza sobre os respectivos símbolos. Vem daí o fato bem significativo: todo verdadeiro reformador e inovador de pensamento teve que ser um revolucionário, porque toda renovação de idéias exige o despedaçar dos símbolos, em que se abrigam e se defendem os valores que devem ser substituídos, e em que o passado procura resistir e conservar-se. Assim, em símbolos, de cada época tem de ficar-nos uma idolatria (*eidolon* – símbolo); por isso, o portador de novas idéias se realiza em iconoclasta e destruidor, para ser eficaz.

É certo que, apesar de tudo, sob o travamento estável da simbólica, as idéias fazem uma vida com o variar os seus valores e o expandir as suas variantes; mas, das consciências que existem no influxo dessa teia de símbolos, a maior parte é de estranhos ou infensos às novações de pensamento. Em vez de pensar e agir, digerem e gozam, e, para digerir e gozar, têm de deter-se para dar as energias ao repasto, para ficar onde encontraram pasto e gozo. Os símbolos são os marcos a que eles se apegam. E como o corpo social não se pode desdobrar, devendo marchar o conjunto para avançar, hão de despedaçar-se marcos e símbolos... Por causa dessa resistência nas palavras, já Berkeley reclamava que os símbolos fossem apenas *ocasiões de pensamento*. Assim entendido, o simbolismo seria, sempre, simples tracejar em que a idéia, em vida, se conduz; e nos símbolos haveria simplesmente utilidades de estrutura. Mas, as condições da existência social fazem com que a idéia, esgotada de valor, na contingência de ser substituída, resista, acolhendo-se na carapaça do símbolo, como o *panochthus* que pretendesse ser contado em vida, por que a fossilização lhe guarda as placas espessas. E, se pensamos, temos de atacar a todas essas carapaças fosseis, em que se nos opõem idéias mortas. Ou isto, ou teríamos de ir levando no pensamento todo o peso e o embaraço desses cadáveres, com as funestas conseqüências de envolver os juízos no que já é expressão de morte. Se, exânime a idéia, a palavra se toma para simbolizar novo conceito que vem surgindo, estamos no regime salutar da inteligência; quando não, que se dê, singelarmente, a regressão do símbolo. Antes disto, porém, numa vida que lentamente se extingue, outras resistências se insinuam. Antes que o símbolo seja casco inteiramente vazio, o formalismo, espécie mais estúpida no conservantismo, injeta-se-lhe nos primeiros espaços, mumifica a idéia, dando-lhe o aspecto de abantesma, o que nos leva, muitas vezes, a esse quase ridículo de lutar contra fantasmas, e de ter de os derruir. Que significa, realmente, uma reivindicação, nas idéias morais, contra o chamado *direito de punir*? Essa idéia, tendo dado tudo que poderia trazer para a socialização da espécie, é, hoje, conceito desprezado, morto; mas o hábito, a preguiça, a própria maldade, a mantêm, infectando, não só o mentalismo, como a própria vida social. E como há muito quem se receie de cadáveres e tema os fantasmas, ela continua, pesando e contaminando.

Símbolos mais fortes, que tiraram força da própria idéia quando em plena vida exuberante, protegem-na, depois, tão eficazmente, que ela, a idéia, pretende ser definitiva. Uma bem simples: *ordem*... Um mágico poder consagrou o conceito, cristalizando-lhe o valor; e, como cristalização produzida num organismo vivo, eis a ordem, como pedra ou *cálculo*, no seio da vida social, a entorpecer-lhe o movimento. Os felizes e privilegiados agrupam-se e compõem-se em torno dessa *ordem*, como a compreendem, e impõem-na por sobre todas as discussões e filosofias, pretendendo que a vida tem nela a sua condição essencial. A ordem seria, para eles, a própria realização natural das coisas. Toda discussão se cala antes de chegar a um tal valor. Alguns intrépidos vêm quebrar-se contra esta solidez, mas não chegam a fazer vibrar a mole. Na fortaleza, apóstolos da ordem, em defesa da ordem, mantêm intacta a idéia consagrada. O espírito, em face da realidade, só poderia considerar a *ordem* positiva simples estágio, transitório, para o preparo da indispensável desordem, em que se faz evolução na natureza e o progresso na sociedade. Que vale, porém, o apelo do espírito numa consciência, em contraste com a voz da preguiça e do egoísmo em milhões de outras? E obscurecem-se, por sofismas e mentiras, todas as verdades que a natureza nos dá imediatamente. É por isso que as sociologias oficializadas desconhecem que a natureza se multiplica e se dissemina em movimentos e transes de desordem. Assim desabrocha a flor e se rompem os frutos; assim se derramam e se espalham as sementes; assim entra para a vida cada novo ser em que ela se enriquece e se perpetua. O próprio amor só exprime bem a sua ternura em carícias que dominam toda ordem, e devem chegar à veemência desordenada do espasmo. Tanto e de tal forma se fazem necessárias as crises de desordem que, sensatamente, só podemos compreender a ordem definitiva como complemento da morte generalizada. O oceano palpita, e vive, e faz o seu vigor, na fúria desordenada dos vagalhões, e no desencadeado das tempestades; a terra freme e se agita nos horríveis transes dos terremotos e no jorro impetuoso das lavas; a atmosfera equilibra-se e purifica-se na desordem das trovoadas e dos vendavais... No centro do nosso mundo sideral, um sol arde na furiosa desordem de chamas permanentes; e, no resto dos espaços, cataclismos estelares reformam repetidamente as paisagens celestes. Mas os nossos conservadores precisam de ordem definitiva, para o seu definitivo viver e gozar, e, com isto, dão ao respectivo símbolo toda vida que podem dar. Tudo que existe, e naturalmente se transforma, mostra-nos que a necessária transformação nem é simples desenvolvimento uniforme, nem exclusivos cataclismos, mas uma fatal evolução, por entre crises, onde se rompem as formas esgotadas e se definem as novas formas. Em ciência, o mendelismo nos afirma que a hereditariedade é uma constância de formas e energias; por ela, somente, teríamos de ficar nos tipos de onde partimos, com os caracteres que eles nos deram. Destarte, se não fora a transmutação crítica, em contraste com a ordem hereditária, não haveria novas formas.

Noutros casos, não podendo conter a atividade da idéia, os retardadores do pensamento desviam-lhe a evolução, deturpam-na, acomodam-nas aos seus interesses, até que, finalmente, sob o mesmo símbolo, encontramo-nos com valores inteiramente diferentes, e que chegarão a opor-se: *pátria* — para quem sente necessidade de aplicar ao mundo ambiente a simpatia humana de que é possuído; *pátria* — para o agressivo e depredador, que pela pátria procura satisfazer a animalidade primitiva, em todo o seu cortejo de instintos inferiores. Valores congênitos e em contraste, eles se desenvolvem, então, na luta implacável dos fratricídios: *direito* contra *direito, liberdade* contra *liberdade, espírito* contra *espírito, Deus* contra *Deus*... Pois não é blasfemar da inteligência humana chamar *dever* e *justiça* a essas fórmulas que, para as consciências penetradas de verdadeira humanidade, só dizem tirania, exploração, crueza, imoralidade e privilégio? O mais grave e iníquo, nesses conflitos íntimos, e de que só os turbadores e reacionários aproveitam, resulta do amparo que o símbolo comum lhes dá. Quebrem-se tais símbolos, refaça-se a simbólica, quando a idéia se refez e se apurou, e terão cessado muitos dos equívocos, que são para a história do pensamento o transunto dos piores momentos. Verifica-se que as consciências devem existir e realizar-se na tessitura dos símbolos, em que se faz a atividade do espírito; mas também se verifica que essa tessitura pode chegar a abafar e embaraçar o pensamento. Será preciso rompê-la toda vez que ela pretenda suplantar o espírito.

APÊNDICE
O Tempo de Percepção

No correr de 1916, o laboratório do Pedagogium foi muito freqüentado, por um grupo de estudiosos, inteligentemente interessados pelas questões de psicologia.

Depois de algumas experimentações quando à *articulação da palavra, ação da vontade sobre o esforço muscular, associação das idéias...* pareceu possível estudar e pesquisar a função do *tempo*, na percepção pela vista.

O mais difícil, na disposição do material e da aparelhagem das experimentações, era obter um obturador seguro, permitindo uma visão em condições aproximadas do normal. Conseguimos um, que dava a abertura de 8 centímetros por 4, durante, praticamente, 2 centésimos de segundo (1/49). As experimentações eram assistidas por quatro das pessoas que tinham seguido o curso de conferências e os dois preparadores do laboratório. Fizeram-se duas séries de experimentações: uma para a visão de *objetos em natureza*, a outra para a visão de *desenhos*.

Das primeiras, participaram 6 dos assistentes, e que eram, além dos preparadores, dois estudantes de engenharia, e duas normalistas diplomadas.

Os objetos dados a ver eram coisas comuníssimas cuja percepção em condições ordinárias se faz sem nenhuma hesitação: livro, tinteiro, copo;... peixe (empalhado) pássaro... flor, fruto comum... instrumentos usuais no laboratório... Assim, foi composta uma coleção de 60 objetos. O obturador estava disposto no fundo afilado de uma caixa de forma piramidal e cuja base, aberta, ficava bem em face do *sujet*; este se colocava sentado, confortavelmente, à cabeceira da mesa, de tal sorte que, na ambiência comum do laboratório, com a luz ordinária, só se oferecia para a sua visão o fundo opaco da caixa, ou o que aparecia além do obturador quando este se abria. O obturador funcionava, aproximadamente, a 25 centímetros do plano dos olhos; para trás dele, em plena luz do dia, a um metro e meio de distância, ficava um plano inclinado, que ocupava todo o campo visual descortinado no obturador, e, sobre ele, os objetos que deviam ser percebidos.

Antes de registrar as resultados, cada assistente passou pela cadeira, e ensaiou ver e perceber através da abertura do obturador, o bastante para que a visão, assim, perdesse o caráter de novidade. Começamos *experimentando* a percepção de *um* objeto e verificamos que, nesse tempo de 2 centésimos de segundo, um objeto comum, nas condições dadas, é *sempre* reconhecido. Apenas 3 das pessoas, uma vez cada uma, deixaram de *ver*; não foi o *não* reconhecer; mas o não estar devidamente atento para olhar. Tanto que a resposta foi, mais, ou menos — "Ah! não vi!..." Em tais condições, podemos desprezar essas três falhas que, aliás, não foram com o mesmo objeto.

Com dois objetos da mesma coleção:

8% das vezes foram percebidos ou reconhecidos os dois objetos.

13% das vezes não foi reconhecido nenhum dos objetos.

No restante das vezes, foi reconhecido apenas um dos objetos apresentados.

Não notei preferência sensível nos objetos reconhecidos, ou não reconhecidos; o fator mais importante era a posição do objeto ou o destaque de um sobre o outro. Mas sobreveio, no tomarem-se os nomes dos objetos reconhecidos, uma circunstância tão importante, que me pareceu melhor não insistir na experimentação, levando-a à percepção de 3 objetos: alguns dos *sujets*, principalmente o 3°, que era um sextanista de medicina, preparador no laboratório, dava algumas das designações em circunlóquios. Se era uma escova, dizia: *aquilo que limpa...* se era tesoura, ele abria e fechava os dedos, no gesto de cortar... Ao mesmo tempo, notava-se que ela dava os nomes e as indicações açodadamente. Era por isso, justamente, que lhe faltavam as designações: precipitava-se em indicar o que tinha visto, e o indicava nos primeiros sinais que lhe acudiam à mente.

Há a assinalar, no caso, estes dois aspectos: ele simbolizava muitas das idéias-objetos em imagens motoras, em vez de imagens verbais; o obturador agia sobre a sua consciência numa sugestão de pressa; e era isto que o levava a dizer precipitadamente o que tinha visto.

Não assinalei o fato explicitamente para não criar um novo motivo turbador, mas, sempre que repetia a experiência, dizia: *pode dizer o mais calmamente possível.*

Nos *sujets* subseqüentes, notava-se a mesma precipitação, as mesmas indicações por circunlóquios, se bem que menos acentuadamente. A sugestão de pressa tem, talvez, uma dupla origem: a rapidez de movimento do obturador e o receio de esquecer os objetos percebidos tão fugazmente. De todo modo, foi este um fator que interveio inesperadamente e sensivelmente modificou os resultados da experiência, patenteando uma nova função do elemento tempo.

Os *desenhos* eram todos em traços, nas dimensões de 6 x 7 centímetros, e representavam objetos e coisas triviais: um homem a cavalo, pássaro, escada de pedreiro, crescente, árvores, flor... Apresentava-se, um de cada vez, durante os 2 centésimos de segundo. Serviram de *sujets* somente duas normalistas. D. S., brasileira de nascimento, fisionomia bem brasileira; Senhorita N., de origem polaca, educada no Brasil. Foram ambas do meu curso na E. N. e tinham notas equivalentes; boas alunas, sem destaque especial. Apresentado o desenho, em séries de 6, com 10 minutos para repouso, perguntava-se — "Que viu?"

No total, D. S. respondeu certo 64% de vezes; Senhorita N. somente 52% de vezes. Mais importante do que este resultado, porém, é o fato seguinte: D. S. respondia invariavelmente, sem nenhuma exceção: *Vi um ramo...* ou... *uma mesa...* ou... *nada*. Ao passo que a Senhorita N. muitas vezes (aproximadamente 19% de vezes), respondia: *Vi uns riscos, assim... um como que quadrado...* Sem distinguir ou reconhecer o objeto, ela *via*, no entanto, qualquer coisa. Ao passo que a outra ou percebia bem a realidade, ou nada via. Ora, a teoria clássica é a de que o conhecimento perceptivo começa por uma análise, que é o reconhecimento dos dados sensoriais, que, à luz da experiência feita, se conformarão na síntese — percepção. São os *conhecimentos no objeto* que precedem o conhecimento do objeto. Essa análise será fugaz, fugacíssima; todavia, afigura-se indispensável. Pois bem, D. S. percebia sempre em sínteses; ou reconhecia um objeto, ou portava-se como se não tivesse sido impressionada pelos desenhos.

Outros motivos fizeram suspender o curso dessas experimentações; mas, ainda sem esta interrupção, não teríamos podido tirar delas nenhuma conclusão explícita, se não a indicação de novas dificuldades.